Norbert Michelmann, Rolf Hettwer

Mitarbeit: Hans-Dieter Schmidt

# Datenbankentwicklung mit Access, SQL und Einführung in PHP und HTML

5. Auflage

Bestellnummer 6802

■ Haben Sie Anregungen oder Kritikpunkte zu diesem Produkt?
■ Dann senden Sie eine E-Mail an 6802_005@bv-1.de
Autoren und Verlag freuen sich auf Ihre Rückmeldung.

www.bildungsverlag1.de

Bildungsverlag EINS GmbH
Hansestraße 115, 51149 Köln

ISBN 978-3-8237-**6802**-9

© Copyright 2011: Bildungsverlag EINS GmbH, Köln
Das Werk und seine Teile sind urheberrechtlich geschützt. Jede Nutzung in anderen als den gesetzlich zugelassenen Fällen bedarf der vorherigen schriftlichen Einwilligung des Verlages. Hinweis zu § 52a UrhG: Weder das Werk noch seine Teile dürfen ohne eine solche Einwilligung eingescannt und in ein Netzwerk eingestellt werden. Dies gilt auch für Intranets von Schulen und sonstigen Bildungseinrichtungen.

# Vorwort

Dieses Buch hat den Teil „Datenbankentwicklung" des Lernfeldes 6, IT-Berufe „Entwickeln und Bereitstellen von Anwendungssystemen" zum Inhalt.

Das Buch ist in zehn Hauptkapitel gegliedert:

- Datenbanken und Datenbankmanagementsysteme
- Entwurf von Datenbanken
- Datensicherheit und Datenschutz
- Datenbankentwicklung mit MS Access
- Einführung in SQL
- Erstellung von Webseiten
- HTML-Formulare, PHP und MySQL
- Objektorientierte Anwendungsentwicklung
- HTML5
- Anhang zum Kapitel Einführung in SQL

Für das Kapitel „Datenbankentwicklung mit MS Access" wurde die Version Access 2010 zugrunde gelegt. Für den Abschnitt „Einführung in SQL" haben wir zwei Datenbankmanagementsysteme (MaxDB und MySQL) eingesetzt. Die Aufgaben und Beispiele können, abgesehen von einigen Einschränkungen und Anpassungen, auch mit anderen Datenbanksystemen, die SQL unterstützen, umgesetzt werden.

Weder für Access 2010 noch für SQL und PHP erheben wir den Anspruch, eine vollständige Beschreibung der Möglichkeiten dieser Systeme zu erreichen. Ziel dieses Bandes ist es, eine grundlegende Einführung in die Entwicklung von Datenbanksystemen zu geben. Wir beschränken uns daher auf Basiskenntnisse und exemplarische Vertiefungen. Sie sollen die Grundlage für das selbstständige Weiterarbeiten mithilfe von Onlinehilfen, Referenzen und weiterführender Literatur bilden.

Zur Sicherung des Lernerfolges und zur Vertiefung enthalten die Kapitel Übungsaufgaben. Teilweise sind zur Lösung der Aufgaben zusätzliche Kenntnisse erforderlich. Hier ist Eigeninitiative gefordert, um die notwendigen Informationen zu beschaffen. Am Ende der Hauptabschnitte „Datenbankentwicklung mit MS Access" und „Einführung in SQL" sind Projektaufträge beschrieben, die ein offenes, handlungsorientiertes und selbstständiges Arbeiten ermöglichen und erfordern.

Weitere Informationen und Beispieldateien finden Sie im Internet auf der Seite www.bildungsverlag1.de unter der Rubrik Buchplus.

Die Verfasser

# Inhaltsverzeichnis

Vorwort ............................................................. 3

## 1 Datenbanken und Datenbankmanagementsysteme .. 11
- 1.1 Dateiorientierte Datenverarbeitung ........................... 11
- 1.2 Datenbankkonzept ............................................. 13
- 1.3 Datenbankarchitektur nach dem Dreischichtenkonzept (ANSI-SPARC) ................................................. 14
- 1.4 Datenmodelle .................................................. 15
- 1.5 Relationales Datenbankmodell ................................. 16
- 1.5.1 Grundlagen ................................................. 16
- 1.5.2 Schlüssel .................................................. 18
- 1.5.3 Operationen auf Relationen ................................. 18

## 2 Entwurf von Datenbanken ........................................ 22
- 2.1 Entity-Relationship-Modell .................................... 22
- 2.1.1 Entitytyp .................................................. 22
- 2.1.2 Relationship ............................................... 22
- 2.1.3 Komplexität von Beziehungen (Kardinalitäten) ............... 23
- 2.1.4 Attribute (Properties) ..................................... 24
- 2.1.5 Die Auflösung einer m:n-Beziehung in 1:n-Beziehungen ....... 25
- 2.2 Normalisierung ................................................ 27
- 2.2.1 Ziele der Normalisierung ................................... 27
- 2.2.2 Unnormalisierte Datenbank .................................. 28
- 2.2.3 1. Normalform .............................................. 29
- 2.2.4 2. Normalform .............................................. 31
- 2.2.5 3. Normalform .............................................. 32
- 2.2.6 Normalisierung im praktischen Einsatz ...................... 33

## 3 Datensicherheit, Datenschutz ................................... 38
- 3.1 Datensicherheit und Datenschutz allgemein .................... 38
- 3.1.1 Betriebswirtschaftliche Komponente der Datensicherheit ..... 38
- 3.1.2 Rechtliche Basis (Bundesdatenschutzgesetz) ................. 38
- 3.2 Maßnahmen zur Gewährleistung von Datenschutz und Datensicherheit ............................................... 39
- 3.2.1 Infrastrukturelle und organisatorische Maßnahmen ........... 39
- 3.2.2 Personelle Maßnahmen ....................................... 40
- 3.2.3 Hardwaremaßnahmen .......................................... 40
- 3.2.4 Softwaremaßnahmen .......................................... 40
- 3.3 Bedeutung von Datenschutz und Datensicherheit ................ 41

## 4 Datenbankentwicklung mit MS Access ............................. 42
- 4.1 Anlegen einer Datenbank ...................................... 42
- 4.2 Tabellen ...................................................... 45
- 4.2.1 Neue Tabelle erzeugen ...................................... 45
- 4.2.2 Veränderung der Tabellenstruktur ........................... 50
- 4.3 Formulare ..................................................... 52
- 4.3.1 Erzeugen eines Formulars ................................... 52

| | | |
|---|---|---|
| 4.3.1.1 | Datensätze eingeben | 52 |
| 4.3.1.2 | Datensätze löschen | 53 |
| 4.3.2 | Manuelle Veränderung von Formularen | 55 |
| 4.3.3 | Steuerelemente | 58 |
| 4.4 | Abfragen | 66 |
| 4.4.1 | Erstellen von Auswahlabfragen | 66 |
| 4.4.1.1 | Operatoren und Bedingungen | 68 |
| 4.4.2 | Auswahlabfrage mit komplexen Bedingungen | 69 |
| 4.4.3 | Erstellen von Abfragen mit Parametereingabe | 70 |
| 4.4.4 | Aktionsabfragen | 71 |
| 4.4.4.1 | Anfügeabfragen | 71 |
| 4.4.4.2 | Aktualisierungsabfragen | 72 |
| 4.5 | Berichte | 73 |
| 4.5.1 | Erstellen eines Berichtes | 73 |
| 4.5.2 | Sortieren im Bericht | 76 |
| 4.5.3 | Erstellen eines gruppierten Berichtes | 77 |
| 4.5.4 | Bericht manuell ändern | 77 |
| 4.6 | Verknüpfen von Tabellen in Abfragen | 78 |
| 4.7 | Beziehungen zwischen Tabellen | 83 |
| 4.7.1 | Beziehung herstellen | 83 |
| 4.7.2 | Beziehung setzen | 84 |
| 4.7.3 | Beziehung bearbeiten | 85 |
| 4.7.4 | Verknüpfungen hinzufügen | 86 |
| 4.7.5 | Verknüpfungen lösen | 86 |
| 4.7.6 | Inklusionsverknüpfung | 86 |
| 4.7.7 | Beziehungen und Formulare | 87 |
| 4.8 | Makros | 89 |
| 4.8.1 | Mögliche Einsatzbereiche von Makros | 89 |
| 4.8.2 | Erstellen eines Makros | 90 |
| 4.8.3 | Erstellen eines Makros für eine Befehlsschaltfläche | 92 |
| 4.8.4 | Erstellen eines ereignisgesteuerten Makros zur Plausibilitätsprüfung | 92 |
| 4.8.5 | Ereignisse | 93 |
| 4.8.6 | Erstellen eines Makros, das Steuerelementeeines Access-Objektes mit Werten versorgt | 95 |
| 4.8.7 | Makro-Aktionen, nach Aufgaben gruppiert | 96 |
| 4.9 | Datenbankprogrammierung mit VBA | 97 |
| 4.9.1 | VBA-Programm mit sequenzieller Programmstruktur | 98 |
| 4.9.2 | Auswahlstruktur | 101 |
| 4.9.3 | Wiederholungsstrukturen (Schleifen) | 102 |
| 4.9.3.1 | Die geschlossene Schleife | 103 |
| 4.9.3.2 | Die offene kopfgesteuerte Schleife | 104 |
| 4.9.3.3 | Die offene fußgesteuerte Schleife | 105 |
| 4.9.4 | Zugriff auf Objekte einer Access-Datenbank mit VBA | 106 |
| 4.9.4.1 | Auswertung einer Access-Tabelle mit VBA | 107 |
| 4.9.4.2 | Datenbankzugriff mit SQL | 111 |
| 4.9.4.3 | Programmgesteuerte Datenbankmanipulation | 112 |
| 4.10 | Projektauftrag: Rechnungserstellung | 114 |

| | | | |
|---|---|---|---|
| **5** | | **Einführung in SQL** | **116** |
| 5.1 | | Systemumgebung | 116 |
| 5.2 | | SQL-Grundlagen | 117 |
| 5.2.1 | | Elemente von SQL | 117 |
| 5.2.2 | | Vorbemerkungen zur Kompatibilität | 119 |
| 5.3 | | Datendefinition mit SQL | 119 |
| 5.3.1 | | Datentypen | 119 |
| 5.3.2 | | Format-Beschreibung | 120 |
| 5.3.3 | | Anlegen einer neuen Tabelle | 121 |
| 5.3.4 | | Ändern der Tabellenstruktur | 124 |
| 5.3.4.1 | | Hinzufügen von Spalten | 124 |
| 5.3.4.2 | | Löschen von Spalten | 124 |
| 5.3.4.3 | | Veränderung von Spaltendefinitionen | 124 |
| 5.3.5 | | Löschen einer Tabelle | 126 |
| 5.3.6 | | Anlegen eines Indexes | 126 |
| 5.4 | | Datenmanipulation mit SQL (eine Tabelle) | 128 |
| 5.4.1 | | Einfügen von Zeilen | 128 |
| 5.4.2 | | Ändern von Zeilen | 129 |
| 5.4.3 | | Löschen von Zeilen | 130 |
| 5.4.4 | | Einfache Abfragen | 131 |
| 5.4.4.1 | | SELECT-Anweisungen ohne Bedingungen oder Gruppierungen | 132 |
| 5.4.4.2 | | SELECT-Anweisungen mit Auswahlbedingungen | 133 |
| 5.4.4.3 | | SELECT-Anweisungen mit Sortierung | 133 |
| 5.4.4.4 | | SELECT-Anweisung mit Gruppierung | 135 |
| 5.4.5 | | Operationen in Ergebnislisten und Bedingungen | 138 |
| 5.4.5.1 | | Arithmetische Operatoren | 138 |
| 5.4.5.2 | | Arithmetische Funktionen | 139 |
| 5.4.5.3 | | Datums- und Zeitberechnungen | 140 |
| 5.4.5.4 | | Set-Funktionen (Aggregat-Funktionen) | 146 |
| 5.4.5.5 | | Operationen mit Zeichenketten | 147 |
| 5.4.6 | | Unterabfragen mit einem Ergebniswert | 150 |
| 5.4.7 | | Unterabfragen mit mehreren Ergebniswerten | 151 |
| 5.5 | | Datenmanipulation mit SQL (mehrere Tabellen) | 155 |
| 5.5.1 | | Vereinigungsmenge, Schnittmenge, Differenz | 155 |
| 5.5.2 | | Verbund (Join) | 159 |
| 5.5.2.1 | | Der innere Verbund (Inner Join) | 159 |
| 5.5.2.2 | | Der äußere Verbund (Outer Join) | 162 |
| 5.5.2.3 | | Mehr als zwei Basistabellen | 164 |
| 5.6 | | Datensichten (Views) | 165 |
| 5.7 | | Datenintegrität und Mehrbenutzerbetrieb | 167 |
| 5.7.1 | | Domänen (Domains) | 167 |
| 5.7.2 | | Schlüssel in SQL | 169 |
| 5.7.3 | | Referenzielle Integrität | 170 |
| 5.7.4 | | Datenbankbenutzer und -rechte | 173 |
| 5.7.4.1 | | Benutzerklassen und Benutzergruppen in MaxDB | 173 |
| 5.7.4.2 | | Weitergabe von Privilegien in MaxDB | 175 |
| 5.7.4.3 | | Benutzer und ihre Berechtigungen in MySQL | 176 |
| 5.7.5 | | Transaktionen | 179 |
| 5.7.5.1 | | Gefahren für die Datenkonsistenz | 179 |
| 5.7.5.2 | | Sperrverfahren | 181 |
| 5.7.5.3 | | Transaktionen und Sperrverfahren in SQL | 182 |
| 5.8 | | Der Systemkatalog | 183 |

| | | |
|---|---|---|
| 5.9 | MS Access als Frontend einer SQL-Datenbank | 185 |
| 5.10 | Projektauftrag: Hardwareverwaltung | 187 |

## 6 Erstellung von Webseiten ... 188

| | | |
|---|---|---|
| 6.1 | Tools zum Erstellen von Webseiten | 188 |
| 6.2 | Grundsätzlicher Aufbau einer HTML-Seite | 189 |
| 6.3 | Wichtige HTML-Kennungen | 191 |
| 6.3.1 | Textgestaltung | 191 |
| 6.3.2 | Listen | 193 |
| 6.3.3 | Tabellen | 194 |
| 6.3.4 | Einbinden von Grafiken | 196 |
| 6.3.5 | Verknüpfungen (Links) | 197 |
| 6.3.6 | Frames | 198 |
| 6.3.7 | Empfehlungen zur Gestaltung einer Webpräsentation | 200 |
| 6.3.8 | Verwendete HTML-Tags im Überblick | 200 |
| 6.3.9 | XHTML | 202 |
| 6.3.9.1 | Formale Anforderungen an XHTML | 203 |
| 6.3.9.2 | Grundgerüst einer XHTML 1.0 Webseite | 204 |
| 6.3.9.3 | Validierung von Dokumenten | 204 |
| 6.4 | Cascading Style Sheets (CSS) | 206 |
| 6.4.1 | Einbinden von CSS in HTML | 207 |
| 6.4.1.1 | Formatdefinitionen in einer CSS-Datei | 207 |
| 6.4.1.2 | Formatdefinitionen im Kopf eines HTML-Dokuments | 210 |
| 6.4.1.3 | Direktformatierung im CSS-Stil | 211 |
| 6.4.1.4 | Kombination der drei Methoden | 212 |
| 6.4.1.5 | Das DIV- und das SPAN-Element | 213 |
| 6.4.2 | Stylesheet-Klassen | 216 |
| 6.4.3 | Gestaltung einer Seite | 219 |
| 6.4.4 | CSS-Kurzreferenz (Auswahl) | 222 |
| 6.5 | Projektauftrag: Schulung Netzwerktechnik | 227 |

## 7 HTML-Formulare, PHP und MySQL ... 228

| | | |
|---|---|---|
| 7.1 | Formulare | 229 |
| 7.1.1 | Eingabefelder | 231 |
| 7.1.1.1 | Einzeilige Eingabefelder | 231 |
| 7.1.1.2 | Mehrzeilige Eingabefelder | 232 |
| 7.1.1.3 | Radiobutton | 233 |
| 7.1.1.4 | Auswahllisten | 233 |
| 7.1.2 | Schaltflächen | 234 |
| 7.2 | Programmiersprache PHP | 236 |
| 7.2.1 | Aufbau eines PHP-Programms | 236 |
| 7.2.2 | HTML-Tags in einem PHP-Programm | 237 |
| 7.2.3 | Grundlagen der Programmiersprache PHP | 238 |
| 7.2.3.1 | Deklarationen von Variablen | 238 |
| 7.2.3.2 | Bezeichner | 239 |
| 7.2.3.3 | Primitive Datentypen | 239 |
| 7.2.3.4 | Browserausgabe | 240 |
| 7.2.3.5 | Formatierte Ausgabe von numerischen Werten | 241 |
| 7.2.3.6 | Grundlegende Operatoren | 242 |
| 7.2.4 | Formulareingaben verarbeiten | 244 |
| 7.3 | Kontrollstrukturen | 245 |

| | | |
|---|---|---|
| 7.3.1 | Folgestruktur (Sequenz, Reihe, lineare Folge) | 246 |
| 7.3.2 | Auswahlstrukturen | 246 |
| 7.3.2.1 | Einseitige Auswahl | 247 |
| 7.3.2.2 | Zweiseitige Auswahl | 248 |
| 7.3.2.3 | Mehrseitige Auswahl | 249 |
| 7.3.2.4 | Syntax zu Auswahlstrukturen | 250 |
| 7.3.2.5 | Operatoren zur Bildung von Bedingungsausdrücken | 251 |
| 7.3.3 | Wiederholungsstrukturen | 253 |
| 7.3.3.1 | Zählschleife | 253 |
| 7.3.3.2 | Kopfgesteuerte Schleife | 255 |
| 7.3.3.3 | Fußgesteuerte Schleife | 256 |
| 7.3.3.4 | Syntax zu Wiederholungsstrukturen | 257 |
| 7.4 | Ein- und Ausgabe in einem Formular | 259 |
| 7.5 | Arrays | 261 |
| 7.5.1 | Eindimensionale Arrays | 261 |
| 7.5.2 | Assoziative Arrays | 262 |
| 7.5.3 | Arrayverarbeitung mit foreach | 263 |
| 7.5.4 | Löschen von Arrays und Arrayelementen | 264 |
| 7.5.5 | Mehrdimensionale Arrays | 264 |
| 7.5.6 | Array-Funktionen | 265 |
| 7.6 | Funktionen | 267 |
| 7.6.1 | Einfache Funktionen | 268 |
| 7.6.2 | Gültigkeitsbereich von Variablen | 269 |
| 7.6.3 | Funktionen mit Rückgabewert | 270 |
| 7.6.4 | Funktionen mit Übergabeparametern | 270 |
| 7.7 | Cookies | 274 |
| 7.8 | Datenbankzugriff mit MySQL | 276 |
| 7.8.1 | Schritte einer Datenbankabfrage | 277 |
| 7.8.2 | Datenbankzugriff ohne Ergebnismenge | 283 |
| 7.8.3 | Datenbankzugriff auf mehrere Tabellen | 286 |
| 7.8.4 | Beispiel Kursangebot | 290 |

| 8 | **Objektorientierte Anwendungsentwicklung** | 296 |
|---|---|---|
| 8.1 | Klassen | 297 |
| 8.2 | UML | 298 |
| 8.2.1 | Objektorientierte Modellierung mit UML-Diagrammen | 298 |
| 8.2.1.1 | Einführung: UML | 298 |
| 8.2.1.2 | Klassendiagramm | 299 |
| 8.2.1.3 | Objektdiagramm | 304 |
| 8.2.1.4 | Anwendungsfalldiagramm | 304 |
| 8.2.1.5 | Aktivitätsdiagramm | 307 |
| 8.2.1.6 | Sequenzdiagramm | 311 |
| 8.3 | Einführung: Objektorientierte Programmierung mit PHP | 315 |
| 8.3.1 | Objektorientierung anhand eines einfachen Beispiels | 315 |
| 8.3.2 | Erzeugen und Verwenden von Klassen | 315 |
| 8.3.3 | Methoden einer Klasse | 317 |
| 8.3.4 | Erzeugen von Objekten und Zugriff auf Elemente | 317 |
| 8.4 | Konstruktor und Destruktor | 318 |
| 8.5 | Strukturierung objektorientierter Skripte | 321 |
| 8.6 | Vererbung | 322 |
| 8.7 | Speicherung der Objektdaten in einer Datenbank | 330 |

## 9 HTML5 .................................................. 338
- 9.1 Entwicklung von HTML5 ................................ 338
- 9.2 HTML5-Formulare ...................................... 339
- 9.2.1 Beispiel: Neue Formularelemente ..................... 339
- 9.2.2 Überblick: HTML5-Input-Typen ........................ 342
- 9.3 Einbinden von Audio- und Video-Dateien ............... 344
- 9.3.1 Das Audio-Tag ....................................... 344
- 9.3.2 Das Video-Tag ....................................... 345
- 9.4 Strukturierung von Webseiten mit HTML5-Elementen ..... 347
- 9.5 Weitere Neuerungen in HTML5 .......................... 355

## 10 Anhang zum Kapitel Einführung in SQL ................. 356
- 10.1 Bedingungsausdrücke ................................. 356
- 10.2 Aufbau der Beispieltabellen .......................... 357

Stichwortverzeichnis ...................................... 359

# 1 Datenbanken und Datenbankmanagementsysteme

Das Kapitel 1 gibt eine allgemeine Einführung in das Thema Datenbanken. Nach einer Gegenüberstellung des dateiorientierten Ansatzes und des Datenbankkonzepts geben wir einen kurzen Überblick über Datenmodelle. Es folgt eine ausführlichere Beschreibung des relationalen Datenbankmodells als Grundlegung für die nachfolgenden Kapitel.

## 1.1 Dateiorientierte Datenverarbeitung

Daten spielen in einem modernen Unternehmen eine zentrale Rolle. Dabei handelt es sich weniger um „flüchtige" Daten, die in einem DV-System nur während der Verarbeitung existieren, sondern um „dauerhafte" Daten. Ihre verlässliche Speicherung und spätere Wiedergewinnung sind daher von großer Bedeutung.

So könnte in einem Unternehmen die Provisionsabrechnung für die Außendienstmitarbeiter mit einem Abrechnungsprogramm durchgeführt werden. Das Programm liest die notwendigen Mitarbeiterdaten aus einer auch für die Lohnabrechnung genutzten Mitarbeiterdatei und die weiteren Daten (Artikeldaten, Umsatzdaten usw.) aus einer speziell für diesen Zweck erzeugten Provisionsdatei ein und erstellt die Provisionsabrechnungen. Die Lohn- und Gehaltsabrechnung setzt Programme für die Gehaltszahlungen ein und hält die erforderlichen Daten in eigenen Dateien. In der Verkaufsabteilung werden Verkaufsstatistiken mit einem Statistikprogramm erstellt, das die Umsatzdaten aus einer Statistikdatei auswertet.

Beschrieben wurde hier eine unkoordinierte Verarbeitung von Daten: Für die verschiedenen betrieblichen Funktionsbereiche werden Programme, die spezielle Aufgaben erfüllen, geschrieben. Diese Programme speichern und lesen die erforderlichen Daten in einzelnen Dateien, die für das jeweilige Programm erzeugt wurden.

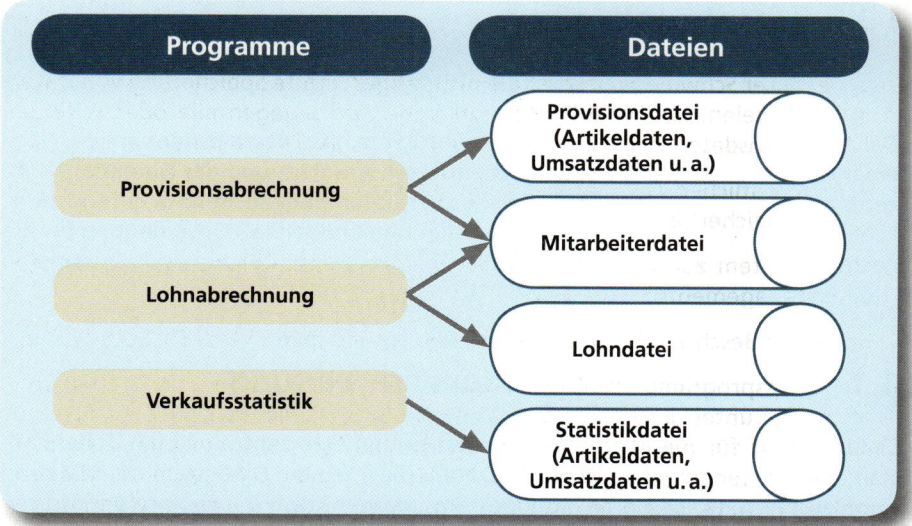

Dieses Konzept – früher die übliche Art der Datenverarbeitung – ist mit vielen Nachteilen verbunden:

- Mehrfachspeicherung gleicher Daten (Redundanz):
  Wie man oben sieht, werden beispielsweise Umsatzdaten in der Datei für die Provisionsabrechnung und der Datei für die Verkaufsstatistik gehalten.

- Aufwendige und fehleranfällige Datenpflege:
  Ändert sich z. B. die Bezeichnung eines Artikels, muss diese Änderung in mehreren Dateien berücksichtigt werden.

- Gefahr inkonsistenter Datenbestände:
  Wird eine Datenänderung nicht in allen betroffenen Dateien vorgenommen, entstehen widersprüchliche Datenbestände.

- Logische Datenabhängigkeit:
  Es besteht eine enge Abhängigkeit zwischen Programmen und Daten. Der Dateiaufbau wird von dem Programm bestimmt, das diese Datei erzeugt, und ein Programm, das auf diese Datei zugreift, muss den genauen Dateiaufbau kennen. Änderungen in der Dateistruktur führen zu Änderungen in allen Programmen, die diese Datei verwenden.

- Lesen nicht benötigter Daten:
  Greifen verschiedene Programme auf die gleiche Datei zu und benötigen die Programme entsprechend ihrer Funktion nur einen Teil der Daten, muss trotzdem der gesamte Bestand gelesen werden. So reichen für die Provisionsabrechnung möglicherweise Name und Anschrift des Mitarbeiters; weitere gespeicherte Daten wie die Höhe des Gehalts, die Bankverbindung, der Urlaubsanspruch usw. sind dagegen nicht bedeutsam.

- Datenschutzprobleme:
  Bei der Verarbeitung zu schützender Daten muss in jedem Programm das Problem unberechtigter Zugriffe gelöst werden.

## 1.2 Datenbankkonzept

Ursache dieser Schwierigkeiten ist die nicht abgestimmte Speicherung von Daten in vielen Dateien. Ein Datenbanksystem speichert dagegen alle oder Teile der Unternehmensdaten unter einer zentralen Kontrolle. Es besteht aus

- dem eigentlichen Datenbestand, der in einer oder mehreren Datenbanken (DB) gespeichert ist,
- einem System zur Verwaltung und Kontrolle dieses Datenbestandes (Datenbankmanagementsystem, DBMS)
- und einer Beschreibung des Aufbaus der Datenbanken (Data Dictionary, DD).

Anwendungsprogramme halten die Daten nicht mehr in „eigenen" Dateien, sondern greifen unter der Kontrolle des DBMS auf die Daten der Datenbanken zu. Das DBMS ist für die Korrektheit der gespeicherten Daten entsprechend definierter Konsistenzregeln und den kontrollierten Zugriff im Mehrbenutzerbetrieb verantwortlich. Es stellt eine differenzierte Zugangskontrolle zur Verfügung und erlaubt die Wiederherstellung eines Datenbestands nach Störungen oder einem Systemabsturz.

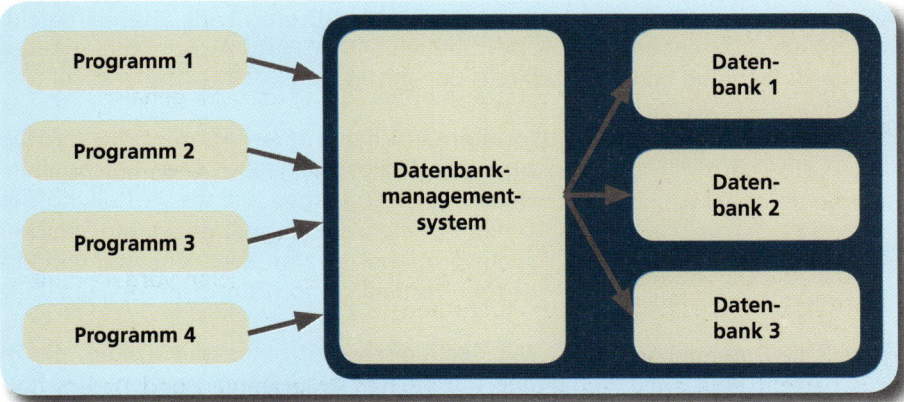

Die Vorteile dieses Konzepts liegen auf der Hand:

- Daten müssen nicht redundant gespeichert werden, da allen Anwendungsprogrammen die erforderlichen Daten zur Verfügung gestellt werden können.
- Die Vermeidung von Redundanz erleichtert die Datenpflege, da Datenänderungen nur an einer Stelle vorgenommen werden müssen. Gleichzeitig dient die Redundanzfreiheit (genauer: die minimale Redundanz) der Datenkonsistenz, da widersprüchliche Werte für gleiche Einzeldaten – z. B. unterschiedliche Adressen für den gleichen Mitarbeiter – nicht möglich sind. Zusätzlich kann das DBMS eine Kontrolle der Beziehungen zwischen verschiedenen Daten übernehmen. Beispielsweise dürfen die Stammdaten eines Mitarbeiters nicht gelöscht werden, wenn für ihn noch Provisionsdaten existieren (referenzielle Integrität).
- Die Daten werden in der Datenbank völlig unabhängig von den Anwendungsprogrammen gespeichert. Änderungen in der physischen Organisation der Daten haben keinen Einfluss auf die Anwendungsprogramme (solange das DBMS

weiterhin in der Lage ist, die angeforderten Daten dem Anwendungsprogramm zur Verfügung zu stellen). Da die Datenbank einer Anwendung genau die Daten zur Verfügung stellt, die diese Anwendung tatsächlich benötigt, wirken sich Änderungen der logischen Datenstruktur außerhalb dieser benötigten Daten nicht auf dieses Anwendungsprogramm aus.

- Ein Zugriff auf die Daten erfolgt immer unter der Kontrolle des DBMS. Es ist damit allein für das Problem unbefugter Zugriffe oder Veränderungen von Daten zuständig.

## 1.3 Datenbankarchitektur nach dem Dreischichtenkonzept (ANSI-SPARC)

Ausgangspunkt des datenorientierten Datenbankkonzepts ist nicht die konkrete Aufgabe in einem betrieblichen Funktionsbereich. Man nimmt stattdessen alle betrieblich relevanten Daten in den Blick. Erst anschließend betrachtet man die physische Speicherung der Daten und entscheidet, welche Teildaten aus der gesamten Datenbank einer bestimmten Anwendung oder einem bestimmten Anwender zur Verfügung gestellt werden müssen. Bereits 1978 hat eine Arbeitsgruppe des American National Standards Institute (ANSI) eine entsprechende „Standardarchitektur" eines Datenbanksystems beschrieben (ANSI-SPARC-Architektur; SPARC = Standards Planning and Requirements Committee).

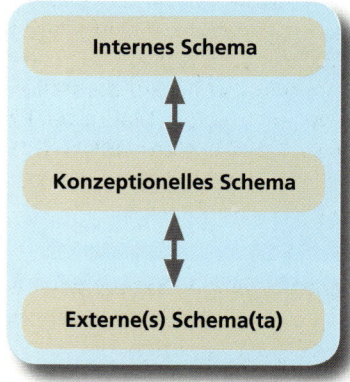

Im internen Schema (interne Datensicht) wird die physische Speicherung der Daten beschrieben. Hierzu gehören Fragen wie die Aufteilung der Daten auf mehrere Platten, geeignete Speicherungsform, Indizes zum Beschleunigen von Zugriffen, Festlegung von Zugriffspfaden u. a.

Mit der logischen Struktur aller Daten, die in der Datenbank gespeichert werden, beschäftigt sich das konzeptionelle Schema (konzeptionelle Datensicht). Diese Beschreibung erfolgt unabhängig von dem Problem der physikalischen Speicherung dieser Daten und auch unabhängig davon, welche speziellen Daten einer Anwendung oder einem Benutzer später zur Verfügung gestellt werden sollen.

Eine Anwendung oder ein Benutzer benötigt nur einen Ausschnitt aller gespeicherten Daten. Da verschiedene Anwender unterschiedliche Teildaten benötigen, sind geeignete Datensichten für die jeweiligen Anwender erforderlich. Diese Benutzersichten werden in externen Schemata (externe Datensichten) beschrieben.

## 1.4 Datenmodelle

In einem Datenmodell wird festgelegt, wie die zu speichernden Daten strukturiert sind und welche Operationen auf diese Daten möglich sind (Suchen, Löschen usw.).

- Hierarchisches Datenmodell
  Die zu speichernden Daten und ihre Beziehungen werden grafisch in einer Baumstruktur dargestellt. Zwischen den Objekttypen bestehen eindeutige hierarchische Beziehungen. Von einem Objekttyp gibt es nur einen eindeutigen Weg zum Wurzelobjekt (das keinen Vorgänger hat).

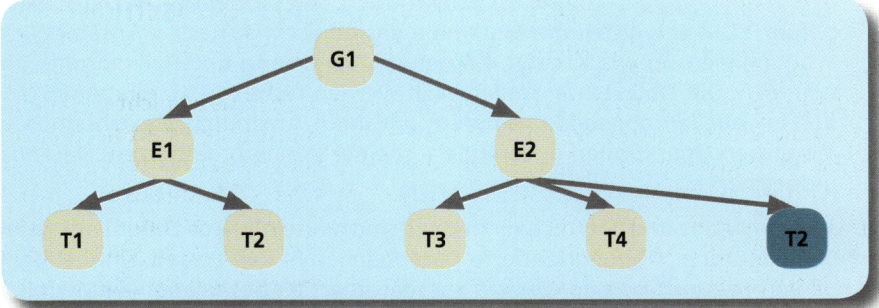

Die Abbildung zeigt die hierarchischen Beziehungen zwischen einer Erzeugnisgruppe G1, den Erzeugnissen E1 und E2 sowie den Einzelteilen T1 und T2 bzw. T3 und T4. Diese eindeutige Unter- und Überordnung wird den Beziehungen in der realen Welt häufig nicht gerecht. Enthält das Erzeugnis E2 beispielsweise ebenfalls das Einzelteil T2, so lässt sich diese Beziehung nicht mehr darstellen (da T2 nur einen Vorgänger haben kann); T2 muss ein zweites Mal unter E2 angeordnet und gespeichert werden (Redundanz). Beispiel eines DBMS: IMS (Information Management System) von IBM, seit Ende der 60er-Jahre für Großrechner auf dem Markt.

- Netzwerkdatenmodell
  Im Netzwerkmodell können Objekttypen mehrere Vorgänger haben; es entfällt daher auch das einmalige Wurzelobjekt. Das oben beschriebene Problem könnte daher ohne redundante Speicherung von T2 gelöst werden.

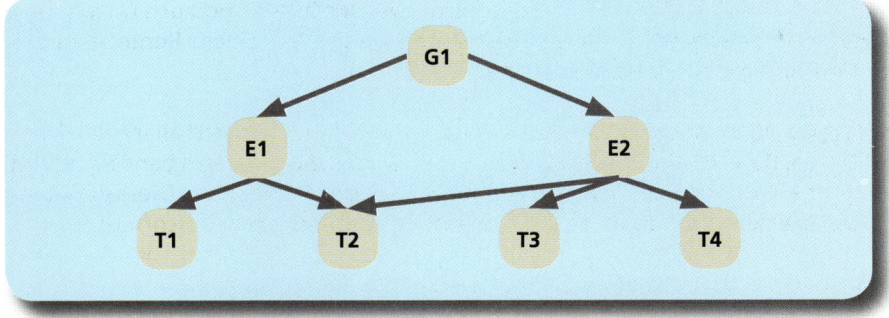

Beispiel eines DBMS: UDS (Universelles Datenbanksystem) von Siemens, seit Mitte der 70er-Jahre für Großrechner auf dem Markt.

- **Relationales Datenmodell**
  Es ist das heute am weitesten verbreitete Modell und wird im nächsten Abschnitt genauer beschrieben. Beispiele: Oracle (Oracle Inc.), DB2 (IBM), MS Access (Microsoft Corporation), MySQL (MySQL AB), MaxDB (SAP AG) für verschiedene Rechnerplattformen; erste praktische Ansätze Mitte der 70er-Jahre.

- **Objektorientiertes Datenmodell**
  Wegen ihrer fest definierten Strukturen (mit einfachen Datentypen) erreichen relationale Datenbanken ihre Grenzen, wenn es um die Verwaltung komplexer Datenstrukturen geht (z. B. im Bereich CAD, Kartografie, Expertensysteme, Multimedia). Die Anforderungen solcher speziellen Anwendungen haben in den 80er- und 90er-Jahren zur Entwicklung objektorientierter Datenbanken geführt. Dabei wurden die Merkmale des objektorientierten Ansatzes in der Programmierung wie Klassen, Kapselung, Vererbung und Polymorphie übernommen. Die Objekte der realen Welt werden nicht wie im relationalen Modell in Tabellen abgebildet, sondern mit ihren Attributen, Beziehungen und möglichen Operationen unverändert in einer (objektorientierten) Datenbank gespeichert.

Das hierarchische und das Netzwerkmodell sind heute für neue Datenbanksysteme ohne Bedeutung. Objektorientierte Datenbanken haben zurzeit eine relativ geringe Verbreitung und sind weniger standardisiert als das relationale Modell. Die folgenden Ausführungen beschränken sich daher auf relationale Datenbanken.

## 1.5 Relationales Datenbankmodell

### 1.5.1 Grundlagen

Im Mittelpunkt dieses – um 1970 von E. F. Codd entwickelten – Modells steht die Relation. Eine Relation kann man als eine Tabelle mit einer bestimmten Anzahl von Spalten und Zeilen auffassen. Die gesamten Informationen einer relationalen Datenbank werden in solchen zweidimensionalen Tabellen dargestellt.

| Personalnummer | Nachname | Vorname | Ort | Abteilung |
|---|---|---|---|---|
| 1234 | Schneider | Annette | Frankfurt | 1 |
| 1235 | Ammer | NULL | Marburg | 5 |
| 1236 | Heinze | Anton | Darmstadt | 2 |
| 1238 | Rosner | Frank | Frankfurt | 2 |
| 1240 | Kopper | Ursula | Mainz | 1 |
| 1241 | Lauer | Rainer | Frankfurt | 3 |
| … | … | … | … | … |

Attribut (hier: Personalnummer)
Relationenschema
Tupel (eine Zeile)
Relation (gesamter Tabelleninhalt)
Attributwert (hier: Mainz)

Die Spalten der Tabelle entsprechen Eigenschaften (= Attributen). In den Spaltenüberschriften stehen die Attribut-Bezeichner (Personalnummer, Nachname, Vorname usw.); sie entsprechen dem Relationenschema. In den der Überschrift folgenden Zeilen haben die jeweiligen Attribute bestimmte Werte (Personalnummer = 1234, Nachname = 'Heinze' usw.). Eine Tabellenzeile wird auch Tupel genannt. Das erste Tupel der Tabelle kann wie folgt angegeben werden:

(Personalnummer=1234,
Nachname='Schneider',
Vorname='Annette',
Ort='Frankfurt',
Abteilung=1)

Eine Relation (Tabelle) ist demnach eine Menge von Tupeln mit gleichen Attributen; es gibt kein Tupel, das mit einem anderen Tupel in allen Attributen einen gleichen Wert hat. Die Reihenfolge der Zeilen und Spalten ist dabei unerheblich (ungeordnete Tupel und Attribute).

Die Attributwerte eines bestimmten Attributs entstammen einem definierten Wertebereich, der als Domäne bezeichnet wird. Als Domänen kommen Standard-Wertebereiche infrage, wie z. B.:

- die natürlichen Zahlen (0, 1, 2, 3, ...),
- beliebige Zeichen eines Zeichenvorrats (A, B, C, ..., a, b, c, ..., !, &, §, ...),
- Datumswerte (01.07.2001),
- logische Werte (wahr/falsch).

oder auch speziell definierte Wertebereiche, wie z. B.

- Anrede (Herr, Frau, ...),
- Familienstand (ledig, verheiratet, ...),
- Gehaltsgruppe (I, II, III, ...).

Der Wertebereich eines Attributs bestimmt die Operationen, die auf dieses Attribut angewandt werden können. So ist eine Summenbildung über Zahlen eine sinnvolle Operation, während die Addition eines Datumswertes zu einem logischen Wert oder der Vergleich einer Anrede mit einem numerischen Wert keinen Sinn ergibt.

In der Regel hat jedes Tupel bei jedem Attribut einen bestimmten Wert. Eine Ausnahme hiervon sind Nullmarken. Wenn ein bestimmter Attributwert einer Zeile nicht bekannt (Vorname eines Kunden ist nicht bekannt) oder nicht sinnvoll ist (Geschlecht eines Unternehmens), wird das Fehlen des Wertes in der Datenbank mit einer besonderen Markierung – einer Nullmarke (auch Nullwert genannt) – festgehalten. Das Vorhandensein einer Nullmarke bei einem bestimmten Attribut kann abgefragt werden. Dabei darf sie jedoch nicht mit dem Wert 0, dem String ‚NULL' oder einem Leerzeichen verwechselt werden.

## 1.5.2 Schlüssel

Ein Schlüssel ist ein Attribut oder eine Kombination aus mehreren Attributen zur eindeutigen Identifizierung eines Tupels. Bei einer Attributkombination handelt es sich nur dann um einen Schlüssel, wenn alle Attribute zur eindeutigen Identifizierung zwingend erforderlich sind (Minimaleigenschaft eines Schlüssels). Besteht der Schlüssel nur aus einem Attribut, so darf jeder Wert dieses Attributs in der Tabelle nur einmal auftreten. Bei einer Kombination aus mehreren Attributen darf eine bestimmte Wertkombination nur einmal enthalten sein. Da die „natürlichen" Attribute wie Name, Ort, Bezeichnung nur selten eindeutig und sehr lange Schlüssel nicht sinnvoll sind (im äußersten Fall sind erst alle Attribute eines Tupels zusammen eindeutig), verwendet man meist „künstliche" Attribute als Schlüssel (Personalnummer, Artikelnummer, Rechnungsnummer, Kfz-Kennzeichen usw.).

Häufig gibt es mehrere Attributkombinationen, die als Schlüssel infrage kommen; sie heißen Schlüsselkandidaten. Nur einer der Kandidaten wird jedoch tatsächlich zur Identifizierung ausgewählt. Man nennt ihn Primärschlüssel (primary key).

Von einem Fremdschlüssel (foreign key) spricht man, wenn eine Relation ein Attribut enthält, das in einer anderen Relation Primärschlüssel ist. Mithilfe des Fremdschlüssels in der ersten Relation und des Primärschlüssels in der zweiten Relation können dann zusammengehörige Tupel miteinander verknüpft werden.

## 1.5.3 Operationen auf Relationen

Ein Datenbankbenutzer interessiert sich meist nicht für die gesamten Daten einer Datenbank, sondern er möchte aus einer oder mehreren Tabellen bestimmte Informationen herausziehen. Hierfür stehen im Relationenmodell verschiedene Operationen zur Verfügung, die auf eine oder zwei Relationen angewandt werden und eine neue Relation erzeugen.

### Selektion (Auswahl)

Mit der Selektion erfolgt eine Auswahl von Tupeln einer Relation, die eine bestimmte Bedingung erfüllen. Die Bedingungen werden mit Vergleichsoperatoren (z. B. =, >, <) und logischen Operatoren (z. B. und, oder) formuliert. Beispiel: Zeige alle Tupel, für die gilt: Abteilung=1. Die Selektion entspricht dem Ausblenden von bestimmten Tupeln (Filter).

| Personalnummer | Nachname | Vorname | Ort | Abteilung |
|---|---|---|---|---|
| 1234 | Schneider | Annette | Frankfurt | 1 |
| ~~1235~~ | ~~Ammer~~ | ~~NULL~~ | ~~Marburg~~ | ~~5~~ |
| ~~1236~~ | ~~Heinze~~ | ~~Anton~~ | ~~Darmstadt~~ | ~~2~~ |
| ~~1238~~ | ~~Rosner~~ | ~~Frank~~ | ~~Frankfurt~~ | ~~2~~ |
| 1240 | Kopper | Ursula | Mainz | 1 |
| ~~1241~~ | ~~Lauer~~ | ~~Rainer~~ | ~~Frankfurt~~ | ~~3~~ |
| ... | ... | ... | ... | ... |

## Projektion

Unter Projektion versteht man die Auswahl von bestimmten Spalten einer Relation. Beispiel: Zeige nur die Spalten Personalnummer, Nachname und Abteilung aller Zeilen. Die Projektion entspricht dem Ausblenden bestimmter Spalten.

| Personalnummer | Nachname | Vorname | Ort | Abteilung |
|---|---|---|---|---|
| 1234 | Schneider | Annette | Frankfurt | 1 |
| 1235 | Ammer | NULL | Marburg | 5 |
| 1236 | Heinze | Anton | Darmstadt | 2 |
| 1238 | Rosner | Frank | Frankfurt | 2 |
| 1240 | Kopper | Ursula | Mainz | 1 |
| 1241 | Lauer | Rainer | Frankfurt | 3 |
| ... | ... | ... | ... | ... |

## Mengenoperationen

$R_1$ und $R_2$ sind Relationen gleichen Typs.

In $R_1$ sind die Mitarbeiter des Projektes 1, in $R_2$ die Mitarbeiter des Projektes 2 erfasst.

**BEISPIEL**

$R_1$

| Nr. | Name | Abt. |
|---|---|---|
| 1 | Maier | VI |
| 2 | Pohl | III |
| 3 | Schatz | IX |
| 4 | Bold | V |

$R_2$

| Nr. | Name | Abt. |
|---|---|---|
| 2 | Pohl | III |
| 4 | Bold | V |
| 5 | Kehr | VII |

### Vereinigungsmenge

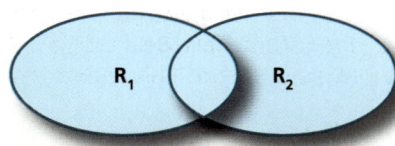

| Nr. | Name | Abt. |
|---|---|---|
| 1 | Maier | VI |
| 2 | Pohl | III |
| 3 | Schatz | IX |
| 4 | Bold | V |
| 5 | Kehr | VII |

Die Vereinigungsmenge von $R_1$ und $R_2$ enthält alle Tupel, die in $R_1$, in $R_2$ oder in beiden enthalten sind.

Alle Mitarbeiter, die in Projekt 1 oder in Projekt 2 oder in beiden Projekten beschäftigt sind.

## Durchschnittsmenge

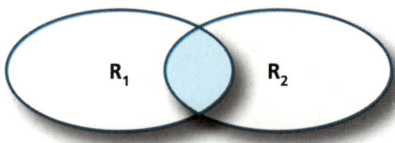

| Nr. | Name | Abt. |
|---|---|---|
| 2 | Pohl | III |
| 4 | Bold | V |

Die Durchschnittsmenge von $R_1$ und $R_2$ enthält alle Tupel, die sowohl in $R_1$ als auch in $R_2$ enthalten sind.

Mitarbeiter, die sowohl in Projekt 1 als auch in Projekt 2 beschäftigt sind.

## Differenzmenge

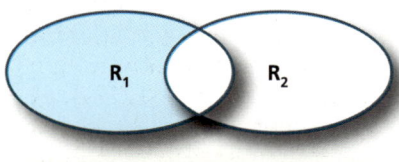

| Nr. | Name | Abt. |
|---|---|---|
| 1 | Maier | VI |
| 3 | Schatz | IX |

Die Differenzmenge $R_1 - R_2$ enthält alle Tupel, die in $R_1$, aber nicht in $R_2$ enthalten sind. Im Gegensatz zu den vorhergehenden Mengenoperationen ist die Reihenfolge der Operanden von Bedeutung, da $R_1 - R_2$ zu einer anderen Ergebnisrelation führt als $R_2 - R_1$.

Mitarbeiter, die in Projekt 1, nicht aber in Projekt 2 beschäftigt sind.

## Join (Verbund)

Ein Join verbindet zwei Relationen zu einer neuen. Je nach Art der Verknüpfung spricht man u. a. von einem natürlichen Verbund (Natural Join), Gleichheitsverbund (Equi-Join) oder äußeren Verbund (Outer Join).

| Personalnr. | Nachname |
|---|---|
| 1234 | Schneider |
| 1235 | Ammer |
| 1236 | Heinze |
| 1238 | Rosner |
| 1240 | Kopper |
| 1241 | Lauer |

| Personalnr. | Tag | Stunden |
|---|---|---|
| 1235 | 15.10.2008 | 5 |
| 1240 | 10.10.2008 | 4 |
| 1236 | 25.09.2008 | 7 |
| 1240 | 18.10.2008 | 3 |
| 1235 | 17.09.2008 | 6 |
| 1255 | 04.10.2008 | 5 |

Hier werden die beiden Relationen über das gemeinsame Attribut Personalnummer verbunden, indem zwei Tupel verschmolzen werden, wenn sie gleiche Attributwerte aufweisen. Die gemeinsamen Attribute (hier: Personalnummer) erscheinen in einer Zeile der neuen Relation nur einmal (Natural Join).

| Personalnummer | Nachname | Tag | Stunden |
|---|---|---|---|
| 1235 | Ammer | 15.10.2008 | 5 |
| 1235 | Ammer | 17.09.2008 | 6 |
| 1236 | Heinze | 25.09.2008 | 7 |
| 1240 | Kopper | 10.10.2008 | 4 |
| 1240 | Kopper | 18.10.2008 | 3 |

Würden sich die gemeinsamen Attribute in einer Zeile wiederholen, läge ein Equi-Join vor.

In der Ergebnisrelation sind in jedem Fall nur die Tupel enthalten, für die eine Verknüpfung besteht. So fehlt z.B. das Tupel (Personalnummer=1234, Nachname='Schneider') der 1. Relation, da es keine Entsprechung für diese Personalnummer in der 2. Relation gibt, umgekehrt fehlt das Tupel (Personalnummer=1255, Tag='04.10.2008', Stunden=5) der 2. Relation, da eine Entsprechung in der ersten fehlt. Werden nun auch diese Tupel in die Ergebnistabelle aufgenommen, handelt es sich um einen Outer Join. Je nachdem, welche Tupel ohne Entsprechung in der anderen Relation aufgenommen werden, spricht man von einem Left Outer Join (alle Tupel der 1. Tabelle), Right Outer Join (alle Tupel der 2. Tabelle) oder Full Outer Join (alle Tupel beider Tabellen).

# 2 Entwurf von Datenbanken

Bevor man mit der Implementierung einer Datenbank in einem real existierenden Datenbanksystem beginnt, ist es notwendig, die Datenbank auf einer konzeptionellen Ebene zu modellieren und anschließend die Datenbankstrukturen zu optimieren. Das Entity-Relationship-Modell und die Normalisierung einer Datenbank sind geeignete Werkzeuge zur Modellierung einer Datenbank.

## 2.1 Entity-Relationship-Modell

Das Entity-Relationship-Modell (= ER-Modell, ERM) wurde 1976 von Peter Chen entwickelt und dient als Modellierungswerkzeug für Datenbanken. Ziel des ER-Modells ist die Darstellung von Daten und Beziehungen, die zwischen diesen Daten existieren, auf einer konzeptionellen Ebene, d.h. unabhängig von der datenbankspezifischen Modellierung in einem Datenbanksystem. Das Modell beinhaltet zwei Grundelemente, nämlich Entitäten (= Entities) und Beziehungen (= Relationships).

### 2.1.1 Entitytyp

Ein Entity ist ein realer Gegenstand, ein abstraktes Konzept oder ein Ereignis. Beispielsweise ist ein Kunde, ein Artikel, ein Mitarbeiter oder eine Maschine ein Objekt, das ein Entity darstellt. Mehrere gleichartige Entities (z.B. Kunde Weiler, Kunde Schmidt, Kunde Meier) werden zu einem Entitytyp Kunde zusammengefasst.

**Darstellung**
Entitytypen werden im ER-Modell als Rechteck dargestellt. In das Rechteck schreibt man die Bezeichnung des Entitytyps.

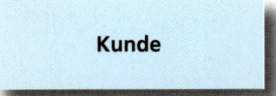

### 2.1.2 Relationship

Eine Relationship ist eine Beziehung zwischen zwei Entities, die meist durch ein Verb beschrieben werden kann. Beispielsweise erteilt ein Kunde einen Auftrag, ein Mitarbeiter arbeitet an einer Maschine oder ein Schüler gehört zu einer Klasse.

**Darstellung**
Beziehungen werden im ER-Modell in Form von Rauten dargestellt. In die Raute selbst schreibt man den Namen der Beziehung (= Verb).

Wenn wir die Darstellung einer Beziehung im Zusammenhang betrachten, so erkennen wir, dass die Raute die über die Beziehung verknüpften Entitytypen (mit einer Linie) verbindet.

## 2.1.3 Komplexität von Beziehungen (Kardinalitäten)

Die Komplexität einer Beziehung gibt das Verhältnis der beiden Entitytypen in Bezug auf die Beziehung an. Beispielsweise ist in unserem Kulturkreis ein Ehemann mit einer Ehefrau verheiratet. Es handelt sich hierbei um eine 1:1-Beziehung. Bei der Analyse der Beziehung zwischen Kunde und Auftrag erkennen wir, dass ein Kunde mehrere Aufträge erteilen kann, ein bestimmter Auftrag auf der anderen Seite genau einem Kunden zugeordnet werden kann. Hier haben wir eine 1:n-Beziehung. Kann auf beiden Seiten eine Beziehung zwischen mehreren Objekten bestehen (mehrere Mitarbeiter fahren mehrere Firmenwagen), so spricht man von einer m:n-Beziehung.

**Darstellung**
Die Komplexität einer Beziehung wird an den Verbindungslinien zwischen zwei Entitymengen verzeichnet. Die Beziehungen zwischen den Entitytypen lassen sich folgendermaßen darstellen:

**1:1-Beziehung**

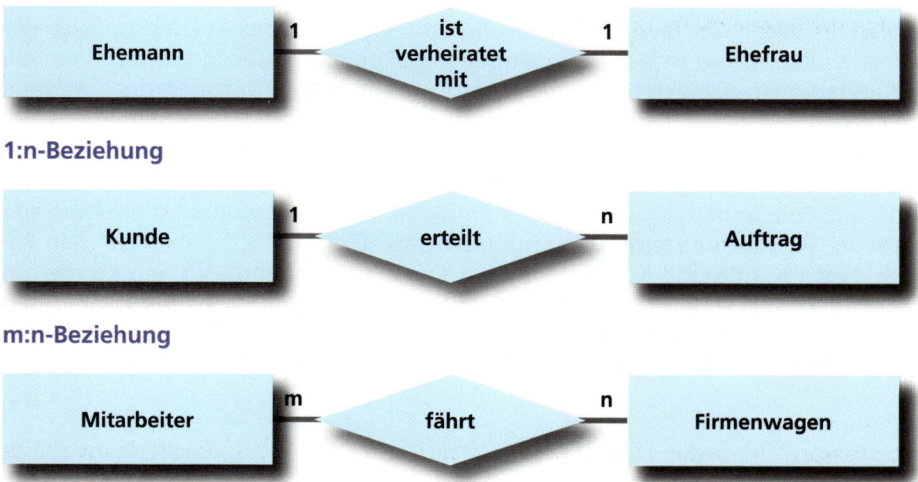

**1:n-Beziehung**

**m:n-Beziehung**

## 2.1.4 Attribute (Properties)

Attribute (= Eigenschaften) beschreiben die Entitytypen näher. Der Entitytyp Auftrag wird z. B. durch die Attribute Auftragsnummer, Auftragsbeschreibung, Liefertermin usw. beschrieben. Es gibt Nichtschlüssel-Attribute, wie z. B. die Auftragsbeschreibung, den Liefertermin oder die Zahlungsbedingungen, und es gibt ein oder mehrere Attribute, die der eindeutigen Identifizierung des Entities innerhalb eines Entitytyps dienen (= Schlüsselattribute). Die minimal identifizierende Attributkombination ist ein Schlüsselkandidat und kann als Primärschlüssel festgelegt werden.

**Darstellung**
Attribute werden in Form von Ellipsen dargestellt. Wenn das Attribut den Primärschlüssel darstellt, wird es unterstrichen.

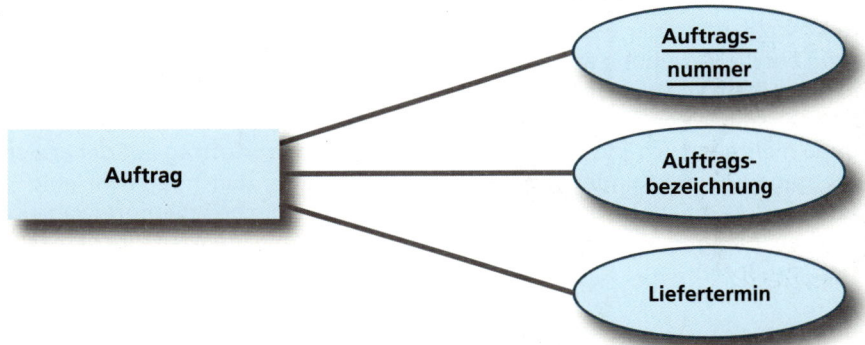

**Zusammenfassendes Beispiel:**
Um die Beziehung zwischen dem Entitytyp Kunde und dem Entitytyp Auftrag herzustellen, muss in beiden Entitätsmengen ein Feld existieren, über das eine Verknüpfung zwischen Kunde und Auftrag erfolgen kann. Dazu fügt man das Attribut Kundennummer in beiden Entitytypen ein und legt die Kundennummer als Primärschlüssel im Objekttyp Kunde an. Im Objekttyp Auftrag (n-Seite der Beziehung) ist das Attribut Kundennummer Fremdschlüssel. Mit ihm können die Kundendaten (Objekttyp Kunde) eines Auftrags eindeutig zugeordnet werden. Der Kunde seinerseits wird beschrieben durch die Attribute Kundennummer, Kundenname, Ort und Kundenstatus. Aufgrund des Kundenstatus erhalten die Kunden einen festgelegten Rabattsatz (z. B. Großhändler erhalten 25, Einzelhändler 15 und Endkunden 0 % Rabatt). Der Entitytyp Kundenstatus besitzt die Attribute Status-Kz, Status-Bezeichnung und Rabattsatz. Die Beziehung zwischen den Entitytypen Kunde und Kundenstatus ist eine n:1-Beziehung, d. h. ein Kunde hat genau einen Kundenstatus, ein bestimmter Kundenstatus kann jedoch mehreren Kunden zugeordnet werden. Status-Kz im Objekttyp Kundenstatus ist Primärschlüssel und im Objekttyp Kunde Fremdschlüssel.

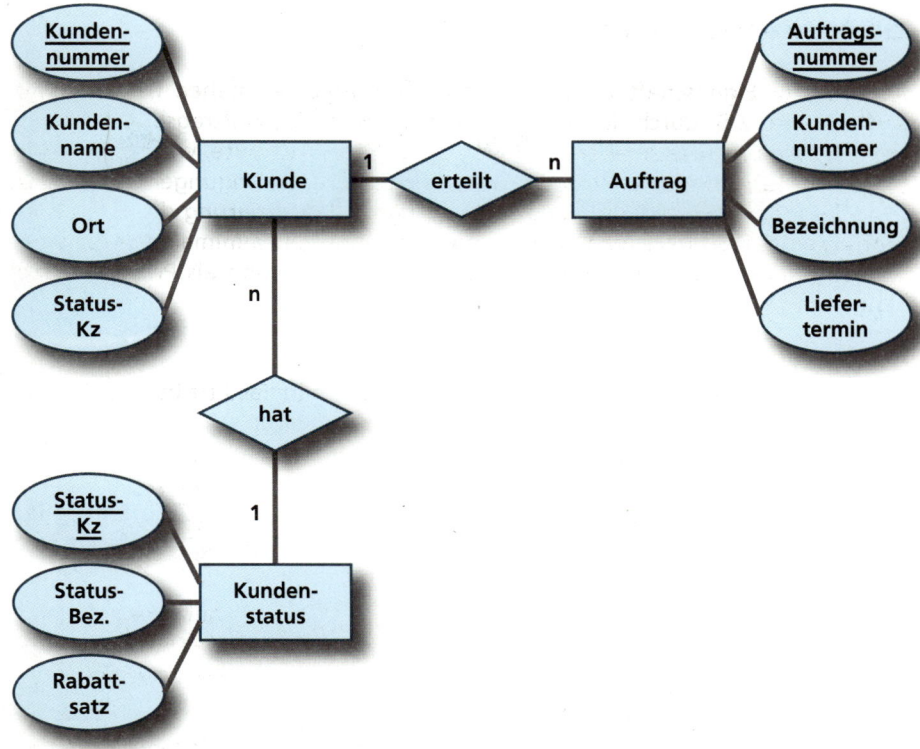

## 2.1.5 Die Auflösung einer m:n-Beziehung in 1:n-Beziehungen

In den gängigen DBMS können m:n-Beziehungen nicht abgebildet werden. Betrachten wir hierzu die Beziehung zwischen den Entitätsmengen Lieferant und Artikel.

Es handelt sich um eine m:n-Beziehung, denn 1 Lieferant kann mehrere Artikel (n) liefern und 1 Artikel kann von mehreren Lieferanten (m) geliefert werden. Die Datenbanktabellen könnten folgenden (stark vereinfachten) Aufbau haben:

## Tabelle Lieferant

| Lieferantennr. | Name | Ort |
|---|---|---|
| 1 | Schneider | Berlin |
| 2 | Peters | Hamburg |
| 3 | Seifert | München |

## Tabelle Artikel

| Artikelnummer | Name | Lieferantennr. |
|---|---|---|
| 10 | Tisch | 1 |
| 11 | Stuhl | 1 |
| 11 | Stuhl | 3 |
| 12 | Lampe | 2 |

Der Lieferant 1 liefert die Artikel 10 und 11; der Artikel 11 wird vom Lieferanten 1 und 3 geliefert. Wie man in der Tabelle unter Artikelnummer 11 erkennt, mussten die Daten des Stuhls mehrfach gespeichert werden, da er von mehreren Lieferanten geliefert wird – eine Redundanz, die nicht akzeptabel ist.

Das Problem lässt sich lösen, wenn man eine dritte Tabelle als ein Bindeglied einführt (hier: Lieferant_Artikel), in der die Beziehungen zwischen Lieferant und Artikel abgebildet werden:

## Tabelle Lieferant

| Lieferantennummer (Primärschlüssel) | Name | Ort |
|---|---|---|
| 1 | Schneider | Berlin |
| 2 | Peters | Hamburg |
| 3 | Seifert | München |

## Tabelle Artikel

| Artikelnummer (Primärschlüssel) | Name |
|---|---|
| 10 | Tisch |
| 11 | Stuhl |
| 12 | Lampe |

## Tabelle Lieferant_Artikel

| Lieferantennummer | Artikelnummer |
|---|---|
| 1 | 10 |
| 1 | 11 |
| 2 | 12 |
| 3 | 11 |

(Zusammengesetzter Primärschlüssel aus Lieferantennummer und Artikelnummer)

Die m:n-Beziehung wurde aufgelöst in zwei 1:n-Beziehungen:

*Entwurf von Datenbanken*

Ein Lieferant kann in Lieferant_Artikel mehrfach erscheinen – ein Lieferant aus Lieferant_Artikel taucht in Lieferant genau einmal auf. Ein Artikel kann in Lieferant_Artikel mehrfach erscheinen – ein Artikel aus Lieferant_Artikel taucht in Artikel genau einmal auf.

In der verbindenden Tabelle Lieferant_Artikel werden die Primärschlüssel(-kombinationen) der Tabellen Lieferant und Artikel gespeichert. Aus ihr kann man jetzt entnehmen, welcher Lieferant welchen Artikel liefern kann und welcher Artikel von welchem Lieferanten geliefert werden kann. Die Redundanz ist auf ein Minimum reduziert (nicht vermeidbares mehrfaches Abspeichern der Primärschlüssel). Zusätzlich kann die Beziehungstabelle Lieferant_Artikel Attribute aufnehmen, die für die Beziehung zwischen Lieferant und Artikel bedeutsam sind (z. B. Artikelpreis oder Lieferzeit des Lieferanten).

**AUFGABE 2.1**

Für ein Schulungsunternehmen, das EDV-Kurse anbietet, soll eine Datenbank erstellt werden, mit der der Schulungsbetrieb EDV-gestützt abgewickelt werden kann. Sie haben die Aufgabe, die Modellierung der Datenbank mit einem Entity-Relationship-Modell (ERM) durchzuführen. Es liegen Ihnen folgende Informationen vor:

Das Schulungsunternehmen bietet Kurse an, die eine Bezeichnung haben und von Referenten geleitet werden. Die Kurse können sich über mehrere Tage erstrecken. Die Kosten eines Seminars werden pro Tag angegeben. Für die Kurse muss jeweils ein Raum zur Verfügung gestellt werden. Jeder Raum ist gekennzeichnet durch eine Raumnummer und eine maximale Anzahl von Teilnehmerplätzen. Jeder Referent hat ein Kürzel, das ihn eindeutig identifiziert. Einige Schulungsmitarbeiter sind fest angestellt, andere sind auf selbstständiger Basis für das Unternehmen tätig.

## 2.2 Normalisierung

Das ER-Modell bildet im Rahmen der Datenbankentwicklung den Ausgangspunkt für die Überführung des konzeptionellen Schemas in ein logisches Schema einer relationalen Datenbank. Die Relationen werden mit Namen, Attributen und eventuell auch Wertebereichen festgelegt.

Im Regelfall sind die Tabellen einer Datenbank jedoch noch nicht optimiert. Abhängigkeiten zwischen Attributen einer Relation führen zu Redundanzen. Dies kann beim Betrieb der Datenbank Integritätsverletzungen nach sich ziehen. Die Normalisierung einer Datenbank soll diese Probleme weitgehend verhindern. Aufgrund der Normalisierung wird die Datenbank durch Veränderung der Tabellendefinitionen schrittweise optimiert.

### 2.2.1 Ziele der Normalisierung

Die Ziele des Normalisierungsprozesses sind:

- Erzeugen einer flexiblen, stabilen Datenbank, bei der Veränderungen leicht durchzuführen sind

- Vermeiden von Regelwidrigkeiten (Anomalien) beim Ändern (= Änderungsanomalie), Löschen (= Löschanomalie) und Einfügen (= Einfügeanomalie) von Datensätzen
- Möglichst geringe Redundanz und somit geringer Speicherplatzbedarf

## 2.2.2 Unnormalisierte Datenbank

Ausgangspunkt des Normalisierungsprozesses ist die unnormalisierte Datenbank. Betrachten wir dazu ein Beispiel: Die Daten zur Erzeugung einer Rechnung sollen in einer Datenbank abgespeichert werden. Die Rechnung hat folgendes Aussehen:

---

Bethmann Computerbedarf GmbH
Seilerstraße 32
60313 Frankfurt am Main


RECHNUNG                                              Datum: 28.02.2011


Birgit Warnecke                                   Kundennummer: 1223
Feldbergstraße 21                             Rechnungsnummer: 11/2011
63486 Bruchköbel
                                                  Bei Zahlung bitte angeben


| Artikel-<br>nummer | Artikel-<br>bezeichnung | Preis/<br>Einheit | Stück-<br>zahl | Gesamt-<br>preis |
|---|---|---|---|---|
| 10001 | NoName CD-ROM | 0,99 EUR | 100 | 99,00 EUR |
| 10050 | Toner | 75,00 EUR | 2 | 150,00 EUR |
| 10402 | Etiketten | 25,00 EUR | 10 | 250,00 EUR |

|  |  |
|---|---|
| Netto: | 499,00 EUR |
| + 19 % MWSt | 94,81 EUR |
| Brutto: | 593,81 EUR |

Bitte überweisen Sie den Betrag auf eines unserer Konten innerhalb von 14 Tagen netto ohne Abzug.

Die Analyse der Rechnung führt zu einer Tabelle mit folgenden Feldern:

Die Werte für die Mehrwertsteuer und den Bruttobetrag sowie der Nettobetrag einer Rechnungsposition werden nicht als Felder in der Tabelle Rechnung unnormalisiert angelegt, da sie sich jederzeit wieder berechnen lassen. Das Feld Rechnungsnummer (Rgnr) ist der Primärschlüssel.

Die Tabelle Rechnung unnormalisiert ist gegenüber Anomalien sehr anfällig, wie die folgenden Beispiele zeigen:

- **Einfügeanomalie (Insertanomalie)**
  Die Daten für einen Artikel können nur dann aufgenommen werden, wenn es eine Rechnung gibt, in der dieser Artikel berechnet wird. Produkte unseres Sortiments, für die es gegenwärtig keine Bestellung gibt, können nicht erfasst werden.

- **Löschanomalie (Deleteanomalie)**
  Wird aus der Tabelle die (einzige) Rechnung eines Kunden gelöscht, gehen alle Kundendaten verloren. Bei einer neuen Bestellung müssen alle Kundeninformationen neu erfasst werden.

- **Änderungsanomalie (Updateanomalie)**
  Ändert sich die Anschrift eines Kunden, für den bereits mehrere Rechnungen erfasst sind, müssen in allen betroffenen Zeilen die Werte korrigiert werden. Wird das an einer Stelle vergessen, entsteht ein inkonsistenter Datenbestand (der Kunde hat zwei verschiedene Adressen, von denen nur eine richtig ist).

Zusätzlich enthält die Tabelle viele redundante Daten. Erhält ein Kunde mehrere Rechnungen, sind die Kundendaten für jede einzelne Rechnung erfasst. Gleiches gilt für die Artikeldaten, wenn ein Artikel in mehreren Rechnungen erscheint.

## 2.2.3  1. Normalform

Damit eine Tabelle in der 1. Normalform (1NF) vorliegt, müssen folgende Bedingungen erfüllt werden:

- Alle Attributwerte müssen atomar sein, d. h. die Felder dürfen sich nicht weiter untergliedern lassen.
- Es dürfen keine Wiederholungsgruppen existieren.

Die Tabelle Rechnung widerspricht zwei Bedingungen der 1. Normalform:

1. Die Felder Kundenname und Kundenadresse sind nicht atomar.
   Das Feld Kundenname lässt sich untergliedern in die Felder Kundenname1 (Name) und Kundenname2 (Vorname). Das Feld Kundenadresse ist ebenfalls nicht atomar. Es lässt sich in die Felder Postleitzahl, Ort, Strasse und Hausnummer aufsplitten. Diese Aufteilung in atomare Attributwerte ist wichtig, wenn

wir beispielsweise alle Kunden anschreiben wollen, die ihren Geschäftssitz in einem bestimmten Ort haben. Durch die Aufteilung in einzelne Felder lässt sich das recht einfach realisieren.

2. Es existiert eine Wiederholungsgruppe in der Tabelle Rechnung.
In der Beispielrechnung hat der Kunde drei unterschiedliche Artikel bezogen. Für jeden Artikel musste deshalb je ein Feld für die Artikelnummer, die Artikelbezeichnung, die Stückzahl und den Preis pro Einheit angelegt werden. Theoretisch müsste man die Struktur der Tabelle noch erweitern, sodass für eine maximale Anzahl von Rechnungspositionen (z. B. in einer Rechnung werden maximal 20 Positionen ausgewiesen) diese vier Felder jeweils verfügbar sind. Bei einer Dimensionierung mit der maximalen Anzahl von Rechnungspositionen wird viel Speicherplatz verschwendet, da die Felder für jede Rechnung angelegt werden (auch für solche mit weniger Positionen), und es besteht auf der anderen Seite immer die Gefahr, dass die Datenbankstruktur gesprengt wird, wenn mehr als 20 Positionen auf einer Rechnung ausgewiesen werden sollen. Das Problem von Wiederholungsgruppen lässt sich z. B. durch die Zerlegung der ursprünglichen Tabelle in mehrere Relationen beheben.

### Tabellen der Datenbank Rechnung in 1. Normalform

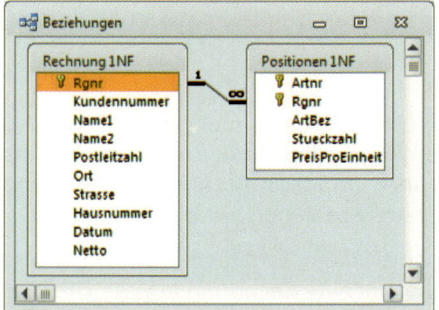

Die sich wiederholenden Attribute (Artnr, ArtBez, Stueckzahl, PreisProEinheit) wurden aus der Ursprungstabelle entfernt und in die neue Tabelle Positionen 1NF übertragen. Um eine Verknüpfung mit den Kundendaten herstellen zu können (jetzt Tabelle Rechnung 1NF), muss zusätzlich das Attribut Rgnr in die Tabelle Positionen 1NF aufgenommen werden.

In der Tabelle Rechnung 1NF ist das Feld Rgnr das Primärschlüsselfeld. In der Tabelle Positionen 1NF setzt sich der Primärschlüssel aus den Feldern Artnr und Rgnr zusammen, denn weder die Artikelnummer noch die Rechnungsnummer identifiziert eine Zeile eindeutig. Die Rechnungsnummer wiederholt sich, wenn eine Rechnung mehrere Positionen enthält und die Artikelnummer wiederholt sich, wenn ein gleicher Artikel in verschiedenen Rechnungen berechnet wird.

> **1. Normalform (1NF)** Eine Tabelle liegt in der ersten Normalform vor, wenn an jeder Stelle der Tabelle (an jedem Kreuzungspunkt von Zeilen und Spalten) nur ein Wert steht.

*Entwurf von Datenbanken*

## 2.2.4  2. Normalform

Wegen der nach wie vor bestehenden Redundanz sind die Tabellen in der 1NF noch anfällig für Anomalien. Beispielsweise wiederholt sich in der Tabelle Positionen 1NF für einen in mehreren Rechnungen enthaltenen Artikel die Artikelbezeichnung. Die Ursache hierfür liegt darin, dass der Artikelname nicht vom gesamten Schlüssel, sondern nur von einem Teil des Schlüssels abhängig ist.

In der 2. Normalform (2NF) muss die Datenbank neben den Bedingungen der 1. Normalform noch folgender Anforderung genügen:

Jedes Nichtschlüsselattribut muss voll funktional abhängig vom Gesamtschlüssel, nicht aber von Teilen des Gesamtschlüssels sein.

In der Tabelle Rechnung 1NF sind alle Nichtschlüsselfelder vom Primärschlüssel abhängig, denn der Primärschlüssel besteht aus einem einzigen Feld. Für die Relation Positionen 1NF gilt das jedoch nicht. In dieser Tabelle sind die Felder ArtBez und PreisProEinheit nicht vom Gesamtschlüssel (Felder Artnr und Rgnr) abhängig, sondern nur von einem Teil des Schlüssels, nämlich vom Feld Artnr. Um die Datenbank in die 2. Normalform zu bringen, müssen wir die Informationen der Relation Positionen 1NF auf zwei Tabellen verteilen.

**Tabellen der Datenbank Rechnung in 2. Normalform**

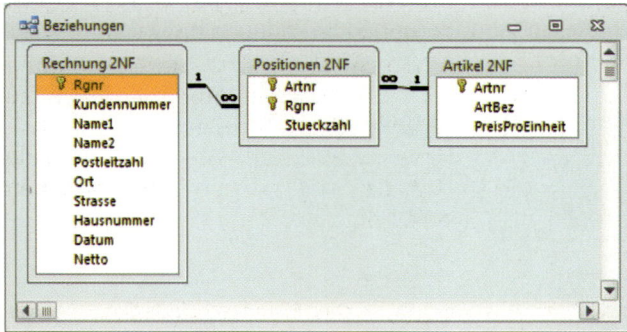

Die Relation Positionen 1NF wird in der 2. Normalform auf die beiden Tabellen Positionen 2NF und Artikel 2NF verteilt. In der neuen Relation Artikel 2NF wird ein Primärschlüssel für das Feld Artnr definiert. Über dieses Feld lässt sich die Verknüpfung zur Tabelle Positionen 2NF herstellen.

| 2. Normalform (2NF) | Eine Tabelle liegt in der zweiten Normalform vor, wenn sie sich in der 1NF befindet und jedes Nicht-Schlüsselattribut vom Gesamtschlüssel und nicht bereits von einem Teil des Gesamtschlüssels voll funktional abhängig ist. |
|---|---|

## 2.2.5   3. Normalform

Auch eine Tabelle in der 2NF ist noch nicht ausreichend vor Anomalien geschützt. Ein Kunde kann beispielsweise nach wie vor nicht erfasst werden, wenn er keine Rechnung erhält. Dieses Problem tritt auf, weil die Daten eines Kunden in der Tabelle Rechnung 2NF nicht direkt vom Schlüssel Rgnr abhängen.

In der 3. Normalform (3 NF) muss die Datenbank neben den Bedingungen der 1. und der 2. Normalform noch folgende Bedingung erfüllen:

Es dürfen keine funktionalen Abhängigkeiten zwischen Attributen existieren, die nicht als Schlüssel definiert sind, d.h. alle Attribute, die nicht zum Primärschlüssel gehören, müssen direkt von diesem abhängig sein. Es dürfen keine indirekten („transitiven") Abhängigkeiten bestehen.

Die Tabelle Rechnung 2NF enthält noch Abhängigkeiten zwischen Nichtschlüsselattributen. Die Felder Name1, Name2, Postleitzahl, Ort, Strasse und Hausnummer sind nicht vom Primärschlüsselfeld dieser Tabelle (Rgnr) sondern vom Feld Kundennummer abhängig. Auch transitive Abhängigkeiten können aufgelöst werden, indem die Felder der Tabelle auf verschiedene Relationen verteilt werden.

In der neuen Tabelle Kunde werden die Felder Kundennummer, Name1, Name2, Postleitzahl, Ort, Strasse und Hausnummer definiert. Alle Felder sind von der Kundennummer abhängig. Dieses Feld muss als Primärschlüssel in der Relation Kunde definiert sein. Nach diesen Veränderungen befinden sich die Tabellen der Datenbank in der 3. Normalform.

**Tabellen der Datenbank Rechnung in 3. Normalform**

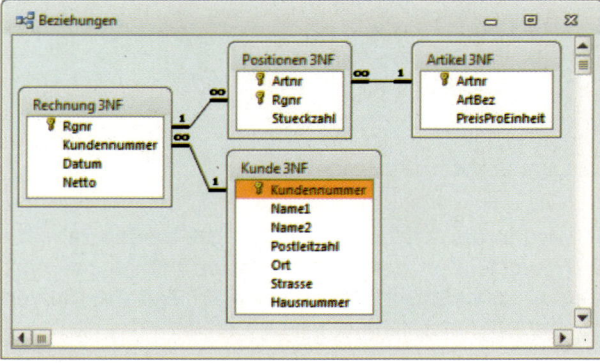

**3. Normalform (3NF)**   Eine Tabelle liegt in der dritten Normalform vor, wenn sie sich in der 2NF befindet und jedes Nicht-Schlüsselattribut direkt (nicht transitiv) vom Primärschlüssel funktional abhängig ist.

*Entwurf von Datenbanken*

## 2.2.6 Normalisierung im praktischen Einsatz

Tabellen in der 3NF enthalten nur noch geringe Redundanz (zur Herstellung der Beziehungen zwischen den Tabellen müssen Schlüssel mehrfach gespeichert werden) und sind robust gegenüber Anomalien, z. B.:

- Artikeldaten können jetzt auch ohne eine bestehende Rechnung in der Tabelle Artikel 3NF erfasst werden (keine Insert-Anomalie).

- Rechnungen können – ohne Verlust von Kunden- und Artikeldaten – in der Tabelle Rechnung 3NF gelöscht werden (keine Delete-Anomalie).

- Eine Kundenadresse ist nur einmal gespeichert und muss bei einer Änderung nur in der Tabelle Kunde 3NF angepasst werden (keine Update-Anomalie).

Es gibt noch weitere Normalformen (Boyce-Codd Normalform BCNF, 4. Normalform 4NF, 5. Normalform 5NF, Domain-Key-Normalform). In der Praxis werden sie jedoch nur selten umgesetzt.

Das Zerlegen in mehrere Tabellen führt vor allem bei Datenbankabfragen zu längeren Antwortzeiten, da diese Tabellen immer wieder miteinander zu verknüpfen sind. Deshalb ist es aus Performancegründen manchmal sinnvoll, nicht alle Bedingungen der 1. bis 3. Normalform zu berücksichtigen und stattdessen die Überwachung der Integrität dem Benutzer (= Programmierer, der auf diesen Datenbestand zugreift) zu überlassen.

**AUFGABE 2.2**

Konzipieren Sie die Datenbankstruktur der Datenbank Laufteilnahme (Aufgabe a), Webshop (Aufgabe b), Miete (Aufgabe c), Bibliothek (Aufgabe d), IT-Wartung (Aufgabe e) und Seminar (Aufgabe f). Erstellen Sie jeweils ein ER-Modell und führen Sie die Normalisierung der Datenbank bis zur 3. Normalform durch.

### a) Datenbank: Laufteilnahmen

Für eine Internetplattform soll eine relationale Datenbank in der 3. Normalform erstellt werden, in der für jeden Läufer alle Teilnahmen an Laufveranstaltungen abgespeichert werden können. In einer Grobentwicklung wurde bereits die Struktur von 2 Tabellen festgelegt.

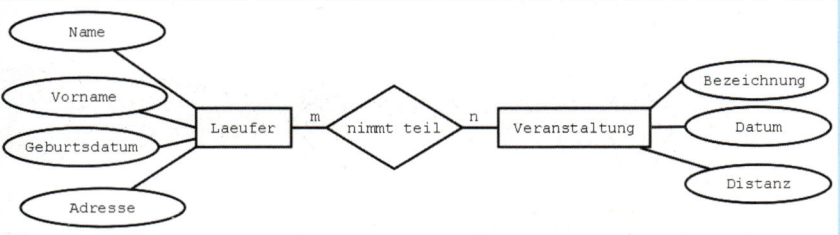

Lösen Sie die m:n-Beziehung zwischen den Tabellen „Veranstaltung" und „Laeufer" auf. Fügen Sie alle zusätzlich benötigten Felder in die Tabellen ein und kennzeichnen Sie in Ihrer Lösung sowohl die Primärschlüssel (PK – primary key) als auch die Fremdschlüssel (FK – foreign key) in den jeweiligen Tabellen und zeichnen Sie die Kardinalitäten der Beziehungen zwischen den Entitytypen ein.

## b) Datenbank: Webshop

Für eine Webshopanwendung soll eine Kundendatenbank erstellt werden. Für den Kunden sollen der Kundenname, seine Anschrift (für die Lieferung) und seine E-Mail-Adresse erfasst werden. Aufgrund einer Kundenbewertung ist für die Kunden entweder die Zahlung durch Überweisung, als Vorkasse oder die Zahlung per Lastschrift vorgesehen. Falls ein Kunde per Lastschrift Zahlung leisten darf, benötigen Sie die Informationen: Name der Bank, Bankleitzahl und Kontonummer. Jeder Kunde kann mehrere Bankverbindungen für das Lastschriftverfahren angeben. Vereinfachend soll jedoch davon ausgegangen werden, dass der Kunde immer auch Inhaber aller angegebenen Bankkonten ist.

Erstellen Sie die für die beschriebene Webshop-Anwendung erforderlichen Tabellen in der 3. Normalform (m:n-Beziehungen sind aufzulösen). Es sind nur die Attribute anzulegen, die aufgrund der Aufgabenbeschreibung erforderlich sind. Die Primärschlüsselattribute sind mit (PK) und die Fremdschlüsselattribute sind mit (FK) zu kennzeichnen. Außerdem ist die Kardinalität der Beziehung anzugeben.

## c) Datenbank: Miete

Sie sind Mitarbeiter eines Unternehmens, das Baumaschinen vermietet. Zur Unterstützung der Rechnungserstellung soll eine Datenbank erzeugt werden, in der die Informationen zur Abwicklung der Mietvorgänge gespeichert werden. Der folgenden Tabelle können Sie die Daten von zwei Mietrechnungen an einen Kunden bzw. betriebsinterne Daten entnehmen.

| Kundenname | Taunusbau AG | Taunusbau AG |
|---|---|---|
| Ort | Bad Homburg | Bad Homburg |
| Gemietete Maschinenart | LKW | Bagger |
| Typ der Maschine | VO12B | PL20 |
| Kfz-Kennzeichen | F-XX-123 | MZ-XX-123 |
| Maschinennummer | 1500 | 1600 |
| Hersteller | VELVA | LAINPOC |
| Mietzeitraum | 10.08.2011 – 23.08.2011 | 01.09.2011 – 05.09.2011 |
| Mietpreis pro Tag | 195,00 EUR | 395,00 EUR |
| Mietvertrag abgeschlossen bei | Niederlassung Süd Mannheim Ansprechpartner: Frau Schneider | Niederlassung West Mainz Ansprechpartner: Herr Müller |
| Kundennummer | 1000 | 1000 |
| Gefahrene Kilometer | 1445 | 84 |
| Preis je Kilometer | 2,55 EUR | 6,50 EUR |
| Kundenart | Großkunde | Großkunde |
| Maschine einsatzbereit | ja | ja |
| Kaufdatum der Maschine | 07.04.2011 | 15.10.2010 |
| Nächste Inspektion | 01.11.2011 | 15.10.2011 |
| Zuständige Werkstatt | VELVA, Frankfurt | LAINPOC, GG |
| Befähigungsnachweis zum Betreiben der Maschine dieses Typs | 2 | S |

Ergänzende Hinweise:
- Alle Maschinen können bei allen Niederlassungen gebucht werden.
- Nur einsatzbereite Maschinen werden vermietet.
- Die Mietpreise für Maschinen des gleichen Typs sind identisch.
- Die Kundenart ist für eventuelle Sonderrabatte von Bedeutung.
- Die erforderlichen Befähigungsnachweise berechtigen zum Führen eines bestimmten Maschinentyps.
- Wir lassen alle Maschinen bei den jeweiligen Hersteller-Vertragswerkstätten warten.

### d) Datenbank: Bibliothek

Erstellen Sie für die Stadtbibliothek das Modell einer Datenbank, das folgende Funktionalität unterstützen muss:
Es sollen alle Entleihvorgänge (Buch, Entleiher, Entleihdatum, Rückgabetermin, tatsächliche Rückgabe, Mahnung/Mahnstufe mit Texten für drei Mahnungen) dargestellt werden können.
- Die eigentliche Entleihung der Bücher ist kostenlos. Für Mahnungen werden dem Kunden jedoch Gebühren in Rechnung gestellt, die per Lastschrift von seinem Konto eingezogen werden. Dazu sind alle Angaben zur Bankverbindung des Kunden abzuspeichern.
- Das EDV-System der Bibliothek muss in der Lage sein, aufgrund von Titeln, Autoren und Stichworten zu einzelnen Büchern alle Werke herauszufinden, die entsprechenden Anforderungen entsprechen.
- Außerdem führt die Stadtbibliothek von Zeit zu Zeit Autorenveranstaltungen durch. Hierzu werden die Autoren eingeladen. Für eine Veranstaltung können auch mehrere Autoren gleichzeitig eingeladen werden.
- Innerhalb des Gebäudes sind die Bücher nach verschiedenen Bereichen geordnet (z. B. Sachbücher, Romane, Kinderbücher), die jeweils raumbezogen den Kunden angeboten werden.

### e) Datenbank: IT-Wartung

Das Dienstleistungsunternehmen IT-Lösungen aus einer Hand GmbH hat bereits den Prototyp eines Webmoduls zur Abrechnung von Wartungsdienstleistungen für die Außendienstmitarbeiter dieser Firma erstellt. Die Daten sollen in einer relationalen Datenbank abgespeichert werden. Erstellen Sie aufgrund des Screenshots für das Webmodul und der folgenden Zusatzhinweise die Struktur der erforderlichen Tabellen in der 3. Normalform (m:n-Beziehungen sind aufzulösen). Es sind nur die Attribute anzulegen, die aufgrund der Aufgabenbeschreibung erforderlich sind. Die Primärschlüsselattribute und die Fremdschlüsselattribute sind zu kennzeichnen. Außerdem ist die Kardinalität der Beziehung anzugeben.
Hinweise:
- Für Privatkunden und Firmenkunden gibt es unterschiedliche Kilometer- und auch Wartungsstundensätze. Die Abrechnungssätze sind in der Datenbank abzuspeichern.
- Aufgrund der Einordnung der Kunden in ABC-Kunden gewähren wir den Kunden jeweils einen Rabatt auf die Stundensätze. Die prozentualen Rabattsätze für ABC-Kunden sollen ebenfalls in der Datenbank erfasst werden.
- Die Kunden können von verschiedenen Außendienstmitarbeitern betreut werden. An einem Tag findet jedoch höchstens eine Wartung an einem Wartungsort eines Kunden statt.

- Die Wartungsdienstleistungen für einen Kunden können an unterschiedlichen Orten (z. B. Filialen eines Kunden) erbracht werden.

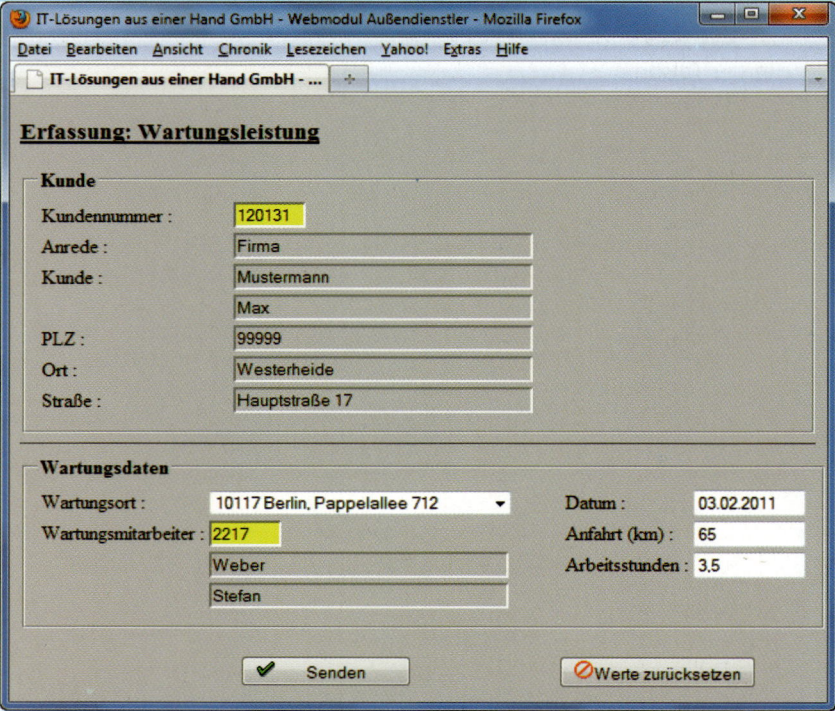

f) **Datenbank: Seminar**
Das Schulungsunternehmen IT-Weiterbildung INFoSys möchte die Daten der von ihm angebotenen IT-Weiterbildungskurse in einer Datenbank speichern. Unter anderem sollen mit den hinterlegten Daten Kursbestätigungen nach folgendem Muster erstellt werden:

**IT-Weiterbildung INFOSys**  
In der Talsohle 5  
60399 Frankfurt am Main

03.11.2011

Herrn  
Dietmar Stock  
Lohmühle 17  
63486 Bruchköbel

Teilnehmer-Nr. 1221  
Bestätigungs-Nr. 3456

Sehr geehrter Herr Stock,

wir bestätigen Ihnen die Teilnahme an folgenden Kursen:

| Kurs<br>Kursleiter | Beginn<br>Veranstaltungsort | Ende | Kursstunden<br>Buchungsdatum | Kosten<br>in EUR |
|---|---|---|---|---|
| MS-Office WORD 2003 | 23.11.2011<br>09:00 Uhr | 27.11.2011 | 40 Stunden | 1.250,00 |
| R. Meinhardt | Raum 2051, Gebäude B | | 03.11.2011 | |
| DB-Design Ansi-SQL | 02.12.2011<br>10:00 Uhr | 02.12.2011 | 8 Stunden | 300,00 |
| D. Löbert | Raum 2047, Gebäude A | | 01.11.2011 | |

Die Kursgebühren in Höhe von 1.550,00 EUR ziehen wir per Lastschrift am 23.11.2011 von Ihrem Konto 120471100 bei der Frankfurter Volksbank, BLZ 507 900 00 ein.

Wir wünschen Ihnen viel Spaß und Erfolg bei Ihren Kursen.

Mit freundlichen Grüßen

IT-Weiterbildung INFOSys HR: 12211 Amtsgericht Frankfurt am Main  
Bankverbindungen: Postbank Frankfurt, Kto: 221166, BLZ: 999 999 99  
Deutsche Bank Frankfurt, Kto: 22331177, BLZ: 50120000

Hinweise:
- Ein Kurs kann mehrfach angeboten werden (unterschiedliche Termine, unterschiedliche Kursleiter).
- Der Preis eines Kurses ist von seiner Dauer (Stunden) und einem je nach Kurs unterschiedlichen Stundensatz abhängig.
- Für jeden Kurstag muss ein Raum zur Verfügung gestellt werden. In der Kursbestätigung ist nur der Raum des ersten Kurstages angegeben.

Falls weitere Bedingungen in Ihrem Datenmodell eine Rolle spielen, müssen Sie diese Einschränkungen formulieren.

# 3 Datensicherheit, Datenschutz

## 3.1 Datensicherheit und Datenschutz allgemein

### 3.1.1 Betriebswirtschaftliche Komponente der Datensicherheit

Die Arbeit in Wirtschaft und Verwaltung wird zunehmend durch den Einsatz der Informations- und Kommunikationstechnik erleichtert. Die meisten Arbeitsprozesse werden elektronisch unterstützt und gesteuert. In diesem Prozess fällt eine große Menge von Daten an, die lokal oder zentral gespeichert und über interne oder externe Netze übermittelt werden. Das Erreichen der Unternehmensziele hängt heutzutage in hohem Maße vom reibungslosen Funktionieren der Informationstechnologie und der Verfügbarkeit der notwendigen Daten ab. Wenn in einem großen Unternehmen die EDV über mehrere Tage ausfällt, so ist die Existenz des Unternehmens sehr schnell gefährdet. Aufgrund dieser hohen Abhängigkeit von der Korrektheit und der Verfügbarkeit des Datenbestandes kommt den Maßnahmen zur Datensicherheit eine wesentliche Bedeutung zu.

### 3.1.2 Rechtliche Basis (Bundesdatenschutzgesetz)

Neben der betriebswirtschaftlichen Notwendigkeit, jederzeit die Verfügbarkeit und Korrektheit der Daten zu gewährleisten, gibt es noch die juristische Ebene des Datenschutzes. Im Bundesdatenschutzgesetz (BDSG), das am 1.1.1977 in Kraft trat, sind die wesentlichen rechtlichen Bestimmungen zum Datenschutz enthalten. Im Paragraphen 1 des Bundesdatenschutzgesetzes wird festgelegt, dass der Einzelne vor einer Beeinträchtigung des Persönlichkeitsrechtes durch den Umgang mit seinen personenbezogenen Daten zu schützen ist. Der Paragraph 5 BDSG beschäftigt sich mit dem Datengeheimnis: „Den bei der Datenverarbeitung beschäftigten Personen ist untersagt, personenbezogene Daten unbefugt zu verarbeiten oder zu nutzen (Datengeheimnis). Diese Personen sind, soweit sie bei nicht-öffentlichen Stellen beschäftigt werden, bei der Aufnahme ihrer Tätigkeit auf das Datengeheimnis zu verpflichten. Das Datengeheimnis besteht auch nach Beendigung ihrer Tätigkeit fort."

Diese Regelungen betreffen sowohl die Speicherung von Daten in der öffentlich-rechtlichen Verwaltung als auch in Unternehmen. Die gesetzlichen Regelungen zu den Rechten der Betroffenen sind in unterschiedlichen Abschnitten des Bundesdatenschutzgesetzes festgelegt.

Betroffene Personen haben grundsätzlich folgende Rechte: Sie haben ein Auskunftsrecht (öffentliche Verwaltung) bzw. Benachrichtigungsrecht (gewerbliche Nutzung) über den Zweck und den Inhalt der zu ihrer Person gespeicherten Daten (§§ 19 und 20 BDSG öffentliche Verwaltung bzw. §§ 33 und 34 BDSG gewerbliche Nutzung) und es steht ihnen das Recht zur Berichtigung, zum Löschen oder Sperren von Daten zu (§ 20 BDSG bzw. § 35). Berichtigt werden müssen die Daten, wenn sie unrichtig sind, das Recht auf Löschung steht dem Betroffenen zu, wenn die Speicherung der Daten unzulässig bzw. wenn sie zur Erfüllung einer Aufgabe nicht mehr erforderlich ist. An die Stelle der Löschung tritt eine Sperrung, wenn beispielsweise gesetzliche, satzungsgemäße oder vertragliche Aufbewahrungsfristen einer Löschung entgegenstehen.

Sowohl die betriebswirtschaftlichen Überlegungen als auch die rechtliche Problematik sind die Grundlage für ein umfassendes Sicherungskonzept bei der Speicherung und Verarbeitung von Informationen in Datenbanken. Datenverlust, Verfälschung und Zerstörung von Daten, verbotener Zugriff und Datenmissbrauch (auch von Fachpersonal) müssen durch geeignete Sicherungsmaßnahmen verhindert werden.

## 3.2 Maßnahmen zur Gewährleistung von Datenschutz und Datensicherheit

Unter Datensicherung im umfassenden Sinne versteht man alle Maßnahmen, mit deren Hilfe die Einhaltung der Bestimmungen des Bundesdatenschutzgesetzes und somit Datensicherheit gewährleistet werden kann. Datensicherung in diesem Zusammenhang geht also über das reine Sichern von Daten auf Backup-Medien (= Datensicherung im engeren Sinne) weit hinaus.

Das Datensicherungsproblem stellt nicht nur ein statisches Problem eines Unternehmens dar, sondern es bedarf der dauernden Überwachung und der ständigen Verbesserung der Maßnahmen. In einer Diagnosephase müssen permanent Schwachstellen aufgedeckt werden. Anschließend müssen Sicherungsmaßnahmen geplant, realisiert und kontrolliert werden. Die Datensicherungsmaßnahmen erstrecken sich über folgende Bereiche:

- Maßnahmen zur Infrastruktur und Organisation
- Personelle Maßnahmen
- Hardwaremaßnahmen
- Softwaremaßnahmen

In den nachfolgenden Abschnitten sollen kurz einige Maßnahmen dargestellt werden. Die Maßnahmen werden in vier Kategorien unterteilt. Es ist jedoch nicht immer möglich, sie eindeutig einem Bereich zuzuordnen, weil z.T. Maßnahmen sowohl die Hardware als auch die Software betreffen oder auch dem Bereich der organisatorischen Maßnahmen zuzuordnen sind.

### 3.2.1 Infrastrukturelle und organisatorische Maßnahmen

Infrastrukturelle und organisatorische Maßnahmen betreffen das Gebäude, die Verkabelung und Stromversorgung sowie die baulichen und organisatorischen Sicherheitsmaßnahmen im EDV-Bereich. Der folgenden Liste können Sie einige Beispiele für Sicherungsmaßnahmen entnehmen.

- Einhaltung von DIN-Normen und VDE-Normen:

Für nahezu alle Bereiche der Technik existieren Normen bzw. Vorschriften, die dazu beitragen, dass technische Einrichtungen ein ausreichendes Maß an Schutz für den Benutzer und die Sicherheit für den Betrieb gewährleisten.

- Ordnungsgemäße Stromversorgung und Notfallvorsorge
- Schutz vor Feuer und Blitzeinschlag
- Einbruchschutz
- Closed-Shop-Betrieb
- Festlegung von Verantwortungsbereichen
- Regelungen für die Zutrittsberechtigung
- Regeln für die Passwortvergabe und den Passwortgebrauch
- Nutzungsverbot nicht freigegebener Software
- Einsatz einer geeigneten Firewall

### 3.2.2 Personelle Maßnahmen

Einen weiteren wichtigen Aspekt im Sicherungskonzept stellen die Mitarbeiter selbst dar. Bei bestehenden Sicherheitslücken kommt der Auswahl und der Betreuung der Mitarbeiter besondere Bedeutung zu. Notwendig sind:

- geeignete Auswahlverfahren für Mitarbeiter in sensiblen Bereichen
- Schulung, Einarbeitung von Mitarbeitern
- Verpflichtung der Mitarbeiter auf bestehende Gesetze

### 3.2.3 Hardwaremaßnahmen

Im Bereich der Hardware können sehr effektive Maßnahmen ergriffen werden. Dies sind z. B.

- Verschluss von Rechnern und Diskettenlaufwerken
- Bildschirmsperren
- RAID-Systeme
- Sperren der Serverkonsolen

### 3.2.4 Softwaremaßnahmen

Die Softwaremaßnahmen zur Datensicherheit sind vor allem bei der Datenbankentwicklung und dem eigentlichen Einsatz der Datenbank von besonderer Bedeutung:

- Regelmäßige Datensicherung
- Replikation von Datenbeständen
- Vergabe von Passwörtern
- Anlegen von Benutzern mit selektiven Zugriffsrechten
- Restriktive Zugangsberechtigungen
- Verschlüsselung von Datenbanken und Dateien
- Regelmäßiger Einsatz von Virenscannern

## 3.3 Bedeutung von Datenschutz und Datensicherheit

Angesichts der Tatsache, dass vernetzte, betriebliche Informationssysteme von innen und auch immer häufiger von außen attackiert werden (z. B. durch Viren und Hacker) und dadurch hoher Schaden entstehen kann, sind vor allem präventive Maßnahmen im Rahmen des Datenschutzes und der Datensicherheit besonders wichtig. Deshalb muss beim Aufbau und Betrieb eines IT-Systems die Datensicherheit im Mittelpunkt eines DV-Systems und speziell auch einer Datenbankanwendung stehen.

# 4 Datenbankentwicklung mit MS Access

Microsoft stellt dem Benutzer mit dem Programmpaket MS Access (Version 2010) ein relationales Datenbanksystem zur Verfügung. Die Hauptobjekte Tabellen, Abfragen, Formulare, Berichte, Makros und Module sind Bestandteil des Kapitels „Datenbankentwicklung mit MS Access". Wir behandeln dabei exemplarisch ausgewählte Aspekte der Funktionalität der Access-Objekte.

## 4.1 Anlegen einer Datenbank

Nach dem Starten von Access wird die Microsoft Office Backstage-Ansicht angezeigt. Hier finden Sie beispielsweise Befehle zum Erstellen einer neuen Datenbank, zum Öffnen einer bestehenden Datenbank oder zum Drucken. Es handelt sich hierbei um Befehle, die für die gesamte Datenbank gelten und nicht für einzelne Objekte. Die Befehle sind auf dem Bildschirm links untereinander angeordnet und werden von Microsoft Registerkarten genannt.

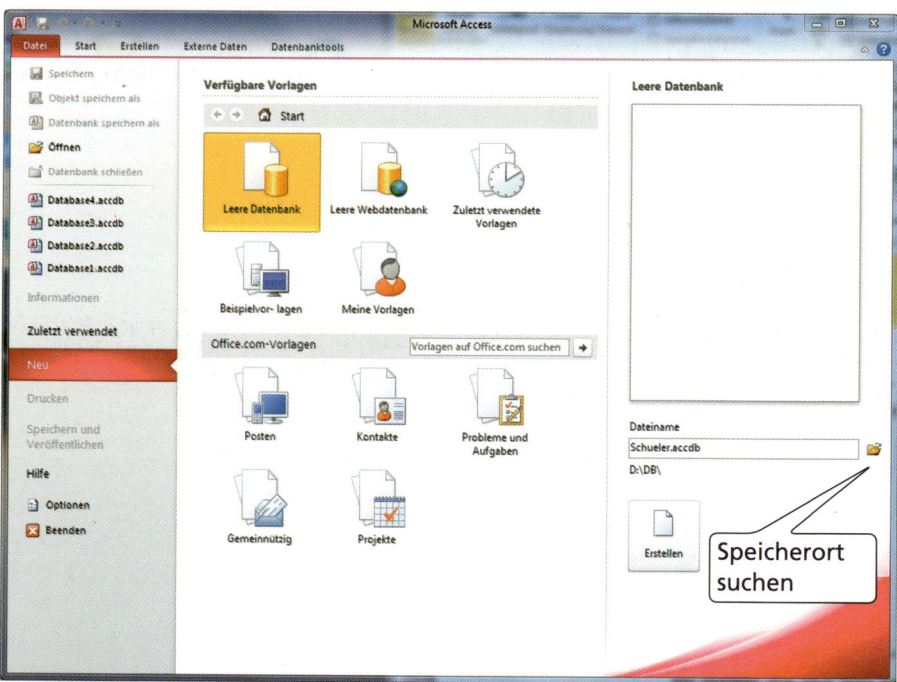

Wir möchten eine neue leere Schülerdatenbank anlegen und wählen daher aus den verfügbaren Vorlagen „Leere Datenbank" aus. Im nächsten Schritt legen wir den Speicherort und einen Namen für die neue Datenbank fest. Als Dateinamen wählen wir Schueler, den Speicherort suchen wir mit einem Klick auf das Ordnersymbol neben dem Dateinamen (in unserem Beispiel D:\DB\). Achten Sie bei der Wahl des Dateinamens auf die Konventionen für Dateinamen unter Windows.

Speichern Sie die Datenbank mit einem Klick auf Erstellen. An der Dateierweiterung ACCDB erkennen Sie, dass die Datenbank im Format Access 2007 erstellt wurde. Wenn Sie das ältere MDB-Format verwenden möchten, können Sie während des Speicherdialogs den gewünschten Dateityp auswählen.
Access hat nun die neue Datenbank Schueler erstellt und öffnet eine neue leere Tabelle in der Datenblattansicht.

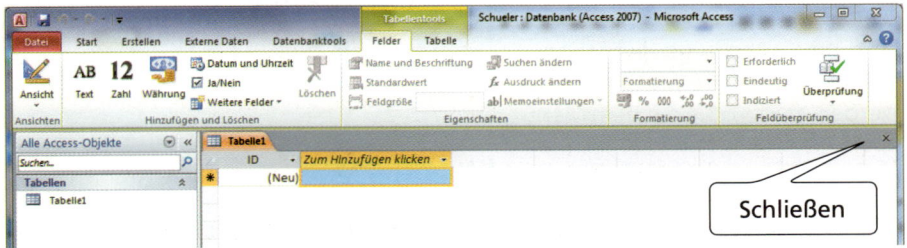

Schließen

In der Datenblattansicht ist es möglich, direkt Daten einzugeben, ohne vorher den Aufbau der Datenbanktabelle zu definieren. Access vergibt automatisch Feldnamen und bestimmt einen Felddatentyp, der bestmöglich zu den Eingabedaten passt. Da wir den Aufbau der Datenbanktabelle selbst festlegen möchten, verzichten wir auf diesen Automatismus, schließen das Tabellenfenster mit dem Schließen-Button und definieren später unsere erste Datenbanktabelle in einer Entwurfsansicht. Doch zuvor noch ein Blick auf die Benutzeroberfläche von Access.

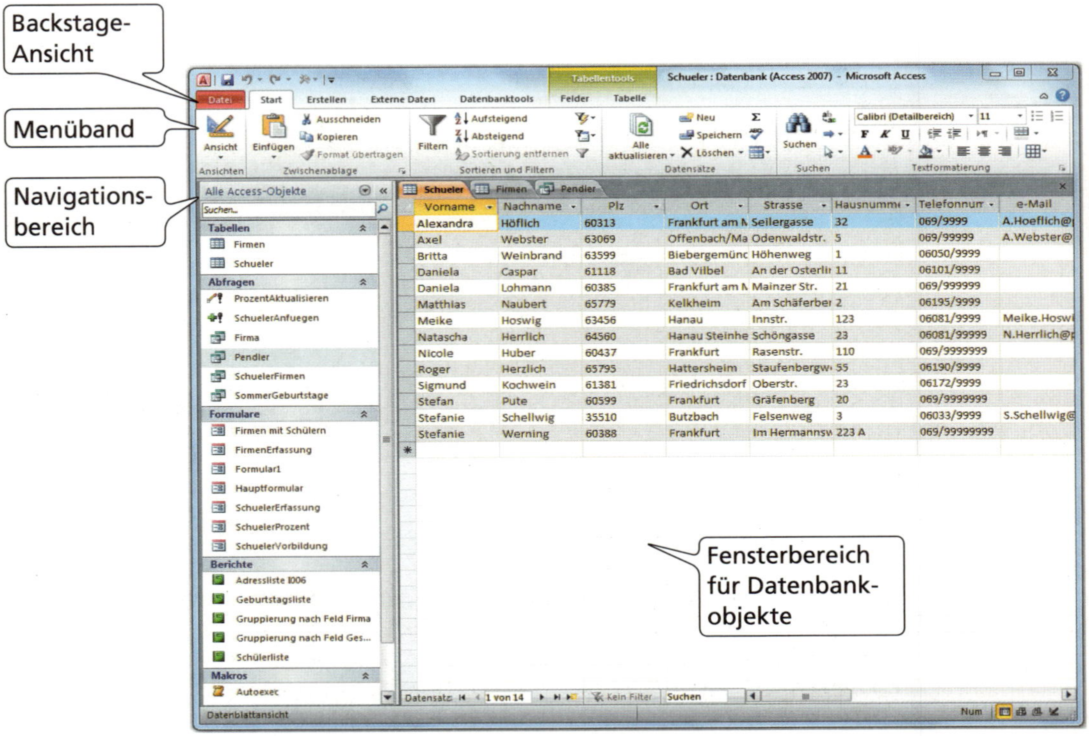

Backstage-Ansicht

Menüband

Navigationsbereich

Fensterbereich für Datenbankobjekte

Der Screenshot zeigt die Benutzeroberfläche von Access für die Datenbank Schueler, die zur Veranschaulichung bereits mit verschiedenen Accessobjekten gefüllt ist. Hauptkomponenten der Oberfläche sind die Backstage-Ansicht, der Navigationsbereich, das Menüband und der Fensterbereich zur Datendarstellung.

### Navigationsbereich

Dieser Bereich hilft Ihnen bei der Verwaltung der Accessobjekte der geöffneten Datenbank. Welche Objekte in der Liste wie dargestellt werden, steuern Sie mit dem Menü oben im Navigationsbereich. In unserem Beispiel sind alle Access-Objekte ausgewählt und in einer Liste, gruppiert nach Objekttypen (Tabellen, Abfragen, Formulare u. a.), dargestellt.

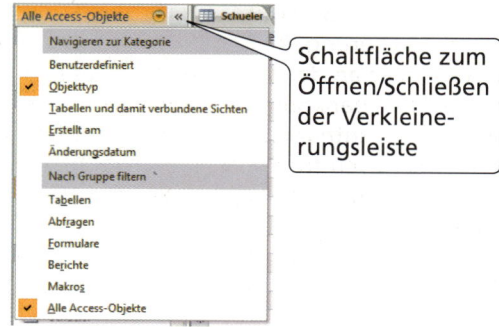

Schaltfläche zum Öffnen/Schließen der Verkleinerungsleiste

Mit einem Doppelklick öffnen Sie ein gewähltes Objekt, mit der rechten Maustaste öffnen Sie eine Kontextmenü, das weitere Befehle für dieses Objekt zur Verfügung stellt (z. B. zum Umbenennen, Kopieren, Löschen usw.)

Ein Klick auf die Schaltfläche zum Öffnen/Schließen der Verkleinerungsleiste blendet den Navigationsbereich temporär aus. Sie gewinnen damit mehr Bildschirmfläche zur Bearbeitung Ihrer Datenbankobjekte.

Die in den folgenden Abschnitten näher behandelten Datenbankobjekte haben folgende Bedeutung:

| Objekte | Bedeutung |
| --- | --- |
| Tabellen | Eine Tabelle bildet Objekte der Wirklichkeit ab. Dabei entsprechen die Zeilen einer Tabelle den Datensätzen und die Spalten einer Tabelle den Datenfeldern. |
| Abfragen | Mit Abfragen kann man Datensätze einer Tabelle oder mehrerer Tabellen, die bestimmte Kriterien erfüllen, selektieren und anzeigen, ändern oder auswerten. |
| Formulare | Formulare werden zur Ansicht, Bearbeitung und zur Eingabe von Daten in eine Tabelle verwendet. |
| Berichte | Mithilfe von Berichten können Daten in Listen zusammengefasst und ausgegeben werden. |
| Makros | Makros automatisieren häufig wiederkehrende Tätigkeiten. Es wird eine Liste von Anweisungen erstellt, die jederzeit ausgeführt werden kann. |
| Module | Module sind in VBA (Visual Basic for Applications) erstellte Programme, mit denen man eine Datenbank funktional erweitern kann. |

### Menüband

Das Menüband (Ribbon) stellt die Befehle zur Bearbeitung der Datenbankobjekte zu Verfügung. Es ist in eine Reihe von Registerkarten gegliedert, die mit einem Klick auf die Lasche einer Karte aktiviert werden. In den Registerkarten sind die Befehle in Gruppen angeordnet, die bestimmte Aufgabentypen zusammenfassen. In unserem Screenshot auf Seite 43 ist die Registerkarte Start ausgewählt. Sie enthält beispielsweise Befehlsgruppen zum Sortieren und Filtern, zum Suchen oder zur Textformatierung. Beachten Sie, dass sich die Reihe der Registerkarten während Ihrer Arbeit an den Datenbankobjekten verändern kann. Je nachdem, mit welchem Datenbankobjekt Sie gerade arbeiten, werden weitere Register angezeigt, die Befehle enthalten, die für Ihre aktuelle Arbeit wahrscheinlich von Nutzen sind (Registerkarten für Kontextbefehle). In unserem Beispiel ist die Tabelle Schueler aktiviert (siehe Screenshot Seite 43). Für das Arbeiten mit Tabellen sind daher die Tabellentools mit den Registern Felder und Tabelle eingeblendet. Würde man nun die Abfrage Pendler aktivieren, würden die Tabellentools ausgeblendet, da ihre Befehle im Kontext von Abfragen nicht bedeutsam sind.

Schaltfläche Symbolleiste für den Schnellzugriff anpassen

Das Menüband enthält zusätzlich eine kleine Symbolleiste für den Schnellzugriff. Sie enthält häufig benutzte Befehle und kann den eigenen Anforderungen angepasst werden. Klicken Sie hierzu auf die Schaltfläche Symbolleiste für den Schnellzugriff anpassen.

### Backstage-Ansicht

Eine Sonderrolle im Menüband nimmt die rote Schaltfläche Datei ein. Mit ihr aktivieren Sie die Backstage-Ansicht, die Befehle enthält, die auf die gesamte Datenbank angewendet werden (z. B. Öffnen, Speichern, Drucken).

### Fensterbereich zur Datendarstellung

Hier werden die ausgewählten Daten von Tabellen, Abfragen usw. angezeigt. In unserem Beispiel sind das die beiden Tabellen Schueler und Firmen sowie die Abfrage Pendler. Die Darstellung der Objekte erfolgt standardmäßig im Registerkartenformat. Wenn Sie überlappende Fenster bevorzugen, können Sie diese Darstellung für die aktuelle Datenbank einstellen (Backstage-Ansicht → Optionen → Aktuelle Datenbank → Dokumentenfensteroptionen). Auch in den späteren Abbildungen dieses Kapitels werden überlappende Fenster verwendet.

## 4.2 Tabellen

### 4.2.1 Neue Tabelle erzeugen

Um Schülerdaten in einer Tabelle erfassen und verwalten zu können, muss eine neue Tabelle angelegt werden. Da wir die Tabelle in der Entwurfsansicht anlegen wollen, wählen wir im Register Erstellen den Tabellenentwurf. In dieser Ansicht lässt sich die Tabellenstruktur am besten den individuellen Anforderungen anpassen.

Wir können jetzt den Aufbau der Tabelle (Feldnamen und Felddatentypen) festlegen.

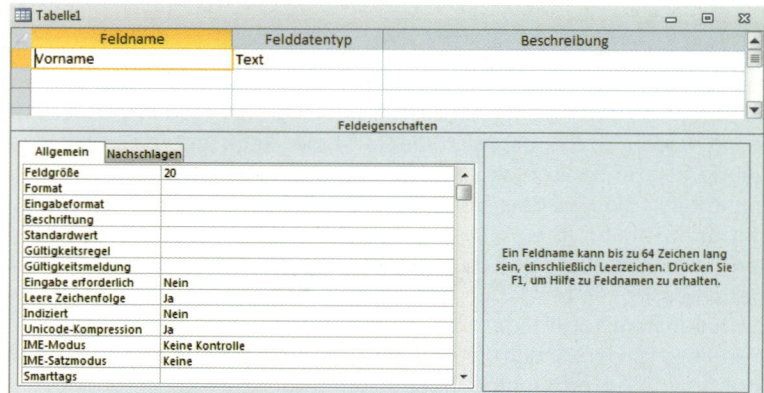

Für jedes Feld der Schülertabelle muss der Feldname (max. 64 Zeichen) und der Datentyp des Feldes festgelegt werden. Wenn Sie im Kombinationsfeld für den Felddatentyp den nach unten zeigenden Pfeil dieses Kombinationsfeldes anklicken, werden alle verfügbaren Access-Felddatentypen zur Auswahl angeboten.

Die folgende Tabelle gibt einen Überblick über die wichtigsten Datentypen und deren jeweilige Bedeutung.

| Datentyp | Beschreibung | Größe |
|---|---|---|
| Text | In einem Text-Datenfeld können alle Zeichen des Zeichencodes erfasst werden. Es ist jedoch darauf zu achten, dass man mit Ziffern in einem Textfeld nicht rechnen kann. | Maximal 255 Zeichen bzw. Anzahl der Zeichen, die in der Eigenschaft Feldgröße eingestellt ist |
| Memo | Ein Memofeld dient zur Erfassung von längeren Texten. Der Vorteil dieses Feldes ist die große Kapazität. | Maximal 63 999 Zeichen |
| Zahl | In diesem Feld können Zahlen, mit denen man rechnen kann, abgespeichert werden. Die Feldgröße kann über die Registerkarte Allgemein festgelegt werden. | 1, 2, 4 oder 8 Byte je nach Typ (siehe unten) |
| Datum/ Uhrzeit | In einem Datum-/Zeit-Feld kann jedes gültige Datum zwischen dem 1. Januar 1900 und dem 31. Dezember 9999 und die Uhrzeit erfasst werden. | 8 Byte |
| Währung | In diesem Feld können Währungsbeträge abgespeichert werden, d. h. es werden ein Währungskürzel („EUR") und eine bis vier Nachkommastellen hinzugefügt. | 8 Byte |

*Datenbankentwicklung mit MS Access*

| | | |
|---|---|---|
| AutoWert | In einem Zählerfeld wird der Wert für jeden Datensatz automatisch um 1 hochgezählt. Der Datentyp AutoWert darf in einer Tabelle nur einmal verwendet werden. | 4 Byte |
| Ja/Nein | Ein Ja/Nein-Feld ist ein boolesches (logisches) Feld und kann nur zwei Werte annehmen:<br>Wahr – Falsch (True – False)<br>Ja – Nein<br>Ein – Aus | 1 Bit |
| OLE-Objekt | Ein OLE (Object linking and embedding)-Feld verknüpft beispielsweise eine Grafik- oder Klangdatei, die mit einem anderen Programm erstellt wurde, mit der Access-Tabelle. | Bis zu 1 Gigabyte (Begrenzung durch Festplattenkapazität) |
| Nachschlageassistent | Erstellt ein Feld, das es ermöglicht, einen Wert aus einer anderen Tabelle oder aus einer Liste von Werten mithilfe eines Kombinationsfeldes zu wählen. Durch das Wählen dieser Option in der Liste Felddatentyp wird der Nachschlageassistent gestartet, der das Nachschlagefeld erstellt. | Die gleiche Größe wie das Primärschlüsselfeld, das zum Nachschlagen benötigt wird, in der Regel 4 Bytes |
| Anlage | Den Datensätzen können u. a. Bilder, Arbeitsblätter, Dokumente, Diagramme angefügt werden. | |

Für den Datentyp Zahl kann die „Feldgröße" durch bestimmte numerische Datentypen festgelegt werden. Die folgende Tabelle gibt einen Überblick über die Wahlmöglichkeiten für diesen Datentyp.

| Datentyp | Beschreibung | Dezimale Genauigkeit | Speichergröße |
|---|---|---|---|
| Byte | Speichert Zahlen von 0 bis 255 (keine Bruchzahlen) | Keine | 1 Byte |
| Integer | Speichert Zahlen von –32.768 bis +32.767 (keine Bruchzahlen) | Keine | 2 Bytes |
| Long Integer | (Voreinstellung) Speichert Zahlen von –2.147.483.648 bis +2.147.483.647 (keine Bruchzahlen) | Keine | 4 Bytes |
| Single | Speichert Zahlen zwischen –3.402823E38 und –1.401298E–45 für negative Werte und zwischen 1.401298E–45 und 3.402823E38 für positive Werte | 7 Stellen | 4 Bytes |
| Double | Speichert Zahlen zwischen –1.79769313486231E308 und –4.94065645841247E–324 für negative Werte und zwischen 4.94065645841247E–324 und 1.79769313486231E308 für positive Werte | 15 Stellen | 8 Bytes |
| ReplicationID | GUID (Globally Unique Identifier) | N/A | 16 Bytes |
| Dezimal | Speichert Zahlen zwischen –10 hoch 28–1 und 10 hoch 28–1 | 28 | 14 Bytes |

Die Standardfeldgröße für ein Textfeld ist auf 255 Zeichen und die Standardgröße für ein Zahlenfeld auf Long Integer gesetzt. Über die Backstage-Ansicht – Optionen – Objekt-Designer kann man die Standardeinstellungen für diese Vorgaben verändern.

Bei der Festlegung der Tabellenstruktur kann neben dem Feldnamen und dem Felddatentyp auch noch eine Beschreibung des jeweiligen Feldes angegeben werden. Diese Beschreibung hat nur dokumentarischen Charakter und sollte vor allem dann verwendet werden, wenn bei der Wartung einer Tabelle zusätzliche Informationen hilfreich sind.

Die Wahl der Datentypen für die Felder einer Access-Tabelle beeinflusst den Speicherplatzbedarf für die Tabelle. Da Tabellen in der Praxis häufig aus tausenden von Datensätzen bestehen, muss man sich bei der Strukturierung der Tabelle über den möglichen Wertebereich eines Feldes Gedanken machen. Nachträgliche Änderungen der Feldtypen ziehen z. T. umfangreiche Konvertierungsarbeiten nach sich. So müssen z. B. außer der Tabellenstruktur auch Formulare, Berichte oder Programmmodule angepasst werden.

Nach diesen grundlegenden Informationen sollten Sie in der Lage sein, die Struktur der Schülertabelle gemäß der folgenden Übersicht anzulegen und die Arbeit zu speichern. Geben Sie der Tabelle den Namen SCHUELER.

| Feldname | Feldtyp | Größe |
|---|---|---|
| Vorname | Text | 20 Zeichen |
| Nachname | Text | 20 Zeichen |
| Plz | Text | 5 Zeichen |
| Ort | Text | 30 Zeichen |
| Strasse | Text | 30 Zeichen |
| Hausnummer | Text | 5 Zeichen |
| Telefonnummer | Text | 15 Zeichen |
| E-Mail | Text | 35 Zeichen |
| Geburtsort | Text | 30 Zeichen |
| Geburtstag | Datum/Uhrzeit | |
| Firma | Text | 30 Zeichen |
| Abitur | Ja/Nein | |

| Allgemein | Nachschlagen |
|---|---|
| Format | Datum, kurz |
| Eingabeformat | 99.99.0000;0;_ |
| Beschriftung | |
| Standardwert | |
| Gültigkeitsregel | |
| Gültigkeitsmeldung | |
| Eingabe erforderlich | Nein |
| Indiziert | Nein |
| IME-Modus | Keine Kontrolle |
| IME-Satzmodus | Keine |
| Smarttags | |
| Textausrichtung | Standard |
| Datumsauswahl anzeigen | Für Datumsangaben |

Beachten Sie bei der Definition des Feldes Geburtstag folgende Hinweise:
Aktivieren Sie in der Registerkarte Allgemein im Feld Format das Kombinationsfeld und wählen dort das Format Datum, kurz.

Starten Sie anschließend für die Eigenschaft Eingabeformat den Eingabeassistenten (3 Punkte neben dem Feld anklicken) und wählen Sie als Eingabeformat das Format Datum, Jahr 4-stellig (Tag.Monat.Jahr, z. B. 31.12.2001).

 Bevor Sie die Tabelle speichern, sollten Sie einen Primärschlüssel anlegen. Der Primärschlüssel soll aus den Feldern Vorname, Nachname, Geburtstag und Geburtsort (=natürlicher Schlüssel) zusammengesetzt sein. Markieren Sie dazu die entsprechenden Felder der Tabelle, indem Sie die Strg-Taste gedrückt halten, und klicken Sie auf das Schlüsselsymbol im Register Entwurf.

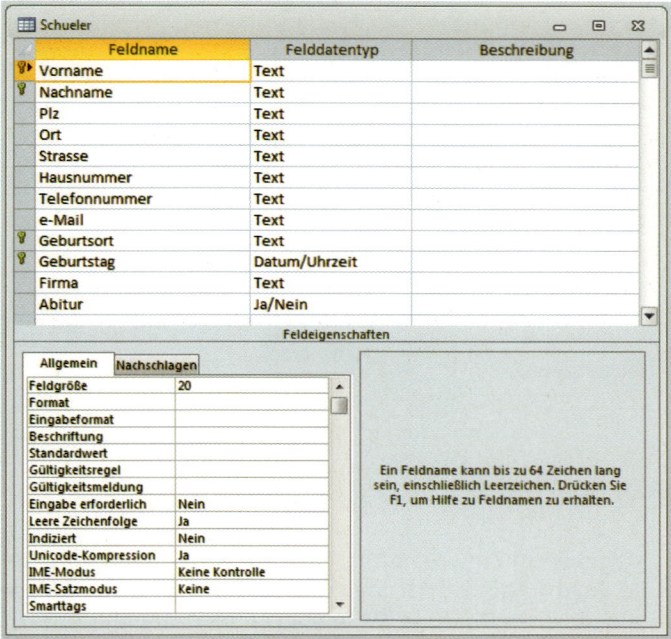

Nun können Sie die Entwurfsansicht zur Definition der Tabellenstruktur schließen. Für spätere Aufgabenstellungen müssen eventuell Strukturveränderungen dieser Tabelle vorgenommen werden. Falls Sie bereits Datensätze erfassen wollen, können Sie mit einem Doppelklick auf den Namen der Tabelle in der Datenblattansicht Ihre Datensätze eingeben. Zwischen den verschiedenen Ansichten eines Objekts (z. B. Entwurfs- und Datenblattansicht) können Sie schnell mit dem Befehl Ansicht im Register Start bzw. Register Entwurf umschalten – oder Sie verwenden die kleinen Schaltflächen am unteren rechten Rand des Accessfensters.

## 4.2.2 Veränderung der Tabellenstruktur

Als nächstes soll die ursprüngliche Struktur der Tabelle Schueler um ein zusätzliches Feld zur Erfassung des Geschlechts erweitert werden. Dazu öffnen Sie die Tabelle Schueler aus dem Navigationsbereich in der Entwurfsansicht (Kontextmenü mit rechter Maustaste öffnen). Jetzt können Sie ein neues Textfeld mit 8 Zeichen anfügen.

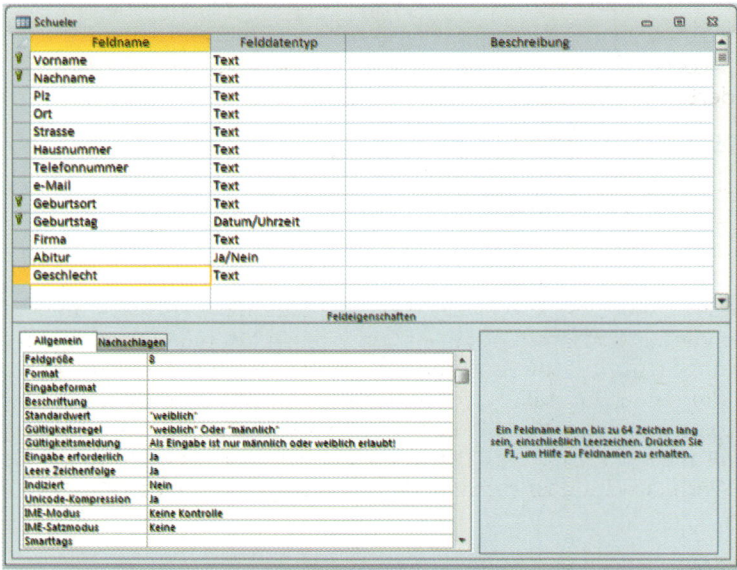

Mit der Registerkarte Allgemein können Sie die Eigenschaften des Feldes Geschlecht verändern. Eine Eigenschaft ist der Standardwert eines Feldes. Dieser Wert wird bei der Neueingabe eines Datensatzes sowohl in der Datenblattansicht als auch in Formularen als Vorgabewert bereits eingetragen und kann dann in der Regel ohne Korrektur übernommen werden. Als Standardwert für das Feld Geschlecht geben Sie „weiblich" ein.

Außerdem kann man für das Feld Geschlecht eine Gültigkeitsregel festlegen. Es dürfen nur die Werte „weiblich" oder „männlich" eingegeben werden. Wie Sie dem Dialogfenster entnehmen können, werden Strings (Zeichenketten) bei der Verwendung in Access in Anführungszeichen gesetzt. Im Regelfall setzt Access diese Anführungszeichen automatisch, sodass man sich bei der Eingabe nicht darum kümmern muss. Das Beispiel zeigt auch, dass man in Gültigkeitsregeln Werte mit „Oder", „Und" oder „Nicht" verknüpfen kann.

Versucht ein Benutzer andere Werte einzugeben, so wird die Gültigkeitsmeldung „Als Eingabe ist nur männlich oder weiblich erlaubt!" ausgegeben und der Benutzer wird zur Neueingabe aufgefordert. Die letzte Eigenschaft, die in dem obigen Dialogfenster verändert wurde, bezieht sich auf die Eigenschaft Eingabe erforderlich. Wenn Sie diesen Eintrag mit Ja belegen, muss der Benutzer unbedingt eine Eingabe in diesem Feld tätigen.

Beim Schließen des Dialogfensters zur Entwurfsansicht der Tabelle müssen Sie bestätigen, dass die Änderungen der Tabellenstruktur abgespeichert werden sollen.

Nun überprüft Access, ob die Tabelleninhalte der Datensätze, die bereits vorliegen, der veränderten Tabellenstruktur und den Gültigkeitsregeln entsprechen.

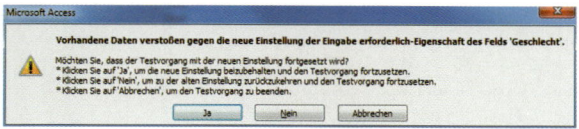

Sofern Datensätze ohne Eintrag im Feld Geschlecht bereits existieren, meldet Access im folgenden Dialogfenster, dass vorhandene Daten die Einstellung der Eigenschaft Eingabe erforderlich verletzen. Hier sollten Sie auf alle Fälle auf Ja klicken, damit die neuen Einstellungen beibehalten werden. Access verändert jedoch nicht die vorhandenen Werte in den Feldern. Wenn Datensätze mit einem anderen Wert als männlich bzw. weiblich bereits gespeichert sind, erhalten Sie zusätzlich den Warnhinweis, dass bestehende Daten gegen die neue Gültigkeitsregel verstoßen.

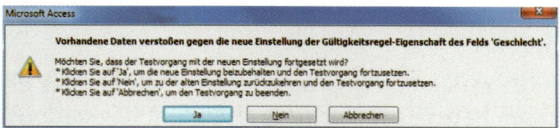

## AUFGABE 4.1

Legen Sie eine neue Datenbank mit dem Namen SEM an. Erzeugen Sie in dieser Datenbank eine neue Tabelle mit der Bezeichnung Seminare. Beachten Sie dabei folgende Hinweise:

- Bei der Bestimmung der Feldgrößen richten Sie sich nach den längsten Einträgen in der Tabelle (siehe Aufgabe 4.2).
- Das Feld für die Seminarnummer soll mit Nummer bezeichnet werden.
- Bei der Seminarart gibt es nur zwei mögliche Eingabewerte: „A" für Anfänger und "F" für Fortgeschrittene.
- Legen Sie die Gültigkeitsregel und eine entsprechende Gültigkeitsmeldung fest.
- Als Standardwert soll bei der Seminarart „A" vorgegeben werden.
- Das Feld Dauer beinhaltet die Seminardauer in Tagen. Mit diesem Feld muss später gerechnet werden.
- Das Feld Referent muss auf alle Fälle eingegeben werden.
- Es sind die Räume 510 bis 515 mit Ausnahme des Raumes 513 verfügbar. Stellen Sie die Gültigkeitsregel und die Gültigkeitsmeldung auf. Das Feld Raum muss auf alle Fälle belegt werden.
- Im Feld Kosten werden die Kosten für einen Seminartag erfasst.

## 4.3 Formulare

### 4.3.1 Erzeugen eines Formulars

Nach der Definition der Tabellenstruktur kann man im Navigationsbereich die Tabelle öffnen und Datensätze erfassen. Da die Eingabe in dieser Ansicht jedoch nicht sehr benutzerfreundlich ist, können Sie ein Formular zur Dateneingabe erstellen. Markieren Sie im Navigationsbereich die Tabelle Schueler (Einfachklick) oder öffnen Sie die Tabelle in der Datenblattansicht (Doppelklick). Öffnen Sie dann das Register Erstellen und klicken Sie in der Befehlsgruppe Formulare den Button Formular.

Access erzeugt automatisch ein Formular zur Eingabe von Datensätzen und öffnet dieses Formular in der Layoutansicht. Speichern Sie das Formular unter dem Namen SchuelerErfassung ab (Diskettensymbol in der Symbolleiste für den Schnellzugriff). Das gespeicherte Formular wird im Navigationsbereich unter den Formularobjekten angezeigt.

#### 4.3.1.1 Datensätze eingeben

Schalten Sie von der Layoutansicht in die Formularansicht um (falls Sie das erzeugte Formular bereits geschlossen haben, öffnen Sie es erneut im Navigationsbereich). Sie können nun mit der Eingabe der Datensätze beginnen. Geben Sie im Formular die Informationen zu Ihrer Person und zwei weitere (fiktive) Datensätze (zu Übungszwecken) ein.

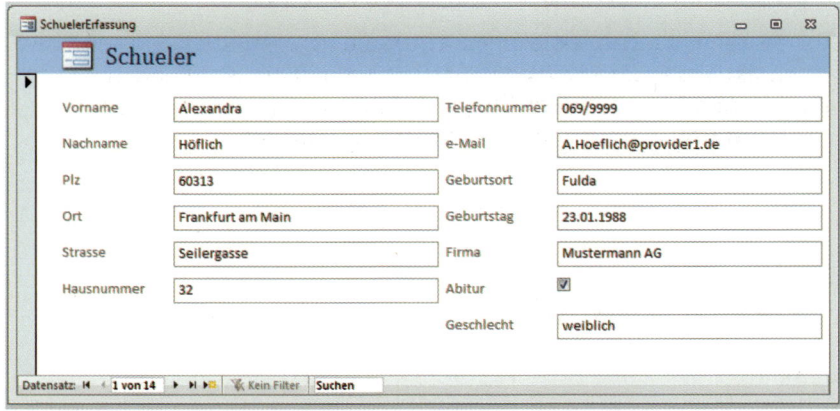

Das Formular wird automatisch am unteren Rand mit einer Datensatznavigationsschaltfläche ausgestattet. Die Symbole haben folgende Bedeutung:

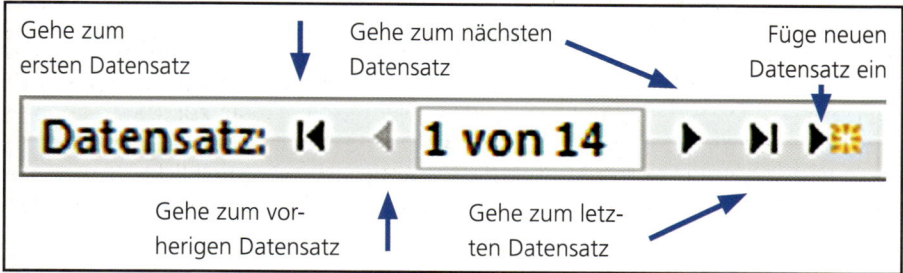

### 4.3.1.2 Datensätze löschen

Als nächstes sollen alle Datensätze (außer Ihrem eigenen Schülerdatensatz) aus der Tabelle gelöscht werden. Dazu gibt es – wie bei vielen anderen Funktionen – mehrere Möglichkeiten.

- Aktivieren Sie im Formular den zu löschenden Datensatz mit der Navigationsschaltfläche. Klicken Sie den Datensatzmarkierer an, um den gesamten Datensatz zu markieren (Leiste am linken Rand des Formulars mit kleinem, schwarzem Dreieck). Klicken Sie im Register Start in der Gruppe Datensätze auf Feld Löschen. Wenn Sie den Datensatz nicht markiert haben, müssen Sie das Feld Löschen öffnen und Datensatz löschen auswählen.
Da ein gelöschter Datensatz endgültig aus der Datenbank entfernt wird, erhalten Sie einen Warnhinweis, der Sie daran erinnert, dass der Löschvorgang nicht rückgängig gemacht werden kann.

- Der Datensatz kann auch gelöscht werden, indem man im Formular den Datensatz markiert und anschließend die Taste Entf drückt.

- Außerdem kann man die Tabelle in der Datenblattansicht öffnen und einen Datensatz aktivieren (Spalte links neben Datensatz anklicken) und diesen Datensatz mit dem Befehl im Menüband, der Löschanweisung im Kontextmenü (rechte Maustaste) oder der Entf-Taste endgültig löschen.

## AUFGABE 4.2

Öffnen Sie die Datenbank SEM. Erstellen Sie ein AutoFormular für die Tabelle Seminare und erfassen Sie die Datensätze.

| Seminarnr. | Seminarbezeichnungen | Seminarart | Beginn | Dauer | Referent | Co-Referent | Raum | Kosten in EUR |
|---|---|---|---|---|---|---|---|---|
| B100 | Windows 2000 | A | 30.09.2011 | 2 | RH |  | 510 | 250,00 |
| B101 | Windows XP | F | 02.11.2011 | 1 | RH | HDS | 512 | 300,00 |
| B102 | WORD 2010 | A | 30.09.2011 | 5 | HS | NN | 511 | 300,00 |
| B103 | WORD 2003 | A | 15.09.2011 | 2 | HD |  | 515 | 250,00 |
| B104 | MS Access 2003 | F | 23.09.2011 | 4 | RH | NM | 514 | 320,00 |
| B105 | MS Access 2010 | F | 01.11.2011 | 5 | NM | RH | 515 | 400,00 |
| B106 | MS EXCEL 2010 | A | 03.11.2011 | 5 | HS | KS | 510 | 300,00 |
| B107 | MS EXCEL 2003 | F | 01.12.2011 | 5 | HS | KS | 510 | 300,00 |

## AUFGABE 4.3

Aktualisieren Sie die Tabelle Seminare.
- Das Windows-2000-Seminar für Anfänger wird gestrichen.
- Das Seminar B103 wird nicht vom Referenten HD, sondern vom Referenten HDS angeboten.
- Es werden folgende zusätzliche Seminare angeboten:

| Seminarnr. | Seminarbezeichnungen | Seminarart | Beginn | Dauer | Referent | Co-Referent | Raum | Kosten in EUR |
|---|---|---|---|---|---|---|---|---|
| B108 | Windows XP | A | 01.10.2011 | 4 | NM | RH | 512 | 350,00 |
| B109 | Windows 7 | F | 08.10.2011 | 2 | NM | RH | 512 | 400,00 |
| B110 | Office WORD | A | 08.10.2011 | 4 | HDS | NN | 515 | 300,00 |

## AUFGABE 4.4

Fügen Sie in der Tabelle Seminare ein neues Feld an, in dem die maximale Teilnehmerzahl eines Kurses gespeichert werden soll. Bei allen Textverarbeitungsseminaren können zehn Personen, bei den sonstigen OFFICE-Anwendungen acht Personen und bei Betriebssystemkursen sechs Personen teilnehmen.

> **AUFGABE 4.5**
>
> Geben Sie mit der Filterfunktion eine Auflistung folgender Seminare auf dem Bildschirm aus:
> - Alle Seminare des Referenten RH
> - Alle Seminare im Raum 510
> - Alle Windows-Seminare
> - Alle Seminare sortiert nach Beginn
> - Alle Seminare für Fortgeschrittene absteigend sortiert nach Dauer
> - Alle Seminare von Referent RH sortiert nach Co-Referent.
>
> Um für eine Tabelle einen auswahlbasierten Filter zu setzen bzw. um die Datensätze zu sortieren, öffnen Sie die Tabelle in der Datenblattansicht (z. B. durch Doppelklicken auf den Tabellennamen). Nun stehen Ihnen in der Befehlsgruppe Sortieren und Filtern des Registers Start die Filter- und Sortierfunktionen zur Verfügung. Sortierungen können auf- oder absteigend vorgenommen werden. Dazu wird eine Spalte in der Datenblattansicht aktiviert und nun kann man die entsprechende Sortierfunktion auswählen. Sollen Datensätze gefiltert werden, z. B. alle Anfängerseminare, so markiert man den Ausdruck in einem beliebigen Datensatz in der Tabelle und ruft anschließend die Filterfunktion auf. Die Filter- und Sortierfunktionen finden Sie zusätzlich im Kontextmenü eines Datenfeldes.

## 4.3.2 Manuelle Veränderung von Formularen

In vielen Fällen wird ein automatisch erstelltes Formular nicht allen Anforderungen gerecht. Um ein Formular den eigenen Bedürfnissen anzupassen, gibt es zwei Ansichten, in denen Sie die Formulargestaltung verändern können.

### Layoutansicht
In dieser Ansicht wird das Formular ähnlich angezeigt wie bei der späteren Ausführung in der Formularansicht. Im Layout werden nicht nur die Elemente des Formulars angezeigt, sondern auch die Daten, die dem Formular zugrunde liegen. Trotzdem können Sie Änderungen am Entwurf vornehmen. Da im Layout auch die Daten angezeigt werden, können Sie sofort sehen, wie sich Ihre Änderungen auf die Darstellung im fertigen Formular auswirken. Obwohl Sie viele Gestaltungsaufgaben in der Layoutansicht lösen können (z. B. Anordnung, optische Gestaltung und Größe der Felder) gibt es Aufgaben, die in dieser Ansicht weniger flexibel oder überhaupt nicht bearbeitet werden können. In solchen Situationen hilft die Entwurfsansicht weiter.

### Entwurfsansicht
Die Entwurfsansicht ermöglicht eine detaillierte Ansicht der Formularstruktur und bietet zusätzliche Möglichkeiten der Formularbearbeitung. Im Gegensatz zur Layoutansicht wird das Formular nicht tatsächlich ausgeführt, Sie sehen daher im Entwurf nicht die zugrundeliegenden Daten.

Wir werden in unserem Formular SchuelerErfassung nun einige Änderungen in der Entwurfsansicht vornehmen. Wenn bei einem Datensatz in Bezug auf das Feld Geschlecht nicht der Standardwert „weiblich" verwendet werden kann, so muss man über die Tastatur „männlich" eingeben. Da das Feld Geschlecht nur eine bestimmte Anzahl von vordefinierten Werten annehmen kann, ist es sinnvoll, im Formular anstelle der Eingabe von Text ein Kombinationsfeld anzubieten, sodass nur noch die verfügbaren Werte („weiblich" oder "männlich") mit der Maus ausgewählt werden müssen. Dies erhöht die Benutzerfreundlichkeit der Dateneingabe. Um diese Änderungen vorzunehmen, öffnen Sie das Formular SchuelerErfassung in der Entwurfsansicht. Das Fenster zeigt den Aufbau des automatisch erzeugten Formulars. Es enthält Steuerelemente, deren Eigenschaften Sie in der Entwurfsansicht verändern können. Durch die Veränderung von Steuerelementeigenschaften können Sie die Gestaltung und die Funktionalität des Objektes beeinflussen (siehe Kapitel 4.3.3 Steuerelemente).

Klicken Sie das Textfeld für das Geschlecht an, öffnen Sie mit der rechten Maustaste das Kontextmenü und wählen Sie Ändern zu und klicken auf Kombinationsfeld. Nach dieser Änderung des Formulars in der Entwurfsansicht hat Access anstelle des Textfeldes für das Geschlecht ein Kombinationsfeld im Formular erzeugt. Nun müssen zur komfortableren Eingabe aber noch einige Eigenschaften dieses Kombinationsfeldes verändert werden. Aktivieren Sie in der Entwurfsansicht des Formulars SchuelerErfassung das Kombinationsfeld und rufen Sie mit der rechten Maustaste den Menüpunkt Eigenschaften auf (oder doppelklicken Sie einfach auf das Kombinationsfeld).

In dem sich öffnenden Eigenschaftenblatt werden alle Eigenschaften des Kombinationsfeldes mit ihren aktuellen Werten angezeigt. Das Register Alle enthält alle Eigenschaften, während die anderen Register zum schnelleren Auffinden einer bestimmten Eigenschaft nur Teilmengen der Eigenschaften darstellen.

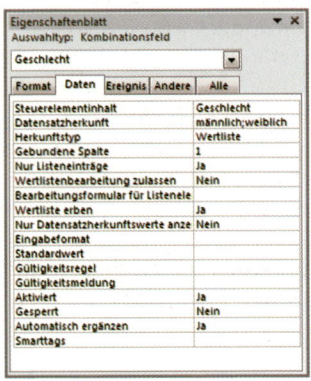

In der Registerkarte Daten sollen einige Änderungen vorgenommen werden. Da im Kombinationsfeld nur die beiden Werte „weiblich" und „männlich" zur Auswahl angeboten werden sollen, müssen diese Werte in einer Liste zur Verfügung gestellt werden (Herkunftstyp: Wertliste). Hierzu können Sie bei der Eigenschaft Datensatzherkunft – jeweils durch Semikolon getrennt – die zulässigen Werte eingeben. Zusätzlich haben wir die Eigenschaft Nur Listeneinträge auf Ja und die Eigenschaft Wertlistenbearbeitung zulassen auf Nein gesetzt. Falls der Benutzer manuell versucht, den Eintrag im Feld Geschlecht zu verändern, so erhält er automatisch die Meldung Der von Ihnen eingegebene Text ist kein Element der Liste (Eigenschaft Nur Listeneinträge: Ja) und es wird auch keine Möglichkeit angeboten, die in der Datensatzherkunft definierte Liste zu verändern (Eigenschaft Wertlistenbearbeitung zulassen: nein). Damit ist die Veränderung des Formulars für das Feld Geschlecht beendet.

Wie Sie in der Entwurfsansicht erkennen, besteht das Formular aus drei Bereichen: dem Formularkopf, dem Formularfuß und dem Detailbereich, in dem die Datensätze angezeigt und editiert werden können. (Werden in einem Formular Kopf und Fuß nicht angezeigt, klicken Sie mit der rechten Maustaste auf die Überschriftenzeile Detailbereich und aktivieren Sie Formularkopf /-fuß.)

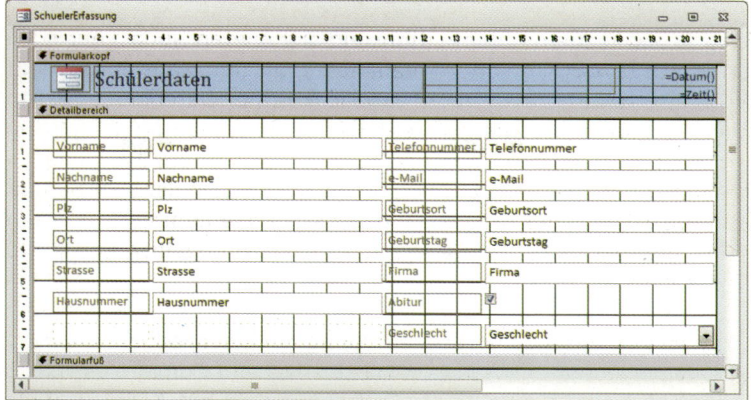

Im nächsten Schritt verändern wir die automatisch erstellte Formularüberschrift im Formularkopf von Schueler in Schülerdaten. Mit einem Doppelklick auf das Überschriftfeld öffnen wir das Eigenschaftsblatt und überschreiben in der Eigenschaft Beschriftung den Text Schueler mit dem Text Schülerdaten. Das ebenfalls automatisch eingefügte Logo links neben der Überschrift lassen wir unverändert.

Im Formularkopf sollen die aktuelle Uhrzeit und das aktuelle Datum ausgegeben werden. Wir fügen diese Felder ein mit: Register Entwurf → Befehlsgruppe Kopf/Fußzeile → Befehl Datum und Uhrzeit.

Als letzten Schritt verändern wir noch die automatisch benannte Fensterüberschrift SchuelerErfassung in Schüler. Da die Fensterüberschrift eine Eigenschaft des gesamten Formulars ist, öffnen wir das Eigenschaftsblatt für das gesamte Formular mit einem Doppelklick auf einen Bereich außerhalb der Elemente Formularentwurf. Sollten Sie versehentlich das Eigenschaftsblatt eines anderen Elements ausgewählt haben, dann klicken Sie auf das Kombinationsfeld im oberen Bereich des Eigenschaftsblattes und wählen das gesuchte Elemente (hier: Formular) aus. Für die Eigenschaft Beschriftung geben wir den Text Schüler ein.

Nach Abspeichern und Verlassen des Formularentwurfs kann man mit dem veränderten Formular arbeiten und beispielsweise für alle Schüler der Klasse das Feld Geschlecht noch nachträglich editieren.

**AUFGABE 4.6** Verändern Sie das Formular zur Erfassung der Schülerdatensätze. Wandeln Sie das Feld für die Eingabe der Firma in ein Kombinationsfeld um. Es ist hilfreich – auch für die späteren Übungen – wenn Sie in Ihrer Tabelle Schueler einige Testdatensätze (z. B. die Daten Ihrer Lerngruppe) speichern.

**AUFGABE 4.7** Erstellen Sie ein neues Formular zur Eingabe von Datensätzen für die Tabelle Seminare. Ändern Sie die Formularkopfzeile in Seminardatenbank und fügen Sie das aktuelle Datum sowie die Uhrzeit ein. Der Text im Formularkopf soll fett und unterstrichen mit der Schriftgröße 14 und beliebiger Schrift ausgedruckt werden. Das Feld Raum soll als Kombinationsfeld implementiert werden. Verringern Sie die Breite der Textfelder auf einen geeigneten Wert.

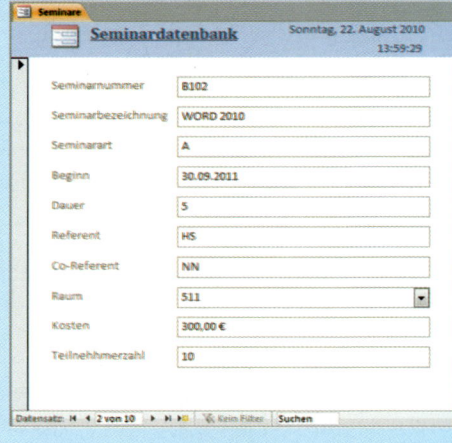

### 4.3.3 Steuerelemente

Sämtliche Informationen eines Formulars oder Berichts sind in Steuerelementen enthalten. Steuerelemente sind Objekte in einem Formular oder Bericht. Sie dienen zum Anzeigen von Daten, Ausführen von Aktionen oder Gestalten des Formulars oder Berichts. So können Sie z. B. mithilfe eines Textfelds in einem Formular oder Bericht Daten anzeigen, mit einer Schaltfläche auf einem Formular ein anderes Formular oder einen Bericht öffnen oder aber mit einer Linie oder einem Rechteck Steuerelemente voneinander trennen und gruppieren, damit sie einfacher zu lesen sind.

Steuerelemente können gebunden, ungebunden oder berechnet sein. Ein gebundenes Steuerelement ist mit einem Feld in einer zugrundeliegenden Tabelle oder Abfrage verbunden. Sie verwenden gebundene Steuerelemente, um Werte in Felder(n) Ihrer Tabelle anzuzeigen, einzugeben oder zu aktualisieren. Ein berechnetes Steuerelement verwendet einen Ausdruck als Datenherkunft. Ein Ausdruck kann Daten aus einem Feld in einer zugrundeliegenden Tabelle oder Abfrage eines Formulars oder Berichts oder aus einem anderen Steuerelement im Formular oder Bericht verwenden. Ein ungebundenes Steuerelement hat keine Datenherkunft. Sie können mithilfe von ungebundenen Steuerelementen Informationen, Linien, Rechtecke und Bilder anzeigen.

Microsoft Access enthält folgende Standard-Steuerelementtypen, auf die Sie in der Entwurfsansicht für Formulare oder Berichte die Befehlsgruppe Steuerelemente im Register Entwurf zugreifen können:

| Steuerelementtyp | Beschreibung |
|---|---|
| Textfeld | Mit einem Textfeld lassen sich Daten einer Tabelle, einer Abfrage oder einer SQL-Anweisung in einem Formular oder einem Bericht darstellen. |
| Bezeichnungsfeld | Bezeichnungsfelder dienen zur Darstellung von beschreibendem Text oder zur Beschriftung von Elementen. Sie können nicht an ein Feld oder einen Ausdruck gebunden werden und verändern sich deshalb nicht beim Wechsel von einem Datensatz zum nächsten. Wenn Sie z. B. ein Textfeld einfügen, besitzt dieses Feld ein zugeordnetes Bezeichnungsfeld, mit dem die Beschriftung für das Textfeld dargestellt werden kann. |
| Optionsgruppe | Eine Optionsgruppe eignet sich gut, um eine begrenzte Anzahl von Auswahlmöglichkeiten dem Anwender zur Verfügung zu stellen. Eine Optionsgruppe besteht aus einem Optionsgruppenrahmen. Innerhalb dieses Rahmens können Sie mehrere Optionsfelder (oder auch Kontrollkästchen und Umschaltflächen) in einer Gruppe zusammenfassen. Die Optionsgruppe kann an ein Feld gebunden werden. |
| Optionsfeld | Ein Optionsfeld entspricht einer Auswahlmöglichkeit einer Optionsgruppe. Jedes Optionsfeld besitzt die Eigenschaft Optionswert. Der Optionswert (eine ganze Zahl) wird als Datenwert in dem zugrundeliegenden Feld abgespeichert, wenn das Optionsfeld angeklickt wurde. |
| Kontrollkästchen | Ein Kontrollkästchen eignet sich funktionell zur Darstellung von Ja/Nein-Werten. Sie können jedoch anstelle eines Kontrollkästchens auch eine Umschaltfläche oder ein einzelnes Optionsfeld verwenden. |

| Steuerelementtyp | Beschreibung |
|---|---|
| Umschaltfläche | Auch mit einer Umschaltfläche lassen sich Ja/Nein-Felder anzeigen und bearbeiten. Im Gegensatz zu einem Kontrollkästchen hat die Umschaltfläche jedoch kein zugeordnetes Bezeichnungsfeld, sondern man kann auf der Schaltfläche selbst beschreibenden Text darstellen. Eine Umschaltfläche kann außerdem mit einem Bild versehen werden. |
| Kombinationsfeld | Ein Kombinationsfeld ermöglicht die Auswahl eines Wertes aus einer Liste von Einträgen. Die Liste der Einträge des Kombinationsfeldes wird erst dann angezeigt, wenn der Anwender das Dropdown-Listenfeld (Pfeil nach unten) aufgeschlagen hat. Der ausgewählte Eintrag wird im Eingabefeld (Textfeld) dargestellt. |
| Listenfeld | Auch mit einem Listenfeld besteht die Möglichkeit, aus einer Liste von Einträgen einen Wert auszuwählen. Im Gegensatz zum Kombinationsfeld wird immer eine bestimmte Anzahl von Werten der Liste dargestellt. |
| Befehlsschaltfläche | Durch Anklicken einer Befehlsschaltfläche ist es möglich, vordefinierte Aktionen zu starten. Die Aktionen können in Form von Makros oder VBA-Prozeduren festgelegt werden. Damit beim Anklicken der Befehlsschaltfläche die entsprechenden Aktionen ausgeführt werden, müssen Sie das Makro bzw. die VBA-Prozedur der Ereignisbehandlungseigenschaft BeimKlicken der Befehlsschaltfläche zuordnen. Mit dem Befehlsschaltflächenassistenten lassen sich einfache VBA-Prozeduren erzeugen, die der Ereigniseigenschaft BeimKlicken der Schaltfläche zugeordnet werden. |
| Bild | Einem Steuerelement Bild lassen sich nur statische Bilder zuweisen (keine OLE-Objekte). Dieses Steuerelement besitzt keine Eigenschaft Steuerelementinhalt und ist deshalb stets ein ungebundenes Steuerelement. In ein Bild kann man beispielsweise Bilddateien vom Typ WMF oder BMP einfügen. |
| Gebundenes Objektfeld | Mit einem gebundenen Objektfeld können Sie grafische Objekte, die an ein Feld einer Tabelle gebunden sind, darstellen. Das zugrundeliegende Datenfeld muss den Datentyp OLE-Objekt besitzen. |
| Ungebundenes Objektfeld | Mit einem ungebundenen Objektfeld können Sie grafische Objekte, die jedoch nicht in einer Tabelle abgespeichert sind, darstellen. Dieses Bild wird wie der Text eines Bezeichnungsfeldes, mit dem Steuerelementobjekt, z. B. im Formular, gespeichert. |

| Steuerelementtyp | Beschreibung |
| --- | --- |
| Unterformular/-bericht | Unterformulare können verwendet werden, wenn in einem Formular Daten aus mehreren Tabellen dargestellt werden sollen. Ein Unterformular ist ein eigenständiges Objekt und wird lediglich in einem Hauptformular in der Eigenschaft Herkunftsobjekt eingetragen. |
| Seitenumbruch | Access führt bei längeren Formularen automatisch einen Seitenumbruch durch. Soll anstelle des automatischen Umbruchs ein manueller Umbruch an einer festgelegten Stelle erfolgen, so müssen Sie aus der Toolbox das Symbol für den Seitenumbruch anklicken und in Ihrem Formular an der gewünschten Stelle einfügen. Im Formular wird der Seitenumbruch durch eine kurze gestrichelte Linie dargestellt. |
| Linie | Durch das Einfügen von Linien können Sie Ihr Formular optisch gestalten und z. B. zusammengehörige Steuerelemente gruppieren. |
| Rechteck | Auch ein Rechteck dient zur optischen Gestaltung von Formularen oder Berichten. Beim Einfügen von nicht-transparenten Rechtecken müssen Sie jedoch darauf achten, dass das Rechteck im Hintergrund der Steuerelemente zu platzieren ist. |
| Registersteuerelement | Mit dem Registersteuerelement können Sie einem Formular Registerkarten hinzufügen, um ihr Formular übersichtlicher zu gestalten. |
| Anlage | Steuerelement zur Darstellung eines Feldes vom Datentyp Anlage. |

**Manuelles Erstellen eines Formulars**

Anhand eines einfachen Formulars zur Erfassung von Schülerdatensätzen sollen einige wesentliche Steuerelemente mit entsprechenden Eigenschaftseinstellungen verdeutlicht werden. Wir beginnen mit der Erstellung eines leeren Formulars in der Entwurfsansicht (Register Erstellen → Formularentwurf). Mit einem Rechtsklick auf die Überschriftenzeile Detailbereich öffnen wir im Kontextmenü Formularkopf/-fuß.

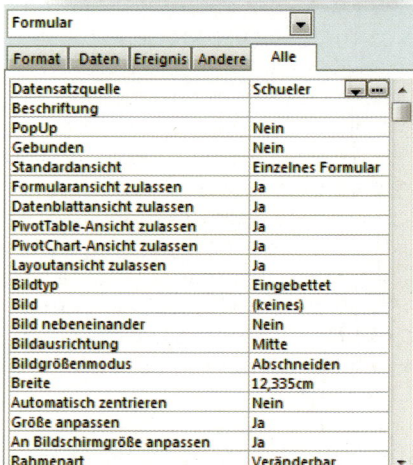

### Eigenschaften des Formulars
Die Eigenschaft Datensatzquelle enthält die Bezeichnung der Tabelle/Abfrage, deren Felder in dem Formular angezeigt werden sollen. Mit den Eigenschaften des Formulars können Sie einen Filter setzen, Sie können die Sortierung beeinflussen oder z. B. festlegen, ob der Datensatzmarkierer und die Navigationsschaltfläche sichtbar sein sollen.

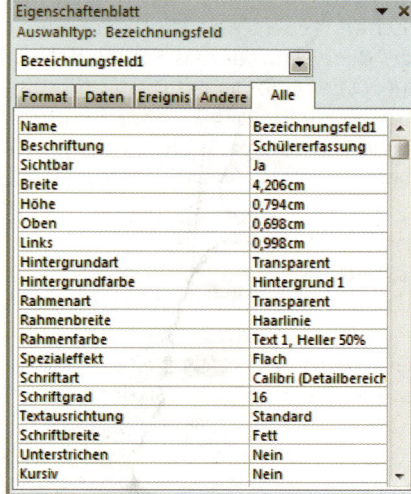

### Eigenschaften des Bezeichnungsfeldes
Das erste Steuerelement zur Anzeige der Formularüberschrift wird nun im Formularkopf platziert: Im Register Entwurf wählen wir aus den Steuerelementen ein Bezeichnungsfeld mit Mausklick aus und klicken anschließend in den Formularkopf. Das Bezeichnungsfeld wird eingefügt und wir können sofort eine Beschriftung eingeben.

Das Eigenschaftsfenster dieses Feldes zeigt die wesentlichen Einstellungen. Die Eigenschaft Beschriftung eines Bezeichnungsfeldes enthält den Text, der in dem Feld angezeigt wird. Mit den Einstellungen für Schriftart, Schriftgrad, Schriftbreite, Kursiv und Unterstrichen lassen sich die Fonteigenschaften des Textes verändern. Mit der Eigenschaft Textausrichtung können Sie den Text linksbündig, rechtsbündig bzw. zentriert im vorgegebenen Rahmen (siehe Entwurfsansicht) ausrichten. Die Einstellung Standard bewirkt die Ausrichtung am linken Rand des Steuerelementrahmens.

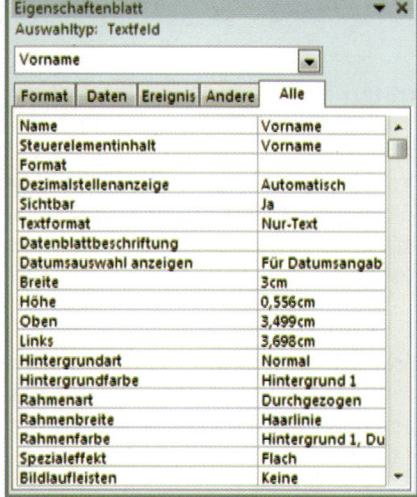

### Eigenschaften des Textfeldes

Ein Textfeld ist ein gebundenes Steuerelement. Man kann ein Textfeld somit an ein Feld der zugrundeliegenden Tabelle oder Abfrage binden. Dazu müssen Sie die Eigenschaft Steuerelementinhalt an das entsprechende Feld binden. Dies ist am einfachsten möglich, wenn Sie im Register Entwurf unter Tools den Befehl Vorhandene Felder hinzufügen ausführen. In dem sich öffnenden Fenster sehen Sie eine Liste aller Felder, die aus der Datensatzquelle zur Verfügung stehen. Mit einem Klick auf ein Feld fügen Sie dieses Feld in den Detailbereich des Formulars ein. Neben dem Textfeld für die Daten wird zusätzlich automatisch ein Bezeichnungsfeld als Beschriftung erzeugt. Weiterhin kann man im Eigenschaftsfenster des Textfeldes das Eingabeformat, einen Standardwert sowie eine Gültigkeitsregel und eine Gültigkeitsmeldung definieren. Grundsätzlich müssen Sie an dieser Stelle keine Veränderungen dieser Einstellungen vornehmen, wenn Sie diese Eigenschaften bereits bei der Definition Ihrer Tabellenstruktur implementiert haben.

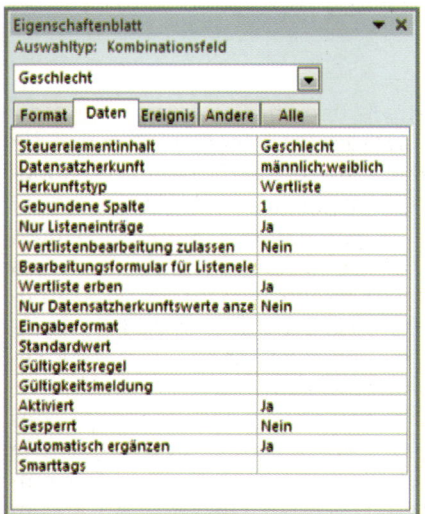

### Eigenschaften des Kombinationsfeldes

Auch ein Kombinationsfeld ist ein gebundenes Steuerelement. Deshalb muss die Eigenschaft Steuerelementinhalt mit dem Namen des verbundenen Feldes belegt werden. Die Eigenschaft Herkunftstyp enthält die Information, woher ein Kombinationsfeld die Auswahlwerte beziehen soll. Bei dem Feld Geschlecht gibt es nur zwei nicht veränderbare Einträge („männlich" bzw. „weiblich"), die man am besten einer Werteliste des Kombinationsfeldes (siehe Eigenschaft: Datensatzherkunft) entnimmt. Ist das Kombinationsfeld jedoch an ein Feld einer Tabelle gebunden, bei dem sich die Einträge an unterschiedliche Gegebenheiten anpassen (z.B. Feld Firma, das die Namen der Ausbildungsfirmen enthalten soll), wählt man als Herkunftstyp eine Tabelle/Abfrage, die die Auswahlwerte des Kombinationsfeldes enthält. Wird eine Werteliste als Herkunftstyp ausgewählt, so müssen Sie die Werteliste in der Eigenschaft Datensatzherkunft eintragen. Achten Sie dabei darauf, die Werte durch Semikolon zu trennen. Will man nur die Auswahl von Einträgen aus der Liste zulassen, so muss man die Eigenschaft Nur Listfeldeinträge auf Ja setzen, ansonsten hat der Anwender bei einem Kombinationsfeld die Möglichkeit, auch manuell Eingaben im Textfenster vorzunehmen. Um zu verhindern, dass ein Benutzer die Wertliste verändert, ist die Eigenschaft Wertlistenbearbeitung zulassen auf Nein gesetzt.

### Befehlsschaltfläche

Die Befehlsschaltfläche lässt sich am einfachsten mit dem Assistenten erzeugen. Wenn Sie eine Schaltfläche in Ihr Formular einfügen, startet der Assistent automa- 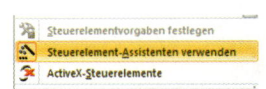 tisch. Zunächst muss man aus verschiedenen Kategorien von Aktionen die Gruppe auswählen, auf die sich die Aktion beim Anklicken der Befehlsschaltfläche beziehen soll. Da wir durch das Anklicken der Schaltfläche das Formular mit dem aktiven Datensatz an den Drucker senden wollen, müssen wir eine Aktion auswählen, die sich auf den aktivierten Datensatz bezieht.

Im Listenfeld Aktionen können Sie nun eine der für diese Kategorie verfügbaren Aktionen auswählen (z. B. Datensätze drucken). Die weiteren Schritte des Befehlsschaltflächenassistenten können wir übergehen und sofort mit dem Button Fertig stellen die Erstellung der Befehlsschaltfläche beenden.

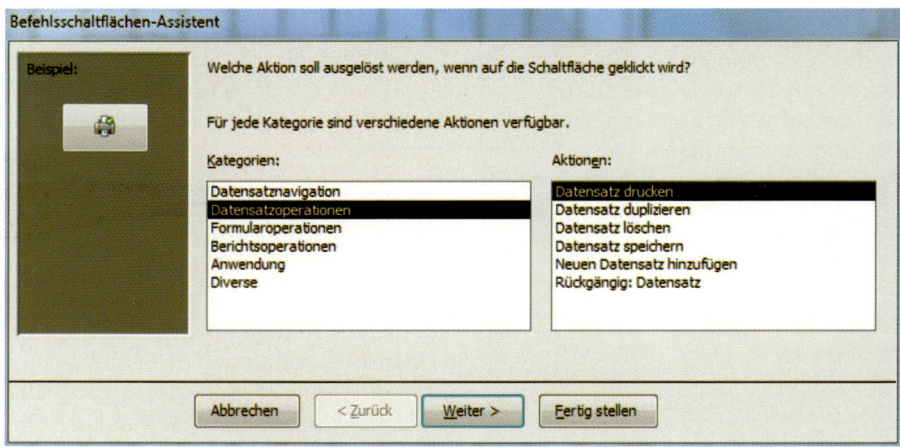

**AUFGABE 4.8**

Erzeugen Sie eine neue Datenbank mit dem Namen Personal. Erstellen Sie eine Tabelle Mitarbeiter, die folgende Felder enthalten soll:

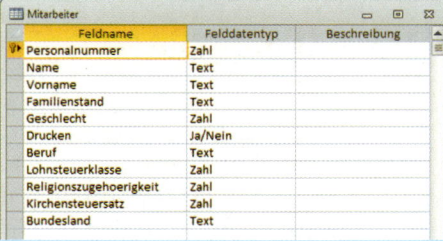

Die Eingabe von Daten soll mit einem Formular erfolgen, das folgenden Aufbau hat:

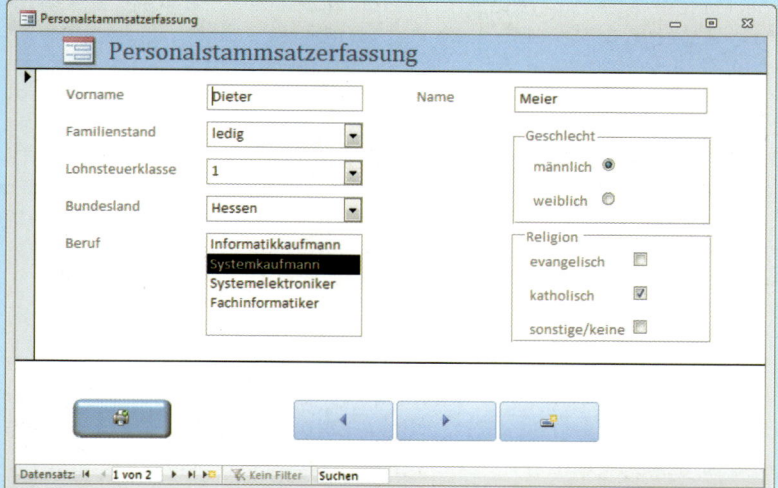

Verwenden Sie folgende Steuerelemente:

| Steuerelement | Art des Steuerelements |
|---|---|
| Vorname | Textfeld |
| Name | Textfeld |
| Familienstand | Kombinationsfeld (Daten aus Werteliste: ledig, verheiratet, geschieden) |
| Lohnsteuerklasse | Kombinationsfeld (Daten aus Werteliste: 1–6) |
| Bundesland | Kombinationsfeld (Daten aus Tabelle Bundesland) |
| Beruf | Listenfeld (Daten aus Werteliste) |
| Geschlecht | Optionsgruppe |
| Religionszugehoerigkeit | Optionsgruppe |
|  | Umschaltfläche (Wenn aktiviert, soll das Feld Drucken auf „ja" gesetzt werden.) |
|  | Befehlsschaltflächen (Anklicken bewirkt Anzeige des vorherigen/nächsten Datensatzes) |
|  | Befehlsschaltfläche (Nach Anklicken Eingabe eines neuen Datensatzes möglich) |

## 4.4 Abfragen

Wenn Sie in der Datenblattansicht die Schülertabelle aktivieren, werden alle Schülerdatensätze angezeigt. Möchten Sie die Auswahl einschränken, so können Sie mit der Filterfunktion die Anzeige der Daten auf die gewünschten Daten reduzieren. Soll eine solche Sicht beispielsweise als Grundlage für einen Bericht verwendet werden, so müssen Sie eine Abfrage erzeugen. Das Ergebnis einer Abfrage ist eine besondere Sicht auf die in Tabellen gespeicherten Daten. In der Datenblattansicht einer Abfrage können Sie auch die Daten der zugrundeliegenden Tabellen bearbeiten. Außerdem können Sie Abfragen als Basis (Datenherkunft) für Berichte und Formulare verwenden.

### 4.4.1 Erstellen von Auswahlabfragen

Für eine statistische Auswertung benötigen wir die Information, welche Schüler Pendler sind (d. h. die nicht am Schulort, z. B. Frankfurt, wohnen). Dazu müssen Sie eine Auswahlabfrage erstellen.

Aktivieren Sie im Register Erstellen das Tool Abfrageentwurf. Im Dialogfenster Tabelle anzeigen fügen Sie die Tabelle Schueler der Auswahlabfrage hinzu und schließen das Fenster.

Nachdem die Tabelle Schueler als Grundlage für die Abfrage ausgewählt wurde, müssen die Felder der Tabelle, die in der Abfrage enthalten sein sollen, ausgewählt werden.

*Datenbankentwicklung mit MS Access*

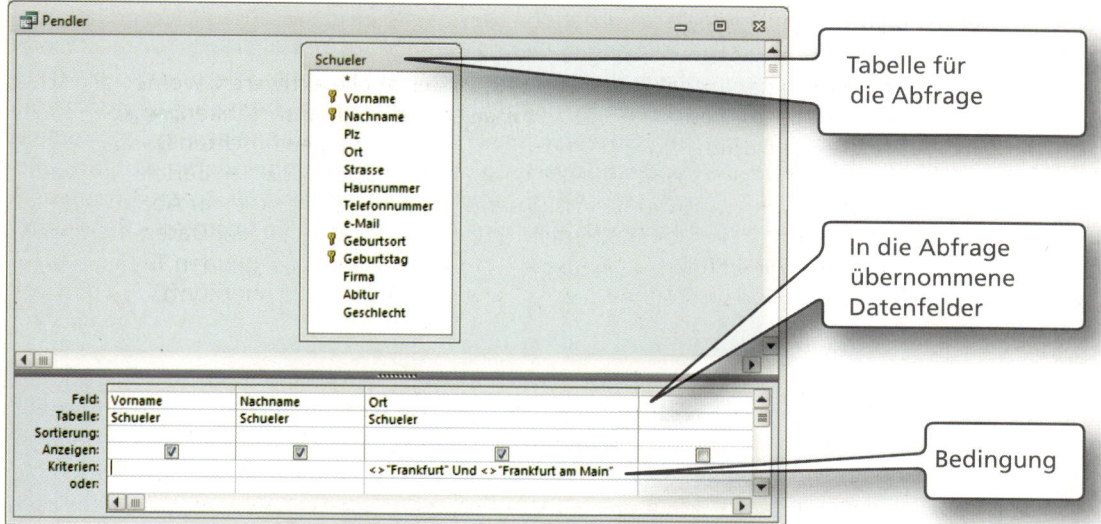

Wenn Sie in dem Tabellenrahmen Schueler auf dem Stern (*) einen Doppelklick ausführen, werden alle Felder der Tabelle Schueler in die Abfrage übernommen. Es sollen jedoch nur die Felder Vorname, Nachname und Ort in die Abfrage aufgenommen werden. Die einzelnen Felder können mit

- Doppelklick (auf Feldbezeichnung),
- Drag and Drop oder
- Aufklappen des Kombinationsfeldes im unteren Teil des Fensters (Zeile: Feld) und Auswahl des Tabellenfeldes

übernommen werden.

In der Zeile Kriterien können Sie die Bedingungen angeben, aufgrund derer die Auswahl der Datensätze erfolgen soll. Wenn Sie in der Kriterienzeile im Feld Ort die Bedingung <> Frankfurt eingeben, werden nur die Datensätze angezeigt, die diese Bedingung erfüllen. Sie können durch Anklicken der Schaltfläche die Abfrage testen. Wenn Datensätze in der Schülerdatei vorhanden sind, in denen der Wohnort „falsch" angegeben wurde (z.B. Frankfurt am Main), so werden diese Sätze ebenfalls in das Abfrageergebnis übernommen. Sie können die Bedingung genauer formulieren, z. B. <> Frankfurt Und <> Frankfurt am Main.

Sollten aber Datensätze vorhanden sein, in denen z. B. Frankfurt/Main oder ähnliches steht, versagen die angegebenen Bedingungsformulierungen. Access bietet bei der Bedingungsformulierung den Vergleichsoperator WIE und die Jokerzeichen ? (ein beliebiges Zeichen) oder * (beliebig viele Zeichen) an. Außerdem können mit dem logischen Operator NICHT Bedingungen verneint werden. Konkret müssen Sie für die Pendlerauswertung die Bedingung folgendermaßen formulieren: NICHT WIE Frankfurt*. (Anführungszeichen werden von Access automatisch gesetzt). Testen Sie die Auswahlabfrage und speichern Sie sie anschließend unter dem Namen Pendler.

#### 4.4.1.1 Operatoren und Bedingungen

Mit Operatoren können Sie Berechnungen, Vergleichs- und Textoperationen durchführen. Mit arithmetischen Operatoren werden Berechnungen angestellt. Mit Vergleichsoperatoren können Vergleiche zwischen zwei Ausdrücken vorgenommen werden.

**Arithmetische Operatoren, Vergleichsoperatoren und Textoperator**

| Operator | Bedeutung | Beispiel |
|---|---|---|
| + | Pluszeichen für Addition | 6 + 3 |
| - | Minuszeichen für Subtraktion | 6 – 3 |
| * | Multiplikationszeichen | 6 * 3 |
| / | Divisionszeichen | 6 / 3 |
| ^ | Zeichen für Potenzierung | 6 ^ 2 |
| = | Vergleichsoperator Ist gleich | Prozent = 5 |
| > | Größer als | Prozent > 5 |
| < | Kleiner als | Prozent < 5 |
| >= | Größer als oder gleich | Prozent >= 5 |
| <= | Kleiner als oder gleich | Prozent <= 5 |
| <> | Ungleich | Prozent <> 5 |
| & | Textverkettung (auch +) | „MS" & „Access" |

**Logische Operatoren**

| Operator | Bedeutung | Beispiel |
|---|---|---|
| Und | Und-Verknüpfung | A > B Und A > 5 |
| Oder | Oder-Verknüpfung | A > B Oder A > 5 |
| Nicht | Verneinung | Nicht (A > 5) |

**Sonstige Operatoren**

| Operator | Bedeutung | Beispiel |
|---|---|---|
| Zwischen | Wertebereich mit Ober- und Untergrenze | Zwischen 1 und 5 |
| In | Überprüfung, ob Wert in einer Liste von Einträgen enthalten ist | In ("Januar", "Februar") |
| Wie | Wird zum Vergleichen eines Zeichenkettenausdrucks mit einem Suchmuster verwendet<br>* : steht für beliebig viele Zeichen<br>? : steht für ein Zeichen | Wie "Frankfurt*",<br>Wie "Frankfurt?" + "Main" |

## 4.4.2 Auswahlabfrage mit komplexen Bedingungen

Soll beispielsweise eine Geburtstagsliste der Schüler erstellt werden, die im Sommer (hier: 21.06. - 23.09.) Geburtstag haben, so gestaltet sich die Formulierung der Bedingung in einer Abfrage schwieriger. Die Bedingung muss mit den logischen Operatoren Und bzw. Oder aufgebaut werden. Grundsätzlich ist zu bemerken:

- Stehen mehrere Bedingungen in einer Kriterienzeile nebeneinander, so werden sie mit einem logischen Und verbunden.

- Stehen Bedingungen in mehreren Kriterienzeilen untereinander, verbindet Access die Bedingungen mit einem logischen Oder.

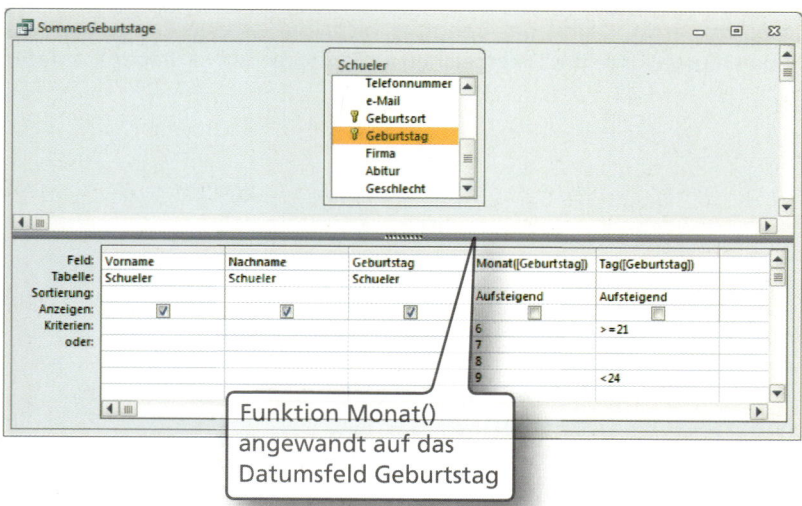

Funktion Monat() angewandt auf das Datumsfeld Geburtstag

Wie die oben stehende Abfragedefinition zeigt, können in einer Abfrage auch Ausdrücke verwendet werden, die mit Funktionen, die Access bereitstellt, formuliert werden. So kann man mit den Funktionen Tag() bzw. Monat() den Geburtstag bzw. den Geburtsmonat aus dem Feld Geburtstag extrahieren und bei der Formulierung einer Bedingung verwenden. Auf die Anzeige dieser Felder in der Abfrage wurde verzichtet (Kontrollkästchen Anzeige wurde nicht aktiviert), da die Werte für den Monat bzw. den Tag zwar zur Definition der Abfragekriterien und für die Sortierung verwendet werden, in der Ausgabe des Abfrageergebnisses jedoch wenig sinnvoll sind. Wenn man die Abfrage startet, werden alle Schüler angezeigt, die im Sommer Geburtstag haben. Wenn Sie Datumswerte in einem Kriterium verwenden (z. B. Datensätze mit einem Geburtsdatum vor dem 13.07.1989), sind diese Werte in Nummernzeichen (#) einzuschließen um sie von reinem Text zu unterscheiden (z. B. <#13.07.1989#).

Näheres zu der großen Anzahl der von Access zur Verfügung gestellten Funktionen finden Sie in der Onlinehilfe für Entwickler (in der Access-Hilfe Klick auf das Dropdownfeld neben der Schaltfläche Suchen und Hilfe für Entwickler wählen).

### 4.4.3 Erstellen von Abfragen mit Parametereingabe

Mit den Abfragen, die bisher erstellt wurden, konnten Datensätze ausgewählt werden, die aufgrund feststehender Kriterien (z. B. Ort = Frankfurt) selektiert wurden. Sehr oft ergibt sich aber auch die Notwendigkeit, dass Datensätze erst zur Laufzeit aufgrund von variablen Eingaben eines Benutzers spezifiziert werden sollen. In diesem Fall muss man eine Parameterabfrage anlegen.

Es soll nun eine Auswertung erstellt werden, in der alle Schüler eines bestimmten Ausbildungsbetriebes aufgelistet werden. Bei der Formulierung der Bedingung wird (in eckigen Klammern) die Bezeichnung [Firma eingeben:] angegeben. Die Bezeichnung, die in einer Bedingung in eckigen Klammern steht, wird als Eingabeparameter beim Start der Abfrage oder beim Start eines Berichtes, der auf dieser Abfrage basiert, abgefragt und der Eingabewert des Benutzers wird gemäß der Bedingung ausgewertet. Damit der Benutzer nicht die genaue Firmenbezeichnung eingeben muss, wurde das Jokerzeichen als String an den Eingabeparameter angehängt.

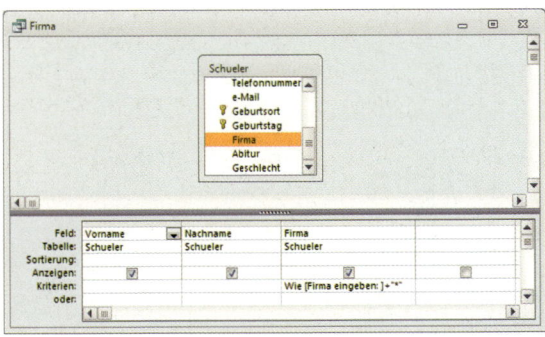

> **AUFGABE 4.9**
>
> Erstellen Sie folgende Abfragen:
> a) Abfrage SEMINAR, die nach der Seminarbezeichnung und bei gleicher Seminarbezeichnung nach dem Seminarbeginn sortiert ist.
> b) Abfrage REFERENTEN, die die Seminare nach Referenten sortiert anzeigt.
> c) Abfrage SEMINARE AB OKTOBER, die alle Seminare ab Oktober beinhaltet, aber nicht die Textverarbeitungsseminare.
> d) Abfrage SEMINARKOSTEN, in der die Felder Seminarbezeichnung, Dauer, Kosten pro Tag sowie die Gesamtkosten für das Seminar (Dauer * Kosten pro Tag) enthalten sind. Hinweis: Sie können in der Zeile Feld auch Ausdrücke formulieren.
> e) Parameterabfrage SEMINARE IM RAUM, mit der für einen bestimmten Raum die Seminare aufsteigend nach Beginn ausgegeben werden.
> f) Abfrage ACCESS UND EXCEL, in der alle Access- und Excel-Seminare enthalten sind.

## 4.4.4 Aktionsabfragen

Neben der einfachen Auswahlabfrage, die ein Abfrageergebnis aus bestehenden Tabellen erzeugt, gibt es in Access noch sogenannte Aktionsabfragen. Unter anderen sind das:

- Anfügeabfragen (Anfügen von Datensätzen)
- Aktualisierungsabfragen (Verändern einer Gruppe von Datensätzen)
- Löschabfragen (Löschen einer Gruppe von Datensätzen)
- Tabellenerstellungsabfragen (Erzeugen einer neuen Tabelle)

Mit Aktionsabfragen können Sie Daten in Tabellen unmittelbar verändern.

### 4.4.4.1 Anfügeabfragen

Die Schülerdaten existieren in unterschiedlichen Datenbanken. Beispielsweise hat jeder Schüler die Daten zu seiner Person in einer eigenen Datenbanktabelle abgelegt. Nun sollen alle Daten in einer Tabelle zusammengefasst werden. Mit einer Anfügeabfrage können Sie einer bestehenden Tabelle die Datensätze eines Abfrageergebnisses hinzufügen. Wir öffnen dazu unsere Schülerdatenbank und erstellen eine neue Abfrage in der Entwurfsansicht. Access erzeugt standardmäßig eine Auswahlabfrage. Um den Abfragetyp zu ändern, müssen Sie im Register Entwurf in der Gruppe Abfragetyp auf den gewünschten Typ klicken (Anfügen).

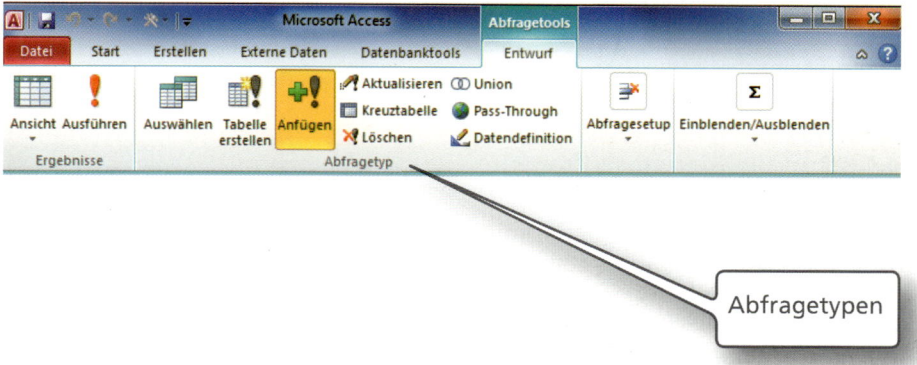

Wenn Sie den Abfragetyp geändert haben, erscheint automatisch das Fenster Anfügen.

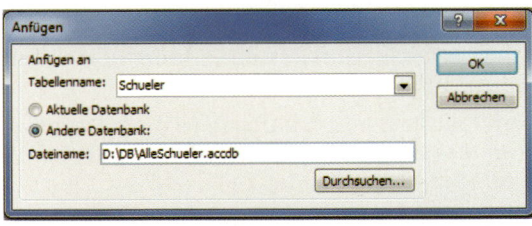

In diesem Dialogfenster müssen Sie den Namen der Zieltabelle angeben. Die in der Abfrage ausgewählten Datensätze werden beim Ausführen der Abfrage an diese Tabelle angefügt. Da die Zieltabelle nicht die aktuelle Datenbank sein soll, sondern sich in unserem Fall in einer anderen Datenbank befindet (z. B. gemeinsame Datenbank auf einem Server), müssen Sie auch den Dateinamen der Datenbank angeben, in der die Zieltabelle existiert. Mit OK bestätigen Sie die Eingaben.

Sie können anschließend in der Entwurfsansicht Ihrer Abfrage die Felder, die in die Zieltabelle übertragen werden sollen, angeben. Sollen nicht alle Datensätze an die Zieltabelle angefügt werden, müssen Sie in der Kriterienzeile die erforderliche Bedingung formulieren.

Führen Sie nun die Abfrage aus. Es erscheint ein Meldungsfenster, das Sie darüber informiert, dass eine bestimmte Anzahl von Datensätzen an eine andere Tabelle angefügt werden soll. Nach der Bestätigung dieser Meldung werden die Datensätze in der angegebenen Tabelle angefügt.

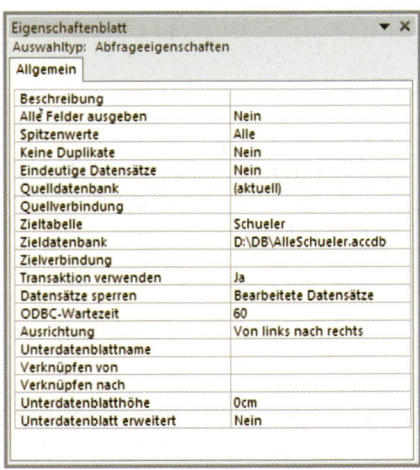

Sofern Sie Veränderungen der Eigenschaften der Anfügeabfrage vornehmen wollen, müssen Sie die Abfrage in der Entwurfsansicht öffnen. Durch Aktivieren des Eigenschaftsfensters der Abfrage (rechte Maustaste im Entwurfsbereich der Abfrage) können Sie die Eigenschaften der Anfügeabfrage (z. B. Zieltabelle oder Zieldatenbank) editieren.

### 4.4.4.2 Aktualisierungsabfragen

Mit einer Aktualisierungsabfrage können Sie Felder einer Tabelle mit einem neuen Wert versehen. In der Schülertabelle sollen z. B. alle Datensätze, die in einem noch einzufügenden Feld Prozent (Datentyp single) keinen Wert haben, mit dem Initialwert 0 belegt werden. Ein nicht vorhandener Wert wird mit NULL (kein Eintrag, Nullmarke) abgefragt. Erzeugen Sie eine neue Abfrage in der Entwurfsansicht, in der die Schülertabelle einzufügen ist. Da Access standardmäßig eine Auswahlabfrage erzeugt, müssen Sie den Abfragetyp ändern (siehe Kapitel 4.4.4.1). Wählen Sie eine Aktualisierungsabfrage aus.

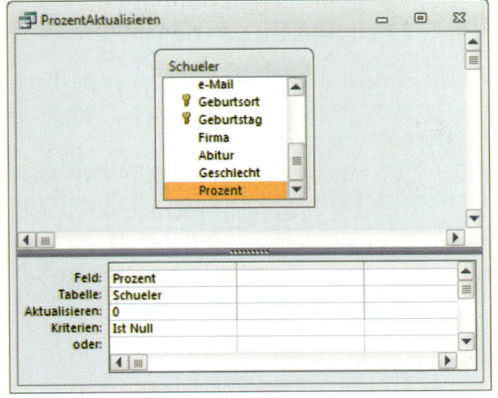

Zur Aktualisierung müssen Sie nur das Feld Prozent in den Abfrageentwurfsbereich übernehmen. Dadurch, dass eine Aktualisierungsabfrage als Typ ausgewählt wurde, steht im Entwurfsbereich der Abfrage die Zeile Aktualisieren zur Verfügung. In diesem Feld müssen Sie den Wert oder den Ausdruck angeben, mit dem die Datensätze aktualisiert werden sollen.

Wenn nicht alle Schülerdatensätze aktualisiert werden sollen, müssen wir in der Kriterienzeile noch die Bedingung für die Auswahl der zu verändernden Datensätze formulieren. Da in unserem Beispiel alle Schülerdatensätze im Feld Prozent keinen Wert enthalten, ist ein Kriterium nicht zwingend. Werden später in die Tabelle weitere Datensätze ohne Wert im Feld Prozent eingefügt, dürfen jedoch nur diese neuen Sätze aktualisiert werden. Sinnvoll ist es daher, die Bedingung mit Ist Null festzulegen.

Beim Ausführen der Abfrage erscheint – wie bei der Anfügeabfrage – ein Meldungsfenster, das uns über die beabsichtigte Aktualisierung informiert. Wenn Sie das Dialogfenster durch Anklicken des Buttons Ja verlassen, werden die ausgewählten Datensätze aktualisiert.

## 4.5 Berichte

Berichte werden zum Drucken von Daten verwendet. In einem Bericht selbst können Sie keine Daten verändern. Bei der Erzeugung von Berichten stehen Ihnen weitgehende Möglichkeiten zum Sortieren und Gruppieren von Daten zur Verfügung. Berichte eignen sich deshalb sehr gut für die Auswertung eines Datenbestandes.

### 4.5.1 Erstellen eines Berichtes

Nach Zusammenfassung aller Schüler der Klasse in der Tabelle Schueler soll eine Adressliste mit Unterstützung durch den Berichtsassistenten erzeugt werden.

**1. Schritt:**
Wir starten den Berichtsassistenten im Register Erstellen (Gruppe Berichte) mit einem Klick auf Berichts-Assistent.

**2. Schritt:**
Im ersten Dialogfenster wählen Sie die Tabelle Schueler als Datenquelle für Ihren Bericht. Aus den angezeigten, verfügbaren Feldern können einzelne Felder (>) oder alle Felder (>>) in den Bericht übernommen werden.
Sollen einzelne Felder in den Bericht aufgenommen werden, so ist die Reihenfolge der Übernahme auch für den Aufbau des Berichtes von Bedeutung (= Reihenfolge der Spalten bei tabellarischer Darstellung).

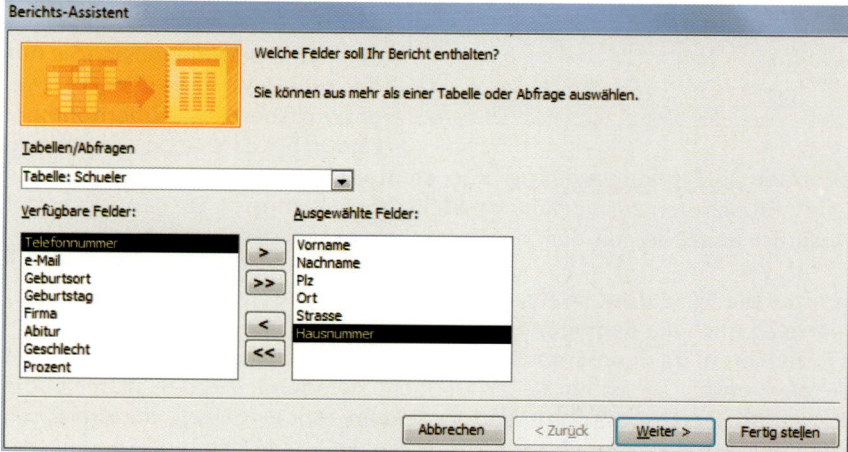

**3. Schritt:**
Da wir noch keine Gruppierung vornehmen wollen, überspringen wir das nächste Fenster mit Weiter. Soll der Bericht nach bestimmten Kriterien sortiert werden, so muss im darauf folgenden Dialogfeld angegeben werden, nach welchen Feldern die Sortierung erfolgen und ob aufsteigend oder absteigend sortiert werden soll.

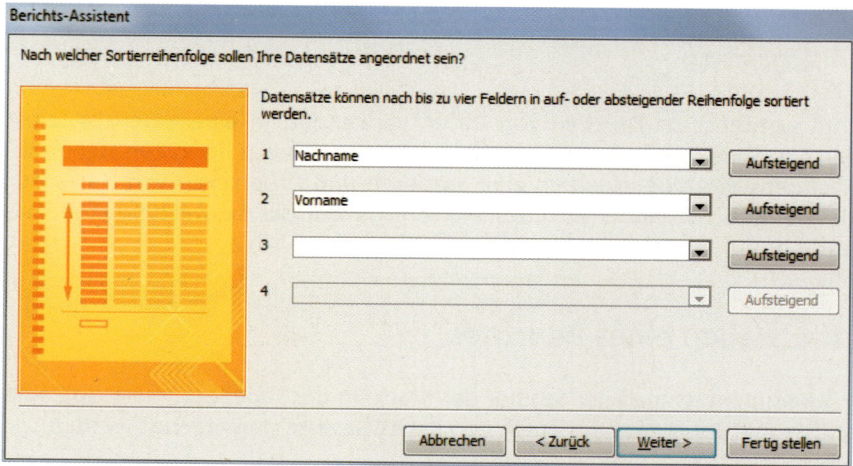

## 4. Schritt:

Im 4. Schritt legen Sie fest, ob die Felder eines Datensatzes untereinander (einspaltig) oder nebeneinander (tabellarisch) in der Liste gedruckt werden sollen. Außerdem wird das Seitenlayout (Hochformat oder Querformat) festgelegt. Stellt man das Feld Feldbreite anpassen ein, so kann es vorkommen, dass einige Felder teilweise abgeschnitten werden, damit alle Felder einer Druckzeile auf eine Seite passen.

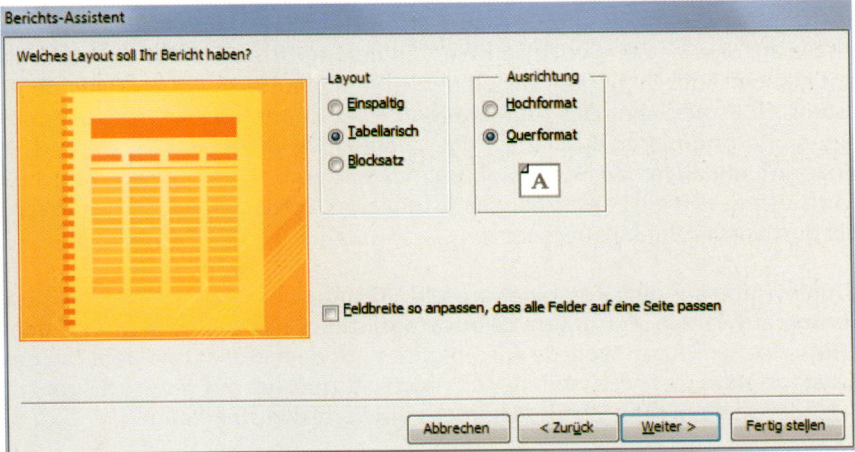

## 5. Schritt:

Im letzten Dialogfeld des Berichtsassistenten wird der Titel des Berichtes festgelegt, der im Kopf der Seite ausgedruckt wird und der auch als Bezeichnung des Berichtes in der Datenbank verwendet wird. Aufgrund der Standardvorgabe, den Bericht in der Berichtsvorschau im Seitenlayout anzuzeigen, kann man nun sofort den Bericht ausdrucken.

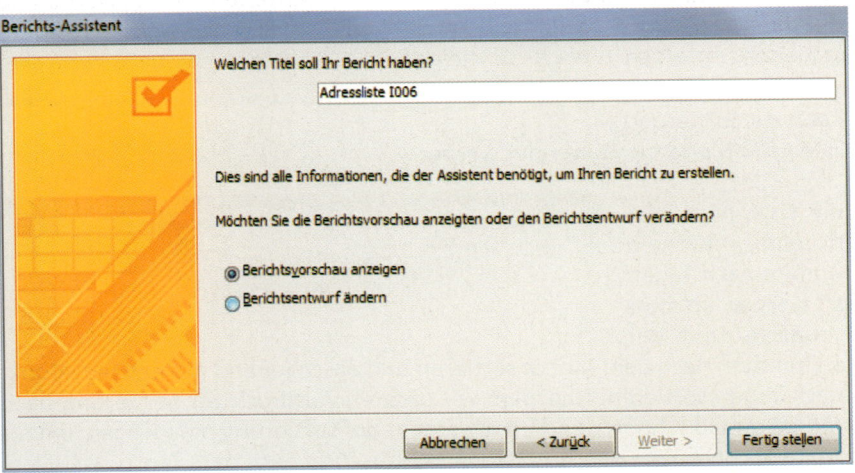

## 4.5.2 Sortieren im Bericht

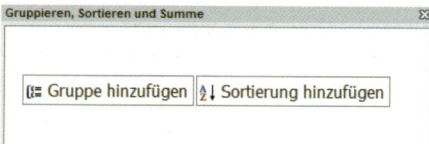

Um eine Geburtstagsliste zu erstellen, führen Sie die gleichen Schritte durch, die zur Erstellung einer Adressliste notwendig waren. Wählen Sie die Felder Vorname, Nachname und Geburtstag aus. Geben Sie Ihrem Bericht den Titel Geburtstagsliste. Beim Verlassen des Berichtsassistenten im letzten Dialogfenster geben Sie an, dass Sie den Berichtsentwurf ändern möchten. Sie können nun den Bericht manuell ändern. Klicken Sie mit der rechten Maustaste auf das Berichtentwurfsfenster. Es erscheint das Kontextmenü. Hier können Sie den Menüpunkt Sortieren und gruppieren auswählen oder wählen Sie im Menüband Entwurf → Gruppierung und Summen → Gruppieren und Sortieren. Unterhalb des Berichtsentwurfs öffnet sich ein Fensterbereich Gruppieren, Sortieren und Summe. Wählen Sie dort Sortierung hinzufügen.

Sie könnten jetzt aus dem Kombinationsfeld Feld auswählen, ein Tabellenfeld zur Sortierung auswählen. Für unsere Geburtstagsliste ist eine Sortierung nach dem Feld Geburtstag nicht sinnvoll, da wir lediglich nach dem Monat und dem Tag des Geburtstagsfeldes sortieren wollen. Wir klicken stattdessen auf Ausdruck, um mit dem Ausdrucks-Generator einen Ausdruck zum Sortieren zu erzeugen.

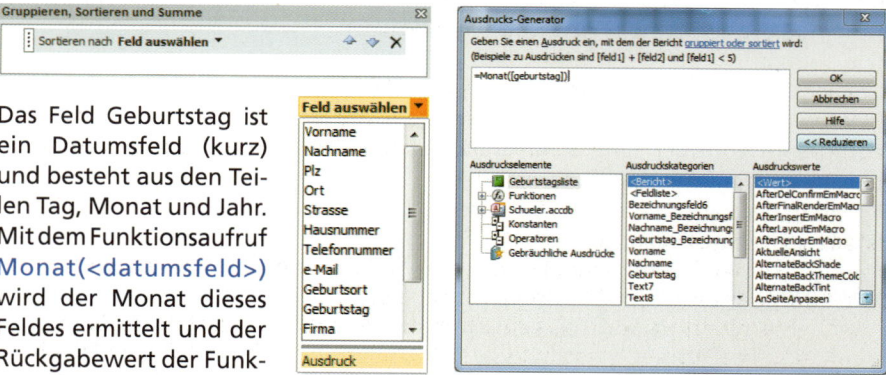

Das Feld Geburtstag ist ein Datumsfeld (kurz) und besteht aus den Teilen Tag, Monat und Jahr. Mit dem Funktionsaufruf Monat(<datumsfeld>) wird der Monat dieses Feldes ermittelt und der Rückgabewert der Funktion kann zur Sortierung der Liste nach Monaten verwendet werden.

Soll die Liste nach Monaten und innerhalb der Monate nach Tagen sortiert werden, so muss man zunächst mit der 

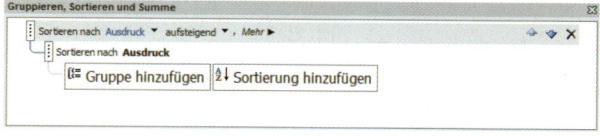

Monatsfunktion nach dem Monat sortieren und anschließend mit der Tagesfunktion nach Tagen sortieren. Nachdem wir unseren Ausdruck zur Sortierung nach dem Monat gebildet haben, klicken wir erneut auf Sortierung hinzufügen, um für die zweite Sortierebene den Ausdruck zur Sortierung nach dem Tag zu erstellen. Mit einem Klick auf Ausdruck im Fenster Gruppieren, Sortieren und Summe können wir den erzeugten Ausdruck mit dem Generator erneut öffnen und bei Bedarf verändern.

## 4.5.3 Erstellen eines gruppierten Berichtes

Im nächsten Arbeitsschritt soll eine Liste erstellt werden, die nach dem Geschlecht (männlich und weiblich) zu gruppieren ist (Datensätze in Gruppen ordnen). Starten Sie den Berichtsassistenten im Menüband. Es soll ein gruppierter Bericht auf der Grundlage der Tabelle Schueler erstellt werden. Nun können Sie die Felder Nachname, Vorname und Geschlecht in den Berichtsentwurf übernehmen.

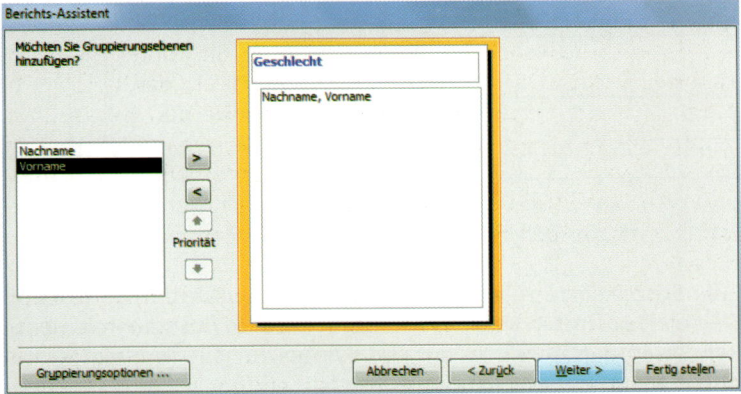

Im Fenster Gruppierungsebenen wird das Feld für die Bildung der Gruppierung festgelegt. Wählen Sie das Feld Geschlecht aus.

Sortieren Sie den Bericht nach Nachnamen und Vornamen, wählen Sie im Layoutfenster Abgestuft. Nachdem Sie den Berichtstitel (z. B. Liste gruppiert nach Geschlecht) definiert haben, können Sie den Bericht in der Berichtsvorschau ausdrucken.

> **AUFGABE 4.10**
>
> Erstellen Sie folgende Berichte:
> a) Bericht Firmenliste mit einer Liste, in der die Schüler nach Firmenzugehörigkeit gruppiert werden. (Datenbank: Schueler)
> b) Bericht Seminarliste zur Übersicht über alle Seminare, sortiert nach Räumen und innerhalb dieser Sortierung nach Beginn des Seminars. Wählen Sie als Titel des Berichts die Überschrift Raumplan und drucken Sie im Querformat alle Felder der Tabelle aus. (Datenbank: SEM)
> c) Bericht Referentenliste, nach Referenten gruppiert. Es sollen die Felder Referent, Seminarbezeichnung, Beginn und Raum in der Liste ausgedruckt werden. (Datenbank: SEM)

## 4.5.4 Bericht manuell ändern

Erzeugen Sie mit dem Berichtsassistenten einen neuen Bericht, mit dem die Felder Nachname, Vorname und Abitur ausgedruckt werden. Am Ende der Liste soll die Anzahl der Schülerdatensätze ermittelt werden. Dies ist mit dem Berichtsassistenten nicht möglich. Deshalb muss der Bericht angepasst werden. Öffnen Sie den Bericht im Entwurfsmodus.

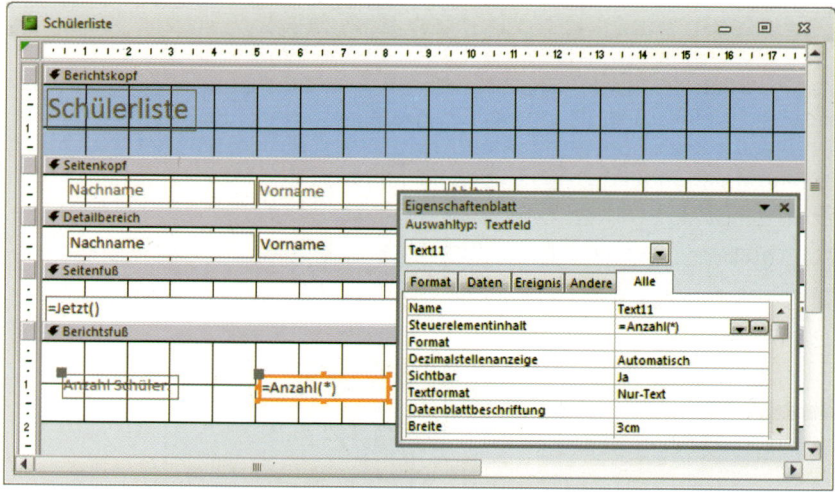

Um die Anzahl der Schülersätze zu ermitteln, muss man zunächst im Berichtsfuß ein Textfeld einfügen. Dazu lassen Sie sich im Register Entwurf die Steuerelemente anzeigen. Klicken Sie in dieser Palette auf das Symbol für ein Textfeld . Sie können nun mit der Maus im Berichtsfuß ein Textfeld einfügen. Für dieses Textfeld muss die Eigenschaft Steuerelementinhalt mit der Access-Funktion Anzahl(*) belegt werden, mit der die Anzahl der Datensätze in einem Bericht oder in einer Abfrage gezählt werden kann. Dazu klicken Sie das Textfeld an und aktivieren mit der rechten Maustaste im Kontextmenü den Punkt Eigenschaften. Nun lässt sich im Register Daten oder Alle die Eigenschaft Steuerelementinhalt verändern.

## 4.6 Verknüpfen von Tabellen in Abfragen

Es soll eine Schülerliste erstellt werden, in der die Felder Vorname, Nachname, Firma und Ausbilder ausgegeben werden. Dazu muss ein neues Datenfeld Ausbilder angelegt werden. Wenn man die Schülertabelle um das Feld Ausbilder erweitert (und eventuell noch um weitere Felder wie z. B. um die Adresse des Ausbildungsbetriebs und die Telefonnummer), so sind damit zumindest zwei Probleme verbunden:

- Bei gleichen Ausbildungsfirmen muss man die zusätzlichen Informationen für jeden Schüler erfassen (hoher Erfassungsaufwand).

- Bei Veränderungen (z. B. neuer Ausbilder) müssen alle Schülersätze der entsprechenden Ausbildungsfirma verändert werden (Gefahr von Inkonsistenzen).

Diese Modellierung der Tabellen der Datenbank widerspricht den Anforderungen der Normalisierung (siehe Kapitel 2.2). Die Felder Ausbilder, Adresse und Telefonnummer des Ausbildungsbetriebs sind nicht vom Primärschlüssel (Attributskombination: Nachname, Vorname, Geburtsort, Geburtstag) der Schülertabelle abhängig, sondern vom Feld Firma. Durch die Normalisierung der Tabellen der Datenbank wird die Abhängigkeit zwischen Nichtschlüsselattributen in der 3. Normalform in eine eigenständige Relation aufgelöst und die beiden Tabellen können über das Feld Firma verknüpft werden.

*Datenbankentwicklung mit MS Access*

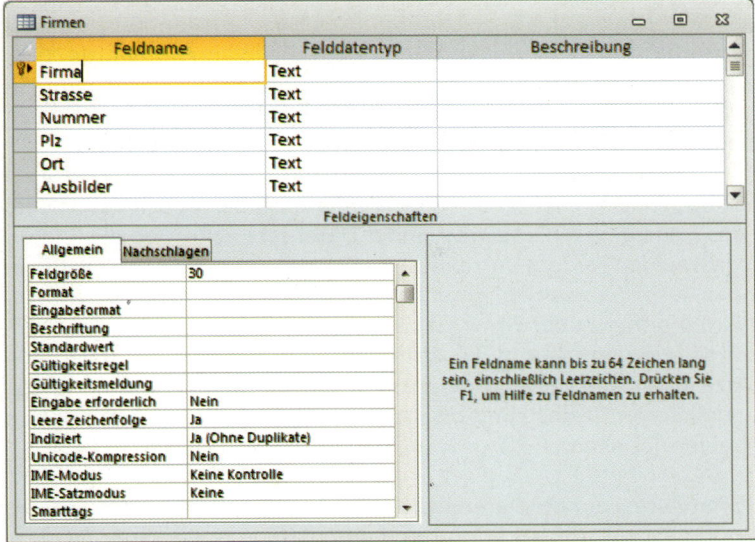

Beim Entwurf der neuen Tabelle Firmen muss das Feld Firma, das auch in der Tabelle Schueler existiert, als Primärschlüsselfeld angelegt werden, um später eine Verknüpfung herstellen zu können. In der Tabelle Schueler wird das Feld Firma Fremdschlüssel. Nach der Definition der Struktur der Tabelle Firmen kann man zur Eingabe ein Formular erzeugen und die Informationen für alle vertretenen Firmen eingeben.

Nun existieren zwei Tabellen, für die in einer Abfrage (SchuelerFirmen) eine Verknüpfung erzeugt werden kann.

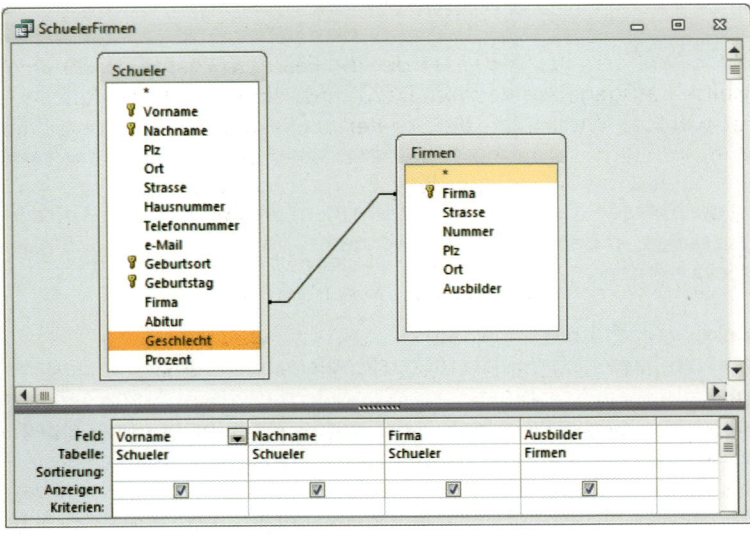

Bei der Erstellung der Auswahlabfrage müssen beide Tabellen (Schueler und Firmen) in die Abfrage aufgenommen werden. Access stellt automatisch eine Verknüpfung der beiden Tabellen über das Feld Firma her. Voraussetzung ist jedoch, dass das Feld die gleiche Bezeichnung in beiden Tabellen hat und dass ein Primärschlüssel für das Feld Firma in der Firmentabelle erzeugt wurde. Falls Access nicht automatisch die Verknüpfung herstellt, können Sie das Feld Firma in der Firmentabelle anklicken und mit gedrückter Maustaste auf das Feld Firma in der Schülertabelle ziehen.

Wenn Sie die Abfrage ausführen, so wird für alle Datensätze der Schülertabelle, bei denen für das Feld Firma ein entsprechender Datensatz in der Tabelle Firmen existiert, zusätzlich zu den Feldern Vorname, Nachname und Firma auch die Information des Feldes Ausbilder aus der Firmentabelle angezeigt. Schülerdatensätze, bei denen die Firma bisher in der Firmentabelle noch nicht erfasst bzw. „falsch" geschrieben wurde, werden nicht in die Abfrageliste aufgenommen. Sollen alle Schülerdatensätze in der Abfrage erscheinen, so müssen Sie den Verknüpfungstyp verändern. Doppelklicken Sie dazu im Abfrageentwurf auf die Verknüpfungslinie zwischen den beiden Tabellen.

Standardmäßig hat Access nur die Datensätze aufgenommen, für die eine gleiche Firmenbezeichnung existierte (Verknüpfungseigenschaft 1). Sollen aber alle Datensätze der Schülertabelle in der Abfrage erscheinen, so muss man die Verknüpfungseigenschaft 3 auswählen, die alle Sätze aus der Tabelle Schueler beinhaltet und nur die Datensätze aus Firmen, bei denen die Inhalte der verknüpften Felder beider Tabellen gleich sind.

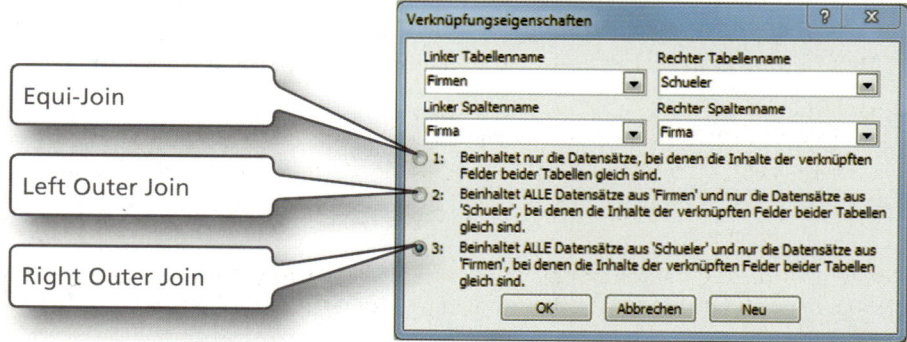

Nun können Sie die Abfrage speichern (SchuelerFirmen) und auf Basis der Abfrage einen Bericht erzeugen, in dem die Felder Nachname, Vorname, Firma und Ausbilder ausgedruckt werden.

### Kombinationsfeldeigenschaften anpassen
Bei der Erstellung des Eingabeformulars für die Schülertabelle wurde zur Eingabe der Firmenbezeichnung ein Kombinationsfeld angelegt (siehe Aufgabe 4.6), für das eine Werteliste als Herkunftstyp festgelegt wurde. Da nun aber eine eigene Tabelle für die Erfassung aller Firmen existiert, können Sie eine Tabelle als Herkunftstyp für das Kombinationsfeld verwenden. Aktivieren Sie die Eigenschaften des Kombinationsfeldes im Formularentwurf zur Erfassung von Schülern. Nun geben Sie als Herkunftstyp Tabelle/Abfrage an und belegen die Eigenschaft Datensatzherkunft mit dem Namen der Tabelle (Firmen).

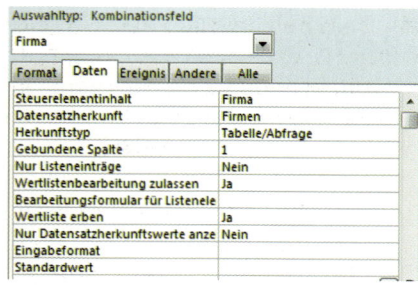

Man kann sich auch auf andere Felder aus der Firmentabelle beziehen. Dazu muss man den Abfragegenerator starten (drei Punkte in der Eigenschaft Datensatzherkunft) und eine Abfrage erstellen, die das gewünschte Feld enthält (der Generator erstellt eine SQL-Anweisung, die dieses Feld zurückgibt). Nach Speicherung der Änderungen im Formular können Sie bei der Erfassung von Schülersätzen komfortabel auf alle in der Firmentabelle verfügbaren Firmen zugreifen.

**AUFGABE 4.11**

Legen Sie in der Datenbank SEM zwei neue Tabellen mit der Bezeichnung Referenten und Raum an. Beachten Sie folgende Hinweise:

Tabelle REFERENT:
- Bei der Bestimmung der Feldgrößen richten Sie sich nach den längsten Einträgen der Beispieltabellen (siehe Aufgabe 4.12).
- Bei dem Feld Referentenstatus gibt es nur zwei mögliche Eingabewerte: „A" für Angestellter und „S" für Selbstständiger.
- Legen Sie die Gültigkeitsregel und eine entsprechende Gültigkeitsmeldung fest.
- Als Standardwert soll für den Referentenstatus „A" vorgegeben werden.
- Das Feld Geburtsdatum muss auf alle Fälle eingegeben werden.

Tabelle RAUM:
- Das Feld Raumkapazität muss auf alle Fälle eingegeben werden.
- Verfügbar sind die Räume 500–540 sowie 550–599 mit Ausnahme des Raumes 513.

**AUFGABE 4.12**

Erstellen Sie für die beiden neuen Tabellen jeweils ein AutoFormular und erfassen Sie die Datensätze gemäß der beiliegenden Listen.

Tabelle Referent:

| Kürzel | Name | Vorname | Geburtsdatum | Status |
|---|---|---|---|---|
| HDS | Siebert | Heinz-Dieter | 01.01.1954 | A |
| HS | Schönborn | Hans | 07.07.1966 | A |
| KS | Schmidt | Karin | 13.07.1964 | A |
| NM | Müller | Nicole | 03.02.1970 | S |
| RH | Huber | Reiner | 11.11.1952 | S |

Tabelle Raum:

| Raum | Raum-kapazität |
|---|---|
| 500 | 20 |
| 502 | 20 |
| 506 | 20 |
| 510 | 18 |

| Raum | Raum-kapazität |
|---|---|
| 511 | 22 |
| 512 | 20 |
| 514 | 24 |
| 515 | 20 |

| Raum | Raum-kapazität |
|---|---|
| 550 | 22 |
| 561 | 4 |
| 590 | 16 |
|  |  |

**AUFGABE 4.13** Verändern Sie das bereits vorhandene Erfassungsformular für die Tabelle Seminare. Wandeln Sie dazu die Felder Referent und Raum in ein Kombinationsfeld um, das sich auf die entsprechende Tabelle bezieht. Beachten Sie dabei, dass die Feldbezeichnung für das Referentenkürzel nicht identisch ist.

**AUFGABE 4.14** Erstellen Sie einen Bericht (SeminareReferentenRaum), mit dem man die Felder Seminarbezeichnung, Referentenname, Referentenkürzel, Raumnummer und Raumkapazität ausdrucken kann.
Hinweis: Erstellen Sie eine Abfrage, in der die drei Tabellen Raum, Seminare und Referent enthalten sind. Um eine Verknüpfung zwischen zwei Feldern mit unterschiedlicher Bezeichnung zu erstellen, markiert man das Feld in der ersten Tabelle (z. B. Referent in Seminare) und zieht mit gedrückter linker Maustaste auf das zu verknüpfende Feld in der 2. Tabelle (z. B. Referentenkürzel in Referent).

## Zusammenfassende Aufgaben

**AUFGABE 4.15** Legen Sie eine neue Datenbank mit dem Namen VEREIN an.

**AUFGABE 4.16** Legen Sie in dieser Datenbank eine neue Tabelle mit der Bezeichnung Mitglieder an. Beachten Sie folgende Hinweise:
- Bei der Bestimmung der Feldgrößen richten Sie sich nach den längsten Einträgen in der Tabelle (siehe Aufgabe 4.17).
- Das Feld mit der Bezeichnung G soll z. B. in Formularen mit Geschlecht beschriftet werden.
- Beim Feld G gibt es nur zwei mögliche Eingabewerte: „m" für männlich und „w" für weiblich.
- Legen Sie die Gültigkeitsregel und eine entsprechende Gültigkeitsmeldung fest.
- Als Standardwert soll beim Feld G „m" vorgegeben werden.
- Für das Feld Sportart ist zu berücksichtigen: Im Verein werden die Sportarten Fußball, Handball und Tennis angeboten.
- Im Feld Beitrag steht der jeweilige Jahresbeitrag eines Mitglieds.
- Im Feld Bezahlt wird der im Beitragsjahr bereits bezahlte Beitrag erfasst.
- Das Feld Bankeinzug ist ein Ja/Nein-Feld und muss auf alle Fälle eingegeben werden.

## AUFGABE 4.17

Erstellen Sie ein AutoFormular. Für das Feld Sportart ist ein Kombinationsfeld anzulegen. Erfassen Sie die Datensätze.

| Nach-name | Vor-name | Ge-schlecht | Sportart | Beitritts-datum | Beitrag (EUR) | Bezahlt (EUR) | Bank-einzug |
|---|---|---|---|---|---|---|---|
| Schmidt | Harald | m | Fußball | 20.01.1987 | 100,00 | 100,00 | ja |
| Müller | Herbert | m | Handball | 30.03.1999 | 100,00 | 0,00 | nein |
| Müller | Gisela | w | Handball | 13.07.1997 | 100,00 | 100,00 | ja |
| Müller | Bernd | m | Handball | 30.01.1998 | 100,00 | 0,00 | nein |

## AUFGABE 4.18

Erstellen Sie eine nach Sportarten gruppierte Mitgliederliste mit den Feldern Nachname, Vorname.

## AUFGABE 4.19

Erstellen Sie eine Mitgliederliste, in der die offenen Beiträge aller Mitglieder der Sparte Handball ausgewiesen werden. Es sind die Felder Nachname, Vorname, Beitrag, Bezahlt sowie der noch ausstehende Mitgliedsbeitrag auszugeben. Die Mitglieder, die ihren Beitrag bereits bezahlt haben, sollen am Ende der Liste ausgedruckt werden. Ansonsten ist die Liste nach Nachnamen und innerhalb dessen nach Vornamen zu sortieren.

## AUFGABE 4.20

Erstellen Sie eine Liste aller Mitglieder, die im aktuellen Jahr 10- bzw. 20-jähriges Vereinsjubiläum haben.

## 4.7 Beziehungen zwischen Tabellen

Im Kapitel 4.6 wurde in einer Abfrage eine Verknüpfung hergestellt. Diese Verknüpfung gilt nur in der definierten Abfrage. Es ist jedoch auch möglich, grundsätzlich die Beziehungen innerhalb einer Datenbank festzulegen. Ergebnis der Normalisierung beim Datenbankentwurf (siehe Abschnitt 2.2) ist die Verteilung logisch zusammengehöriger Informationen auf mehrere Tabellen. Mit Beziehungen werden diese Tabellen wieder in einen logischen Zusammenhang gebracht und dauerhaft miteinander verknüpft.

### 4.7.1 Beziehung herstellen

Zwischen den Tabellen Schueler und Firmen soll eine Beziehung hergestellt werden. Um eine Beziehung festzulegen, müssen Sie im Register Datenbanktools die Schaltfläche Beziehungen anklicken.

Im ersten Schritt wählen Sie in der Liste die Tabellen bzw. Abfragen aus, zwischen denen eine Beziehung erstellt werden soll. Access bietet die Tabellen bzw. Abfragen in einer Liste an. Wählen Sie in der Liste die beiden Tabellen Schueler und Firmen aus und bestätigen Sie Ihre Auswahl durch Anklicken der Schaltfläche Hinzufügen. Sie können jeden Tabellennamen einzeln durch einen Doppelklick in das Fenster Beziehungen übertragen oder zunächst die Tabellennamen durch Gedrückthalten der ⇧-Taste markieren und anschließend die Schaltfläche Hinzufügen anklicken. Nachdem Sie Ihre Auswahl getroffen haben, beenden Sie den Eingabedialog mit der Schaltfläche Schließen.

Wollen Sie nachträglich Tabellen zu den Beziehungen hinzufügen, klicken Sie im Beziehungsfenster mit der rechten Maustaste und wählen im Kontextmenü Tabelle anzeigen bzw. wählen im Register Entwurf (Beziehungstools) Tabelle anzeigen.

### 4.7.2 Beziehung setzen

Zunächst ist zu prüfen, über welche Felder der beiden Tabellen die Beziehung hergestellt werden muss: In unserem Beispiel soll ein Datensatz der Tabelle Schueler, dann mit einem Datensatz der Tabelle Firmen verknüpft werden, wenn das Feld Firma in Schueler den gleichen Eintrag hat, wie das Feld Firma in Firmen. Dass hier die Felder für die Beziehung den gleichen Namen haben (Firma), ist keine Voraussetzung für das Setzen der Beziehung, entscheidend ist ausschließlich der Feldinhalt.

Wählen Sie in einer der Tabellen das Feld Firma und ziehen Sie es mit gedrückter Maustaste auf das Feld Firma der anderen Tabelle.

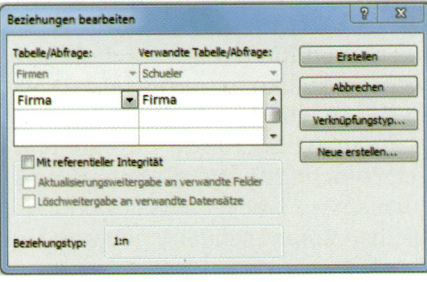

In diesem Dialogfenster können Sie noch einmal überprüfen, ob Sie die richtigen Felder ausgewählt haben. In der Liste müssen die beiden Feld- und Tabellennamen angezeigt werden. Zusätzlich dient dieses Dialogfenster zum Festlegen der Beziehungsart zwischen den Tabellen (siehe Kapitel 4.7.6). Wenn Sie auf die Schaltfläche Erstellen klicken, wird eine Linie zwischen den beiden Tabellen eingeblendet, die verdeutlicht, dass zwischen den Tabellen über die Felder Firma eine Verknüpfung besteht.

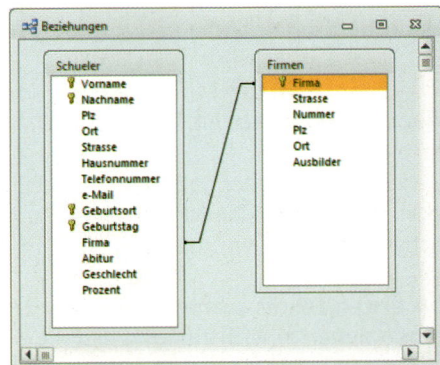

## 4.7.3 Beziehung bearbeiten

Um die Beziehung weiter zu bearbeiten, müssen Sie auf die Verbindungslinie doppelklicken. Sie erhalten wiederum das Dialogfenster Beziehungen mit der Festlegung der Verknüpfung zwischen den beiden Beispieltabellen. In diesem Fenster können noch weitere Einstellungen verändert werden, die die Art der Beziehung wesentlich beeinflussen.

### Referenzielle Integrität

Die referenzielle Integrität organisiert die Zuordnungen zwischen verknüpften Tabellen automatisch, d.h. die Gültigkeit der Beziehungen wird durch das DBMS überwacht. Wenn Sie die Option Mit referenzieller Integrität aktivieren, können Sie keine Firma in der Tabelle Firmen löschen, solange es in der Tabelle Schueler noch einen Datensatz mit der gleichen Firmenbezeichnung gibt. In der Tabelle Schueler kann keine Firma eingetragen werden, die nicht in der Tabelle Firmen existiert.

### Aktualisierungsweitergabe an verwandte Felder

Mit der Option Aktualisierungsweitergabe an verwandte Felder legen Sie fest, dass bei einer Änderung des Primärschlüsselfeldes die Änderungen an die Felder in der verknüpften Tabelle weitergegeben werden. In unserem Beispiel bedeutet es, dass bei einer Änderung des Feldes Firma in der Tabelle Firmen auch die Attributwerte der entsprechenden Datensätze in der Tabelle Schueler automatisch verändert werden.

### Löschweitergabe an verwandte Datensätze

Mit der Option Löschweitergabe an verwandte Datensätze legen Sie fest, dass beim Löschen des Hauptdatensatzes auch alle zugehörigen Datensätze in der verknüpften Tabelle entfernt werden. Für unser Beispiel heißt das, dass beim Löschen einer Firma alle zugehörigen Schüler in der Tabelle Schueler entfernt werden.

Wenn Sie alle Eigenschaften zur referenziellen Integrität bedacht und die entsprechenden Optionen gesetzt haben, können Sie die Verknüpfung mit der Schaltfläche OK definieren. Auf der Bearbeitungsfläche werden Verknüpfungen mit der referenziellen Integrität besonders gekennzeichnet. Für die 1:nVerknüpfung wird die Primärschlüsselseite mit einer 1 und die n-Seite mit einem mathematischen »Unendlich«-Symbol markiert.

Wenn Sie beim Setzen der referenziellen Integrität eine Fehlermeldung erhalten, müssen Sie die bereits erfassten Daten in den Tabellen überprüfen. Die folgende Abbildung zeigt die Fehlermeldung, wenn Sie bereits Schüler erfasst haben, die einen Firmennamen im Feld Firma haben, der nicht in der Tabelle Firmen enthalten ist.

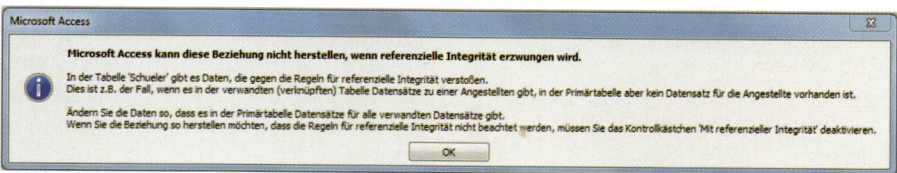

### 4.7.4 Verknüpfungen hinzufügen

Wenn Sie eine weitere Verknüpfung in Ihrer Datenbank hinzufügen möchten, benötigen Sie dazu die entsprechenden Tabellenrahmen mit der Feldliste im Dialogfenster Beziehungen. Klicken Sie dazu im Register Entwurf (Beziehungstools) auf Tabelle anzeigen oder mit der rechten Maustaste in das Beziehungsfenster, um das Kontextmenü zu öffnen und wählen die gesuchte Tabelle in der Liste aus. Fügen Sie die Tabellennamen durch Anklicken der Schaltfläche Hinzufügen in die Arbeitsfläche ein. Nun können Sie die neue Verknüpfung setzen.

### 4.7.5 Verknüpfungen lösen

Wird eine Verknüpfung nicht mehr benötigt, müssen Sie zuerst die Verknüpfungslinie entfernen, indem Sie die Linie markieren. Anschließend löschen Sie die markierte Verknüpfung durch Drücken der Entf-Taste oder klicken Sie mit der rechten Maustaste auf die Verknüpfungslinie und wählen im Kontextmenü Löschen. Ist die Verknüpfung entfernt, können Sie die nicht mehr benötigten Tabellenrahmen aus der Arbeitsfläche entfernen, indem Sie in den Rahmen klicken und ebenfalls die Entf-Taste drücken (bzw. das Kontextmenü verwenden). Zum Löschen von Verknüpfungen reicht auch das Entfernen von Tabellenrahmen aus.

### 4.7.6 Inklusionsverknüpfung

Bei den Verknüpfungen zwischen zwei Tabellen gehören die Datensätze zusammen, wenn die Feldinhalte in den Verknüpfungsfeldern „gleich" sind. Was passiert jedoch, wenn es in einer der Tabellen nicht die passenden Schlüsselwerte gibt? Bei den „normalen" Verknüpfungen fallen dann diese Datensätze einfach unter den Tisch. Mit der sogenannten Inklusionsverknüpfung (Outer Join) wird für die Verknüpfung eine Sichtweise gewählt, die es ermöglicht, diesen „Missstand" zu umgehen.

Die beiden Tabellen Schueler und Firmen besitzen das Feld Firma, über das die Verknüpfung hergestellt wurde. Im Dialogfenster zu dieser Verknüpfung finden Sie auf der rechten Fensterseite eine Schaltfläche mit der Beschriftung Verknüpfungstyp. Klicken Sie auf diesen Schalter. Im Dialogfenster ist standardmäßig die erste Option markiert, die die Verknüpfung bei gleichen Feldinhalten herstellt. Die Sichtweise bei dieser Option zeigt nur die Datensätze der Tabelle Schueler an, wenn es zu den Schülerdatensätzen auch einen Eintrag in der Tabelle Firmen gibt (= Inner Join).

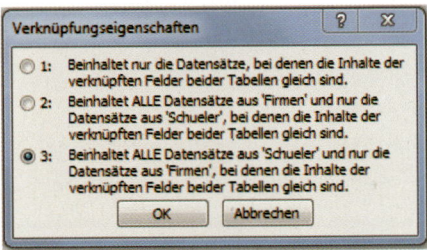

Damit immer alle Schüler angezeigt werden, ist es sinnvoll, die Option 3 zu wählen. Es werden dann alle Schülerdatensätze angezeigt, auch wenn keine Verknüpfung über die Firma mit der Firmentabelle hergestellt werden kann (= Outer Join).

## 4.7.7 Beziehungen und Formulare

Mit der Definition der Beziehung zwischen den Tabellen Schueler und Firmen, kann Access zusammengehörige Datensätze automatisch ermitteln. Wenn Sie die Tabelle der Firmen in der Datenblattansicht öffnen, sehen Sie vor dem Firmennamen eine kleine Schaltfläche mit einem Plus-Zeichen. Nach einem Klick auf das Plus-Zeichen öffnet sich unter dem Firmendatensatz ein Fenster, das alle Datensätze der Schülertabelle, die zu dieser Firma gehören, anzeigt.

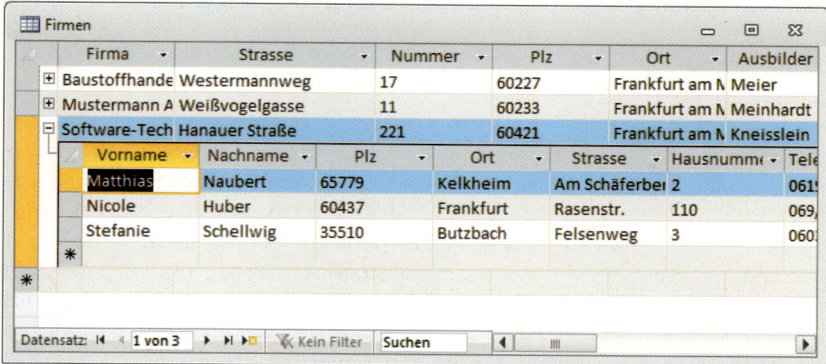

In ähnlicher Weise kann Access automatisch ein Formular erstellen, das Firmendaten und Schülerdaten gleichzeitig anzeigt.

Wählen Sie im Navigationsbereich die Tabelle Firmen aus, klicken Sie im Register Erstellen im Bereich Formulare auf Formular und Access erstellt automatisch dieses Formular für Sie.

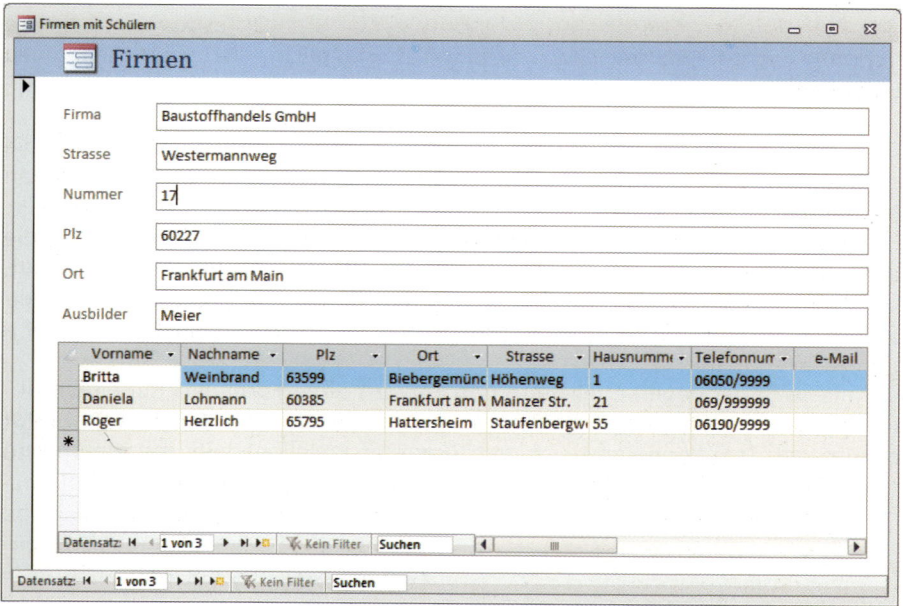

Im oberen Teil des Fensters werden die Firmendaten angezeigt und in dem unteren, eingebetteten Fenster sehen Sie die, aus der Tabelle Schueler verknüpften Schülerdatensätze.

In der Entwurfsansicht wird deutlich, dass die Schülerdaten in einem neuen Steuerelementtyp Unterformular/-bericht angezeigt werden:

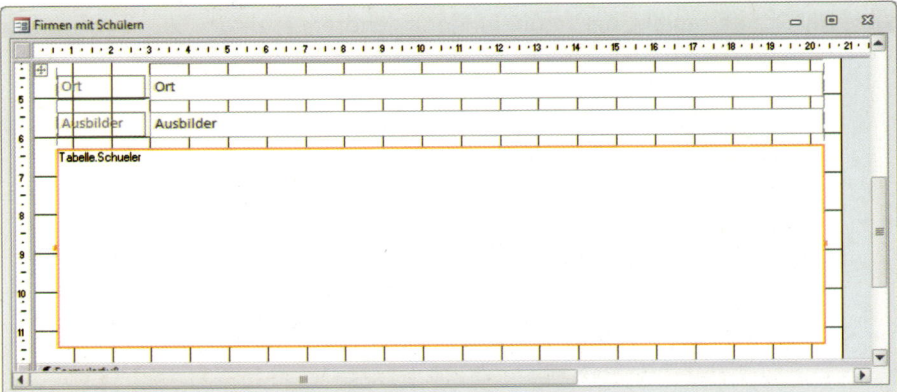

Im Eigenschaftenblatt des Unterformulars ist festgelegt, woher die Daten für das Unterformular stammen (Herkunftsobjekt Tabelle.Schueler). Wenn Ihnen die tabellarische Darstellung im Unterformular nicht gefällt, können Sie auch ein geeignetes Formular für die Anzeige entwerfen und als Herkunftsobjekt verwenden.

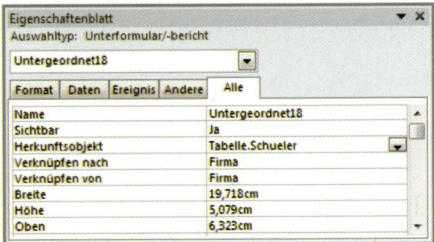

Mit den Attributen Verknüpfen nach (Feld Firma in Tabelle Firmen) und Verknüpfen von (Feld Firma in Tabelle Schueler) ist festgelegt, über welche Felder die Verknüpfung zwischen den Tabellen herzustellen ist. Bei einer korrekten Verknüpfung werden beim Navigieren in der Firmentabelle automatisch die zugehörigen Schülerdaten im Unterformular angezeigt.

Definierte Beziehungen erleichtern den Entwurf eines Formulars mit einem Unterformular, sie sind jedoch nicht vorausgesetzt. Ein entsprechender Entwurf ist ebenso mit dem Formular-Assistenten (Register Erstellen) oder mit einem rein manuellen Entwurf (Fomularentwurf im Register Erstellen) möglich.

> **AUFGABE 4.21**
>
> Es soll eine Datenbank Adressen für eine Adressverwaltung erstellt werden. Die folgende Tabelle zeigt die Felder der Relation Adressen mit dem Primärschlüsselfeld Kundennummer, das eine Firmenadresse eindeutig identifiziert.
>
> Struktur der Tabelle Adressen:
>
> | Feldname | Datentyp | Besonderheiten |
> |---|---|---|
> | Kundennummer | Text | maximal 9 Zeichen, Primärschlüsselfeld |
> | Firma | Text | maximal 100 Zeichen, indiziert mit Duplikaten |
> | Strasse | Text | maximal 80 Zeichen |
> | Plz | Text | maximal 5 Zeichen |
> | Ort | Text | maximal 60 Zeichen |
> | Telefon | Text | maximal 30 Zeichen |
> | Umsatz | Zahl | Betrag |
>
> - Für die einzelnen Firmen sollen auch die Ansprechpartner abgespeichert werden. Es gibt Firmen, bei denen wir mehrere Ansprechpartner (bisher maximal vier) haben. Für die Ansprechpartner sollen die Informationen Name, Vorname, Abteilung, Telefonnummer und Faxnummer erfasst werden.
> - Führen Sie die Modellierung der Datenbank durch. Erzeugen Sie dazu das ER-Modell und führen Sie die Normalisierung bis zur 3. Normalform durch.
> - Erfassen Sie Testdaten in Ihrer Datenbank.
> - Bearbeiten Sie die Verknüpfungseigenschaften. Die referenzielle Integrität soll gewährleistet werden. Außerdem ist die Löschweitergabe beim Löschen von Datensätzen zu aktivieren.
> - Erzeugen Sie eine Liste, in der für jede Firma alle Ansprechpartner ausgedruckt werden.

## 4.8 Makros

Ein Makro ist eine Liste von Aktionen, die nacheinander ausgeführt werden. Prinzipiell können Sie die meisten Aktionen eines Makros auch über Menübandbefehle von Access ausführen. Mithilfe von Makros lassen sich jedoch häufig wiederkehrende Vorgänge automatisieren.

### 4.8.1 Mögliche Einsatzbereiche von Makros

Für Makros gibt es eine Reihe von Einsatzmöglichkeiten. Die folgende Aufzählung enthält einige wichtige Beispiele, in denen Makros sinnvoll eingesetzt werden können.

- Makros, die beim Öffnen einer Datenbank automatisch ausgeführt werden: Beim Öffnen einer Datenbank durch einen Endbenutzer ist es beispielsweise angebracht, bestimmte Standardeinstellungen vorzunehmen und ein Formular zu öffnen, mit dessen Hilfe dem Benutzer die Möglichkeit gegeben wird, durch Anklicken von Buttons (Befehlsschaltflächen) verschiedene Operationen (z. B. neuen Datensatz anlegen, Datensatz suchen oder Auswertung drucken) auszuführen. Damit das Makro automatisch beim Öffnen der Datenbank ausgeführt wird, müssen Sie es unter dem Namen Autoexec abspeichern.

- Makros, die beim Anklicken einer Befehlsschaltfläche ausgeführt werden: Klickt ein Benutzer eine Befehlsschaltfläche in einem Formular an (z. B. Neuer Datensatz), kann ein Makro aufgerufen werden, das die dazu notwendigen Aktionen ausführt (z. B. Formular öffnen und anschließend den Datensatzzeiger auf einen neuen Datensatz positionieren).

- Ereignisgesteuerte Makros zur Überprüfung von komplexen Gültigkeitsregeln: Grundsätzlich lassen sich einfache Gültigkeitsregeln bei der Definition einer Tabelle festlegen. Sollen jedoch komplexere Plausibilitätsprüfungen vorgenommen werden, bei denen die möglichen Werte eines Feldes von den Eingaben eines oder mehrerer anderer Werte abhängig sind, so lassen sich diese Gültigkeitsprüfungen mit ereignisgesteuerten Makros oder VBA-Prozeduren ausführen.

- Makros, die Steuerelemente eines Access-Objektes mit Werten versorgen: Häufig ist es notwendig, berechnete Werte in einem Feld einer Tabelle abzuspeichern. Es ist möglich, ein Makro zu erstellen, das durch eine Makro-Aktion (SetzenWert) ein Feld einer Tabelle mit einem Wert versorgt.

### 4.8.2 Erstellen eines Makros

Erzeugen Sie für die Schülerdatenbank ein neues Formular (Name: Hauptformular), das der Verwaltung der Schülerdatenbank dienen soll. Fügen Sie die notwendigen Befehlsschaltflächen ohne Zuhilfenahme des Befehlsschaltflächenassistenten ein. Das Formular soll folgendes Aussehen haben:

Es soll nun ein Makro erstellt werden, das beim Öffnen der Datenbank automatisch das Hauptformular öffnet und das Formular mit voller Bildschirmgröße darstellt. Dazu müssen Sie im Register Erstellen in der Gruppe Makros und Code die Schaltfläche Makro anklicken.

Klicken Sie in dem Kombinationsfeld Neue Aktionen hinzufügen auf den Pfeil, um die Aktionsliste anzuzeigen. Wählen Sie aus der Liste der Aktionen die Aktion Kommentar aus. Geben Sie einen Kommentar für die Aktion ein. Kommentare sind optional, erleichtern jedoch das Verstehen und Warten eines Makros. Fügen Sie dann als Neue Aktion ÖffnenFormular hinzu. Im unteren Teil des Fensters können Sie die Argumente für die angewählte Aktion setzen. Für die Makro-Aktion Öffnen – Formular müssen Sie das Argument Formularname mit der Bezeichnung des zu öffnenden Formulars versehen.

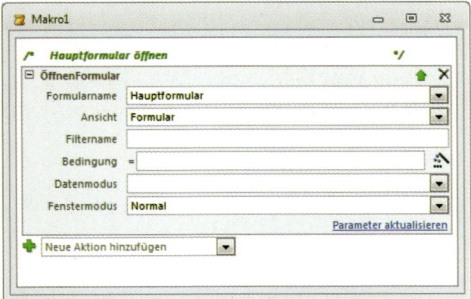

Wenn Sie weitere Aktionen zum Makro hinzufügen möchten, öffnen Sie erneut das Kombinationsfeld Neue Aktion hinzufügen und legen Sie die Aktion sowie die notwendigen Aktionsargumente fest. Microsoft Access führt die Aktionen in der Reihenfolge aus, in der Sie sie eingetragen haben. Mit den grünen Pfeilen nach oben und unten am rechten Rand des Entwurfsfensters können Sie die Anordnung der Aktionen verändern. Speichern Sie das Makro unter dem Namen Autoexec ab, damit es beim Öffnen der Datenbank automatisch ausgeführt wird.

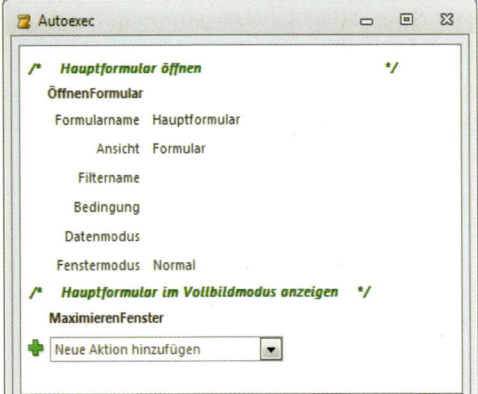

**Tipp:** Um schnell ein Makro zu erstellen, das eine Aktion für ein bestimmtes Datenbankobjekt ausführt, ziehen Sie das Objekt aus dem Navigationsbereich in das Makrofenster. Sie können z. B. ein Formular in das Fenster ziehen, wenn Sie ein Makro erstellen möchten, das ein Formular öffnet. Ist Ihnen die Liste der Makroaktionen in dem Kombinationsfeld Neue Aktion hinzufügen zu unübersichtlich, können Sie eine neue Aktion auch aus dem Aktionskatalog hinzufügen. Aktivieren Sie diesen Katalog im Register Entwurf mit der Schaltfläche Aktionskatalog.

### 4.8.3 Erstellen eines Makros für eine Befehlsschaltfläche

Das Erstellen und das Binden eines Makros an eine Befehlsschaltfläche soll anhand des Makros zum Drucken der Schülerliste dargestellt werden. Zunächst erzeugen wir das Makro SchuelerDruck, das beim Anklicken der Befehlsschaltfläche Schülerliste drucken ausgeführt werden soll. In diesem Makro wird die Aktion ÖffnenBericht mit den Aktionsargumenten Berichtsname – Schülerliste und Ansicht – Seitenansicht festgelegt.

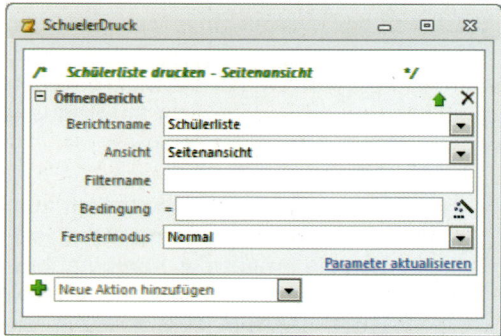

Das Makro SchuelerDruck soll ausgeführt werden, wenn der Benutzer die Befehlsschaltfläche Schülerliste drucken anklickt. Dazu sind folgende Schritte notwendig:

1. Öffnen Sie das Hauptformular in der Entwurfsansicht.
2. Öffnen Sie für die Schaltfläche Schülerliste drucken das Eigenschaftenblatt (Kontextmenü oder Register Entwurf → Tools → Eigenschaftenblatt).
3. Wählen Sie im Register Ereignis aus dem Kombinationsfeld des Ereignisses BeimKlicken den Namen des Makros (SchuelerDruck) aus, das beim Klicken auf die Schaltfläche ausgeführt werden soll.
4. Speichern Sie die Veränderungen des Hauptformulars ab.

Wenn Sie nun das Hauptformular in der Formularansicht öffnen und auf die Schaltfläche Schülerliste drucken klicken, wird der Bericht (Schülerliste) in der Seitenansicht auf dem Bildschirm ausgegeben. Soll die Schülerliste auf dem Drucker ausgegeben werden, müssen Sie im Kontextmenü (rechte Maustaste) den Menüpunkt Drucken auswählen.

### 4.8.4 Erstellen eines ereignisgesteuerten Makros zur Plausibilitätsprüfung

Mit einem neuen Formular (SchuelerVorbildung) sollen die zuletzt besuchte Klasse (Achtung: Strukturveränderung) und der Tatbestand, ob der Schüler Abitur gemacht hat, eingeben werden. Zur Überprüfung der Eingabedaten wird das Makro Plausibilitaet erstellt.

Fügen Sie Ihrem Makro als neue Aktion ein Wenn hinzu.

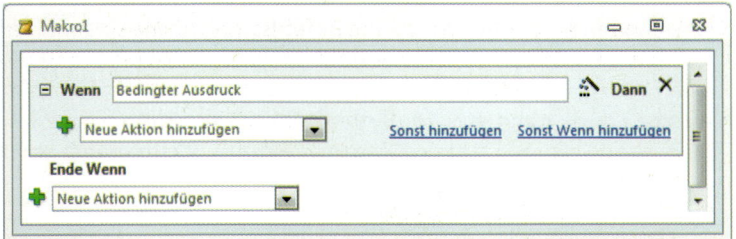

Nun können Sie in der Zeile Wenn einen Bedingungsausdruck formulieren. Wenn dieser Bedingungsausdruck wahr ist, werden die Makro-Aktionen ausgeführt, die Sie im Wenn-Bereich als neue Aktionen hinzufügen. In unserem Beispiel wird zunächst die Aktion Meldung ausgeführt. Diese Aktion zeigt ein Meldungsfenster mit dem Text „Abitur nur mit Abschluss Klasse 13 möglich" an und gibt einen Signalton aus. Der Benutzer muss dieses Meldungsfenster mit OK bestätigen.

Nun muss die Aktualisierung des Datensatzes in der zugrundeliegenden Tabelle verhindert werden. Als Aktion wird die Makro-Aktion AbbrechenEreignis verwendet. An welches Ereignis das Makro geknüpft werden muss, muss noch überlegt werden (siehe Kapitel 4.8.5).

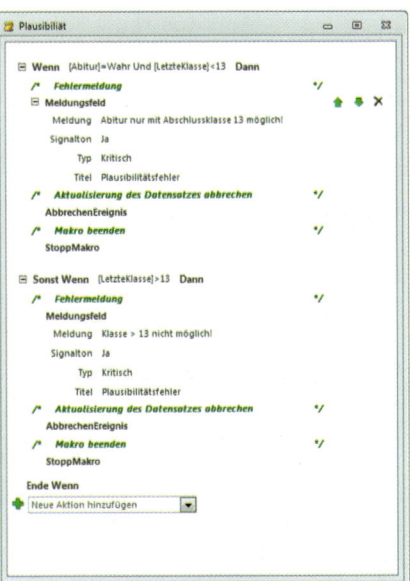

Nachdem die erste Plausibilitätsprüfung durchgeführt wurde, erfolgt im Makro noch eine weitere Überprüfung (neue Aktion Wenn oder Sonst Wenn). Es wird geprüft, ob das Feld Letzte Klasse einen Wert > 13 enthält. Ist dies der Fall, so wird ebenfalls eine Meldung auf dem Bildschirm ausgegeben und anschließend wird die Aktion AbbrechenEreignis ausgeführt. Als dritte Makro-Aktion könnte man jeweils noch die Aktion StoppMakro aufrufen, denn wenn die Aktualisierung aufgrund einer Plausibilitätsprüfung abgebrochen wurde, müssen keine weiteren Überprüfungen stattfinden.

## 4.8.5 Ereignisse

In Formularen und Berichten werden bestimmte Vorgänge als Ereignisse bezeichnet. So sind zum Beispiel das Anklicken eines Steuerelements, das Anzeigen eines Elements, der Zeitpunkt Vor Aktualisierung oder Nach Aktualisierung eines Objekts ein Ereignis. Microsoft Access kann auf eine Vielzahl von Ereignissen reagieren. Die folgende Tabelle gibt einen Überblick über die wichtigsten in Access verfügbaren Ereignisse.

| Ereignis | Beschreibung |
|---|---|
| Beim Anzeigen | Das Ereignis Beim Anzeigen tritt ein, wenn ein Datensatz fokussiert und somit zum aktuellen Datensatz wird. Es tritt außerdem ein, wenn das Formular aktualisiert wird. |
| Vor Eingabe | Das Ereignis Vor Eingabe tritt ein, wenn der Benutzer das erste Zeichen in einen neuen Datensatz eingibt, jedoch bevor der entsprechende Datensatz tatsächlich erstellt wird. |
| Nach Eingabe | Das Ereignis Nach Eingabe tritt nach dem Hinzufügen eines neuen Datensatzes ein. |
| Vor Aktualisierung | Das Ereignis Vor Aktualisierung tritt ein, bevor geänderte Daten in einem Steuerelement oder Datensatz aktualisiert werden. |
| Nach Aktualisierung | Das Ereignis Nach Aktualisierung tritt ein, nachdem geänderte Daten in einem Steuerelement oder Datensatz aktualisiert wurden. |
| Beim Öffnen | Bei Formularen tritt das Ereignis Beim Öffnen eines Formulars ein, jedoch bevor der erste Datensatz angezeigt wird. Bei Berichten tritt dieses Ereignis ein, bevor der Bericht in der Seitenansicht angezeigt oder gedruckt wird. |
| Beim Schließen | Das Ereignis Beim Schließen tritt ein, wenn ein Formular oder Bericht geschlossen wird. |
| Bei Fokuserhalt | Das Ereignis Bei Fokuserhalt tritt ein, wenn ein Formular oder ein Steuerelement den Fokus erhält. |
| Bei Fokusverlust | Das Ereignis Bei Fokusverlust tritt ein, wenn ein Formular oder ein Steuerelement den Fokus abgibt. |
| Beim Klicken | Das Ereignis Beim Klicken tritt ein, wenn der Benutzer eine Maustaste drückt und wieder loslässt, während sich der Mauszeiger auf einem Objekt befindet. |
| Beim Doppelklicken | Das Ereignis Beim Doppelklicken tritt ein, wenn der Benutzer innerhalb der Systemzeitspanne für das Doppelklicken zweimal hintereinander die linke Maustaste drückt und wieder loslässt, während sich der Mauszeiger auf einem Objekt befindet. |
| Bei Aktivierung | Das Ereignis Bei Aktivierung tritt ein, wenn ein Formular oder ein Bericht den Fokus erhält und zum aktiven Fenster wird. |
| Bei Deaktivierung | Das Ereignis Bei Deaktivierung tritt ein, wenn ein Formular oder ein Bericht den Fokus an ein Tabellen-, Abfrage-, Formular-, Berichts-, Makro- oder Modulfenster oder an das Datenbankfenster abgibt. |

Damit als Reaktion auf ein Ereignis ein Makro ausgeführt wird, öffnen Sie das Eigenschaftsfenster für das Formular, den Bericht oder das Steuerelement. Suchen Sie die Eigenschaft, die auf das Ereignis reagiert, und stellen Sie sie auf das Makro ein, das Sie ausführen möchten.

Nachdem Sie einen Überblick über Ereignisse in Access erhalten haben, können Sie nun auch entscheiden, an welches Ereignis das Makro zur Plausibilitätsprüfung aus dem vorherigen Abschnitt zu binden ist. Sofern bei der Plausibilitätsprüfung Eingabefehler erkannt werden, dürfen die Daten der zugrundeliegenden Tabelle nicht aktualisiert werden. Das heißt, Sie sollten das Makro Plausibilitaet an das Ereignis Vor Aktualisierung des Formulars knüpfen.

## 4.8.6 Erstellen eines Makros, das Steuerelemente eines Access-Objektes mit Werten versorgt

Häufig ist es notwendig, „berechnete" Werte in einem Feld einer Tabelle abzuspeichern. In einer Access-Tabelle können zwar berechnete Felder angelegt werden, für unsere Aufgabe ist dieser Weg jedoch nicht sehr übersichtlich. Wir werden stattdessen ein Makro erstellen, das durch eine Makro-Aktion (SetzenWert) ein Feld einer Tabelle mit einem Wert versorgt. In der Schülertabelle sollen die Noten der letzten Klassenarbeit abgespeichert werden. Mit einem Formular wird die erreichte Punktzahl in Prozent eingegeben. Die erreichte Punktzahl soll in eine Note umgerechnet und die Note soll in der Schülertabelle abgespeichert werden. Das folgende Makro erfüllt diese Aufgabe:

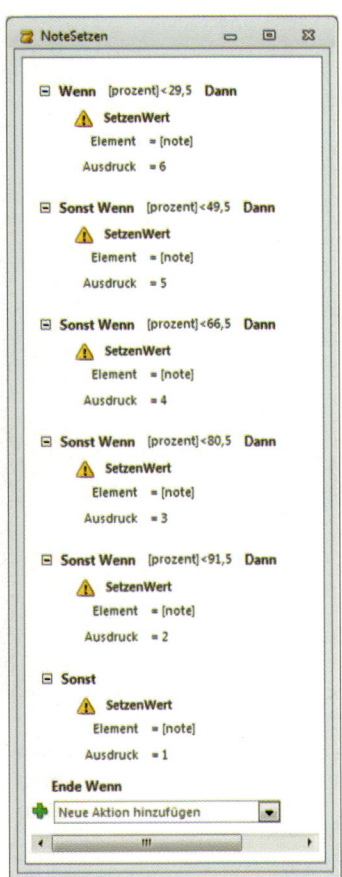

In Abhängigkeit einer Bedingungsprüfung (z. B. Prozent >= 91,5) wird die Makro-Aktion SetzenWert aufgerufen. Diese Aktion erwartet zwei Parameter:

- den Namen des zu aktualisierenden Feldes
- den Ausdruck (Wert), mit dem das Feld aktualisiert werden soll.

Access bewertet SetzenWert als unsichere Aktion; im Kombinationsfeld der neuen Aktionen ist diese Aktion daher ausgeblendet. Erst wenn Sie im Register Entwurf auf Alle Aktionen anzeigen klicken, können Sie SetzenWert aus der Aktionsliste auswählen. Das gelbe Schild mit Ausrufezeichen erinnert Sie daran, dass Sie ein unsichere Aktion verwenden.

## 4.8.7 Makro-Aktionen, nach Aufgaben gruppiert

Die nachstehende Tabelle gibt einen Überblick über die wichtigsten, nach Aufgabenkategorien gruppierten Makro-Aktionen.

| Kategorie | Aufgabe | Aktion |
|---|---|---|
| Daten in Formularen und Berichten | Daten einschränken | AnwendenFilter |
| | Durch Daten bewegen | GeheZuSteuerelement |
| | | GeheZuSeite |
| | | GeheZuDatensatz |
| | | SuchenDatensatz |
| | | SuchenNächstenDatensatz |
| Ausführung | Einen Befehl ausführen | AusführenMenübefehl |
| | Microsoft Access beenden | BeendenAccess |
| | Eine Prozedur ausführen | AusführenCode |
| | Ein Makro ausführen | AusführenMakro |
| | Eine Abfrage ausführen | AusführenSQL, ÖffnenAbfrage |
| | Eine andere Anwendung ausführen | AusführenAnwendung |
| | Ausführung anhalten | AbbrechenEreignis |
| | | StoppAlleMakros |
| | | StoppMakro |
| Objektmanipulation | Ein Objekt kopieren, speichern oder umbenennen | KopierenObjekt |
| | | SpeichernObjekt |
| | | UmbenennenObjekt |
| | Ein Objekt löschen | LöschenObjekt |
| | Ein Fenster verschieben oder die Fenstergröße ändern | MaximierenFenster MinimierenFenster VerschiebenUnd GrößeÄndernFenster WiederherstellenFenster |
| | Ein Objekt öffnen oder schließen | ÖffnenFormular |
| | | ÖffnenAbfrage |
| | | ÖffnenBericht |
| | | ÖffnenTabelle |
| | | FensterSchließen |

| Kategorie | Aufgabe | Aktion |
|---|---|---|
| Objektmanipulation | Ein Objekt drucken | DruckenObjekt |
| | Ein Objekt auswählen | AuswählenObjekt |
| | Den Wert eines Feldes, Steuerelements oder einer Eigenschaft einstellen | SetzenWert |
| | Daten oder den Bildschirm aktualisieren | AktualisierenDaten |
| | | AktualisierenObjekt |
| | | AnzeigenAlleDatensätze |
| Sonstige | Eine benutzerdefinierte Menüleiste, ein benutzerdefiniertes Kontextmenü, eine globale Menüleiste oder ein globales Kontextmenü erstellen | HinzufügenMenü |
| | Den Status von Menüelementen in einer benutzerdefinierten oder globalen Menüleiste einstellen | SetzenMenüelement |
| | Informationen auf dem Bildschirm anzeigen | Echo, Meldungsfeld, AnzeigenSanduhrzeiger, Warnmeldungen |
| | Tastaturbefehle generieren | Tastaturbefehle |
| | Die integrierte oder benutzerdefinierte Befehlsleiste anzeigen oder ausblenden | EinblendenSymbolleiste |
| | Einen Signalton abspielen | Signalton |

**AUFGABE 4.22**

Die Eingabe von Daten mit dem Formular Personalerfassung in die Tabelle Mitarbeiter (siehe Aufgabe 4.8) soll mithilfe von Makros verbessert werden. Es bestehen beispielsweise Abhängigkeiten zwischen den Feldern Familienstand und Lohnsteuerklasse. Außerdem ist der Wert des Feldes Kirchensteuersatz abhängig vom Bundesland und der Religionszugehörigkeit. Das Feld Kirchensteuersatz ist zwar nicht Bestandteil des Erfassungsformulars, Sie können aber den Wert in der zugrundeliegenden Tabelle setzen.
Recherchieren Sie im Internet, um die Abhängigkeiten zwischen den oben angesprochenen Feldern zu ermitteln.

## 4.9 Datenbankprogrammierung mit VBA

Visual Basic ist eine Programmiersprache, mit der Sie objektorientierte Programme, die unabhängig von Anwendungssoftware in einem Windowsbetriebssystem lauffähig sind, erstellen können. Um auf Objekte des Officepakets (z. B. Tabellen, Formulare, Berichte u. a.) programmgesteuert zugreifen zu können, hat Microsoft die Programmiersprache Visual Basic for Applications (VBA) in die

Officeanwendungen integriert. Mit VBA können Sie vollständig die Funktionalität der Programmiersprache Visual Basic nutzen. Dies ist vor allem notwendig, wenn aufgrund der Komplexität der Anforderungen an ein Datenbankprojekt die Lösung nicht mehr durch den Einsatz von Makros möglich ist. Mit VBA steht Ihnen eine vollwertige Programmiersprache zur Verfügung, die einen relativ einfachen Zugriff auf die Elemente der jeweiligen Anwendung ermöglicht.

Die Einführung in die Programmierung mit VBA in den folgenden Abschnitten setzt die Kenntnis der prozeduralen und objektorientierten Programmentwicklung in einer anderen Programmiersprache voraus (eine Einführung in die Sprache PHP finden Sie in Abschnitt 7). Anhand von einfachen Beispielen wird die Struktur von VB-Programmen erläutert und anschließend erfahren Sie, wie Sie mit VBA auf die Objekte einer Access-Datenbank zugreifen können. Zur Lösung schwieriger Datenbankprojekte steht Ihnen die VBA-Hilfe zur Verfügung. Außerdem finden Sie im Internet zahlreiche Programmierforen, die Sie bei der eigenständigen Arbeit mit VBA nutzen können.

### 4.9.1 VBA-Programm mit sequenzieller Programmstruktur

Für die Einführung über den Aufbau und die Kontrollstrukturen von VBA-Anwendungen sollen bereits Access-Objekte verwendet werden. In einem ersten Programm sollen aufgrund der Eingabe eines Nettorechnungsbetrages und des Mehrwertsteuersatzes die Mehrwertsteuer und der Bruttobetrag ermittelt und ausgegeben werden. Erstellen Sie dazu in einer leeren Access-Datenbank (Name: VBADB.ACCDB) ein neues Formular mit folgendem Aussehen:

Der folgenden Tabelle können Sie die verwendeten Steuerelemente sowie die wichtigsten Eigenschaften dieser Objekte entnehmen.

*Elemente des Formulars MwStBerechnung*

| Element | Bezeichnung des Elements (Name) | Eigenschaft | Wert der Eigenschaft |
|---|---|---|---|
| Formular | MwStBerechnung (im Datenbankfenster) | Datensatzmarkierer | Nein |
| | | Navigationsschaltflächen | Nein |
| Textfeld | Txt_Netto | | |
| Textfeld | Txt_MWStSatz | | |
| Textfeld | Txt_MWSt | Gesperrt | Ja |
| Textfeld | Txt_Brutto | Gesperrt | Ja |
| Befehlsschaltfläche | ButtonBerechnen | Name | ButtonBerechnen |
| | | Beschriftung | MwSt berechnen |

Klickt der Anwender nach der Eingabe von Nettobetrag und Mehrwertsteuersatz auf die Befehlsschaltfläche, soll die Berechnung durchgeführt werden. Zur Erfassung des VBA-Quellcodes müssen Sie im Eigenschaftsblatt des Buttons im Register Ereignisse das Ereignis Beim Klicken auswählen. Wenn Sie auf den Assistenten (3 Punkte rechts neben der Eigenschaft) klicken, können Sie den Code-Generator starten. Im Visual Basic Editor wird der Rumpf der Ereignisroutine, der beim Klicken auf den Button ausgeführt werden soll, angezeigt. Erfassen Sie im Editor die folgenden Quellcodezeilen. Die Programmzeilennummern, die in den VBA-Listings hinzugefügt wurden, sind nicht Bestandteil der Programme, sondern dienen nur zur besseren Erläuterung der einzelnen Zeilen.

```
 1: Option Compare Database
 2: Option Explicit
 3: Private Sub ButtonBerechnen_Click()
 4:   ' Deklaration der Variablen
 5:   Dim Netto As Double, MWSt As Double, Brutto As Double
 6:   Dim MWStSatz As Integer
 7:   ' Übertragung der Benutzereingaben aus Textfeldern
 8:   ' in lokale Variablen
 9:   Netto = Txt_Netto
10:   MWStSatz = Txt_MWStSatz
11:   ' Berechnungen
12:   MWSt = Netto * MWStSatz / 100
13:   Brutto = Netto + MWSt
14:   ' Ausgabe der Berechnung
15:   Txt_MWSt = MWSt
16:   Txt_Brutto = Brutto
17: End Sub
```

Mit der Anweisung Option Compare wird festgelegt, wie Zeichenfolgevergleiche durchgeführt werden. Mit Option Compare Binary wird festgelegt, dass die einzelnen Zeichen aufgrund des Zeichencodes verglichen werden (A < a). Verwenden Sie Option Compare Text werden Groß- und Kleinbuchstaben gleich behandelt (A = a). Die Option Compare Database-Anweisung kann nur in Microsoft Access verwendet werden. Mit ihr können Zeichenfolgenvergleiche basierend auf der Sortierreihenfolge durchgeführt werden, die durch die Gebiets-ID der Datenbank bestimmt wird, in der die Zeichenfolgenvergleiche durchgeführt werden. Die Programmzeile 2 (Option Explicit) legt fest, dass Sie jede Variable vor ihrer Verwendung deklarieren müssen. Diese Option sollten Sie auf alle Fälle einsetzen, da Sie so Schreibfehler bei der Verwendung von Variablen erkennen können. Wenn Sie diese Anweisung nicht verwenden, werden alle nicht deklarierten Variablen implizit deklariert. Sie haben dann den Standarddatentyp Variant.

Die Zeilen 3 bis 17 bilden den Rumpf der Ereignisprozedur ButtonBerechnen_Click. Der Name der Prozedur wird automatisch vergeben (<Name des Steuerelements>_<Bezeichnung des Ereignisses>). Diese Bezeichnung darf nicht manuell geändert werden. Da Ereignisprozeduren Klassenmodule der Access-Datenbank darstellen, werden Sie als private Methoden des Formulars angelegt.

Die eigentlichen Anweisungen der Prozedur beginnen mit einer Kommentarzeile. Kommentare haben als erstes Zeichen ein ' oder die Anweisung Rem. Die Deklaration der Variablen erfolgt in den Zeilen 5 und 6 mit der Dim-Anweisung. Die Syntax dafür lautet:

`DIM <Bezeichner> As <Datentyp>`

Für die Bildung von Bezeichnern sind folgende Regeln zu berücksichtigen:

- Sie müssen mit einem Buchstaben beginnen und können Buchstaben, Ziffern und den Unterstrich (_) enthalten.
- Sie dürfen keines der folgenden Sonderzeichen enthalten: . , ! $ & % # und Leerzeichen.
- Sie dürfen nicht länger als 255 Zeichen sein.
- Sie dürfen keinem VBA-Schlüsselwort entsprechen.

Groß- und Kleinschreibung spielt keine Rolle, VBA führt einen Syntax-Check durch und wandelt VBA-Anweisungen in Befehle mit Großbuchstabe als Anfangsbuchstabe (z. B. MsgBox) bzw. Anfangsbuchstaben bei zusammengesetzten Wörtern um. VBA fügt zwischen verschiedene Operanden Leerzeichen ein (z. B. Ergebnis = 1000 * 1.06).

Bei der Wahl des Datentyps für eine Variable können Sie sich an den Datentypen für Felder einer Access-Tabelle orientieren. Sie müssen jedoch daran denken, dass die Datentypen, wie auch logische Operatoren, mit den englischen Begriffen festgelegt werden. Die nachfolgende Tabelle enthält einen Überblick über die wichtigsten Datentypen.

*Datentypen*

| Datentyp | Erläuterung | Deklaration | Zuweisung |
|---|---|---|---|
| Integer | 2-Byte Ganzzahl | Dim Zahl As Integer | Zahl = 135 |
| Long | 4-Byte Ganzzahl | Dim Zahl As Long | Zahl = 123456 |
| Single | Gleitkommazahl mit 7-stelliger Genauigkeit | Dim Zahl As Single | Zahl = 1.65 |
| Double | Gleitkommazahl mit 15-stelliger Genauigkeit | Dim Zahl As Double | Zahl = 1.65 |
| Boolean | 2-Byte boolesche Variable | Dim Anzeige As Boolean | Anzeige = True |
| String | Textvariable mit variabler Länge | Dim Ort As String | Ort = "München" |
| String | Textvariable mit fester Länge | Dim Ort As String * 20 | Ort = "München" |
| Currency | Währungsangaben | Dim Wert As Currency | Wert = 1023,50 |
| Date | Datumsangaben | Dim Datum1 As Date | Datum1 = #01.10.2004# |
| Variant | Beliebige Daten mit mind. 16 Byte Speicherplatz | Dim Wert As Variant | Wert = "Access" |

Benutzen Sie eine Variable, ohne sie zuvor mit der Anweisung Dim zu deklarieren und ohne ein zusätzliches Typdeklarationszeichen zu verwenden, besitzt sie den Standard-Datentyp Variant. Dieser Datentyp kann beliebige Daten aufnehmen, Zahlen, Strings, Datumswerte oder auch Währungsangaben. Er ist außerdem sehr komfortabel einzusetzen, da VBA – falls notwendig – einen Datentyp automatisch in einen benötigten anderen Typ umwandelt. Dennoch ist die Verwendung dieses Datentyps nicht grundsätzlich ratsam. Aufgrund des hohen Speicherplatzbedarfs und den Datentypkonvertierungen sind Programme, die ausschließlich den Variant-Datentyp verwenden, sehr ineffizient.

In den Zeilen 9 und 10 des Listings werden die Eingaben der Textfelder in lokale Variablen übertragen. Auf den Eingabewert des Textfeldes können Sie über den Namen dieses Elements zugreifen. Die Eingabe ist eigentlich ein String, da sie jedoch einer numerischen Variablen zugewiesen wird (Netto bzw. MWStSatz), findet eine implizite Typkonvertierung statt. Nach der Konvertierung werden die Berechnungen durchgeführt. Hier können Sie die üblichen Operatoren +, -, * und / verwenden. Nach der Berechnung erfolgt die Ausgabe mithilfe von Textfeldern (Zeilen 15 und 16). Mit der Anweisung End Sub ist das Ende der Ereignisprozedur erreicht.

> **AUFGABE 4.23**
>
> Erstellen Sie ein geeignetes Formular für eine Bezugskalkulation. Zu berücksichtigen sind: Nettolistenpreis, Rabatt, Skonto (prozentual) und Bezugskosten. Berechnen Sie den Bezugspreis und geben Sie das Ergebnis in geeigneter Form in Ihrem Formular aus.

## 4.9.2 Auswahlstruktur

In vielen Anwendungsfällen ist eine lineare Programmstruktur nicht anwendbar, da in Abhängigkeit von Eingaben verschiedene Werte für Berechnungen gesetzt bzw. unterschiedliche Berechnungen durchgeführt werden müssen. So soll für die Berechnung der Umsatzprovision eines Vertreters bei einem Umsatz unter 10.000,00 EUR 5 % und ab 10.000,00 EUR 10 % Provision gezahlt werden. Realisiert wird dieser Programmablauf durch die Auswahlstruktur. Die Syntax für diese Struktur lautet:

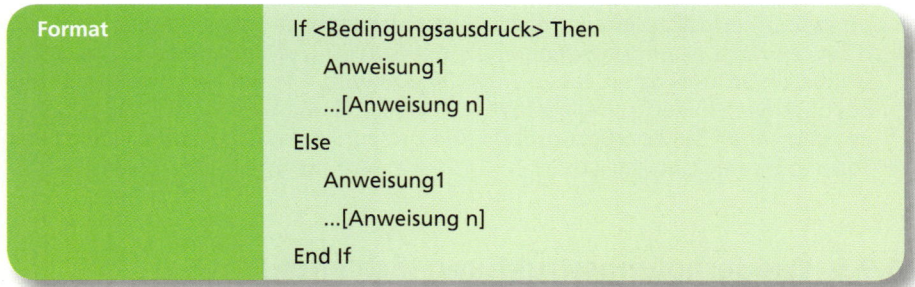

| Format | If <Bedingungsausdruck> Then |
|---|---|
| |     Anweisung1 |
| |     ...[Anweisung n] |
| | Else |
| |     Anweisung1 |
| |     ...[Anweisung n] |
| | End If |

Nach dem reservierten Wort If muss ein Bedingungsausdruck formuliert werden. In diesem Ausdruck können Sie die Vergleichsoperatoren <, >, <=, >=, <> und = sowie die logischen Operatoren Or, XOr, And und Not verwenden. Der Bedingungsausdruck wird ausgewertet. Ist der Ausdruck wahr, so werden die Anweisungen nach dem reservierten Wort Then ausgeführt. Der Ja-Zweig ist beendet, wenn entweder

der Nein-Zweig beginnt (Else) oder wenn kein Nein-Zweig erforderlich ist mit End If. Ergibt die Auswertung des Bedingungsausdrucks den Wahrheitswert False, werden entsprechend die Anweisungen des Nein-Zweigs abgearbeitet. Sollen mehrere Auswahlstrukturen ineinander geschachtelt werden, so können Sie mit ElseIf eine neue Auswahlstruktur einleiten, Sie können aber auch an jeder beliebigen Stelle eine weitere If-Struktur verwenden.

Zur Provisionsberechnung ist ein Access-Formular mit zwei Textfeldern (Bezeichnungen: Txt_Umsatz und Txt_Provision) sowie mit einem Button (Name: Button Berechnen) zu erzeugen. Die Eigenschaftseinstellungen der Elemente des Formulars sind entsprechend dem Eingangsbeispiel vorzunehmen. Das Ereignis Beim Klicken enthält die Funktionalität der Provisionsberechnung. Die Routine Button-Berechnen_Click() zeigt den Einsatz der Auswahlstruktur:

```
1:  Option Compare Database 2 Option Explicit
2:  Private Sub ButtonBerechnen_Click()
3:     Dim ProvSatz As Double
4:     ' Auswahlstruktur
5:     If Txt_Umsatz < 10000 Then
6:        ProvSatz = 5
7:     Else
8:        ProvSatz = 10
9:     End If
10:    Txt_Provision = Txt_Umsatz * ProvSatz / 100
11: End Sub
```

Das Beispiel zur Provisionsberechnung verdeutlicht, dass Sie direkt auf den Inhalt der Textfelder zugreifen können. Visual Basic konvertiert den Inhalt der Textfelder temporär in den geeigneten Datentyp (z. B. in einen numerischen Wert). Grundsätzlich sollten sowohl bei impliziten als auch bei expliziten Typkonvertierungen Fehlerroutinen zum Abfangen von Laufzeitfehlern bei fehlerhaften Werten erfolgen. Informationen zum Fehlerhandling können Sie der Onlinehilfe zur On-Error-Anweisung entnehmen.

**AUFGABE 4.24** Erstellen Sie ein geeignetes Formular für eine Bezugskalkulation. Zu berücksichtigen sind: Nettolistenpreis, Rabatt, Skonto (prozentual) und Bezugskosten. Beträgt der Nettolistenpreis weniger als 1.000,00 EUR, so berechnen wir pauschal 20,00 EUR Bezugskosten. Bis zu 2.000,00 EUR wird 1 % des Nettowertes für die Bezugskosten in Rechnung gestellt. Ab 2.000,00 EUR fallen keine Bezugskosten an. Berechnen Sie den Bezugspreis und geben Sie das Ergebnis in geeigneter Form in Ihrem Formular aus.

### 4.9.3 Wiederholungsstrukturen (Schleifen)

In den bisherigen Beispielen mussten Anweisungen entweder einmal oder gar nicht ausgeführt werden. Häufig ist es jedoch notwendig, bestimmte Programmteile mehrfach auszuführen. Zu diesem Zweck gibt es Wiederholungsstrukturen.

## 4.9.3.1 Die geschlossene Schleife

Bei dieser Schleife steht die Anzahl der Durchläufe zum Zeitpunkt des Eintritts in den Schleifenrumpf in der Codierung bereits fest. Vielfach wird diese Schleife auch als Zählerschleife bezeichnet. Die Programmiersprache Visual Basic verwendet für diesen Schleifentyp die For-Next-Anweisung.

| Format | For <Zaehler> = <AW> To <EW> [Step <SW>]<br>  Anweisung1<br>  ...[Anweisung n]<br>Next <Zaehler> |
|---|---|

Die Schlüsselwörter For und Next begrenzen den zu wiederholenden Anweisungsblock. Zaehler ist eine numerische Variable, der Schleifenzähler. Anfangs- (AW) und Endwert (EW) sind numerische Konstanten oder Variablen. Der Anfangswert wird dem Schleifenzähler vor dem Eintritt in den Schleifenrumpf zugewiesen. Der Endwert ist ein Wert, der die Anzahl der Wiederholungen bestimmt. Sobald die Zählvariable einen Wert besitzt, der außerhalb des Bereiches zwischen Anfangs- und Endwert ist, wird die Schleife verlassen. Mit der Next-Anweisung am Ende der Schleife wird der Schleifenzähler verändert. Ohne Angabe der Schrittweite (= optionaler Parameter) wird der Zähler nach jedem Schleifendurchlauf um 1 erhöht. Mit der Step-Anweisung kann jedoch auch jede andere Schrittweite festgelegt werden. Ist die Schrittweite negativ, wird der Zähler nach jedem Durchlauf um den entsprechenden Wert vermindert.

Ein Beispiel zur Zinsberechnung eines einmaligen Anlagebetrages verdeutlicht den Einsatz dieser Kontrollstruktur. Mit einem Formular erhält der Benutzer die Möglichkeit den Anlagebetrag, den Zinssatz und die Anlagedauer einzugeben. Beim Klicken auf den Button Berechnen wird die Ereignisroutine Beim Klicken ausgeführt.

```
1:  Option Compare Database
2:  Option Explicit
3:  Private Sub ButtonBerechnen_Click()
4:    Dim Zinsen As Double, Kapital As Double, i As Integer
5:    Kapital = Txt_AnfangsKapital
6:    For i = 1 To Txt_Jahre Step 1
7:      Zinsen = Kapital * Txt_Zinssatz / 100
8:      Kapital = Kapital + Zinsen
9:    Next i
10:   Txt_EndKapital = Kapital
11: End Sub
```

Im Schleifenkopf (Zeile 6) wird der Schleifenzähler mit dem Wert 1 beim erstmaligen Eintritt in die Schleife initialisiert. Solange die Variable i einen Wert zwischen 1 und dem Inhalt der Variablen Jahre besitzt, werden die Anweisungen der Schleife durchlaufen. Es werden die Zinsen für das aktuelle Jahr berechnet (Zeile 7) und anschließend werden die Zinsen dem vorherigen Kapital hinzugerechnet (Zeile 8). Mit der Anweisung Next i wird die Variable am Ende eines Schleifendurchlaufs jeweils um die Schrittweite 1 erhöht (Step 1). Nach Verlassen der Schleife wird das Endkapital mithilfe eines Textfeldes im Benutzerformular ausgegeben (Zeile 10).

### 4.9.3.2 Die offene kopfgesteuerte Schleife

Im Gegensatz zur geschlossenen Schleife steht bei der offenen kopfgesteuerten Schleife die Anzahl der Durchläufe zum Zeitpunkt des Eintritts in den Schleifenrumpf in der Codierung noch nicht fest. Erfolgt die Überprüfung des Abbruchkriteriums vor Eintritt in den Schleifenrumpf, so spricht man von einer kopfgesteuerten oder abweisenden Schleife. Die Syntax für die kopfgesteuerte Schleife in Visual Basic lautet:

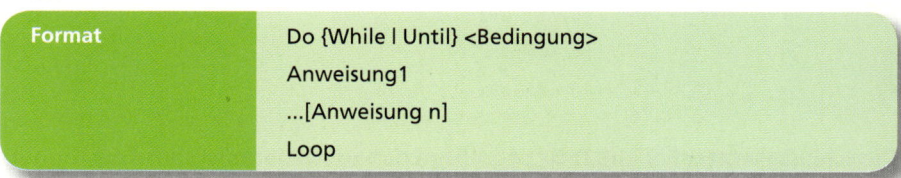

| Format | Do {While \| Until} <Bedingung> <br> Anweisung1 <br> ...[Anweisung n] <br> Loop |
|---|---|

Eingeleitet wird die Schleife mit den reservierten Wörtern Do While und der Formulierung einer Bedingung. Solange der Bedingungsausdruck wahr ist, werden die Schleifenanweisungen ausgeführt. Die Loop-Anweisung begrenzt die Wiederholungsstruktur. Wenn Sie die Schleife mit Do Until und einem Bedingungsausdruck codieren, wird die Schleife so lange ausgeführt, wie die Bedingung den Wahrheitswert false liefert. Da die Schleifenbedingung aber auch hier im Schleifenkopf formuliert wird, erfolgt die Bedingungsprüfung vor Eintritt in die Schleife.

In einer VB-Anwendung soll ausgehend von einem aktuellen Umsatz die Dauer in Monaten berechnet werden, bis ein angestrebter Umsatz erreicht wird. Eingabewerte sind: aktueller Umsatz, angestrebter Umsatz und prognostizierter durchschnittlicher Umsatzzuwachs je Monat. Die Berechnung wird in der Ereignisroutine (Beim Klicken) eines Buttons vorgenommen.

```
 1: Option Compare Database
 2: Option Explicit
 3: Private Sub ButtonBerechnen_Click()
 4:    Dim Umsatz As Double, ZielUmsatz As Double, Wachstum As
       Double
 5:    Dim Monate As Integer
 6:    Umsatz = Txt_StartUmsatz
 7:    ZielUmsatz = Txt_ZielUmsatz
 8:    Wachstum = Txt_Wachstum
 9:    Monate = 0
10:    Do While Umsatz < ZielUmsatz
11:       Umsatz = Umsatz + Umsatz * Wachstum / 100
12:       Monate = Monate + 1
13:    Loop
14:    Txt_Monate = Monate
15: End Sub
```

Im Schleifenkopf der Do-While-Schleife wird die Bedingung Umsatz < Ziel-Umsatz codiert. Bereits vor dem ersten Eintritt in die Schleife wird die Bedingung überprüft. Solange diese Bedingung wahr ist, werden die Schleifenanweisungen ausgeführt. Die offene kopfgesteuerte Schleife kann also 0- bis n-mal durchlaufen werden. Die Loop-Anweisung bildet das Ende dieser Kontrollstruktur.

## 4.9.3.3 Die offene fußgesteuerte Schleife

Findet die Überprüfung des Abbruchkriteriums einer Schleife nach Durchlauf des Schleifenrumpfs statt, handelt es sich um eine fußgesteuerte oder nicht abweisende Schleife. Sie wird im Gegensatz zur kopfgesteuerten Schleife mindestens einmal durchlaufen. Die Syntax für die fußgesteuerte Schleife in Visual Basic lautet:

| Format | Do |
|---|---|
| |    Anweisung1 |
| |    ...[Anweisung n] |
| | Loop {While \| Until} <Bedingung> |

Soll die Berechnung der Monate bis zu einem angestrebten Zielumsatz in einer fußgesteuerten Schleife erfolgen, so müssen Sie die Programmzeilen 10 und 13 anpassen.

```
10: Do
11:    Umsatz = Umsatz + Umsatz * Wachstum / 100
12:    Monate = Monate + 1
13: Loop Until Umsatz >= ZielUmsatz
```

Die Schleife wird so lange durchlaufen, bis der Umsatz größer oder gleich dem ZielUmsatz ist. Da die Bedingung im Schleifenfuß immer erst am Ende eines Schleifendurchlaufs überprüft wird, erfolgt mindestens ein Durchlauf.

**AUFGABE 4.25**

Erstellen Sie ein Programm, das eine Tabelle mit 100 Zufallszahlen füllt. In Visual Basic wird eine Tabelle in folgender Form deklariert:

Dim TabZahl(100) As Integer

Durch diese Anweisung wird ein eindimensionales Array für 100 Integer-Werte erzeugt. Die Indizierung der Tabelle erfolgt von Index 1 bis 100. Soll z. B. dem ersten Tabellenelement der Wert 50 zugewiesen werden, müssen Sie die Anweisung

TabZahl(1) = 50

codieren. Anstelle einer Konstanten für die Indizierung können Sie auch eine Variable verwenden (Beispiel: i = 1 : TabZahl(i) = 50). Zufallszahlen können Sie mit der VB-Funktion Rnd erzeugen. Da diese Funktion Werte zwischen 0 und 1 liefert, müssen Sie die Zufallszahlen mit 100 multiplizieren, damit Sie Zahlen zwischen 0 und 99 erzeugen können. (Beispiel: Tab-Zahl(i) = Rnd * 100). Nach dem Füllen der Tabelle soll eine vom Benutzer einzugebende Zahl in der Tabelle gesucht werden. Wird die Zahl gefunden, soll die Stelle, an der diese Zahl in der Tabelle enthalten ist, ausgegeben werden. Ansonsten geben Sie in dem Textfeld für die Ausgabe den Text „Zahl ist nicht in der Tabelle" aus. Lösen Sie die Aufgabe unter Verwendung unterschiedlicher Schleifenstrukturen. Zusätzlicher Hinweis: Da die Tabelle in einer Ereignisroutine eines Buttons gefüllt wird, enthält Sie beim Klicken auf den Button immer neue Werte. Erstellen Sie ein geeignetes Formular sowie den notwendigen Quellcode für diese Anwendung.

## 4.9.4 Zugriff auf Objekte einer Access-Datenbank mit VBA

Nach dieser allgemeinen Einführung in VBA wollen wir uns dem Zugriff auf Objekte einer Access-Datenbank mit VBA widmen. Access stellt eine Reihe von Objekten zur Verfügung, die den Zugriff auf Formulare, Berichte, Steuerelemente, Makro-Aktionen und die Datenbasis der Datenbank erlauben. Mit den implementierten Methoden kann man die Access-Objekte manipulieren (Beispiel: Erscheinungsbild eines Formulars verändern, einen Bericht formatieren, Datensätze verändern usw.). Einen Eindruck hierüber vermittelt der Objektkatalog, den Sie im VBA-Editor öffnen können. Wir beschränken uns hier exemplarisch auf einige Beispiele. Sie beziehen sich auf die Datenbank VBADB.ACCDB. In dieser Datenbank existiert eine Tabelle Artikel mit folgender Satzstruktur:

| Feldname | Feldtyp | Größe |
|---|---|---|
| ArtNr | Text | 6 Zeichen |
| Bezeichnung | Text | 20 Zeichen |
| Bestand | Zahl | Long Integer |
| Preis | Währung | Format: EURO |
| Artikelgruppe | Zahl | Integer |
| ArtNrPZ | Text | 7 Zeichen |
| PreisNeu | Währung | Format: EURO |

Für diese Datenbanktabelle sind einige Testdatensätze zu erfassen. Außerdem muss ein Formular (Bezeichnung: VBADBDemo) erzeugt werden.

*Formular VBADBDemo mit angezeigten Artikeldaten*

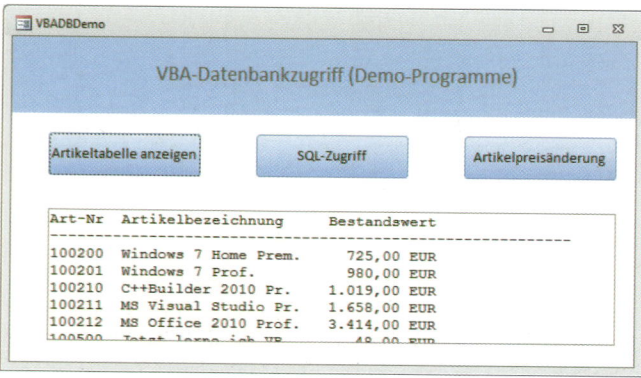

**Elemente des Formulars:**

| Element | Bezeichnung des Elements (Name) | Eigenschaft | Wert der Eigenschaft |
|---|---|---|---|
| Formular | VBADBDemo (im Datenbankfenster) | Datensatzmarkierer | Nein |
| | | Navigationsschaltflächen | Nein |
| Textfeld | Txt_Ausgabe | Gesperrt | Ja |
| | | Bildlaufleisten | Vertikal |
| | | Schriftart | Courier New |
| Befehlsschaltfläche | Befehl0 | Name | Befehl0 |
| | | Beschriftung | Artikeltabelle anzeigen |
| Befehlsschaltfläche | Befehl1 | Name | Befehl1 |
| | | Beschriftung | SQL-Zugriff |
| Befehlsschaltfläche | Befehl2 | Name | Befehl2 |
| | | Beschriftung | Artikelpreisänderung |

*Elemente des Formulars VBADBDemo*

Nach der Erzeugung des Formulars werden die Ereignisroutinen für das Anklicken der 3 Befehlsschaltflächen erstellt. In den jeweiligen Prozeduren wird mit der Anweisung Call ein Unterprogramm aufgerufen, das die Funktionalität für diesen Menüpunkt enthält. Die Syntax für den Aufruf lautet: <Modulname>.<Unterprogramm>.

```
1:   Private Sub Befehl0_Click()
2:       Call DBProzeduren.TabelleArtkelOeffnen
3:   End Sub
4:   Private Sub Befehl1_Click()
5:       Call DBProzeduren.SQLTabelleArtikelOeffnen
6:   End Sub
7:   Private Sub Befehl2_Click()
8:       Call DBProzeduren.Preiserhoehung
9:   End Sub
```

Die Funktionalität für die Datenbankzugriffe könnte direkt in der Click-Routine des jeweiligen Buttons implementiert werden. Um die Verwendung von externen Modulen zu zeigen, werden jedoch Unterprogramme erstellt. Diese Prozeduren werden in den nächsten drei Kapiteln entwickelt.

### 4.9.4.1 Auswertung einer Access-Tabelle mit VBA

Betrachten wir nun den Quellcode für die Unterprogramme (siehe unten). Wählen Sie im Register Erstellen in der Gruppe Makros und Code die Schaltfläche Modul. Der Visual-Basic-Editor wird gestartet und Sie befinden sich im Grundgerüst eines neuen Moduls (Programmzeilen 1 und 2). Sollte die Programmzeile 2 nicht automatisch im Quellcodeeditor eingefügt werden, können Sie diese Anweisung mit dem Editor erfassen. Es besteht auch die Möglichkeit mit dem Menüpunkt

Extras – Optionen – Seite Editor den Eintrag Variablendeklaration erforderlich zu aktivieren. Wenn Sie nun ein neues Modul erzeugen, wird die Anweisung Option Explicit automatisch eingefügt. In der Programmzeile 3 werden zwei globale Stringvariablen deklariert, die in den Unterprogrammen benutzt werden um eine Linie auszugeben und um bei der späteren Ausgabe der Ergebnisse im Textfeld Zeilenumbrüche (Z_Ende) zu erzeugen. Mit dem Menüpunkt Einfügen – Prozedur können Sie den Namen der Prozedur (TabelleArtikelOeffnen), den Typ (Sub) und den Gültigkeitsbereich (Public) festlegen, um das Grundgerüst der Prozedur zum Anzeigen der Artikeltabelle zu erzeugen. Da alle drei folgenden Prozeduren in einem Programmmodul definiert werden, haben die ersten drei Zeilen Gültigkeit für alle Prozeduren und werden deshalb nur bei der ersten Routine dargestellt.

```
 1:  Option Compare Database
 2:  Option Explicit
 3:  Dim Linie As String, Z_Ende As String
 4:  Public Sub TabelleArtikelOeffnen()
 5:     Dim db As Database, rs As Recordset, s As String, Wert As Double
 6:     Dim sArtNr As String * 8, sBez As String * 22, sWert As String * 9
 7:     Linie = "-----------------------------------------"
 8:     Z_Ende = Chr(13) + Chr(10)
 9:     Set db = CurrentDb
10:     Set rs = db.OpenRecordset("Artikel")
11:     rs.MoveFirst
12:     s = "Art-Nr    Artikelbezeichnung       Bestandswert" + Z_Ende
13:     s = s + Linie + Z_Ende
14:     Do While Not rs.EOF
15:        sArtNr = rs!ArtNr
16:        sBez = rs!Bezeichnung
17:        Wert = rs!Preis * rs!Bestand
18:        RSet sWert = FormatNumber(Wert, 2, vbTrue, , vbTrue)
19:        s = s + sArtNr + sBez + sWert + " EUR" + Z_Ende
20:        rs.MoveNext
21:     Loop
22:     Application.forms![VBADBDemo].Controls![Txt_Ausgabe] = s
23:     rs.Close
24:  End Sub
```

Die Zeilen 5 und 6 enthalten die Deklarationen der lokalen Variablen. Zunächst wird eine Referenz (db) auf ein Objekt vom Typ Database und eine Referenz (rs) auf ein Objekt vom Typ Recordset erzeugt. Die Bedeutung dieser Variablen wird bei der Verwendung der Variablen erläutert. Die lokale Stringvariable s wird für die Ausgabe des Ergebnisses in dem Textfeld Txt_Ausgabe und Wert als numerische Variable für eine Umwandlung des Preises verwendet. Die Programmzeile 6 enthält drei Stringvariablen mit jeweils fester Länge, um eine formatierte Ausgabe der Felder Artikelnummer, Artikelbezeichnung und Preis zu ermöglichen. Danach werden die beiden globalen Variablen Linie und Z_Ende initialisiert. Der Variablen Z_Ende werden die Zeichen des ASCIICodes (Chr(13) : Carriage Return und Chr(10): Line Feed) zugewiesen.

Bevor wir uns die Funktionalität des Datenbankzugriffs in diesen Prozeduren anschauen, ist es notwendig, sich einen Überblick über die Access-Objekthierarchie zu verschaffen.

Der Zugriff auf die einzelnen Access-Objekte erfolgt auf mehreren Ebenen.

1. Ebene: Auf der obersten Stufe steht das Objekt DBEngine, das das Datenbankmodul von Access darstellt. Da VBA nicht außerhalb der Office-Umgebung läuft, steht Ihnen mit dem Start von Access das Objekt DBEngine bereits zur Verfügung.

2. Ebene: In einer Netzwerkumgebung können mehrere User gleichzeitig auf eine Access-Datenbank zugreifen. Für jeden gerade mit Access arbeitenden User wird ein Workspace-Objekt erzeugt. Arbeiten Sie alleine an einer Datenbank oder ist die Datenbank nicht in einem Netzwerk verfügbar, können Sie ohne explizite Angabe das aktuelle Workspace-Objekt verwenden, ohne eine spezielle Referenz auf dieses Objekt zu erzeugen.

3. Ebene: Auf dieser Stufe müssen Sie festlegen, auf welche Access-Datenbank Sie zugreifen wollen. Es ist möglich, sich auf die aktuell geöffnete Datenbank zu beziehen. Sie können aber auch auf eine nicht mit Access geöffnete Datenbank zugreifen. In unseren Beispielen werden wir immer auf die aktuell geöffnete Datenbank zugreifen.

4. Ebene: In der 4. Ebene legen Sie fest, auf welche Tabelle der Datenbank Sie zugreifen wollen.

5. Ebene: Auf dieser Stufe der Objekthierarchie erfolgt der Zugriff auf einen Datensatz und auf die Felder der Datenbanktabelle.

Die Deklaration von Referenzen der Ebene 1 und 2 ist nicht notwendig, da Access gestartet ist und wir in dieser Umgebung als User angemeldet sind. Auf der 3. Ebene der Datenbank existiert ein Objekt vom Typ Database. Mit der Anweisung Set db = CurrentDb wird das Objekt db mit einer Referenz (= Zeiger) auf die aktuell geöffnete Datenbank versehen. Genau genommen handelt es sich bei der Variablen db (und auch bei rs s. u.) lediglich um eine Referenz auf ein Objekt und nicht um ein Objekt selbst. Im Sprachgebrauch von Visual Basic werden diese Variablen jedoch als Objekte bezeichnet. Für den Zugriff auf eine Tabelle benötigen wir ein Objekt vom Typ Recordset. Die Anweisung Set rs = db.OpenRecordset ("Artikel") speichert die Referenz auf ein Recordset-Objekt – hier als eine Referenz auf die Tabelle Artikel – in der Objektvariablen rs. In dieser Zeile wird für das Objekt db die Methode OpenRecordset aufgerufen. Die Syntax für den Methodenaufruf eines Objektes lautet also: <Objektname>.<Methodenname>. Mit der Objektreferenz rs können Sie nun die Methoden eines Recordset-Objektes verwenden. Die Anweisung rs.MoveFirst positioniert den Datensatzzeiger in der Ergebnismenge (Artikeltabelle) auf den ersten Datensatz. Nach dem Aufbauen der Spaltenüberschriften für die Ausgabe (Zeilen 12 und 13) werden in einer Schleife nacheinander die Datensätze der Ergebnismenge verarbeitet. In der Schleifenbedingung wird festgelegt, dass, solange nicht das Ende der Tabelle Artikel (Not rs.EOF) des Recordset-Objektes erreicht ist, die Programmzeilen 15 bis 20 auszuführen sind. Über das Recordset-Objekt rs ist der Zugriff auf die einzelnen Felder der Tabelle (z. B. rs!ArtNr) möglich. Zwischen dem Objekt- und dem Feldnamen muss ein Ausrufezeichen stehen. Immer wenn es sich um benutzerdefinierte Bezeichner handelt (ein Feld einer Tabelle ist ein vom Benutzer festgelegter Bezeichner), wird anstelle des Punktoperators das Ausrufezeichen verwendet. Wenn Sie bei der Wahl der Bezeichner die Vorgaben berücksichtigt haben (z. B. keine Leerzeichen verwendet haben), muss der Bezeichner nicht in eckige Klammern gesetzt werden.

Die Anweisungen der Zeilen 15 und 16 übertragen den Inhalt der Felder ArtNr und Bezeichnung in lokale Stringvariablen mit fester Länge. Die Berechnung des Bestandswertes eines Artikels (rs!Preis * rs!Bestand) wird zunächst in der numerischen Variablen Wert abgelegt. In der Zeile 18 wird die Funktion FormatNumber aufgerufen. Diese Funktion formatiert einen numerischen Wert und gibt einen String zurück, der in der Variablen sWert abgespeichert wird. Die Funktion FormatNumber erwartet insgesamt 5 Übergabeparameter:

1. Der zu formatierende Ausdruck (hier: Wert)
2. Die Anzahl Nachkommastellen (hier: 2)
3. Soll eine führende Null bei Kommazahlen ohne Vorkommastellen erscheinen (vbTrue)
4. Sollen negative Werte in eckige Klammern gesetzt werden (Hier: Es wurde zwischen den beiden Kommas zur Trennung der Parameter lediglich ein Blank codiert, d. h. es wird kein Parameter für diesen Wert übergeben. Keine Parameterangabe bedeutet, dass der Standardwert an dieser Stelle eingesetzt wird.)
5. Sollen Zahlengruppierungen gemäß der Ländereinstellungen in der Systemregistrierung verwendet werden (vbTrue)

Nach der Formatierung und der Speicherung des formatierten Strings in der Variablen sWert wird der Inhalt dieser Variablen mit der Anweisung RSet rechtsbündig in der Stringvariablen (sWert hat eine feste Länge) ausgerichtet, d. h. links mit Blanks aufgefüllt. Nun kann die formatierte Ausgabe einer weiteren Ausgabezeile mithilfe der Variablen s erfolgen (Zeile 19). Dazu wird dem alten Inhalt von s eine weitere Zeile hinzugefügt. Die Stringvariable s enthält so nach der Verarbeitung aller Datensätze der Tabelle die gesamte Ausgabe inklusive der notwendigen Zeilenumbrüche, denn die einzelnen Zeilen werden mit EOL und CR (siehe Variable Z_Ende) getrennt.

Mit der Methode MoveNext des Recordset-Objektes wird der nächste Datensatz aktiviert. Ist das Dateiende erreicht, wird die Schleife verlassen. Der Inhalt der Variablen s, die die gesamte Ausgabe enthält, muss in das Textfeld Txt_Ausgabe übertragen werden. Da das Unterprogramm TabelleArtikelOeffnen kein Klassenmodul des Formulars, sondern eine Prozedur eines allgemeinen Moduls in der Datenbank ist, können Sie nicht direkt auf das Feld Txt_Ausgabe des Formulars VBADBDemo zugreifen. Über das ApplicationObjekt können Sie auf das Formular VBADBDemo zugreifen. Das Formular enthält Control-Objekte, unter anderem auch das Textfeld Txt_Ausgabe. Nach dem Schließen der Tabelle (rs.Close) wird das Unterprogramm beendet.

## 4.9.4.2 Datenbankzugriff mit SQL

Beim Klicken auf den Button „SQL-Zugriff" sollen mit einer SQL-Anweisung die Felder Artikelnummer, Bezeichnung, Artikelgruppe und Preis der Artikeltabelle für eine vom Anwender zur Laufzeit festzulegende Artikelgruppe absteigend nach Preisen sortiert im Textfeld des Formulars ausgegeben werden. Nach der Deklaration der Variablen und Erzeugen einer Referenz auf die aktuelle Datenbank wird in der Zeile 8 die Funktion InputBox aufgerufen. Der Funktion werden die Parameter für den Eingabeprompt, den Titel des Input-Box-Fensters sowie der Default-Wert für die Eingabe übergeben. Der Rückgabewert der Funktion Input-Box (= eingegebener Text) wird in der Variablen Grp abgespeichert. Nun kann in der lokalen Stringvariablen SQL die SQL-Anweisung aufgebaut werden (Zeilen 9 bis 11). Der Aufbau der SQL-Anweisung könnte auch in einer Zeile erfolgen, wurde aber aufgrund der besseren Lesbarkeit auf 3 Programmzeilen verteilt. Erläuterungen zur SQL-SELECT-Anweisung können Sie dem Kapitel 5 dieses Buches entnehmen. Mit der Methode OpenRecordset des Database-Objektes db wird die SQL-Anweisung ausgeführt. Hierbei müssen Sie neben der SQL-Anweisung der Methode noch als zweiten Parameter den Typ des zu öffnenden Elements übergeben. Soll eine Abfrage geöffnet werden (die Select-Anweisung ist eine Abfrage), so erzeugt Access ein Recordset-Objekt vom Typ Dynaset. Ein Dynaset ist eine dynamische (temporäre) Gruppe von Datensätzen, die Felder aus einer oder mehreren Tabellen enthalten kann. Aktualisierungen der Felder können in die Basistabellen übernommen werden. Der VBA-Quellcode der Zeilen 13 bis 32 entspricht den Anweisungen aus dem 1. Beispiel zum Zugriff auf Access-Tabellen.

```
 1:  Public Sub SQLTabelleArtikelOeffnen()
 2:     Dim db As Database, rs As Recordset, s As String,    SQL
        As String
 3:     Dim Grp As String, sArtNr As String * 8, sBez As String
        * 22
 4:     Dim sPreis As String * 9, sGrp As String * 16
 5:     Linie = "-------------------------------------------"
 6:     Z_Ende = Chr(13) + Chr(10)
 7:     Set db = CurrentDb
 8:     Grp = InputBox("Artikelgruppe :", "Eingabe", 1)
 9:     SQL = "SELECT ArtNr, Bezeichnung, Artikelgruppe, Preis
              FROM Artikel "
10:     SQL = SQL + "WHERE artikelgruppe = " + Grp
11:     SQL = SQL + " ORDER BY preis DESC;"
12:     Set rs = db.OpenRecordset(SQL, dbOpenDynaset)
13:     rs.MoveFirst
14:     s = "Art-Nr   Artikelbezeichnung   Art-Gruppe    Stück
              preis" _
15:        + Z_Ende
16:     s = s + Linie + Z_Ende
17:     Do While Not rs.EOF
18:        sArtNr = rs!ArtNr
19:        sBez = rs!Bezeichnung
20:        If rs!Artikelgruppe = 1 Then
21:           sGrp = "System-SW"
22:        ElseIf rs!Artikelgruppe = 2 Then
```

```
23:        sGrp = "Anwendungs-SW"
24:     Else
25:        sGrp = "Bücher"
26:     End If
27:     RSet sPreis = FormatNumber(rs!Preis, 2, vbTrue, ,
        vbTrue)
28:     s = s + sArtNr + sBez + sGrp + sPreis + " EUR" + Z_
        Ende
29:     rs.MoveNext
30:  Loop
31:  Application.forms![VBADBDemo].Controls![Txt_Ausgabe] = s
32: End Sub
```

### 4.9.4.3 Programmgesteuerte Datenbankmanipulation

Die Prozedur Preiserhoehung, die beim Klicken auf den dritten Button unseres Formulars VBADBDemo aufgerufen wird, soll aufgrund von Benutzereingaben die Preise der Artikel der Artikelgruppe 1 und 2 verändern. Da die Preise für die Artikelgruppe 3 (Bücher) fest vorgegeben sein sollen, wird für diese Datensätze keine Preiserhöhung durchgeführt.

```
1:  Public Sub Preiserhoehung()
2:     Dim db As Database, rs As Recordset
3:     Dim Proz1 As Integer, Proz2 As Integer, s As String
4:     Set db = CurrentDb
5:     Set rs = db.OpenRecordset("Artikel")
6:     Proz1 = InputBox("Preisänderung in % System-SW (Art-
        Gruppe 1):")
7:     Proz2 = InputBox("Preisänderung in % Anwendungs-SW (Art-
        Gruppe 2):")
8:     rs.MoveFirst
9:     Do While Not rs.EOF
10:       rs.Edit
11:       If (rs!Artikelgruppe = 1) Then
12:          rs!PreisNeu = rs!Preis * (100 + Proz1) / 100
13:       ElseIf (rs!Artikelgruppe = 2) Then
14:          rs!PreisNeu = rs!Preis * (100 + Proz2) / 100
15:       End If
16:       rs.Update
17:       rs.MoveNext
18:    Loop
19:    s = "Preiserhöhungen durchgeführt"
20:    Application.forms![VBADBDemo].Controls![Txt_Ausgabe] = s
21:    rs.Close
22:    DoCmd.OpenReport "Artikelliste", acViewPreview
23: End Sub
```

Wie in den beiden vorangegangenen Beispielen werden nach der Deklaration der Variablen die notwendigen Objektreferenzen erzeugt. Für die Artikelgruppe 1 und 2 muss der Benutzer die prozentuale Preiserhöhung eingeben (Zeile 6 und

7). Vor der Verarbeitung der Datensätze in der While-Schleife erfolgt noch die Positionierung auf den ersten Datensatz.

Der Aufruf der Methode Edit für das Recordset-Objekt rs schaltet den aktuellen Datensatz in den Editiermodus, d. h. dieser Datensatz wird zum Bearbeiten in einen Puffer kopiert. Nun können Sie Änderungen der Datensatzfelder vornehmen. In unserem Beispiel wird in Abhängigkeit von der Artikelgruppe ein neuer Preis ermittelt. Um die Veränderungen überprüfen zu können und die ursprünglichen Werte beim Testen der Funktionalität nicht zu überschreiben, wird der neue Preis nicht im Feld Preis, sondern in einem zusätzlichen Feld der Artikeltabelle, dem Feld PreisNeu, abgespeichert (Zeile 12 bzw. Zeile 14). Berücksichtigen Sie jedoch, dass der neue Wert nicht sofort in die Tabelle zurück geschrieben wird. Dies geschieht erst mit dem Aufruf der Methode Update (Zeile 16).

Nach der Bearbeitung aller Datensätze wird im Ausgabefeld des Formulars die Meldung „Preiserhöhungen durchgeführt" ausgegeben und die mit Recordset-Objekt verbundene Tabelle geschlossen. Um die Veränderungen in der Artikeltabelle überprüfen zu können, wird für das VBA-Objekt DoCmd die Methode OpenReport aufgerufen. Diese Methode dient zum Öffnen eines bereits vorher im Datenbankfenster von Access zu definierenden Berichts (z. B. Artikelliste). Der 2. Parameter beim Methodenaufruf (acViewPreview) bewirkt, dass der Bericht nicht direkt auf dem Drucker ausgegeben, sondern auf dem Bildschirm in der Seitenansicht dargestellt wird.

**AUFGABE 4.26**

Fügen Sie in dem Formular VBADBDemo einen weiteren Button mit der Beschriftung Preisänderung speichern ein. Wenn dieser Button angeklickt wird, soll eine Prozedur aufgerufen werden, in der die Preisänderungen, die im Feld PreisNeu abgespeichert wurden, in das Feld Preis der Artikeltabelle übertragen werden. Im Ausgabefeld Txt_Ausgabe Ihres Formulars sollen nur die Datensätze mit geänderten Preisen ausgegeben werden. Es sind die Felder Artikelnummer, Bezeichnung und Preis auszugeben.

**AUFGABE 4.27**

Das Feld ArtNr soll um eine Prüfziffer, die nach dem Modulo-10-Verfahren zu berechnen ist, erweitert werden. Recherchieren Sie im Internet, um den Algorithmus für die Prüfzifferberechnung implementieren zu können. Die neue Artikelnummer ist im Feld ArtNrPZ abzuspeichern und in dem Feld Txt_Ausgabe soll eine Liste aller Datensätze mit den notwendigen Informationen ausgegeben werden.

## 4.10 Projektauftrag: Rechnungserstellung

Für ein Hard- und Software-Handelsunternehmen soll eine Datenbank aufgebaut werden, die neben den Kunden- und Produktinformationen auch die Erstellung von Rechnungen und die Verwaltung der Rechnungsdaten ermöglicht.

Für dieses Projekt soll eine benutzerfreundliche Oberfläche erstellt werden. Um alle Funktionen der Datenbankanwendung durch Anklicken von Schaltflächen aufrufen zu können, benötigen wir ein Hauptformular, das diese Befehlsschaltflächen enthält und die entsprechenden Ereignisse auslöst. Die Funktionalität der Datenbankentwicklung können Sie dem Hauptformular entnehmen.

### Hauptformular

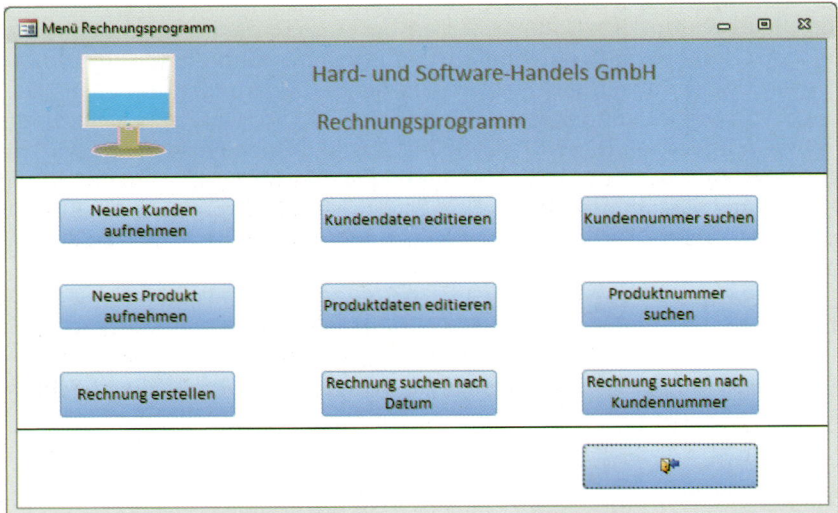

Zur Modellierung Ihrer Datenbank sollten Sie eine Rechnung (Beispiel siehe Seite 115) analysieren.

Analysieren, planen und realisieren Sie das Projekt Rechnungserstellung. Die Erstellung der Projektdokumentation kann projektbegleitend erfolgen. In einer Präsentation soll das Produkt dem Kunden dargestellt werden. Es sind Schulungsunterlagen und ein kleines Handbuch zu entwerfen.

# Hard- und Software-Handels GmbH
Hauptstraße 67 · 99999 Nirgendwo
Telefon: 0 99/12 31 12 · Telefax: 0 99/12 31 13

Hard- u. Software-Handels GmbH, Hauptstraße 67, 99999 Nirgendwo

Herrn / Frau
Barzahler

Kundennummer: 1111
Rechnungsnummer: 1
Datum: 23.01.2011

| Pos. | Artikelbezeichnung | Menge | Einzelpreis | Gesamtpreis |
|---|---|---|---|---|
| 1 | Windows 7 Pro | 2 | 360,00 EUR | 720,00 EUR |
| 2 | Toner schwarz C7115 | 1 | 60,00 EUR | 60,00 EUR |
| 3 | HP Laser 2605 | 1 | 375,00 EUR | 375,00 EUR |
| | Nettosumme | | | 1.155,00 EUR |
| | 19 % Mehrwertsteuer | | | 219,45 EUR |
| | Endbetrag | | | 1.374,45 EUR |

**Hard- u. Software-Handels GmbH**
Geschäftszeiten: Montag bis Freitag 8.00 bis 18.00 Uhr, Samstag 8.00 bis 16.00 Uhr
Bankverbindung: Kontonummer 4711 Kreissparkasse Nirgendwo (BLZ 999 900 45)
Sitz: Nirgendwo, Amtsgericht: Nirgendwo, HRB 1234

# 5 Einführung in SQL

SQL ist die Standardabfragesprache für relationale Datenbanken. Dieses Kapitel gibt eine Einführung in SQL. Nach einer Beschreibung der Systemumgebung, in der die Beispiele entwickelt und getestet wurden, und einem allgemeinen Überblick über SQL werden folgende Themen behandelt:

- Datendefinition (Anlegen und Verändern von Tabellenstrukturen)
- Datenmanipulation mit einer Tabelle (Daten einfügen, ändern, löschen, abfragen, sortieren, gruppieren)
- Operatoren und Funktionen
- Datenmanipulation mit mehreren Tabellen (Mengenoperationen, Verbund)
- Datensichten
- Probleme der Datenintegrität und des Mehrbenutzerbetriebs (Domänen, Privilegien, Transaktionen)

Die verwendeten Beispiele beziehen sich durchgängig auf die Mustertabellen, die im Anhang abgedruckt sind.

## 5.1 Systemumgebung

Die Datenbankhersteller liefern mit ihren Systemen Werkzeuge aus, die eine Verwendung von SQL durch den Endanwender und den Entwickler ermöglichen. Der Entwickler schreibt eigenständige SQL-Befehlsfolgen oder Programme in höheren Programmiersprachen, in denen Datenbankzugriffe mit SQL eingebettet sind. Beispiele hierfür sind Visual Basic von Microsoft oder C++Builder von Borland, die einen Zugriff auf SQL-Datenbanken zulassen. Der Endbenutzer kann diese Anwendungen ohne SQL-Kenntnisse nutzen.

Wenn in einer Fachabteilung Problemstellungen auftreten, für die keine vorgefertigten Anwendungen existieren, sollten dem Benutzer Werkzeuge zur Verfügung stehen, die es ermöglichen, z.B. Ad-hoc-Abfragen einer Datenbank im Dialog auszuführen. Wir beschränken uns in dieser Einführung auf die Benutzung von SQL mit einem Tool für solche Dialoge.

Die Beispiele und Übungen des SQL-Kapitels wurden mit MaxDB 7.6 und MySQL-5.0 ausgeführt und getestet. Informationen zu den Datenbankmanagementsystemen (DBMS) finden Sie unter http://www.mysql.com/ bzw. http://maxdb.sap.com/.

Für beide DBMS werden verschiedene Windows-Tools zur Ausführung von SQL-Abfragen und die Datenbankadministration angeboten. Für MaxDB haben wir den Database Manager und SQL Studio eingesetzt. Die Tools für MySQL waren MySQL Administrator und MySQL Query Browser bzw. die MySQL Workbench.

Beachten Sie, dass sich die Abfragetools unterschiedlich verhalten, wenn Sie beim Testen mehrere SQL-Anweisungen im Abfragefenster platzieren. In SQL-Studio ist eine trennende Kommentarzeile zwischen den Anweisungen erforderlich, die mit mit // oder -- beginnt:

```
SQL-Anweisung-1
//
SQL-Anweisung-2
//
…
```

Sie beenden ein SQL-Statement in MySQL mit einem Semikolon. Trennende Kommentarzeilen sind nicht erforderlich. (Kommentarzeilen beginnen in MySQL mit #, -- gefolgt von einem Blank oder sind im C-Stil /* … */ möglich.)

In den Tools kann aus mehreren SQL-Statements eines durch Markierung ausgewählt und ausgeführt werden. Im MySQL Query Browser und der MySQL Workbench können mehrere Anweisungen auch als Skript ablaufen.

In den späteren Beispielen werden SQL-Anweisungen groß, Tabellen- und Feldnamen klein geschrieben. Diese Unterscheidung dient nur der Übersichtlichkeit und ist in SQL nicht vorgeschrieben.

## 5.2  SQL-Grundlagen

### 5.2.1  Elemente von SQL

SQL (Structured Query Language) ist auf die Vorläufersprache SEQUEL zurückzuführen (in den 70er-Jahren in den IBM-Laboratorien entwickelt) und hat sich als Standardabfragesprache für relationale Datenbanken durchgesetzt.

Als Sprache der 4. Generation ist SQL nicht-prozedural. In Sprachen der 3. Generation muss zum Auffinden von Daten genau beschrieben werden, wie die gewünschten Daten aus einem Datenbestand herauszufinden sind. In SQL dagegen werden die gesuchten Daten nur über die Beschreibung ihrer Attributwerte aufgefunden – d.h. man beschreibt, was man wissen möchte – das „Wie" muss nicht spezifiziert werden. Das Suchen eines bestimmten Datensatzes im Vergleich mit der Programmiersprache C soll diesen Sachverhalt verdeutlichen:

# Einführung in SQL

| Auszüge aus einem C-Quellcode: | | SQL-Anweisung |
|---|---|---|
| `{`<br>`FILE *fpin;` | //Dateizeiger vereinbaren | `SELECT * FROM <tabelle>` |
| `fpin=fopen("Bsp.dat", "r");` | //Datei zum Lesen öffnen | `WHERE <bedingung>` |
| `while (!feof(fpin))` | //Schleife zur Verarbeitung | |
| `{` | //aller Datensätze | Anzeige aller Datensätze einer zu benennenden Tabelle <tabelle> für die die zu formulierende Bedingung <bedingung> zutrifft. |
| `fread(&e, sizeof(e),1,fpin);` | //Datensatz lesen | |
| `if (…)` | //Überprüfen, ob aktueller | |
| `{` | //Datensatz dem gesuchten<br>// entspricht | |
| `…;` | //Operationen, für den | |
| `}` | //gefundenen Satz | |
| `}` | //Datei schließen | |
| `fclose(fpin);`<br>`}` | | |

In der prozeduralen Sprache C muss genau die Prozedur beschrieben werden, wie ein Datensatz zu suchen ist (Öffnen der Datei, Lesen eines Satzes, Prüfen, ob der Satz dem gesuchten Satz entspricht, nächsten Datensatz lesen usw.), während es in SQL genügt, anzugeben: „Suche mir alle Datensätze in der Tabelle, für die eine bestimmte Bedingung zutrifft". Die prozedurale Verarbeitung ist satzorientiert, während SQL mengenorientiert arbeitet und als Ergebnis keine, eine oder beliebig viele Zeilen liefert.

Meist werden die Sprachelemente von SQL in zwei bzw. drei Kategorien eingeteilt:

- Anweisungen zur Datendefinition (DDL – Data Definition Language) z. B. Anweisungen
    - zur Anlage und Verwaltung von Tabellen
    - zur Definition von Domains
    - zur Erzeugung von Views

- Anweisungen zur Datenmanipulation (DML – Data Manipulation Language) z. B. Anweisungen
    - zur Dateneingabe
    - zur Datenveränderung
    - zur Abfrage von Tabelleninhalten

- DCL (Data Control Language)
  Der Sprachbestandteil zur Bestimmung von Zugangs- und Zugriffsrechten wird zum Teil als dritte Kategorie genannt.

## 5.2.2 Vorbemerkungen zur Kompatibilität

SQL ist zwar standardisiert (z. B. SQL 92, SQL 2008), doch weichen die Implementierungen in den verfügbaren Datenbanksystemen sowohl nach „oben" als auch nach „unten" von den Standards ab. Die Unterschiede der SQL-Dialekte betreffen auch die beiden Systeme, die als Grundlage für dieses Kapitel dienten. Wir haben versucht, diese Abweichungen an den betroffenen Stellen zu benennen. Im Zweifel und bei Interesse für Details hilft ein Blick in das Referenzhandbuch des jeweiligen Systems.

Auch wenn wir uns bemüht haben, soweit wie möglich Sprachbestandteile einzusetzen, die in vielen DBMS zur Verfügung stehen, sind u. U. Modifikationen der behandelten SQL-Anweisungen auf anderen Systemen erforderlich.

## 5.3 Datendefinition mit SQL

### 5.3.1 Datentypen

Wie im Abschnitt zu MS Access ausgeführt (siehe Kapitel 4.2.1), benötigen Sie zur Definition einer Tabelle geeignete Datentypen. Zwischen den verschiedenen DBMS und zum ANSI-Standard gibt es Abweichungen in der Art, der Bezeichnung und dem Wertebereich einzelner Typen. Eine kleine Auswahl von Datentypen zeigt die folgende Übersicht:

| Datentyp | Beschreibung |
| --- | --- |
| CHAR(n) oder CHARACTER (n) | Definition einer alphanumerischen Spalte fester Länge zur Speicherung beliebiger Zeichen. Mit n wird die maximale Anzahl Zeichen festgelegt. (Der Höchstwert für n ist systemabhängig.) |
| VARCHAR (n) | Speichern von alphanumerischen Daten mit variabler Länge oder LONG bei langen Zeichenketten |
| BOOLEAN | Hier können nur die Werte TRUE oder FALSE bzw. eine Nullmarke gespeichert werden. (Nicht in MySQL) |
| INT[EGER] | Speicherung von ganzen Zahlen |
| DEC[IMAL] (p,s) | Definition einer Spalte für Festkommazahlen. p gibt die Anzahl der Gesamtstellen inklusive Nachkommastellen an und s die Anzahl der Nachkommastellen (fehlt s, gilt s=0). Dieser Datentyp wird zur exakten Zahlendarstellung verwendet. (Der Höchstwert für p ist systemabhängig.) |
| FLOAT(p) | Definition einer Spalte für Fließkommazahlen (Speicherung von Mantisse und Exponent). p gibt die Genauigkeit an (Mantisse). Wegen der internen Darstellung von Fließkommazahlen ist die Zahlendarstellung nur näherungsweise korrekt. (Der Höchstwert für p ist systemabhängig.) |
| DATE | Speicherung einer Zeichenkette in einem speziellen Format für das Datum. Das Format ist systemabhängig (z. B. 'yyyy-mm-dd'). Mit der Funktion DATE (CURDATE()) in MySQL kann das aktuelle Datum abgefragt werden. |

| Datentyp | Beschreibung |
|---|---|
| TIME | Speicherung einer Zeichenkette in einem speziellen Format für die Zeit. Das Format ist systemabhängig (z. B. 'hhhh-mm-ss'). Mit der Funktion TIME (CURTIME() in My SQL) kann die aktuelle Zeit abgefragt werden. |
| TIMESTAMP | Speicherung einer Zeichenkette in einem speziellen Format für einen Zeitstempel. Das Format ist systemabhängig. |

Neben den beschriebenen unterstützen alle DBMS weitere Datentypen (z. B. für einen Autowert, für Aufzählungen, Felder für Binärobjekte u. a.). Informieren Sie sich mithilfe der Sprachreferenz Ihres Systems über die implementierten Typen, ihren Wertebereich und über den Speicherplatzbedarf der Datentypen.

### 5.3.2 Format-Beschreibung

Für die allgemeine Beschreibung des Formats von SQL-Anweisungen in den folgenden Abschnitten gelten bestimmte Regeln. Sie sollen am Beispiel der SELECT-Anweisung erläutert werden:

| Format | SELECT [DISTINCT] {* I <Spaltenliste>}<br>FROM <Tabellenname><br>[WHERE <Vergleichsausdruck>]<br>[GROUP BY <Gruppierungsliste><br>    [HAVING <Vergleichsausdruck>] ]<br>[ORDER BY <Spaltenname> [ASC I DESC]<br>    [, <Spaltenname> [ASC I DESC] ] … |
|---|---|

- Schlüsselwörter werden groß und fett und wie angegeben geschrieben (Groß-/Kleinschreibung ist dabei unerheblich).

**BEISPIEL**

SELECT … , select … oder Select …

- Eintragungen in eckigen Klammern „[ ]" sind wahlfreie Klauseln; sie können, müssen aber nicht in einer Anweisung verwendet werden.

**BEISPIEL**

SELECT … oder SELECT DISTINCT …

- In geschweiften Klammern „{ }" sind Klauseln eingetragen, die verwendet werden müssen; es stehen dabei Alternativen zur Verfügung, die mit senkrechten Strichen „I" getrennt sind. Eine dieser Alternativen muss ausgewählt werden.

**BEISPIEL**

SELECT * … oder SELECT <Spaltenliste> …

- Die Angaben in spitzen Klammern „< >" müssen durch geeigneten Text ersetzt werden. Der Name in den Klammern gibt einen Hinweis auf die Art dieses Textes.

**BEISPIEL**

<Spaltenliste> ist durch eine Aufzählung von Spaltennamen zu ersetzen; <Tabellenname> muss durch den Namen einer existierenden Tabelle ersetzt werden.

- Punkte „..." nach einem Sprachelement zeigen an, dass dieses Element beliebig oft wiederholt werden kann.

    <Spaltenname>, ... lässt eine beliebige Wiederholung von Spaltennamen zu.

Einzelne SQL-Anweisungen haben ein sehr umfangreiches Format. Die dargestellte Syntax beschränkt sich aus Gründen der Übersichtlichkeit auf wesentliche und in unserem Zusammenhang bedeutsame Komponenten. Die vollständige Beschreibung eines bestimmten Statements müssen Sie daher in einer SQL-Referenz nachschlagen.

### 5.3.3 Anlegen einer neuen Tabelle

Tabellenstrukturen werden mit dem CREATE TABLE Statement erzeugt.

| Format | CREATE TABLE <Tabellenname> <br> (<Spaltenname> <Datentyp> [NOT NULL] [DEFAULT <Wert>] <br> [<Wertebereichseinschränkung>] <br> [,<Spaltenname> <Datentyp> [NOT NULL] [DEFAULT <Wert>] <br> [<Wertebereichseinschränkung>] ]... ) |
|---|---|

MySQL unterstützt mehrere Tabellenformate. Standardmäßig ist eine erzeugte Tabelle vom Typ MyISAM. Dieser Typ ist schnell und ressourcenschonend, unterstützt jedoch keine Transaktionen und keine referenziellen Integritätsbedingungen wie z. B. der Tabellentyp InnoDB. Sind diese Funktionen gewünscht, muss der erforderliche Tabellentyp am Ende des CREATE-Statements angefügt werden, z. B. ENGINE=InnoDB. (Nachträglich kann ein Tabellenformat mit ALTER TABLE verändert werden.) Es ist auch möglich InnoDB als Standardtabellentyp in der Serverkonfiguration einzutragen.

Die Anweisung

```
CREATE TABLE kunden
(
    knr      DEC(4),
    name1    CHAR(20),
    name2    CHAR(20),
    strasse  CHAR(20),
    bezirk   DEC(2),
    beginn   DATE,
    typ      CHAR(2),
    umsatz   DEC(10,2)
)
```

erzeugt die Tabelle kunden mit den Spalten:

| Feldname | Typ und Größe | Beschreibung |
|---|---|---|
| knr | numerisch, vierstellig | Kundennummer |
| name1 | 20 Zeichen | Kundenname |
| name2 | 20 Zeichen | Namenszusatz |
| strasse | 20 Zeichen | Kundenstraße |
| bezirk | numerisch, zweistellig | Verkaufsbezirk |
| beginn | Datum | Beginn der Geschäftsbeziehung |
| typ | 2 Zeichen | Betriebstyp des Kunden |
| umsatz | zehnstellig, davon 2 Nachkommastellen | Umsatz mit dem Kunden |

Die erzeugte Tabelle ist eine Basistabelle (eine tatsächlich im Datenbankkatalog beschriebene und dauerhaft gespeicherte Tabelle; Ergebnis- oder Viewtabellen sind dagegen nur temporäre Tabellen).

Ihr System bestätigt die Ausführung des SQL-Statements mit einem entsprechenden Hinweis. Wenn Sie das übersehen haben sollten und ein zweites Mal diese Anweisung ausführen möchten, erhalten Sie eine Fehlermeldung, die einen doppelten Tabellennamen anmahnt. Dies ist nicht überraschend. Wenn Ihr CREATE-Befehl fehlerfrei war und ausgeführt wurde, existiert in der Datenbank Ihre Tabelle kunden (wenn auch noch ohne Daten); das Anlegen einer zweiten Tabelle gleichen Namens verweigert das System sinnvollerweise.

Wenn Sie sich darüber informieren möchten, welche Tabellen bereits vorhanden sind, schlagen Sie im Abschnitt „Der Systemkatalog" (siehe Kapitel 5.8) nach. Dort finden Sie Kommandos zur Anzeige Ihrer Tabellen und Spaltendefinitionen (z. B. in MaxDB SELECT * FROM TABLES). Je nach verwendetem SQL-Tool werden die vorhandenen Tabellen auch direkt in diesem Tool angezeigt (z. B. bei SQL Studio oder MySQL Query Browser).

### Pflichtspalten
Erhalten später – beim Einfügen von Datensätzen – Spalten keinen Wert, wird automatisch eine Nullmarke eingetragen. Wenn dies nicht erlaubt sein soll (Pflichtspalte), muss bei der Spaltendefinition der Zusatz NOT NULL angegeben werden:

```
knr    DEC(4) NOT NULL
beginn DATE NOT NULL
```

NULL ist nicht identisch mit der numerischen 0 oder dem alphanumerischen Leerzeichen, sondern meint das Fehlen eines Wertes.

### Standardwerte
Der Zusatz DEFAULT <Wert> definiert einen Standardwert für eine Spalte. Er wird verwendet, wenn kein Wert beim Einfügen eines Datensatzes geliefert wird.

```
typ    CHAR(2)   DEFAULT 'EH'
umsatz DEC(10,2) DEFAULT 0
```

Wie man sieht, werden numerische Konstanten ohne und alphanumerische Konstanten mit einfachen Anführungszeichen geschrieben.

### Wertebereichsbeschränkungen
Der grundsätzliche Wertebereich einer Spalte ist durch ihren Datentyp bzw. eine Domänendefinition (siehe Kapitel 5.7.1) festgelegt. Mit der Angabe einer Bedingung in der CHECK-Klausel kann der Wertebereich weiter eingeschränkt werden. Beim Einfügen/Ändern von Daten wird sichergestellt, dass nur solche Werte übernommen werden, die der vorgegebenen Bedingung entsprechen. Nicht erlaubte Werte werden mit einer Fehlermeldung abgewiesen:

```
----Error--------------------------------
Auto Commit: On, SQL Mode: Internal, Isolation Level: Committed
General error; 300 POS (1) Integrity violation:KNR,TEST,USER1
INSERT test VALUES (123)
```

Die einschränkenden Bedingungen können sich ausschließlich auf die zu definierende Spalte oder auf mehrere Spalten beziehen. MySQL akzeptiert syntaktisch die CHECK-Klausel, führt jedoch keine Aktionen aus (d. h. Beschränkungen werden nicht überprüft).

**BEISPIELE**

```
knr DEC(4) CHECK knr BETWEEN 1000 AND 9999
```

Die Werte der Spalte knr müssen im Zahlenbereich von 1000 bis 9999 (jeweils einschließlich) liegen.

```
typ CHAR(2) CHECK typ IN ('EH','GH','SH','IN','SO')
```

In der Spalte typ sind nur die Werte erlaubt, die auch in der Aufzählungsliste ('EH', 'GH', 'SH', 'IN', 'SO') enthalten sind.
Die folgenden beiden Beispiele sind nicht auf die Beispieldatenbank kunden bezogen.

```
lnr CHAR(3) CHECK SUBSTR(lnr,1,1) = 'L'
```

Die Funktion SUBSTR (MySQL: SUBSTRING) ermittelt aus dem Feld lnr (1. Argument), beginnend mit dem 1. Zeichen (2. Argument) ein Zeichen (3. Argument). Dieses Zeichen muss ein großes L sein.

```
eintritt DATE NOT NULL
austritt DATE CHECK austritt > eintritt
```

Die Spalte eintritt muss ein Datum enthalten; das Datum im Feld austritt muss nach dem Datum des Feldes eintritt liegen, d. h. muss größer sein.

Mit der Definition von Wertebereichsbeschränkungen haben Sie bereits einige Möglichkeiten zur Formulierung von Bedingungen kennengelernt, die auch in anderen SQL-Anweisungen eingesetzt werden (BETWEEN, LIKE, IN, >). Im Anhang finden Sie eine Übersicht, die weitere Bedingungsausdrücke erläutert.

## 5.3.4 Ändern der Tabellenstruktur

Mit der ALTER TABLE-Anweisung kann nachträglich eine bestehende Tabellendefinition verändert werden.

### 5.3.4.1 Hinzufügen von Spalten

| Format | ALTER TABLE <Tabellenname> |
| --- | --- |
| | ADD (<Spaltenname> <Datentyp> |
| | [, <Spaltenname> <Datentyp>] …) |

**BEISPIEL**

Hinzufügen der Spalten ort und plz in der Tabelle kunden:
```
ALTER TABLE kunden
ADD (plz CHAR(5),
     Ort CHAR(20))
```

### 5.3.4.2 Löschen von Spalten

| Format MaxDB | ALTER TABLE <Tabellenname> |
| --- | --- |
| | DROP (<Spaltenname> |
| | [, <Spaltenname>] …) |

| Format MySQL | ALTER TABLE <Tabellenname> |
| --- | --- |
| | DROP [COLUMN] (<Spaltenname> |
| | [, DROP [COLUMN] <Spaltenname>] …) |

**BEISPIEL**

Löschen der Spalte name1 in der Tabelle kunden:
```
ALTER TABLE kunden DROP (name1)
```

### 5.3.4.3 Veränderung von Spaltendefinitionen

| Format MaxDB | ALTER TABLE <Tabellenname> |
| --- | --- |
| | {COLUMN <Spaltenname> <Datentyp> |
| | I COLUMN <Spaltenname> ADD DEFAULT <Wert> |
| | I COLUMN <Spaltenname> ALTER DEFAULT <Wert> |
| | I COLUMN <Spaltenname> DROP DEFAULT} |

> **Format**
> **MySQL**
>
> ALTER TABLE <Tabellenname>
> {MODIFY <Spaltenname> <Datentyp>
> | ALTER <Spaltenname> SET DEFAULT <Wert> [1] |
> ALTER <Spaltenname> DROP DEFAULT}
>
> [1] gilt für das Hinzufügen und das Ändern eines Defaultwertes

Die nachträgliche Veränderung von Spaltendefinitionen ist in MaxDB nur begrenzt möglich. So muss bei der Änderung des Datentyps einer Spalte der neue Datentyp mit dem alten Datentyp kompatibel sein (der neue Typ muss in der Lage sein, die Daten des alten Datentyps aufzunehmen). MySQL verhält sich hier „großzügiger".

Die folgende Datentyp-Änderung ist möglich (hier in der Syntax für MaxDB):

```
ALTER TABLE kunden
COLUMN knr DEC(5)
```

während

```
ALTER TABLE kunden
COLUMN knr DEC(3)
```

mit einer Fehlermeldung quittiert wird:

```
----Error----------------------
Auto Commit: On, SQL Mode: Internal, Isolation Level: Committed
Numeric value out of range;-3019 POS(1) Invalid exponent
Alter table Kunden column knr dec(3)
```

Existiert eine 4-stellige Kundennummer, kann sie in einem DEC(3)-Feld nicht mehr dargestellt werden.

MySQL versucht eine bestmögliche Anpassung der Daten an die neue Spaltendefinition. In unserem Beispiel wäre das aber mit einem Informationsverlust verbunden, da eine Stelle der Kundennummer verloren ginge.

Default-Spezifikationen können in MaxDB mit den Klauseln ADD DEFAULT (Hinzufügen), ALTER DEFAULT (Default-Wert ändern) und DROP DEFAULT (Löschen) verändert werden. In MySQL ist das Format wie oben angegeben zu beachten.

**BEISPIEL**

```
ALTER TABLE kunden
COLUMN knr ALTER DEFAULT 9000
```

Diese Anweisung verändert den Default-Wert der Spalte knr für künftige Einträge auf 9000. In bereits bestehenden Zeilen eingetragene (Default-)Werte bleiben erhalten.

### 5.3.5 Löschen einer Tabelle

| Format | DROP TABLE <Tabellenname> |
|---|---|

DROP TABLE löscht eine Tabelle und alle von ihr abhängigen Datenbankobjekte, wie z. B. Benutzersichten, Indizes.

**BEISPIEL**

```
DROP TABLE kunden
```

### 5.3.6 Anlegen eines Indexes

Als Suchkriterium in einer Tabelle sind alle Spalten einsetzbar. Aus Gründen der Effizienz empfiehlt es sich jedoch, für Spalten, die bevorzugt für Bedingungen beim Suchen verwendet werden, einen Index anzulegen. Das DBMS kann mit einem Index die Zeilen schneller finden. Prinzipiell kann man sich die Indizierung folgendermaßen vorstellen: Erstellt man beispielsweise für die Spalte name1 einen Index, erzeugt das DBMS eine Art Inhaltsverzeichnis, in dem jeder Eintrag von name1 und die zugehörige Satznummer gespeichert wird. Das Inhaltsverzeichnis ist nach den Werten von name1 sortiert. Wird nun ein Satz mit einem bestimmten Eintrag in name1 gesucht, erfolgt zuerst ein Zugriff auf das Inhaltsverzeichnis. Dort kann – mithilfe eines effizienten Suchalgorithmus – der gesuchte Wert und damit auch die zugehörige Satznummer sehr schnell gefunden werden. Mit der bekannten Satznummer kann jetzt der gesuchte Datensatz in der Datentabelle direkt angesteuert werden. Dieser Zugriff mit einem Index ist bedeutend schneller, da die Tabelle nicht zeilenweise durchsucht werden muss.

Indizierungen haben auch Nachteile: Da die Indices vom DBMS verwaltet werden müssen, können Datenbankoperationen wie das Hinzufügen oder Ändern von Zeilen langsamer ablaufen. Sinnvoll ist es daher, Indices für solche Spalten vorzusehen, die sehr häufig als Selektionskriterium in Suchoperationen verwendet werden.

Die Existenz einer Indizierung hat in einem Datenbanksystem nur Auswirkungen auf die Effizienz. Für die Formulierung von Abfragen ist es unerheblich, ob ein Index existiert oder nicht.

| Format | CREATE [UNIQUE] INDEX <Indexname><br>ON <Tabellenname> (<Spaltenliste>) |
|---|---|

Das folgende Kommando erzeugt einen einspaltigen Index mit dem Namen name_idx auf die Spalte name1 der Tabelle kunden:

```
CREATE INDEX name_idx ON kunde(name1)
```

Ein multipler Index bezieht sich auf mehrere Spalten der Tabelle:

```
CREATE INDEX nachvor_idx ON kunde(name1, name2)
```

*Einführung in SQL*

Mit dem Zusatz UNIQUE wird, ähnlich einem Primärschlüssel, Eindeutigkeit gewährleistet.

Ein Index lässt sich mit

`DROP INDEX <Indexname> [ON <Tabellenname>]`

löschen. Der Zusatz ON <Tabellenname> kann entfallen, wenn der Indexname eindeutig ist. In MySQL muss er immer angegeben werden.

**AUFGABE 5.1**

Aufgabe Erzeuge Mieter:
Erstellen Sie die Tabelle mieter mit folgenden Spalten:

| Feldname | Datentyp | Feldbeschreibung |
|---|---|---|
| mnr | numerisch, 4-stellig | Mieternummer |
| anrede | alphanumerisch, 5 Zeichen | Anrede des Mieters |
| nachname | alphanumerisch, 20 Zeichen | Nachname des Mieters |
| vorname | alphanumerisch, 20 Zeichen | Vorname des Mieters |
| plz | alphanumerisch, 5 Zeichen | Postleitzahl |
| ort | alphanumerisch, 20 Zeichen | Wohnort |
| mietkosten | numerisch, 7-stellig, davon 2 Nachkommastellen) | Mietkosten (Saldo des Mietkostenkontos |

Beachten Sie folgende Hinweise:
- Die Mieternummer muss im Zahlenbereich von 1000 bis 9999 liegen.
- Als Anrede ist nur „Herr", „Frau" oder „Firma" erlaubt.
- Der Nachname und der Ort dürfen nicht leer bleiben.
- Bei der Postleitzahl ist an jeder Stelle nur ein Zeichen von 0–9 erlaubt.
- Die erlaubten Werte für die Mietkosten liegen im Bereich von −10.000 bis +10.000. Negative Werte stellen Guthaben des Mieters dar.

Übersetzen Sie den folgenden Auszug aus der MaxDB-Referenz zu Wertebereichs-Beschränkungen:
CONSTRAINT Definition (constraint_definition)
A CONSTRAINT definition (constraint_definition) defines an integrity condition that must be fulfilled by all the rows in one table.
Syntax
`<constraint_definition> ::= CHECK <search_condition> | CONSTRAINT <search_condition>`
`| CONSTRAINT <constraint_name> CHECK <search_condition>`

Explanation
A CONSTRAINT definition defines an integrity condition that must be fulfilled by all the columns defined by the column definition with CONSTRAINT definition.
The CONSTRAINT definition for a column is checked when a row is inserted and a column changed that occurs in the CONSTRAINT definition. If the CONSTRAINT definition is violated, the INSERT or UPDATE statement fails.

> When you define a constraint, you specify implicitly that the NULL value is not permitted as an input.
> The search condition (`search_condition`) of the CONSTRAINT definition must not contain a subquery and must only contain column names in the form `column_name`.
>
> <constraint_name>
> - No constraint name specified:
>   The database system assigns a constraint name that is unique for the table in question.
> - Constraint name specified:
>   The constraint name must be different to all other constraint names for this table.
>
> <search_condition>
> The number of columns in a search condition plays a role.
> - The search condition contains only one column name in the table: When the table is created (CREATE TABLE statement), you can check whether an additional DEFAULT value specified as a column attribute fulfills the search condition. If it is not true, the CREATE TABLE statement fails.
> - The search condition contains only one column name in the table: When the table is created (CREATE TABLE statement), it is not possible to decide whether DEFAULT values of the table columns fulfill the search condition. In this case, an attempt to insert DEFAULT values in the table when an INSERT or UPDATE statement is executed may fail.

## 5.4 Datenmanipulation mit SQL (eine Tabelle)

### 5.4.1 Einfügen von Zeilen

Die Tabelle kunden ist nach Ausführung des CREATE-Statements zwar definiert, sie enthält jedoch noch keine Daten. Mit der INSERT-Anweisung steht eine Anweisung zum Füllen der Tabelle zur Verfügung.

| Format | INSERT [INTO] <Tabellenname> [(Spaltenliste)] VALUES (<Werteliste>) |
|---|---|

Spaltenliste: durch Kommata getrennte Spaltennamen,
Werteliste: durch Kommata getrennte Werte einer Tabellenzeile; die einzufügenden Werte müssen jeweils dem Datentyp in der Tabellendefinition entsprechen.

Für das Einfügen stehen zwei syntaktische Varianten zur Verfügung:

Im ersten Fall wird keine Spaltenliste angegeben. Die Werteliste nach VALUES muss dann für jede Spalte der Tabelle einen Wert enthalten. Dabei müssen die Werte genau in der gleichen Reihenfolge geschrieben sein, wie sie in der Tabellendefinition angegeben wurden.

> **BEISPIEL**
>
> ```
> INSERT kunden
> VALUES (1001,'BtoB GmbH',NULL,'93152','Nittendorf',
> 'Blaustr. 32',10,'1998-09-02','EH',1234.45)
> ```

Die zweite Variante erfordert eine Liste der Spalten, für die Werte eingefügt werden sollen. Sie muss nicht zwingend alle Spalten der Tabelle enthalten und die Reihenfolge ist beliebig. Nach VALUES werden die Werte in der Reihenfolge der Spaltenliste aufgeführt. Fehlende Spaltenwerte erhalten standardmäßig den NULL-Wert.

> **BEISPIEL**
>
> ```
> INSERT kunden (name1, name2, umsatz)
> VALUES ('Merlan KG','Software Service',32486.32)
> ```

## 5.4.2 Ändern von Zeilen

Mit der Update-Anweisung können Sie die Werte von einem oder mehreren Attributen einer Tabelle aktualisieren. Mit der WHERE-Klausel wird spezifiziert, welche Zeilen der Tabelle von der Änderung betroffen sind. Fehlt die WHERE-Bedingung, werden alle Zeilen der Tabelle geändert.

| Format | UPDATE <Tabellenname> <br> SET <Spaltenname> = <Ausdruck> <br> [, <Spaltenname> = <Ausdruck>] ... <br> [WHERE <Bedingungsausdruck> ] |
|---|---|

Die Anweisung

```
UPDATE kunden SET umsatz = 0
```

setzt in allen Zeilen der Tabelle kunden den Wert für das Attribut umsatz auf 0.

Der Ausdruck nach dem Zuweisungsoperator = muss nicht – wie in obigem Beispiel – eine Konstante sein. Mit

```
UPDATE kunden SET umsatz = umsatz * 1.04
```

werden beispielsweise alle Werte der Spalte umsatz um 4 % erhöht. Genaueres hierzu finden Sie im Abschnitt 5.4.5.

Soll eine Aktualisierung nicht für alle Zeilen ausgeführt werden, muss in der WHERE-Klausel eine Bedingung angegeben werden, die für die zu ändernden Zeilen erfüllt sein muss:

```
UPDATE kunden SET bezirk=60
WHERE plz > '90000'
```

Wegen der Bedingung plz > '90000' wird nur in den Zeilen, in denen der Wert für die Postleitzahl größer als '90000' ist, die Bezirksnummer auf 60 gesetzt.

### 5.4.3 Löschen von Zeilen

Zum Löschen vollständiger Zeilen einer Tabelle steht die Anweisung DELETE FROM zur Verfügung. Sie löscht den gesamten Tabelleninhalt; die mit CREATE erzeugte Tabellenstruktur bleibt dabei erhalten.

**Format**

DELETE FROM <Tabellenname>
[WHERE <Bedingungsausdruck> ]

Mit der WHERE-Klausel kann man das Löschen auf bestimmte Zeilen beschränken.

**BEISPIEL**

```
DELETE FROM kunden
WHERE typ = 'SO'
```

**AUFGABE 5.2**

Aufgabe Fuelle Mieter:
a) Überprüfen Sie mit geeigneten Testdaten, ob Ihre Wertebereichseinschränkungen (siehe Aufgabe 5.1) korrekt funktionieren. Mit der SQL Anweisung `SELECT * FROM mieter` können Sie sich die Zeilen der Tabelle mieter anzeigen lassen.
b) Löschen Sie alle Testdaten.
c) Fügen Sie die folgenden Daten in Ihre Tabelle mieter ein:

| MNR | Anrede | Nach-name | Vor-name | Plz | Ort | Miet-kosten |
|---|---|---|---|---|---|---|
| 1.000 | Frau | Bauer | Sandra | 40233 | Düsseldorf | 10.000 |
| 1.100 | Herr | Geyer | Peter | 13599 | Berlin | 0 |
| 1.200 | Herr | Schwin | Heinrich | 81739 | München | -45,75 |
| 2.100 | Frau | Schwan | Ursula | 60389 | Frankfurt a. M. | 120 |
| 2.400 | Herr | Weiß | Werner | 10785 | Berlin | 210,5 |
| 2.500 | Herr | Klemm | Friedrich | 70569 | Stuttgart | 0 |
| 3.000 | Firma | SOAG | ? | 22525 | Hamburg | -5.423,25 |
| 3.200 | Herr | Weitzel | Michael | 40233 | Düsseldorf | 750 |
| 3.700 | Herr | Wahle | Eberhard | 10787 | Berlin | 0 |
| 4.000 | Frau | Baad | Susanne | 50933 | Köln | 0 |
| 4.400 | Herr | Schneider | Ralph | 89079 | Ulm | 2.110,9 |
| 4.700 | Herr | Bank | Anton | 52070 | Aachen | 0 |
| 5.000 | Herr | Gauss | Manfred | 15236 | Frankfurt/Oder | 210,5 |
| 5.300 | Firma | SOFT_KG | ? | 13355 | Berlin | -315,5 |
| 6.000 | Frau | Rasch | Regine | 60313 | Frankfurt a. M. | -385 |

„?" bedeutet kein Wert (NULL-Marke)

## 5.4.4 Einfache Abfragen

Mit der SELECT-Anweisung wählen Sie alle oder bestimmte Daten einer Tabelle zur Anzeige aus. Wir beschränken uns zunächst auf Abfragen mit einer Tabelle. Näheres zur Auswahl von Daten aus mehreren Tabellen finden Sie in Abschnitt 5.5.

| Format | SELECT [DISTINCT] {* \| <Spaltenliste>} |
|---|---|
| | FROM <Tabellenname> |
| | [WHERE <Vergleichsausdruck>] |
| | [GROUP BY <Gruppierungsliste> |
| | [HAVING <Vergleichsausdruck] ] |
| | [ORDER BY <Spaltenname> [ASC \| DESC] |
| | [, <Spaltenname> [ASC \| DESC] ] … |

Nach SELECT folgt ein * für alle Spalten einer Tabelle bzw. eine Spaltenliste für eine Auswahl der anzuzeigenden Spalten (Projektion).

Die Ausführung einer SELECT-Anweisung kann zu Ausgabezeilen führen, die in allen Werten übereinstimmen. Wünscht man als Ergebnis nur das einmalige Auftreten dieser gleichen Zeilen (Vermeidung von Redundanz), muss die Option DISTINCT angegeben werden.

Nach FROM folgt der Tabellenname, aus dem die Daten stammen.

Mit der WHERE-Komponente formulieren Sie Suchbedingungen, mit denen Sie festlegen, welche Tabellenzeilen in die Auswahl einbezogen werden sollen (Selektion).

GROUP BY teilt die Tabelle in Gruppen von Zeilen mit dem gleichen Gruppierungsbegriff und liefert als Ergebnis eine Ergebniszeile für jede Gruppe. Eine Gruppierung nach mehreren Spalten ist möglich, wobei zunächst Gruppen nach dem ersten Kriterium und innerhalb dieser Gruppe nach dem zweiten Kriterium usw. gebildet werden.

Die HAVING-Komponente dient dazu, Gruppen auszuwählen, die bestimmte Gruppierungsergebnisse aufweisen. Sie dient also wie die WHERE-Komponente der Auswahl aus möglichen Auswahlkandidaten. Während bei der WHERE-Komponente die Auswahlkandidaten aus den Zeilen einer Tabelle stammen, sind die Kandidaten bei der HAVING-Komponente Gruppierungsergebnisse, die aufgrund der GROUP BY-Komponente entstanden sind.

Die ORDER BY-Komponente legt die Sortierfolge der auszugebenden Zeilen fest. Dabei können als Sortierkriterium auch mehrere Spalten angegeben werden. Die zur Sortierung benutzten Spalten müssen nicht in der Ergebnistabelle enthalten sein. Die Sortierung erfolgt standardmäßig aufsteigend ASC (ascending) auch ohne Angabe von ASC; mit DESC (descending) erzielen Sie eine absteigende Sortierfolge.

### 5.4.4.1 SELECT-Anweisungen ohne Bedingungen oder Gruppierungen

Ausgabe aller Zeilen mit allen Spalten der Tabelle kunden:

`SELECT * FROM kunden`

Die Ergebnistabelle finden Sie im Anhang 7.2.

Ausgabe aller Typen der Tabelle kunden; die Mehrfachanzeige gleicher Werte soll unterdrückt werden:

`SELECT DISTINCT typ FROM kunden`

| Typ |
| --- |
| EH |
| GH |
| IN |
| SH |
| SO |

Ausgabe aller Kundennummern der Tabelle kunden mit der Spaltenüberschrift KUNDENNUMMER. Ohne weitere Angaben entsprechen die Spaltenüberschriften der Ergebnistabelle dem zugehörigen Attributnamen. Möchte man hiervon abweichen, kann nach dem Spaltennamen ein neuer Überschriftname festgelegt werden.

`SELECT knr Kundennummer FROM kunde`

| KUNDENNUMMER |
| --- |
| 1.001 |
| 1.002 |
| 1.003 |
| 1.010 |
| ... |

Ausgabe der Spalten name1 und name2 der Tabelle kunden:

`SELECT name1, name2 FROM kunden`

| NAME1 | NAME2 |
| --- | --- |
| BtoB GmbH | ? |
| Germann Solutions | SW Vertriebs AG |
| WeinerSoft AG | Software |
| ... | |

## 5.4.4.2 SELECT-Anweisungen mit Auswahlbedingungen

Anzeige aller Spalten von Kunden, deren Umsatz negativ ist:

```sql
SELECT * FROM kunden
WHERE umsatz < 0
```

Da es keine Kunden mit einem negativen Umsatz in der Tabelle gibt, erhalten Sie statt einer Ergebnistabelle eine entsprechende Meldung.

Anzeige der Spalten name1, bezirk und umsatz. In der Ergebnistabelle sollen nur Kunden enthalten sein, die ihren Sitz im Verkaufsbezirk 30 und zusätzlich einen Umsatz von mehr als 10 000 EUR haben.

```sql
SELECT name1, bezirk, umsatz
FROM kunden
WHERE bezirk = 30 AND umsatz > 10000
```

| NAME1 | BEZIRK | UMSATZ |
|---|---|---|
| Germann Solutions | 30 | 20.512,3 |
| WeinerSoft AG | 30 | 34.565 |
| Merlan KG | 30 | 32.486,32 |
| Daus GmbH | 30 | 18.732,23 |

Sollen die Werte in den Bedingungen interaktiv vom Anwender erfragt werden, können Sie die Abfrage parametrisieren. Anstelle eines Wertes geben Sie in eckigen Klammern einen Text für die Eingabeaufforderung ein. In MySQL ist diese Abfrageform nicht möglich.

```sql
SELECT name1, bezirk, umsatz
FROM kunden
WHERE bezirk=[Bezirksnr. ?] AND umsatz > [Umsatz größer als ? ]
```

## 5.4.4.3 SELECT-Anweisungen mit Sortierung

Anzeige der Spalten name1, plz, bezirk und typ, sortiert nach dem Typ und, bei gleichem Attributwert für den Typ nach dem Bezirk. Berücksichtigt werden sollen nur Kunden, deren Postleitzahl mit 6 beginnt.

```sql
SELECT name1, plz, bezirk, typ
FROM kunden
WHERE plz LIKE '6%'
ORDER BY typ ASC, bezirk ASC
```

| NAME1 | PLZ | BEZIRK | TYP |
|---|---|---|---|
| WeinerSoft AG | 65510 | 30 | EH |
| SEK AG | 63517 | 20 | IN |
| Daus GmbH | 61462 | 30 | IN |
| HoComp OHG | 65936 | 10 | SH |
| Germann Solutions | 69123 | 30 | SH |
| Merlan KG | 65232 | 30 | SH |
| Worth KG | 60389 | 30 | SH |
| GiroHard GmbH | 65555 | 30 | SO |
| Speicher Profis | 61352 | 30 | SO |
| InterComp | 60313 | 30 | SO |

In der **ORDER**-Klausel kann anstelle eines Spaltennamens auch die Position der Spalte in der Ausgabeliste verwendet werden.

```
SELECT name1, plz, bezirk, typ
FROM kunden
WHERE plz LIKE '6%'
ORDER BY 4 ASC, 3 ASC
```

**AUFGABE 5.3**

Aufgabe Einfache Abfragen:
Erstellen Sie die folgenden Abfragen:
a) Nachnamen und Vornamen aller Mieter
b) Anreden, Nachnamen, Vornamen und Orte aller Berliner Mieter
c) Nachnamen, Orte und Mietkosten von Mietern, deren Mietkosten 0 sind
d) Anreden, Vornamen und Nachnamen der Mieter, deren Vornamensfeld keinen Wert enthält
e) Nachnamen, Vornamen, Orte – aufsteigend/absteigend sortiert nach Nachnamen
f) Nachnamen, Orte und Mietkosten – aufsteigend sortiert nach Orten und innerhalb eines Ortes absteigend nach den Mietkosten
g) Orte aller Mieter (ohne Redundanz)
h) Anreden (Mrmrs), Vornamen (Firstname), Nachnamen (Familyname) und Orte (Address) aller Berliner Mieter mit den in Klammern angegebenen Spaltenüberschriften
i) Nachnamen und Mietkosten der Mieter ohne Guthaben (s. Aufgabe 5.1)
j) Vornamen, Nachnamen, Orte und Mietkosten der Kunden, die in München wohnen oder kein Guthaben haben
k) Vornamen, Nachnamen, Orte und Mietkosten aller Münchner Kunden, die kein Guthaben besitzen
l) Welches Ergebnis liefert die folgende Bedingung?
```
SELECT anrede, nachname, ort, mietkosten FROM mieter
WHERE anrede = 'Firma' AND plz < '7' OR mietkosten > 0.0
```
m) Anreden, Nachnamen, Vornamen und Mietkosten von Mietern, deren Kontostand zwischen -420 und 0 liegt
n) Anreden, Nachnamen, Orte aller Mieter, die in Frankfurt wohnen

o) Anreden, Nachnamen, Postleitzahlen und Orte aller süddeutschen Mieter (Postleitzahl '70000' und höher)
p) Anreden, Nachnamen, Vornamen und Orte aller Mieter, die keine Firmen sind
q) Nachnamen und Orte aller Mieter mit einem sechsstelligen Nachnamen, der mit „S" beginnt
r) Nachnamen und Orte aller Mieter, deren Nachname mit „S" beginnt
s) Nachnamen und Orte aller Mieter mit einem „z" ab der 2. Stelle in ihrem Nachnamen
t) Nachnamen und Orte aller Mieter mit einem „_" in ihrem Nachnamen
u) Nachnamen, Postleitzahlen und Orte aller Mieter, die nicht in Stuttgart oder München wohnen
v) Nachnamen, Vornamen und Orte aller Mieter, die keinen Vornamen haben.
w) Nachnamen und Orte aller Mieter, die keine AG sind (nicht auf AG enden)

## 5.4.4.4 SELECT-Anweisung mit Gruppierung

Mit einer Gruppenbildung werden mehrere Zeilen einer Tabelle zu einer Zeile zusammengefasst. Maßgeblich für diese Zusammenfassung ist in der Regel ein gleicher Wert in einer bestimmten Spalte. Da die Ergebnistabelle eine Zeile aus mehreren Zeilen der Ursprungstabelle zusammenfasst, können in einer Ergebniszeile auch nur Werte enthalten sein, die für die gesamte Gruppe Gültigkeit haben. Einzelwerte der Ursprungszeilen können nicht angezeigt werden. Was sind nun aber Merkmale, die für eine Gruppe Gültigkeit haben können? Zum einen ist das der Spaltenwert selbst, der zur Gruppenbildung herangezogen wird. Beispielsweise ist bei einer Gruppenbildung nach dem Bezirk die Bezirksnummer ein Merkmal der Gruppe. Zum anderen kommen Werte wie Anzahl der Datensätze in der Gruppe, eine Gruppensumme eines Attributs o. Ä. in Betracht.

Zur Bestimmung der Anzahl von Datensätzen steht die Funktion COUNT() zur Verfügung. Sie gehört zur Gruppe der Aggregat- oder Set-Funktionen. Die Anweisung

```
SELECT COUNT(*)
FROM kunden
```

ermittelt die Anzahl der Datensätze in der Tabelle kunden.

Da wir keinen Spaltennamen ausdrücklich festgelegt haben, wird automatisch ein Name vom System vergeben. Dies geschieht immer dann, wenn in der Ergebnistabelle virtuelle Spalten (Spalten, die in der Ausgangstabelle nicht existieren) enthalten sind. Der besseren Lesbarkeit wegen sollte man in diesen Situationen eine beschreibende Spaltenüberschrift vergeben.

Anstelle von COUNT(*) kann in der Klammer auch ein Spaltenname stehen. COUNT zählt dann die Anzahl der Werte in dieser Spalte.

```sql
SELECT COUNT(name1) "Werte in name1"
FROM kunden
```

Die Spaltenüberschrift steht hier in Anführungszeichen, da sie Leerzeichen enthält. Die Ausgabe entspricht genau der Zeichenfolge in den Anführungszeichen.

Mit

```sql
SELECT COUNT(name2) "Werte in name2"
FROM kunden
```

erhalten wir aber merkwürdigerweise das folgende Ergebnis:

Der Grund ist in Nullmarken zu finden. In der Spalte name2 gibt es in der Tabelle einige Nullmarken, die von COUNT nicht mitgezählt werden.

Die Anzahl der Datensätze in den einzelnen Verkaufsbezirken erhält man durch eine Gruppenbildung über die Bezirksnummern:

```sql
SELECT bezirk, COUNT(*) "Anzahl Kunden"
FROM kunden
GROUP BY bezirk
```

| BEZIRK | ANZAHL KUNDEN |
|---|---|
| 10 | 4 |
| 20 | 6 |
| 30 | 8 |
| 40 | 3 |

Mit der Klausel GROUP BY bezirk werden alle Zeilen mit gleicher Bezirksnummer zusammengefasst und COUNT(*) ermittelt die Anzahl der Datensätze in jeder Bezirksnummer.

Der Versuch, bei einer Gruppierung ein Attribut auszugeben, das nicht für alle Zeilen einer Gruppe gleich ist, muss scheitern:

```sql
SELECT plz, bezirk, COUNT(*) anzahl
FROM kunden
GROUP BY bezirk
```

---- Error ------------------------------
Auto Commit: On, SQL Mode: Internal, Isolation Level: Committed General error;-8017 POS(8) Column must be group column:PLZ select plz, bezirk, count(*) anzahl from kunden group by bezirk

Die Postleitzahl ist kein Merkmal des Bezirks; sie ist keine Gruppierspalte und kann daher nicht ausgegeben werden. Davon abweichend zeigt MySQL die Attributwerte des ersten Satzes jeder Gruppe.

Die Aggregat- oder Set-Funktion SUM() wird zur Summenbildung eingesetzt und kann ebenfalls in gruppierten Abfragen verwendet werden. Die Gesamtsumme aller Umsätze erhält man mit

```
SELECT SUM(umsatz)
FROM kunden
```

Möchte man eine Umsatzübersicht der Bezirke, kann man folgende Anweisung verwenden:

```
SELECT bezirk, SUM(umsatz) umsatzsumme
FROM kunden
GROUP BY bezirk
```

| BEZIRK | UMSATZSUMME |
|--------|-------------|
| 10     | 86.101,96   |
| 20     | 173.683,03  |
| 30     | 125.912,55  |
| 40     | 74.969,30   |

Weitere Informationen zu SET-Funktionen, die Sie auch bei Gruppierungen einsetzen können, finden Sie im Kapitel 5.4.5.4.

Mit der WHERE-Klausel werden Zeilen einer Tabelle ausgewählt, die eine bestimmte Bedingung erfüllen. Gleiches erreichen Sie für eine Gruppe mit der HAVING-Klausel.

In dem folgenden Beispiel erfolgt eine Gruppierung nach dem Bezirk. Dabei werden jedoch nur solche Bezirke berücksichtigt, deren Umsatzsumme größer als 100.000 EUR ist.

**BEISPIEL**

```
SELECT bezirk, SUM(umsatz) umsatzsumme
FROM kunden
GROUP BY bezirk
HAVING SUM(umsatz) > 100000
```

| BEZIRK | UMSATZSUMME |
|--------|-------------|
| 20     | 173.683,03  |
| 30     | 125.912,55  |

## AUFGABE 5.4

**Aufgabe Gruppierte Abfragen:**
Erstellen Sie folgende gruppierte Abfragen:
a) Orte und Summe der Mietkosten, gruppiert und sortiert nach Orten
b) Orte, Summe der Mietkosten, gruppiert nach Orten, jedoch ohne Berlin
c) Orte, Anzahl der Mieter, Gesamtmietkosten, gruppiert nach Orten
d) Orte, Gesamtmietkosten, gruppiert nach Orten, jedoch ohne Hamburg; eine Gruppe soll nur dann erscheinen, wenn die Gesamtmietkosten nicht negativ sind.
e) Orte, Anzahl der Mieter und Gesamtmietkosten, gruppiert nach Orten. Es sollen nur die Orte enthalten sein, in denen mehr als zwei Mieter wohnen.
f) Summe der Gesamtmietkosten bis maximal – 200,00 EUR jener Orte, in denen mindestens zwei Mieter wohnen.

### 5.4.5 Operationen in Ergebnislisten und Bedingungen

#### 5.4.5.1 Arithmetische Operatoren

Eine SQL-Anfrage kann nicht nur Spalteninhalte ermitteln, die in einer Tabelle vorhanden sind, sondern auch Werte ausgeben, die aus diesen Daten erst berechnet werden.

Es stehen folgende arithmetische Operatoren zur Verfügung:

| Symbol | Operation |
|---|---|
| + | Addition |
| - | Subtraktion |
| * | Multiplikation |
| / | Division |
| a DIV b | ganzzahlige Division a durch b |
| a MOD b | Rest einer ganzzahligen Division a durch b |

Es können Spaltennamen (geschwindigkeit * zeit), Konstanten (geschwindigkeit * 1.01) und Funktionen, die sich auf eine gesamte Spalte beziehen, wie beispielsweise (SUM (umsatz – 1000)) verwendet werden.

**BEISPIEL**

```sql
SELECT name1, umsatz/1000 "TSD EUR" FROM kunden
```

| NAME1 | TSD EUR |
|---|---|
| BtoB GmbH | 1,23445 |
| Germann Solutions | 20,5123 |
| WeinerSoft AG | 34,565 |
| Franz-Verlag GmbH | 1,2 |
| K&L Elektronik | 73,45085 |
| … | … |

*Einführung in SQL*

In gleicher Weise sind Berechnungen in Bedingungsausdrücken möglich.

**BEISPIEL**

```
SELECT name1, name2, umsatz * 1.1 FROM kunden
WHERE umsatz * 1.1 > 20000
```

| NAME1 | NAME2 | EXPRESSION1 |
|---|---|---|
| Germann Solutions | SW Vertriebs AG | 22.563,53 |
| WeinerSoft AG | Software | 38.021,5 |
| K&L Elektronik | Elektronik Großh. | 80.795,935 |
| Merlan KG | Software Service | 35.734,952 |
| S.A.G. Deutschland | PC-Systeme | 78.358,005 |
| Daus GmbH | Computerkassen | 20.605,453 |
| SEK AG | First Technology | 47.028,795 |
| ELka AG | ? | 100.357,939 |

Da kein Spaltenname für den Ausdruck umsatz*1.1 angegeben ist, vergibt das System einen Namen (in SQL Studio Expression1).

### 5.4.5.2 Arithmetische Funktionen

Arithmetische Funktionen werden in der Regel auf numerische Daten angewandt und liefern als Ergebnis einen numerischen Wert.

Eine Auswahl numerischer Funktionen von MaxDB zeigt die folgende Übersicht. Die Argumente a und n der Funktionen stehen für numerische Ausdrücke (Konstanten, Attributwerte, Funktionswerte ggf. kombiniert mit numerischen Operatoren).

| Funktion | Beschreibung | Beispiel |
|---|---|---|
| TRUNC (a) | Schneidet die Nachkommastellen von a ab. In MySQL nicht vorhanden. | a=123,456 TRUNC(a)=123 |
| TRUNC (a,n) | Schneidet a nach n Stellen hinter dem Dezimalkomma ab. In MySQL: TRUNCATE (a,n) | a=123,456 TRUNC(a,1)=123,4 |
| TRUNC (a,-n) | Setzt n Stellen von a vor dem Dezimalpunkt auf 0. In MySQL: TRUNCATE (a,-n) | a=12345,6 TRUNC(a,-2)=12300 |
| ROUND (a) | Rundet a kaufmännisch. | a=12,5 ROUND(a)=13 |
| ROUND (a,n) | Rundet a kaufmännisch auf n Nachkommastellen. | a=123,4567 ROUND(a,2)=123,46 |
| ROUND (a,-n) | Rundet a kaufmännisch auf n Stellen vor dem Dezimalkomma. | a=1234567 ROUND(a,-2)=1234600 |
| CEIL (a) | Ermittelt den kleinsten ganzzahligen Wert, der größer oder gleich a ist. | a=123,1 CEIL(a)=124 |

| Funktion | Beschreibung | Beispiel |
|---|---|---|
| FLOOR (a) | Ermittelt den größten ganzzahligen Wert, der kleiner oder gleich a ist. | a=123,9<br>FLOOR(a)=123 |
| SIGN (a) | Ermittelt das Vorzeichen von a:<br>Wenn a < 0, dann liefert SIGN -1,<br>wenn a=0, dann liefert SIGN 0,<br>wenn a> 0, dann liefert SIGN 1. | a=-12<br>SIGN(a)=-1 |
| ABS (a) | Ermittelt den absoluten Wert von a. | a=-123<br>ABS(a)=123 |
| POWER (a,n) | Bildet die n-te Potenz von a. | a=2<br>POWER(a,4)=16 |
| SQRT (a) | Errechnet die Quadratwurzel von a. | a=64<br>SQRT(a)=8 |

**BEISPIEL**

```
SELECT name1, ROUND(umsatz,1) FROM kunden
```

| NAME1 | EXPRESSION1 |
|---|---|
| BtoB GmbH | 1.234,5 |
| Germann Solutions | 20.512,3 |
| WeinerSoft AG | 34.565 |
| Franz-Verlag GmbH | 1.200 |
| K&L Elektronik | 73.450,9 |
| ... | ... |

### 5.4.5.3 Datums- und Zeitberechnungen

Für den leichteren Umgang mit Datums- und Zeitwerten steht eine Reihe von Datums- und Zeitfunktionen zur Verfügung.

| Funktion | Beschreibung | Beispiel (Datum: 31.12.2000) |
|---|---|---|
| ADDDATE (<Datum>,n) | Erhöht ein Datumsfeld Datum um n Tage. | ADDDATE(Datum,3)=03.01.01 |
| DATEDIFF(<Datum>, <Datum1>) | Ermittelt die Differenz zwischen Datum und Datum1 | DATEDIFF(Datum, '2000-12-01') =30 |
| SUBDATE (<Datum>,n) | Vermindert ein Datumsfeld um n Tage. | SUBDATE(Datum,30)=01.12.00 |
| DAYOFWEEK (<Datum>) | Liefert einen numerischen Wert für den Wochentag. (Montag=1). MySQL: Sonntag=1 | DAYOFWEEK(Datum)=7 |
| DAYOFMONTH (<Datum>) | Liefert einen numerischen Wert für den Monatstag (Wert zwischen 1 und 31). | DAYOFMONTH(Datum)=31 |

| Funktion | Beschreibung | Beispiel (Datum: 31.12.2000) |
|---|---|---|
| DAYOFYEAR (<Datum>) | Liefert einen numerischen Wert für den Tag des Jahres (Wert zwischen 1 und 366). | DAYOFYEAR(Datum)=366 |
| WEEKOFYEAR (<Datum>) | Liefert einen numerischen Wert für die Woche des Tages (Wert zwischen 1 und 53). Beachten Sie, dass es unterschiedliche Definitionen der 1. Kalenderwoche und daher unterschiedliche Methoden zur Berechnung einer Kalenderwoche gibt. | WEEKOFYEAR(Datum)=52 |
| YEAR(<Datum>) | Liefert einen numerischen Wert, der dem Jahr entspricht. | YEAR(Datum)=2000 |
| MONTH(<Datum>) | Liefert einen numerischen Wert, der dem Monat entspricht. | MONTH(Datum)=12 |
| DAY(<Datum>) | Liefert einen numerischen Wert, der dem Tag entspricht. | DAY(Datum)=31 |
| MAKEDATE (n,m) | Bildet aus einer Jahreszahl n und einem Tag m einen Datumswert. MySQL: Nicht vorhanden. | MAKEDATE(2000,365) =30.12.2000 |
| DAYNAME (<Datum>) | Wandelt den Tag in eine Zeichenkette um. | DAYNAME(Datum)=Sunday |
| MONTHNAME (<Datum>) | Wandelt den Monat in eine Zeichenkette um. | MONTHNAME(Datum) =December |

DATE selbst liefert als Ergebnis das aktuelle Systemdatum (MySQL: CURDATE()).

Entsprechende Zeitfunktionen sind (Auswahl):

| Funktion | Beschreibung | Beispiel (Zeit: 20:00:00) |
|---|---|---|
| ADDTIME (<Zeit>,<Zeit1>) | Erhöht das Zeitfeld Zeit um Zeit1. | ADDTIME(Zeit,'01:02:03') =21:02:03 |
| SUBTIME (<Zeit>,<Zeit1>) | Verringert das Zeitfeld Zeit um Zeit1 | SUBTIME(Zeit,'01:02:03') =18:57:57 |
| TIMEDIFF (<Zeit>,<Zeit1>) | Ermittelt die Differenz zwischen Zeit und Zeit1. | TIMEDIFF(Zeit,'18:57:57') =01:02:03 |
| HOUR(<Zeit>) | Liefert den numerischen Wert der Stunden. | HOUR(Zeit)=20 |
| MINUTE(<Zeit>) | Liefert den numerischen Wert der Minuten. | MINUTE(Zeit)=0 |
| SECOND(<Zeit>) | Liefert den numerischen Wert der Sekunden. | SECOND(Zeit)=0 |

TIME selbst liefert als Ergebnis die aktuelle Systemzeit (MySQL: CURTIME()).

**BEISPIEL**

```sql
SELECT beginn, ADDDATE(beginn,1) Nächster_Tag FROM kunden
```

| BEGINN | NÄCHSTER_TAG |
|---|---|
| 02.09.98 | 03.09.98 |
| 15.01.99 | 16.01.99 |
| 11.06.99 | 12.06.99 |
| 02.05.00 | 03.05.00 |
| 02.01.98 | 03.01.98 |
| 18.04.00 | 19.04.00 |
| 18.10.97 | 19.10.97 |
| 31.01.98 | 01.02.98 |
| ... | ... |

**BEISPIEL**

```sql
SELECT beginn, MONTHNAME(beginn) Monat FROM kunden
```

| BEGINN | MONAT |
|---|---|
| 02.09.98 | September |
| 15.01.99 | January |
| 11.06.99 | June |
| ... | ... |

**AUFGABE 5.5**

Aufgabe Erzeuge weitere Tabellen:
Für die nachfolgenden Aufgaben sind weitere Tabellen erforderlich.
a) Erstellen Sie die Tabellendefinitionen für die Tabellen niederlassung, typ und buchung. Berücksichtigen Sie die Informationen in der Hinweisspalte.

**Tabelle niederlassung:**

| Feldname | Datentyp | Feldbeschreibung | Hinweise |
|---|---|---|---|
| nnr | numerisch, 4-stellig | Niederlassungsnummer | Erlaubte Werte: 1–9999 |
| name | alphanumerisch, 10 Zeichen | Name der Niederlassung | Eingabe zwingend |
| plz | alphanumerisch, 5 Zeichen | PLZ der Niederlassung | An jeder Stelle nur die Ziffern 0–9 erlaubt |
| ort | alphanumerisch, 12 Zeichen | Ort der Niederlassung | Eingabe zwingend |
| adresse | alphanumerisch, 25 Zeichen | Adresse der Niederlassung | Eingabe zwingend |

# Einführung in SQL

**Tabelle typ:**

| Feldname | Datentyp | Feldbeschreibung | Hinweise |
|---|---|---|---|
| nnr | numerisch, 4-stellig | Niederlassungsnummer | |
| gruppe | alphanumerisch, 6 Zeichen | Fahrzeuggruppe | Erlaubt sind die Werte KLEIN, MITTEL oder LUXUS |
| frei | numerisch, 3-stellig | Anzahl Fahrzeuge dieser Gruppe | Keine negativen Werte erlaubt |
| kosten | numerisch, 6-stellig, 2 Nachkommastellen | Miete pro Tag | Erlaubte Werte 0–1.000 (EUR) |

**Tabelle buchung:**

| Feldname | Datentyp | Feldbeschreibung | Hinweise |
|---|---|---|---|
| bnr | numerisch, 4-stellig | Buchungsnummer | Erlaubte Werte: 1–9999 |
| mnr | numerisch, 4-stellig | Mieternummer des Mieters | Erlaubte Werte: 1–9999 |
| nnr | numerisch, 4-stellig | Niederlassungsnummer dieser Buchung | Erlaubte Werte: 1–9999 |
| gruppe | alphanumerisch, 6 Zeichen | Fahrzeuggruppe dieser Buchung | Erlaubt sind die Werte KLEIN, MITTEL oder LUXUS |
| beginn | Datum | Mietbeginn | Eingabe zwingend |
| ende | Datum | Mietende | Mietende ist nur nach dem Mietbeginn möglich |

b) Die Tabellen sind mit folgenden Daten zu füllen:

**Tabelle niederlassung:**

| NNR | NAME | PLZ | ORT | ADRESSE |
|---|---|---|---|---|
| 1.000 | Ulm | 89477 | Ulm | Zinglerstraße 16 |
| 1.100 | West | 50668 | Köln | Theodor-Heuss-Ring 7 |
| 1.110 | München | 81245 | München | Theodor-Storm-Str. 65 |
| 1.120 | Ost | 12249 | Berlin | Malteserstr. 77 |
| 1.130 | Düsseldorf | 40223 | Düsseldorf | Feuerbachstr. 2 |

| NNR | NAME | PLZ | ORT | ADRESSE |
|---|---|---|---|---|
| 1.140 | Südwest | 70469 | Stuttgart | Mauserstr. 14 |
| 1.150 | Heidelberg | 69117 | Heidelberg | Marktplatz 5 |
| 2.000 | Augsburg | 86159 | Augsburg | Reisinger Str. 22 |
| 3.000 | Münster | 48153 | Münster | Stephanweg 1 |
| 4.000 | Nord | 21109 | Hamburg | Otto-Brenner-Str. 100 |
| 5.000 | Hamburg I | 20097 | Hamburg | Frankenstr. 43 |
| 6.000 | Mitte | 60313 | Frankfurt | Grüneburgplatz 27 |
| 7.000 | Süd | 80805 | München | Berliner Str. 28 |
| 8.000 | Hamburg II | 20251 | Hamburg | Martinistraße 33 |
| 9.000 | Ruhr | 45193 | Essen | Am Rathaus 1 |

**Tabelle buchung:**

| BNR | MNR | NNR | GRUPPE | BEGINN | ENDE |
|---|---|---|---|---|---|
| 100 | 3.000 | 8.000 | KLEIN | 13.11.00 | 15.11.00 |
| 110 | 3.000 | 1.000 | MITTEL | 24.12.00 | 06.01.01 |
| 120 | 3.200 | 5.000 | LUXUS | 14.11.00 | 18.11.00 |
| 130 | 3.700 | 1.100 | KLEIN | 01.02.01 | 03.02.01 |
| 140 | 4.400 | 8.000 | MITTEL | 12.04.00 | 30.04.00 |
| 150 | 3.700 | 7.000 | MITTEL | 14.03.01 | 24.03.01 |
| 160 | 4.400 | 7.000 | KLEIN | 12.04.00 | 15.04.00 |
| 170 | 4.400 | 1.150 | LUXUS | 01.09.00 | 03.09.00 |
| 180 | 5.300 | 1.120 | MITTEL | 23.12.00 | 08.01.01 |
| 190 | 2.100 | 1.140 | MITTEL | 14.11.00 | 17.11.00 |

**Tabelle typ:**

| NNR | GRUPPE | FREI | KOSTEN |
|---|---|---|---|
| 1.000 | MITTEL | 5 | 200 |
| 1.000 | KLEIN | 2 | 85 |
| 2.000 | MITTEL | 13 | 100 |
| 2.000 | KLEIN | 10 | 70 |
| 3.000 | MITTEL | 15 | 110 |
| 3.000 | KLEIN | 12 | 45 |
| 4.000 | MITTEL | 5 | 120 |
| 4.000 | KLEIN | 2 | 65 |
| 5.000 | MITTEL | 23 | 180 |

| NNR | GRUPPE | FREI | KOSTEN |
|---|---|---|---|
| 5.000 | KLEIN | 5 | 95 |
| 5.000 | LUXUS | 3 | 300 |
| 6.000 | MITTEL | 9 | 170 |
| 6.000 | KLEIN | 10 | 65 |
| 6.000 | LUXUS | 2 | 500 |
| 7.000 | MITTEL | 11 | 180 |
| 7.000 | KLEIN | 4 | 45 |
| 8.000 | MITTEL | 9 | 150 |
| 8.000 | KLEIN | 15 | 90 |
| 8.000 | LUXUS | 4 | 400 |
| 9.000 | MITTEL | 14 | 150 |
| 9.000 | KLEIN | 5 | 90 |
| 9.000 | LUXUS | 6 | 300 |
| 1.100 | MITTEL | 4 | 100 |
| 1.100 | KLEIN | 11 | 60 |
| 1.110 | MITTEL | 10 | 130 |
| 1.110 | KLEIN | 2 | 70 |
| 1.120 | MITTEL | 8 | 140 |
| 1.120 | KLEIN | 4 | 80 |
| 1.120 | LUXUS | 5 | 350 |
| 1.130 | MITTEL | 13 | 170 |
| 1.130 | KLEIN | 9 | 60 |
| 1.130 | LUXUS | 10 | 400 |
| 1.140 | MITTEL | 9 | 200 |
| 1.140 | KLEIN | 10 | 85 |
| 1.140 | LUXUS | 8 | 450 |
| 1.150 | MITTEL | 15 | 190 |
| 1.150 | KLEIN | 4 | 100 |
| 1.150 | LUXUS | 6 | 350 |

**AUFGABE 5.6**

**Aufgabe Weitere Abfragen:**
Erstellen Sie folgende Abfragen:
a) Niederlassungsnummer, Fahrzeuggruppe und Wochenpreis aller Kleinwagen
b) Mietbeginn, Mietende, Buchungsnummer und Anzahl der Miettage der Buchung 130
c) Niederlassungsnummer, Fahrzeuggruppe, Tageskosten der Fahrzeuge, deren Wochenpreise für einen Kleinwagen unter 500,00 EUR liegen
d) wie c) nach einer 5-prozentigen Steigerung der Mietkosten
e) Niederlassungsnummer, Fahrzeuggruppe, Tagesmiete, Miete für zwei Tage, Miete für eine Woche für alle Luxuswagen

### 5.4.5.4 Set-Funktionen (Aggregat-Funktionen)

Mit COUNT() und SUM() haben Sie bereits zwei Set-Funktionen kennengelernt. Set-Funktionen arbeiten spaltenweise über mehrere Zeilen; sie ermitteln aus dem Attributwert mehrerer Zeilen einen neuen Wert und legen ihn in der Ergebnistabelle ab.

| Funktion | Berechnet wird |
|---|---|
| SUM(<Ausdruck>) | Gesamtsumme |
| MIN(<Ausdruck>) | Minimum |
| AVG(<Ausdruck>) | Durchschnittswert |
| MAX(<Ausdruck>) | Maximum |
| COUNT(DISTINCT (<Spaltenname>)) | Anzahl der verschiedenen Werte |
| COUNT (*) | Anzahl aller Werte |
| STDDEV(<Ausdruck>) | Standardabweichung |
| VARIANCE(<Ausdruck>) | Varianz |

<Ausdruck> ist oft ein Spaltenname, kann aber auch z. B. eine Konstante, ein arithmetischer Ausdruck oder ein mit anderen Funktionen gebildeter Ausdruck sein.

Da die Set-Funktionen Werte einer ganzen Tabelle bzw. bei einer Gruppierung aus Teilen einer Tabelle zu einem Wert aggregieren, ist es nicht mehr möglich, die Werte einzelner Zeilen auszugeben. Wenn also in einer Abfrage eine Set-Funktion für eine Spalte eingesetzt wird, dürfen in dieser Abfrage keine elementaren Spalten mehr auftreten. (Ausgenommen ist der Attributwert der Gruppierungsspalte bei einer Gruppenbildung.) Es ist aber sehr wohl möglich, in solch einer Abfrage weitere Set-Funktionen zu verwenden (siehe hierzu auch Abschnitt 5.4.4.4).

Weiter oben wurde bereits auf die Problematik von Nullmarken beim Zählen mit COUNT() hingewiesen. Mit der Ausnahme von COUNT(*) werden Nullmarken beim Einsatz von Set-Funktionen nicht berücksichtigt. Beachten Sie, dass daher AVG(<Spalte>) zu einem anderen Ergebnis führt, als SUM(<Spalte>)/COUNT(*), wenn in <Spalte> Nullmarken existieren. Ein korrektes Ergebnis erhielten Sie mit SUM(<Spalte>)/COUNT(<Spalte>).

**BEISPIEL**

SELECT COUNT(*) Anzahl FROM kunden

Die Ergebnistabelle enthält die Anzahl aller Datensätze (Zeilen).

ANZAHL
21

SELECT COUNT(DISTINCT (bezirk)) verschied_bezirke FROM kunden

Ausgegeben wird die Anzahl der unterschiedlichen Werte in der Spalte Bezirk.

VERSCHIED_BEZIRKE
4

*Einführung in SQL*

```sql
SELECT COUNT(*) Menge, SUM(umsatz) Summe_umsatz FROM kunden
WHERE umsatz > 50000
```

In der Ergebniszeile wird eine Umsatzsumme ausgegeben. Sie enthält nur solche Umsätze, die über 50 000 EUR liegen. Zusätzlich enthält die Spalte Menge die Anzahl der Datensätze, die bei der Summenbildung einbezogen wurden.

| MENGE | SUMME_UMSATZ |
|---|---|
| 3 | 235.919,89 |

**AUFGABE 5.7**

Aufgabe SetFunktionen:
Erstellen Sie folgende Abfragen:
a) Summe aller Mietkosten, minimale Mietkosten, maximale Mietkosten, durchschnittliche Mietkosten und Anzahl der Mieter; alle Angaben nur für Berliner Kunden
b) Wie viele Mieter haben wir insgesamt?
c) In wie viel verschiedenen Orten wohnen unsere Mieter?
d) Wie viele Mieter sind Firmen und wie hoch sind ihre durchschnittlichen Mietkosten?
e) Ausgabe von Ort, minimalen, durchschnittlichen und maximalen Mietkosten, gruppiert nach Orten. Nur solche Orte sollen berücksichtigt werden, in denen die Minimalmietkosten negativ sind und mindestens zwei Mieter wohnen.

### 5.4.5.5 Operationen mit Zeichenketten

Die folgenden Beschreibungen sind nur eine Auswahl aus der Vielzahl von Funktionen zur Manipulation von Zeichenketten.

**Umcodierung von Werten:**
Es gibt Funktionen zur Umwandlung von Zahlen in Zeichenketten (und umgekehrt) bzw. zur Umwandlung von beliebig geschriebenen Zeichenketten in Groß- bzw. Kleinbuchstaben.

| Funktion | Beschreibung |
|---|---|
| NUM(<Zeichenkette>) | Umwandlung von Zeichenketten in Zahlen, <Zeichenkette> muss numerisch interpretierbar sein (z. B. '123', '-123.456'). (Nicht in MySQL; MySQL wandelt bei Bedarf Zeichenketten automatisch in Zahlen um und umgekehrt.) |
| CHR(<numerischer Wert>) | Umwandlung von Zahlen in Zeichen, die erzeugte Zeichenkette entspricht der Darstellung des numerischen Wertes. (MySQL: CONCAT()) |
| UPPER(<Zeichenkette>) | Umwandlung in Großbuchstaben, alle Buchstaben von <Zeichenkette> werden in Großbuchstaben umgewandelt. |
| LOWER(<Zeichenkette>) | Umwandlung in Kleinbuchstaben, alle Buchstaben von <Zeichenkette> werden in Kleinbuchstaben umgewandelt. |

# Einführung in SQL

**BEISPIEL**

```
SELECT knr, name1 FROM kunden         SELECT UPPER(ort) STADT
WHERE CHR(knr) LIKE '11_ _'           FROM kunden
```

| KNR   | NAME1         |
|-------|---------------|
| 1.145 | GiroHard GmbH |
| 1.147 | PrintComp     |
| 1.183 | Worth KG      |
| ...   | ...           |

| STADT       |
|-------------|
| NITTENDORF  |
| HEIDELBERG  |
| IDSTEIN     |
| ...         |

**Verkettung von Zeichenketten:**
Mit dem Verkettungsoperator & können Sie zwei oder auch mehr Zeichenketten miteinander verknüpfen (Konkatenation). Anstelle des &-Operators kann auch der Operator ll (2x ASCII-Zeichen 124$_{dez}$) verwendet werden. In MySQL erfolgt die Verkettung mit der Funktion CONCAT(), z.B. CONCAT(plz, ' ', ort).

```
SELECT plz & ' ' & ort Anschrift FROM kunden
```

| ANSCHRIFT       |
|-----------------|
| 93152 Nittendorf |
| 69123 Heidelberg |
| 65510 Idstein   |
| ...             |

Nachfolgende Leerzeichen einer Spalte bleiben unberücksichtigt, wie folgendes Beispiel zeigt:

```
SELECT ort || ' ' || plz Anschrift FROM kunden
```

| ANSCHRIFT       |
|-----------------|
| Nittendorf 93152 |
| Heidelberg 69123 |
| Idstein 65510   |

**Verkürzen von Zeichenketten mit SUBSTR():**
Mit der Funktion SUBSTR(<Zeichenkette>,<Beginn>,<Länge>) wird aus einer Zeichenkette ein Teilstring herausgezogen. Die Funktion verarbeitet drei Argumente: <Zeichenkette> ist die Zeichenkette, aus der ein Teilstring extrahiert wird, <Beginn> bezeichnet die Stelle, an der die Teilzeichenkette beginnt, und <Länge> gibt an, wie viele Zeichen ab der Stelle <Beginn> herausgeschnitten werden.

```
SELECT SUBSTR(ort,1,4) FROM kunden
```

Beginnend mit dem ersten Buchstaben wird der Ortsname auf vier Zeichen verkürzt.

*Einführung in SQL*

| EXPRESSION1 |
|---|
| Nitt |
| Heid |
| Idst |

**Ersetzungen in Zeichenketten mit REPLACE():**
Mit REPLACE(<Zeichenkette1>, <Zeichenkette2>, <Zeichenkette3>) kann ein Teil einer Zeichenkette durch andere Zeichen ersetzt werden. <Zeichenkette1> ist der String, in dem die Ersetzung stattfinden soll, <Zeichenkette2> ist die zu ersetzende Zeichenfolge, und <Zeichenkette3> ist die neue Zeichenfolge.

```sql
SELECT name1, strasse, REPLACE(strasse, 'tr.', 'traße') FROM kunden
```

| NAME1 | STRASSE | EXPRESSION1 |
|---|---|---|
| BtoB GmbH | Blaustr. 32 | Blaustraße 32 |
| Germann Solutions | Pfalzring 44 | Pfalzring 44 |
| WeinerSoft AG | Deckerstr. 12 | Deckerstraße 12 |
| Franz-Verlag GmbH | Grubweg 63 | Grubweg 63 |
| K&L Elektronik | Uhlandstr. 34c | Uhlandstraße 34c |
| ... | | |

**AUFGABE 5.8**

Aufgabe Zeichenketten:
Erzeugen Sie folgende Abfragen:

a) Tabelle aller Mieter mit folgendem Aufbau:

| NACHNAME | ADRESSE |
|---|---|
| Baad | 50933 – Köln |
| Bank | 52070 – Aachen |
| ... | ... |

b) Tabelle aller Mieter mit folgendem Aufbau:

| NACHNAME | MIETKOSTEN |
|---|---|
| Baad | 0.00 EUR |
| Bank | 0.00 EUR |
| Bauer | 10000.00 EUR |
| ... | ... |

c) Tabelle aller Nichtfirmen mit folgendem Aufbau:

| NAME | ORT |
|---|---|
| S. Bauer | Düsseldorf |
| P. Geyer | Berlin |
| H. Schwin | München |
| ... | ... |

d) Tabelle aller Berliner Nichtfirmen mit folgendem Aufbau:

| VORNAME | NACHNAME | ORT |
|---|---|---|
| Peter*** | Geyer | Berlin |
| Werner** | Weiß | Berlin |
| ... | | |

Verwenden Sie Ihre SQL-Referenz, um herauszufinden, wie Füllzeichen erzeugt werden können.

e) Nachname, Länge des Nachnamens, sortiert nach der Länge; zur Längenbestimmung einer Zeichenkette siehe SQL-Referenz

f) Tabelle der Hamburger Niederlassungen mit folgendem Aufbau:

| NNR | PLZ | ORT | STRASSE |
|---|---|---|---|
| 4.000 | 21109 | Hamburg | Otto-Brenner-Straße 100 |
| ... | ... | | |

g) Tabelle aller Firmen mit folgendem Aufbau:

| NACHNAME | NAME_NEU |
|---|---|
| SOAG | Soag |
| ... | ... |

Verwenden Sie auch hier Ihre SQL-Referenz, um herauszufinden, wie eine Zeichenkette so verändert werden kann, dass nur der erste Buchstabe ein Großbuchstabe ist.

## 5.4.6 Unterabfragen mit einem Ergebniswert

Wir haben die Aufgabe, alle Kunden zu ermitteln, die am gleichen Ort wohnen wie der Kunde 'Worth KG' mit der knr 1183. Hierzu müssen wir zunächst feststellen, in welcher Stadt dieser Kunde wohnt:

```
SELECT ort FROM kunden
WHERE knr = 1183
```

Wir erhalten folgendes Ergebnis:

| ORT |
| --- |
| Frankfurt am Main |

Mit diesem Ergebnis können wir nun alle Kunden dieses Ortes abfragen:
```
SELECT name1, ort FROM kunden
WHERE ort='Frankfurt am Main'
```

| NAME1 | ORT |
| --- | --- |
| HoComp OHG | Frankfurt am Main |
| Worth KG | Frankfurt am Main |
| InterComp | Frankfurt am Main |

Schneller kommen wir zu dieser Lösung, wenn wir das Ergebnis der ersten Abfrage ('Frankfurt am Main') direkt in die WHERE-Klausel der zweiten Abfrage einsetzen.

```
SELECT name1, ort FROM kunden
WHERE ort=(SELECT ort FROM kunden
           WHERE knr = 1183)
```

Die in Klammern stehende Abfrage (SELECT ort FROM kunden WHERE knr=1183) ist eine vollständige SELECT-Anweisung und heißt innere Abfrage oder Unterabfrage. Sie liefert als Ergebnis den Wohnort des Kunden mit Kundennummer 1183. Dieser Wert ('Frankfurt am Main') wird in der Hauptabfrage eingesetzt, um die Bedingung WHERE ort= ... zu vervollständigen (WHERE ort='Frankfurt am Main').

Solche Unterabfragen können immer dann verwendet werden, wenn in einer SQL-Anweisung ein Wert erforderlich ist und dieser Wert von einer Unterabfrage erzeugt werden kann.

Zu beachten ist, dass in diesem Beispiel die innere Abfrage nur einen Wert liefern darf, denn nur dann ist der Ausdruck ort= <wert> gültig (ort = wert, wert, wert … ist keine gültige Bedingung).

### 5.4.7 Unterabfragen mit mehreren Ergebniswerten

Für den Fall, dass eine innere Abfrage mehrere Ergebnisse liefert, können Sie die Operatoren IN, ALL, ANY und EXISTS einsetzen.

**IN**
IN prüft, ob ein bestimmter Wert in einer Menge von Werten der Unterabfrage enthalten ist.

## Einführung in SQL

**BEISPIEL**

```
SELECT name1, ort, bezirk, umsatz FROM kunden
WHERE bezirk IN (SELECT DISTINCT bezirk FROM kunden
            WHERE umsatz > 73000)
```

Die innere Abfrage ermittelt die Bezirke, in denen der Umsatz eines Kunden > 73.000 ist; das Ergebnis der Abfrage können mehrere Bezirke sein (hier Bezirk 10 und Bezirk 20). Die Hauptabfrage sucht dann alle Kunden, die sich in diesen gefundenen Bezirken befinden (WHERE bezirk IN …).

| NAME1 | ORT | BEZIRK | UMSATZ |
|---|---|---|---|
| BtoB GmbH | Nittendorf | 10 | 1.234,45 |
| K&L Elektronik | Berlin | 10 | 73.450,85 |
| HoComp OHG | Frankfurt am Main | 10 | 5.678,54 |
| PrintComp | Dortmund | 20 | 780 |
| CompColor GmbH | Iserlohn | 20 | 8.745,87 |
| Microtech GmbH | Biebelsheim | 20 | 17.234,9 |
| RULA Software | Neuhof | 20 | 12.934,32 |
| Miko Data GmbH | Hamburg | 10 | 5.738,12 |
| SEK AG | Rodenbach | 20 | 42.753,45 |
| ELka AG | Aachen | 20 | 91.234,49 |

Der Ausdruck wert IN (Ergebnis der Unterfrage) ist dann wahr, wenn dieser Wert in der Ergebnisliste der Unterabfrage enthalten ist.

**ALL**
All prüft, ob eine Bedingung für alle Ergebnisse der Unterabfrage erfüllt ist.

**BEISPIEL**

```
SELECT name1, ort, bezirk, umsatz FROM kunden
WHERE bezirk > ALL (SELECT DISTINCT bezirk FROM kunden
            WHERE umsatz > 73000)
```

Die innere Abfrage ermittelt die Bezirke, in denen ein Umsatz > 73.000 ist; das Ergebnis der Abfrage können mehrere Bezirke sein (hier Bezirke 10 und 20). Die Hauptabfrage sucht dann alle Kunden, die sich in Bezirken mit einem größeren Wert als dem größten gefundenen befinden (WHERE bezirk > ALL …).

| NAME1 | ORT | BEZIRK | UMSATZ |
|---|---|---|---|
| Germann Solutions | Heidelberg | 30 | 20.512,3 |
| WeinerSoft AG | Idstein | 30 | 34.565 |
| Franz-Verlag GmbH | Poing | 40 | 1.200 |
| Merlan KG | Taunusstein | 30 | 32.486,32 |
| Basis X | Neunkirchen | 40 | 2.534,75 |
| S.A.G. Deutschland | Ulm | 40 | 71.234,55 |
| GiroHard GmbH | Limburg | 30 | 2.745,05 |

| NAME1 | ORT | BEZIRK | UMSATZ |
|---|---|---|---|
| Worth KG | Frankfurt am Main | 30 | 7.853,65 |
| Speicher Profis | Bad Homburg | 30 | 7.754 |
| InterComp | Frankfurt am Main | 30 | 1.264 |
| Daus GmbH | Königstein | 30 | 18.732,23 |

Der Ausdruck wert > ALL (Ergebnis der Unterfrage) ist nur dann wahr, wenn er für jedes Ergebnis der Unterabfrage wahr ist. Anstelle von '>' können natürlich auch andere Operatoren wie '=' oder '<' eingesetzt werden.

Liefert die Unterabfrage in einem Ergebnis eine Nullmarke, ist das Ergebnis des Vergleichs in der Hauptabfrage unbekannt.

**ANY**
ANY prüft, ob eine Bedingung für ein beliebiges Ergebnis der Unterabfrage erfüllt ist.

```
SELECT name1, ort, bezirk, umsatz FROM kunden
WHERE bezirk > ANY (SELECT DISTINCT bezirk FROM kunden
                    WHERE umsatz > 73000)
```

Die innere Abfrage ermittelt die Bezirke, in denen ein Umsatz > 73 000 ist; das Ergebnis der Abfrage können mehrere Bezirke sein (hier Bezirk 10 und Bezirk 20). Die Hauptabfrage sucht dann alle Kunden, die sich in Bezirken befinden, die einen größeren Wert haben als einen beliebigen gefundenen (WHERE bezirk > ANY ...).

Die Ergebnistabelle enthält die Bezirke 20, 30 und 40, denn diese Werte sind größer als 10 oder größer als 20.

| NAME1 | ORT | BEZIRK | UMSATZ |
|---|---|---|---|
| Germann Solutions | Heidelberg | 30 | 20.512,3 |
| WeinerSoft AG | Idstein | 30 | 34.565 |
| Franz-Verlag GmbH | Poing | 40 | 1.200 |
| Merlan KG | Taunusstein | 30 | 32.486,32 |
| Basis X | Neunkirchen | 40 | 2.534,75 |
| S.A.G. Deutschland | Ulm | 40 | 71.234,55 |
| GiroHard GmbH | Limburg | 30 | 2.745,05 |
| PrintComp | Dortmund | 20 | 780 |
| Worth KG | Frankfurt am Main | 30 | 7.853,65 |
| CompColor GmbH | Iserlohn | 20 | 8.745,87 |
| Speicher Profis | Bad Homburg | 30 | 7.754 |
| InterComp | Frankfurt am Main | 30 | 1.264 |

| NAME1 | ORT | BEZIRK | UMSATZ |
|---|---|---|---|
| Microtech GmbH | Biebelsheim | 20 | 17.234,9 |
| RULA Software | Neuhof | 20 | 12.934,32 |
| Daus GmbH | Königstein | 30 | 18.732,23 |
| SEK AG | Rodenbach | 20 | 42.753,45 |
| Elka AG | Aachen | 20 | 91.234,49 |

Der Ausdruck wert > ANY (Ergebnis der Unterfrage) ist dann wahr, wenn er für irgendein Ergebnis der Unterabfrage wahr ist.

**EXISTS**

Man verwendet EXISTS, wenn die innere Frage nicht einen Wert ergeben muss, sondern nur herausfinden soll, ob eine Zeile existiert, die eine bestimmte Bedingung erfüllt.

```
SELECT name1, ort, bezirk, beginn FROM kunden
WHERE EXISTS (SELECT beginn FROM kunden
              WHERE beginn > '2000-12-31')
```

Ergebniszeile: Kein Ergebnis, da es keinen Kunden gibt, dessen Datum im Feld beginn > 31.12.2000 ist.

Der Ausdruck EXISTS (Ergebnis der Unterfrage) ist dann wahr, wenn die Unterabfrage wenigstens eine Ergebniszeile liefert.

## AUFGABE 5.9

Aufgabe Innere Abfragen:
Erstellen Sie folgende Abfragen:
a) Mieternummern, Nachnamen, Orte und Mietkosten aller Mieter, die gleiche Mietkosten wie Berliner Mieter haben
b) Nach Orten gruppierte, durchschnittliche Mietkosten; es sollen nur Orte selektiert werden, die höhere durchschnittliche Mietkosten haben als der Durchschnitt aller Orte
c) Liste der Niederlassungen, die einen Namen tragen, der irgendeinem Ortsnamen der Tabelle niederlassung entspricht
d) Mieternummern, Nachnamen aller Mieter, die ein Fahrzeug für den 14.11.2000 gebucht haben
e) Mieternummern, Nachnamen der Mieter, für die eine Buchung nach dem 31.12.2000 vorliegt
f) Liste aller Niederlassungen jener Stadt, in der der Mieter mit den geringsten Mietkosten wohnt.

*Einführung in SQL*

## 5.5 Datenmanipulation mit SQL (mehrere Tabellen)

### 5.5.1 Vereinigungsmenge, Schnittmenge, Differenz

Da man Tabellen als Mengen auffassen kann, deren Elemente die Zeilen sind, können auf Tabellen auch Mengenoperationen angewandt werden (siehe auch Kapitel 1.5.3). Es stehen Anweisungen für die Vereinigungsmenge (UNION), die Schnittmenge (INTERSECT) und die Differenzmenge (EXCEPT) zur Verfügung. Die an den Mengenoperationen beteiligten Attribute müssen dabei kompatibel sein, denn nur Tabellen gleichen Typs können an Mengenoperationen beteiligt sein (siehe weiter unten). Die Operationen können prinzipiell auch auf eine Tabelle angewandt werden. Da es für diese Fälle meist einfachere Lösungen durch eine entsprechend formulierte Bedingung gibt, verwenden die Beispiele zwei Tabellen. MySQL unterstützt bisher nur das UNION-Statement.

**UNION (Vereinigungsmenge)**
Gesucht sind die Orte unserer Kunden (Tabelle kunden) und die Orte unserer Vertreter (Tabelle vertreter):

```sql
SELECT kunden.ort FROM kunden
UNION
SELECT vertreter.ort FROM vertreter
ORDER BY 1
```

Da in beiden Tabellen der gleiche Spaltenname ort verwendet wurde, sind zur Unterscheidung den Spaltennamen die Tabellennamen als Alias vorangestellt (siehe hierzu auch Abschnitt 5.5.2).

| ORT |
| --- |
| Aachen |
| Bad Homburg |
| Berlin |
| Biebelsheim |
| Dortmund |
| Frankfurt am Main |
| Hamburg |
| Heidelberg |
| Idstein |
| Iserlohn |
| Königstein |

| ORT |
| --- |
| Limburg |
| Möglingen |
| Neuhof |
| Neunkirchen |
| Nittendorf |
| Poing |
| Rodenbach |
| Taunusstein |
| Ulm |
| Waldkraiburg |

Wie man erkennt, setzt bei der Verwendung von UNION die Datenbank implizit ein DISTINCT ab, sodass mehrmals auftretende Orte nur einmal enthalten sind. Möchte man im Ergebnis mehrfach vorhandene Orte auch mehrfach angezeigt bekommen, ist ein UNION ALL erforderlich:

```sql
SELECT kunden.ort FROM kunden
UNION ALL
SELECT vertreter.ort FROM vertreter
ORDER BY 1
```

| ORT |
|---|
| Aachen |
| Bad Homburg |
| Berlin |
| Biebelsheim |
| Dortmund |
| Frankfurt am Main |
| Frankfurt am Main |
| Frankfurt am Main |
| Frankfurt am Main |

| ORT |
|---|
| Frankfurt am Main |
| Hamburg |
| Heidelberg |
| Idstein |
| Iserlohn |
| Königstein |
| Limburg |
| Möglingen |
| Neuhof |

| ORT |
|---|
| Neunkirchen |
| Nittendorf |
| Nittendorf |
| Poing |
| Rodenbach |
| Taunusstein |
| Ulm |
| Waldkraiburg |

Weiter oben wurde dargestellt, dass die beteiligten Attribute kompatibel sein müssen. Ein weiteres Beispiel soll diesen Sachverhalt veranschaulichen:

```sql
SELECT name1 namen, kunden.ort ortschaft FROM kunden
UNION
SELECT nachname, vertreter.ort FROM vertreter
ORDER BY 1
```

An der Mengenoperation sind nun zwei Attribute beteiligt. Die Bildung der Vereinigungsmenge kann man sich nun folgendermaßen vorstellen: Das erste SELECT erzeugt eine Tabelle mit den beiden Spalten name1 und kunden.ort, das zweite eine Tabelle mit den Spalten nachname und vertreter.ort. Die Vereinigung der beiden Tabellen ergibt die endgültige Ergebnistabelle mit zwei Spalten, in der alle Zeilen aus der ersten und zweiten Tabelle enthalten sind (doppelte Einträge erscheinen nur einmal).

Die Mengenoperation war nur deshalb möglich, weil die Datentypen der beteiligten Attribute kompatibel waren. Entscheidend sind dabei nicht die Namen der Spalten, sondern ihre Reihenfolge nach den beiden SELECT-Einträgen; name1 muss also mit nachname und kunden.ort mit vertreter.ort typverträglich sein. Das heißt aber nicht, dass die korrespondierenden Spaltendefinitionen völlig gleich sein müssen. Eine Definition mit CHAR(20) und CHAR(25) ist beispielsweise ebenfalls kompatibel, da in diesem Fall CHAR(20) auf CHAR(25) ausgeweitet würde.

In den Spaltenüberschriften der Ergebnistabelle erscheinen die Bezeichner der ersten Abfrage.

# Einführung in SQL

| NAMEN | ORTSCHAFT |
|---|---|
| Basis X | Neunkirchen |
| Becker | Möglingen |
| Bertel | Frankfurt am Main |
| Blaz | Frankfurt am Main |
| BtoB GmbH | Nittendorf |
| CompColor GmbH | Iserlohn |
| Daus GmbH | Königstein |
| ELka AG | Aachen |
| Franz-Verlag GmbH | Poing |
| Germann Solutions | Heidelberg |
| GiroHard GmbH | Limburg |
| HoComp OHG | Frankfurt am Main |
| InterComp | Frankfurt am Main |

| NAMEN | ORTSCHAFT |
|---|---|
| K&L Elektronik | Berlin |
| Merlan KG | Taunusstein |
| Microtech GmbH | Biebelsheim |
| Miko Data GmbH | Hamburg |
| Müller | Nittendorf |
| PrintComp | Dortmund |
| RULA Software | Neuhof |
| S.A.G. Deutschland | Ulm |
| SEK AG | Rodenbach |
| Speicher Profis | Bad Homburg |
| WeinerSoft AG | Idstein |
| Worth KG | Frankfurt am Main |
| Zipp | Waldkraiburg |

## INTERSECT (Schnittmenge)

Es sollen alle Orte gefunden werden, in denen ein Vertreter und auch ein Kunde wohnt, d.h. alle Orte, die sowohl in der Tabelle kunden als auch in der Tabelle vertreter enthalten sind:

```
SELECT kunden.ort FROM kunden
INTERSECT
SELECT vertreter.ort FROM vertreter
ORDER BY 1
```

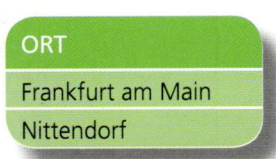

Mehrfach in der Schnittmenge enthaltene Werte werden auch hier mit dem Zusatz ALL angezeigt. Die Ergebniswerte sind jedoch nur mit der Häufigkeit vertreten, wie die Werte aus beiden Tabellen ein „Gegenüber" haben.

| ORT |
| --- |
| Frankfurt am Main |
| Frankfurt am Main |
| Nittendorf |

Frankfurt am Main taucht zweimal auf, weil es in der Tabelle vertreter zweimal den Wohnort Frankfurt am Main gibt; in der Tabelle kunden ist Frankfurt dagegen häufiger vertreten.

Das Ergebnis der Durchschnittsbildung kann prinzipiell auch durch einen (natürlichen) Verbund erreicht werden.

### EXCEPT (Differenzmenge)
Die folgende Abfrage liefert alle Orte der Vertreter mit Ausnahme der Orte, in denen auch Kunden wohnen:

```
SELECT ort FROM vertreter
EXCEPT
SELECT ort FROM kunden
ORDER BY 1
```

Im Gegensatz zu UNION und INTERSECT ist hier die Reihenfolge der SELECT-Anweisungen von Bedeutung, da die Ergebnismenge der zweiten Abfrage von der Ergebnismenge der ersten Abfrage abgezogen wird. Auch bei EXCEPT wird ein implizites DISTINCT auf die Tabellen abgesetzt. Mit dem Zusatz ALL wird dieses DISTINCT unterbunden, und in den Ergebniszeilen bleiben auch die Orte übrig, die in der ersten Tabelle häufiger vorkommen als in der zweiten.

Gleiche Ergebnisse wie mit der Differenzbildung können mit geeigneten Unterabfragen (z. B. mit NOT IN) erzielt werden.

### AUFGABE 5.10

Aufgabe Mengenoperationen:
Begrenzen Sie bei den Aufgaben a)–c) die Orte auf solche, die eine Postleitzahl > '70000' haben.
Erstellen Sie folgende Abfragen:
a) Alle Orte, in denen Mieter wohnen oder sich eine Niederlassung befindet (ohne/mit Redundanz)
b) Alle Orte, in denen sich eine Niederlassung befindet und in denen Mieter wohnen (ohne/mit Redundanz)
c) Alle Orte, in denen sich eine Niederlassung befindet und in denen keine Mieter wohnen

## 5.5.2 Verbund (Join)

Durch den Prozess der Normalisierung werden sachlich zusammengehörige Informationen in verschiedene Tabellen zerlegt. Um diese verteilten Informationen wieder zu verbinden, ist eine Abfrage erforderlich, die gleichzeitig auf mehrere Tabellen zugreift. Ein Verbund (Join) bildet aus den Zeilen verschiedener Tabellen neue, zusammengehörige Zeilen, in denen die gewünschte Information wieder zusammengeführt ist (siehe auch 1.5.3).

### Tabellenalias

Bei einem Zugriff auf mehrere Tabellen können gleiche Spaltennamen in verschiedenen Tabellen auftreten. Zur eindeutigen Adressierung einer Spalte ist dann neben dem Spaltennamen ein Bezug auf die gewünschte Tabelle erforderlich. Hierfür kann in der FROM-Klausel ein Tabellenalias angegeben werden. Im folgenden Beispiel wird ein Aliasname ku für die Tabelle kunden vereinbart.

```sql
SELECT * FROM kunden ku
```

Ein Bezug auf eine Spalte dieser Tabelle erfolgt durch den Aliasname, gefolgt von einem Punkt und dem Spaltennamen:

```sql
SELECT * FROM kunden ku
WHERE ku.umsatz > 90000
```

Wird kein Aliasname ausdrücklich für eine Tabelle vereinbart, ist der Tabellenname standardmäßig der Aliasname.

```sql
SELECT * FROM kunden
WHERE kunden.umsatz > 90000
```

Auf einen Aliasnamen kann nur dann verzichtet werden, wenn ein benutzter Spaltenname nur in einer der verwendeten Tabellen auftritt. Aus Gründen der Übersichtlichkeit ist die Verwendung eines Aliasnamens auch in diesen Fällen sehr zu empfehlen.

### 5.5.2.1 Der innere Verbund (Inner Join)

#### Cross Join (kartesisches Produkt)

Jede Zeile der einen Tabelle wird mit allen Zeilen der anderen Tabelle verbunden. Das folgende Beispiel zeigt das Prinzip, wenn es auch inhaltlich wenig sinnvoll ist:

```sql
SELECT kunden.name1, bestellung.bnr, bestellung.anr
FROM kunden, bestellung
ORDER BY 1,2,3
```

Da die Abfrage die Daten aus zwei Tabellen bezieht (name1 aus der Tabelle kunden, bnr und anr aus der Tabelle bestellung), müssen beide Tabellennamen in der FROM-Klausel erscheinen (die Reihenfolge ist beliebig).

In der ANSI-Syntax lautet die Anweisung:

```sql
SELECT kunden.name1, bestellung.bnr, bestellung.anr
FROM kunden CROSS JOIN bestellung
ORDER BY 1,2,3
```

| NAME1 | BNR | ANR | NAME1 | BNR | ANR |
|---|---|---|---|---|---|
| Basis X | 12.340 | 230 | WeinerSoft AG | 12.350 | 230 |
| Basis X | 12.340 | 740 | WeinerSoft AG | 12.350 | 240 |
| Basis X | 12.340 | 760 | Worth KG | 12.340 | 230 |
| Basis X | 12.342 | 510 | Worth KG | 12.340 | 740 |
| Basis X | 12.344 | 430 | Worth KG | 12.340 | 760 |
| Basis X | 12.345 | 220 | Worth KG | 12.342 | 510 |
| Basis X | 12.350 | 210 | Worth KG | 12.344 | 430 |
| Basis X | 12.350 | 220 | Worth KG | 12.345 | 220 |
| Basis X | 12.350 | 230 | Worth KG | 12.350 | 210 |
| Basis X | 12.350 | 240 | Worth KG | 12.350 | 220 |
| BtoB GmbH | 12.340 | 230 | Worth KG | 12.350 | 230 |
| ... | ... | ... | Worth KG | 12.350 | 240 |
| ... | ... | ... | | | |

### Condition Join

Bei diesem Verbund steuert ein Vergleich von Spalteninhalten der einen Tabelle mit Spalteninhalten der zweiten Tabelle die auszuwählenden Zeilen. Die zu vergleichenden Spalten und der verwendete Vergleichsoperator sind dabei beliebig (gleich, kleiner, größer, ungleich usw.). Oft wird auf Gleichheit von Spalteninhalten geprüft (Equi-Join).

```sql
SELECT kunden.knr, kunden.name1, bestellung.bnr, bestellung.anr
FROM kunden, bestellung
WHERE kunden.knr = bestellung.knr
ORDER BY 1,3,4
```

Nach ANSI:

```sql
SELECT kunden.knr, kunden.name1, bestellung.bnr, bestellung.anr
FROM kunden INNER JOIN bestellung ON kunden.knr=bestellung.knr
ORDER BY 1,3,4
```

| KNR | NAME1 | BNR | ANR |
|---|---|---|---|
| 1.003 | WeinerSoft AG | 12.344 | 430 |
| 1.020 | Merlan KG | 12.345 | 220 |
| 1.081 | Basis X | 12.350 | 210 |
| 1.081 | Basis X | 12.350 | 220 |
| 1.081 | Basis X | 12.350 | 230 |
| 1.081 | Basis X | 12.350 | 240 |
| 1.560 | SEK AG | 12.340 | 230 |
| 1.560 | SEK AG | 12.340 | 740 |
| 1.560 | SEK AG | 12.340 | 760 |

*Einführung in SQL*

Die Auswahl der Zeilen kann man sich so vorstellen: Zunächst wird das kartesische Produkt aus den Tabellen kunden und bestellung gebildet. Es enthält alle möglichen Zeilenkombinationen von kunden und bestellung. Aus diesem Zwischenergebnis werden nun die Zeilen ausgesucht, in denen kunden.knr und bestellung.knr identisch sind (Selektion). Von den verbleibenden Zeilen werden die Spalten kunden.knr, kunden.name1, bestellung.bnr und bestellung.anr ausgewählt (Projektion) und angezeigt.

| KNR (kunden) | NAME1 (kunden) | NAME2 (kunden) | PLZ (kunden) | ... | BNR (bestellung) | KNR (bestellung) | ANR (bestellung) | MENGE (bestellung) |
|---|---|---|---|---|---|---|---|---|
| 1.003 | WeinerSoft AG | Software | 65510 | | 12.342 | 1.245 | 510 | 2 |
| 1.003 | WeinerSoft AG | Software | 65510 | | 12.344 | 1.003 | 430 | 1 |
| 1.003 | WeinerSoft AG | Software | 65510 | | 12.345 | 1.020 | 220 | 5 |
| 1.020 | Merlan KG | Software Service | 65232 | | 12.344 | 1.003 | 430 | 1 |
| 1.020 | Merlan KG | Software Service | 65232 | | 12.345 | 1.020 | 220 | 5 |
| 1.020 | Merlan KG | Software Service | 65232 | | 12.350 | 1.081 | 210 | 10 |
| 1.081 | Basis X | SW Vertriebs GmbH | 91233 | | 12.345 | 1.020 | 220 | 5 |
| 1.081 | Basis X | SW Vertriebs GmbH | 91233 | | 12.350 | 1.081 | 210 | 10 |
| 1.081 | Basis X | SW Vertriebs GmbH | 91233 | | 12.350 | 1.081 | 220 | 25 |
| 1.081 | Basis X | SW Vertriebs GmbH | 91233 | | 12.350 | 1.081 | 230 | 15 |
| 1.081 | Basis X | SW Vertriebs GmbH | 91233 | | 12.350 | 1.081 | 240 | 25 |
| 1.097 | S.A.G. Deutschland | PC-Systeme | 89079 | | 12.340 | 1.560 | 230 | 10 |
| 1.515 | Daus GmbH | Computerkassen | 61462 | | 12.350 | 1.081 | 240 | 25 |

| KNR (kunden) | NAME1 (kunden) | NAME2 (kunden) | PLZ (kunden) | ... | BNR (bestellung) | KNR (bestellung) | ANR (bestellung) | MENGE (bestellung) |
|---|---|---|---|---|---|---|---|---|
| 1.560 | SEK AG | First Technology | 63517 | | 12.340 | 1.560 | 230 | 10 |
| 1.560 | SEK AG | First Technology | 63517 | | 12.340 | 1.560 | 740 | 10 |
| 1.560 | SEK AG | First Technology | 63517 | | 12.340 | 1.560 | 760 | 10 |
| 1.560 | SEK AG | First Technology | 63517 | | 12.342 | 1.245 | 510 | 2 |

### 5.5.2.2 Der äußere Verbund (Outer Join)

Die Ergebnistabelle des Equi-Join oben zeigt: Zeilen in den Ausgangstabellen, die die Gleichheitsbedingung nicht erfüllen, werden ignoriert. Es gibt zum Beispiel eine Bestellung mit BNR=12342 und KNR=1245; da es keinen Kunden mit KNR=1245 gibt, erscheint diese Bestellung nicht in der Ergebnistabelle. Ein Outer Join übernimmt auch solche Zeilen mit in die Ergebnistabelle. In MaxDB wird der Outer Join durch den Operator (+) gekennzeichnet. Drei Varianten sind möglich:

**Left Outer Join**
Bei einem Left Outer Join werden alle Zeilen der ersten (linken) Tabelle mit in die Ergebnistabelle übernommen.

Im folgenden Beispiel sind im Ergebnis auch die Kunden enthalten, für die keine Bestellung existiert:

```
SELECT kunden.knr, kunden.name1, bestellung.bnr, bestellung.anr
FROM kunden, bestellung
WHERE kunden.knr = bestellung.knr (+)
ORDER BY 1
```

Nach ANSI:

```
SELECT kunden.knr, kunden.name1, bestellung.bnr, bestellung.anr
FROM kunden LEFT JOIN bestellung ON kunden.knr=bestellung.knr
ORDER BY 1
```

MySQL unterstützt nur diese ANSI-Variante.

| KNR | NAME1 | BNR | ANR |
|---|---|---|---|
| 1.001 | BtoB GmbH | ? | ? |
| 1.002 | Germann Solutions | ? | ? |
| 1.003 | WeinerSoft AG | 12.344 | 430 |
| ... | | | |

Die nicht vorhandenen Werte werden durch Nullmarken aufgefüllt (dargestellt mit ?).

### Right Outer Join
Bei einem Right Outer Join werden alle Zeilen der zweiten (rechten) Tabelle mit in die Ergebnistabelle übernommen.
Die Ergebnistabelle des folgenden Beispiels enthält alle Zeilen der Tabelle bestellungen, auch wenn ein zugehöriger Kunde in der Tabelle kunden nicht existiert:

```
SELECT kunden.knr, kunden.name1, bestellung.bnr, bestellung.anr
FROM kunden, bestellung
WHERE kunden.knr (+) = bestellung.knr
ORDER BY 3,4
```

Nach ANSI:

```
SELECT kunden.knr, kunden.name1, bestellung.bnr, bestellung.anr
FROM kunden RIGHT JOIN bestellung ON kunden.knr=bestellung.knr
ORDER BY 3,4
```

Auch hier unterstützt MySQL nur die ANSI-Variante.

| KNR | NAME1 | BNR | ANR |
|---|---|---|---|
| 1.560 | SEK AG | 12.340 | 760 |
| ? | ? | 12.342 | 510 |
| 1.003 | WeinerSoft AG | 12.344 | 430 |

Nullmarken zeigen fehlende Werte an.

### Full Outer Join
Ein Full Outer Join übernimmt die Zeilen der linken und auch der rechten Tabelle ohne jeweilige Entsprechung mit in die Ergebnistabelle.

```
SELECT kunden.knr, kunden.name1, bestellung.bnr, bestellung.anr
FROM kunden, bestellung
WHERE kunden.knr (+) = bestellung.knr (+)
ORDER BY bestellung.bnr
```

Nach ANSI:

```
SELECT kunden.knr, kunden.name1, bestellung.bnr, bestellung.anr
FROM kunden FULL JOIN bestellung ON kunden.knr=bestellung.knr
ORDER BY 3,4
```

Ein Full Outer Join wird von MySQL nicht unterstützt.

| KNR | NAME1 | BNR | ANR |
|---|---|---|---|
| 1.560 | SEK AG | 12.340 | 230 |
| 1.560 | SEK AG | 12.340 | 740 |
| 1.560 | SEK AG | 12.340 | 760 |
| ? | ? | 12.342 | 510 |
| 1.003 | WeinerSoft AG | 12.344 | 430 |
| 1.020 | Merlan KG | 12.345 | 220 |
| 1.081 | Basis X | 12.350 | 210 |
| 1.081 | Basis X | 12.350 | 220 |
| 1.081 | Basis X | 12.350 | 230 |
| 1.081 | Basis X | 12.350 | 240 |
| 1.001 | BtoB GmbH | ? | ? |
| 1.002 | Germann Solutions | ? | ? |
| ... | ... | ... | ... |

Im Vergleich kann man festhalten: MaxDB unterstützt alle gezeigten syntaktischen Formen, MySQL keinen Full Outer Join und bei einem Left- bzw. Right-Outer-Join nur die ANSI-Schreibweise.

### 5.5.2.3 Mehr als zwei Basistabellen

Die Ausführungen zum Verbund können auf mehr als zwei Basistabellen übertragen werden. Das folgende Beispiel zeigt alle Kunden mit Bestellungen und den Namen der bestellten Artikel. Zur Verkürzung des SQL-Statements wurden Aliasnamen (k, b und a) für die Tabellen verwendet.

```
SELECT k.knr, k.name1, b.bnr, b.anr, a.name1 Artikel
FROM kunden k, bestellung b, artikel a
WHERE k.knr = b.knr AND b.anr = a.anr
ORDER BY 3,4
```

oder nach ANSI:

```
SELECT k.knr, k.name1, b.bnr, b.anr, a.name1
FROM kunden k
INNER JOIN bestellung b ON k.knr=b.knr
INNER JOIN artikel a ON b.anr=a.anr
ORDER BY 3,4
```

| KNR | NAME1 | BNR | ANR | ARTIKEL |
|---|---|---|---|---|
| 1.560 | SEK AG | 12.340 | 230 | SM-PRESENT |
| 1.560 | SEK AG | 12.340 | 740 | SM-PAINT |
| 1.560 | SEK AG | 12.340 | 760 | SM-DRAW |
| 1.003 | WeinerSoft AG | 12.344 | 430 | SM-SERVER |

| KNR | NAME1 | BNR | ANR | ARTIKEL |
|-----|-------|-----|-----|---------|
| 1.020 | Merlan KG | 12.345 | 220 | SM-TABLE |
| 1.081 | Basis X | 12.350 | 210 | SM-DB |
| 1.081 | Basis X | 12.350 | 220 | SM-TABLE |
| 1.081 | Basis X | 12.350 | 230 | SM-PRESENT |
| 1.081 | Basis X | 12.350 | 240 | SM-TEXT |

**AUFGABE 5.11**

Aufgabe Verbund:
Erstellen Sie folgende Abfragen:
a) Buchungsnummer, Nachname, Mietbeginn und Mietende für Buchungen des Mieters ‚Schneider'
b) wie a) für alle Mieter
c) Nachname, Mieterort, Buchungsnummer, Niederlassungsname und Niederlassungsort für Buchungen des Mieters ‚Schneider'
d) Nachnamen, Mieterorte, Mietbeginn sowie Niederlassungsorte, bei denen Mieter Fahrzeuge gebucht haben
e) Niederlassungsnummern, Namen und Buchungsnummern aller Hamburger Niederlassungen, für die Buchungen existieren
f) Wie e), angezeigt werden sollen aber alle Hamburger Niederlassungen.

## 5.6  Datensichten (Views)

Der Aufbau einer Datenbank mit verschiedenen Tabellen spiegelt nicht die Darstellung der Informationen wider, wie sie ein einzelner Benutzer benötigt. Datensichten oder Views sind „virtuelle Tabellen", in denen die Daten aus einer oder mehreren Tabellen für die Benutzer in einer Form dargestellt werden, wie sie der Benutzter braucht (externes Schema). Diese Sichten bestehen nicht aus tatsächlich physikalisch vorhandenen Tabellen, sondern ihr Inhalt wird aus bestehenden Tabellen (Basistabellen) mit geeigneten SQL-Anweisungen hergeleitet. Lediglich die View-Beschreibungen sind dauerhaft im Datenkatalog abgelegt. Eine Sicht auf den Datenbestand kann dabei nicht nur für passive Abfragen, sondern auch für die Veränderung von Werten in den Basistabellen eingesetzt werden.

| Format | CREATE VIEW <Viewname> [(<Spaltenliste>)] AS <br> <Select-Ausdruck> <br> [WITH CHECK OPTION] |
|--------|---------|

Sie erzeugen eine Viewtabelle mit dem CREATE VIEW-Statement. <Viewname> ist der Name, unter dem die Datensicht später aufgerufen werden kann. Der <Select-Ausdruck> nach dem Schlüsselwort AS kann eine beliebige Abfrage sein (wobei die ORDER-Klausel nicht erlaubt ist). Die Spaltenüberschriften in der Viewtabelle werden aus dieser Abfrage übernommen. Wenn Sie für die Viewtabelle andere Bezeichner verwenden möchten, können Sie diese in der <Spaltenliste> (in runden Klammern) angeben. In diesem Fall müssen Sie bei der Verwendung der Datensicht auch diese Spaltennamen einsetzen.

Das folgende einfache Beispiel mit einer Tabelle erzeugt eine Datensicht auf die Tabelle kunden, wobei die Abfrage nur Kunden selektiert, deren Umsatz größer als 50.000 EUR ist; zusätzlich ist die Ausgabe auf die Felder knr, name1 und umsatz beschränkt.

```
CREATE VIEW vielumsatz AS
SELECT knr kundennummer, name1 name, umsatz FROM kunden
WHERE umsatz > 50000
```

Die Datensicht vielumsatz verhält sich nun wie eine „wirkliche" Tabelle. Beispielsweise erzeugt die Abfrage mit der Datensicht vielumsatz

```
SELECT * from vielumsatz
WHERE kundennummer > 1050
ORDER BY name
```

folgendes Ergebnis:

| KUNDENNUMMER | NAME | UMSATZ |
| --- | --- | --- |
| 1.572 | ELka AG | 91.234,49 |
| 1.097 | S.A.G. Deutschland | 71.234,55 |

Beachten Sie, dass in der Abfrage mit vielumsatz die Spaltennamen verwendet werden, die beim Erzeugen der Datensicht festgelegt wurden (kundennummer statt knr, name statt name1).

Die Verwendung der Datensicht vielumsatz erspart eine lange SELECT-Anweisung; nicht erforderliche oder nicht gewünschte Daten bleiben dem Anwender verborgen.

Das folgende Beispiel informiert den Benutzer über alle vorliegenden Bestellungen.

**BEISPIEL**

```
CREATE VIEW auftrag AS
SELECT kunden.knr kdnr, kunden.name1 kunde, bestellung.bnr bestnr,
bestellung.anr artnr, artikel.name1 bezeichnung, bestellung.menge
FROM artikel, bestellung, kunden
WHERE kunden.knr = bestellung.knr AND bestellung.anr = artikel.anr
```

oder nach ANSI:

```
...
FROM kunden
INNER JOIN bestellung ON kunden.knr=bestellung.knr
INNER JOIN artikel ON bestellung.anr=artikel.anr

SELECT * FROM auftrag
ORDER BY kdnr, bestnr, artnr
```

| KDNR | KUNDE | BESTNR | ARTNR | BEZEICHNUNG | MENGE |
|---|---|---|---|---|---|
| 1.003 | WeinerSoft AG | 12.344 | 430 | SM-SERVER | 1 |
| 1.020 | Merlan KG | 12.345 | 220 | SM-TABLE | 5 |
| 1.081 | Basis X | 12.350 | 210 | SM-DB | 10 |
| 1.081 | Basis X | 12.350 | 220 | SM-TABLE | 25 |
| 1.081 | Basis X | 12.350 | 230 | SM-PRESENT | 15 |
| 1.081 | Basis X | 12.350 | 240 | SM-TEXT | 25 |
| 1.560 | SEK AG | 12.340 | 230 | SM-PRESENT | 10 |
| 1.560 | SEK AG | 12.340 | 740 | SM-PAINT | 10 |
| 1.560 | SEK AG | 12.340 | 760 | SM-DRAW | 10 |

Eine Datensicht wird mit dem Kommando

```
DROP VIEW <Viewname>
```

gelöscht.

Ein Viewname kann, wie oben gezeigt, in SELECT-Anweisungen, aber auch in INSERT-, UPDATE- und DELETE-Kommandos eingesetzt werden. Die Option WITH CHECK OPTION stellt sicher, dass bei Änderungs- und Einfügeoperationen nur solche Zeilen in Betracht kommen, die der verwendeten SELECT-Angabe und damit der WHERE-Komponente entsprechen. Es werden also keine Zeilen erzeugt, die mit dieser Datensicht nicht mehr selektierbar wären.

**AUFGABE 5.12**

Aufgabe Views:
a) Erstellen Sie eine Datensicht, die alle Mieter enthält, die ein Fahrzeug gebucht haben. Es soll der Nachname des Mieters und der Name der Niederlassung angezeigt werden.
b) Erstellen Sie eine Datensicht, die einen Überblick über alle Fahrzeugbuchungen anzeigt. Die Ergebnistabelle soll enthalten:
   – die Buchungsnummer,
   – den Nachnamen und Wohnort des Mieters,
   – den Namen und Standort der Niederlassung,
   – den gebuchten Fahrzeugtyp und den Mietpreis pro Tag,
   – Beginn und Ende der Mietzeit,
   – die Gesamtmiete für die gebuchten Tage.

## 5.7 Datenintegrität und Mehrbenutzerbetrieb

### 5.7.1 Domänen (Domains)

Eine Domain ist die Menge der zulässigen Werte, die eine Spalte einer Tabelle annehmen kann.

| Format | CREATE DOMAIN <Domänename> <Datentyp> [DEFAULT <Wert>] [<Wertebereichseinschränkung>] |

CREATE DOMAIN wird von MySQL nicht unterstützt.
Das folgende Kommando definiert eine Domain mit dem Namen d_name; der Wertebereich ist auf 20 Zeichen beschränkt:

```
CREATE DOMAIN d_name CHAR(20)
```

Wenn Sie eine Fehlermeldung erhalten, wenden Sie sich an Ihren Datenbankadministrator. Zur Ausführung eines CREATE DOMAIN-Statements benötigen Sie bestimmte Rechte (DBA-Privilegien, siehe Abschnitt 5.7.4).

---- Error -------------------------------
Auto Commit: On, SQL Mode: Internal, Isolation Level: Committed Syntax error or access violation;-5001 POS(1) Missing privilege:DBA create domain d_name char(20)

Eine Domaindefinition kann auch mit Default-Werten und Wertebereichsbeschränkungen formuliert werden. Die folgende Anweisung definiert die Domain d_beginn; Default-Wert ist das aktuelle Datum; die Check-Definition legt fest, dass nur ein Datum zwischen dem 01.01.1990 (ausschließlich) und dem aktuellen Datum (einschließlich) erlaubt ist.

```
CREATE DOMAIN d_beginn
DATE DEFAULT DATE
CHECK d_beginn > '1990-01-01' AND d_beginn <= DATE
```

Bestehende Domains können von allen Datenbankbenutzern in der Definition einer Tabelle verwendet werden. In dem folgenden Beispiel wird die Domain d_name für die Spaltendefinition von name1 und name2, die Domain d_beginn für die Spaltendefinition beginn eingesetzt:

```
CREATE TABLE kunden
(    knr      DEC(4) CHECK knr BETWEEN 1000 AND 9999,
     name1    d_name,
     name2    d_name,              ← Domänenname d_name
     plz      CHAR(5),
     ort      CHAR(20),
     strasse  CHAR(20),
     bezirk   DEC(2),
     beginn   d_beginn,            ← Domänenname d_beginn
     typ      CHAR(2),
     umsatz   DEC(10,2)
)
```

Mit der Anweisung
```
DROP DOMAIN <Domainname>
```
löschen Sie eine bestehende Domäne.

> **Aufgabe Domänen:**
> Erstellen Sie geeignete Domains für die Fahrzeuggruppe, den Mietbeginn, das Mietende und testen Sie Ihre Wertebereichseinschränkungen.

**AUFGABE 5.13**

### 5.7.2 Schlüssel in SQL

Im relationalen Datenmodell unterscheidet man folgende Schlüsselarten (siehe Kapitel 1.5.2):

- Schlüsselkandidaten
- Primärschlüssel
- Fremdschlüssel

Ein Kandidatenschlüssel kennzeichnet eine Spalte (oder Spaltengruppe) einer Tabelle, für die minimale Eindeutigkeit gilt (d.h. sie identifizieren eindeutig genau eine Zeile der Tabelle, wobei keine Schlüsselspalte ausgelassen werden kann). Da in einer Tabelle meist mehrere solcher Schlüsselkandidaten möglich sind, wird einer als Primärschlüssel ausgewählt. Ein Fremdschlüssel in einer Tabelle hingegen ist eine Spalte (Spaltengruppe), die in einer anderen Tabelle Primärschlüssel ist.

Ein Primärschlüssel wird mit der Tabellendefinition oder mit ALTER TABLE angelegt.

#### Einfacher Primärschlüssel
Die Spalte knr wird in der Tabelle kunden durch die Angabe des Attributs PRIMARY KEY Primärschlüssel:

```
CREATE TABLE kunden
(knr     DEC(4) NOT NULL,
 name1   CHAR(20),

 umsatz  DEC(10,2),
 PRIMARY KEY (knr))
```

*knr wird Primärschlüssel*

Ein Primärschlüssel kann auch direkt in der Spaltendefinition festgelegt werden.

```
CREATE TABLE artikel
(anr     DEC(3) PRIMARY KEY,
 name1   CHAR(20),
 preis   DEC(6,2) CHECK preis >= 0.0,
 bestand DEC(4))
```

*anr wird Primärschlüssel*

Nachträglich kann ein Primärschlüssel mit

`ALTER TABLE kunden ADD PRIMARY KEY (knr)`

hinzugefügt und mit

`ALTER TABLE kunden DROP PRIMARY KEY`

gelöscht werden.

### Zusammengesetzter Primärschlüssel (multipler Key)
Da in der Tabelle bestellung eine einzelne Spalte nicht ausreicht, um eine Zeile eindeutig zu identifizieren, ist ein zusammengesetzter Schlüssel erforderlich.

```
CREATE TABLE bestellung
(bnr DEC(5) NOT NULL,
Knr  DEC(4) NOT NULL,
Anr  DEC(3) NOT NULL,
menge DEC(3) CHECK menge > 0,
PRIMARY KEY (bnr, anr))
```

Die Anordnung der Spaltennamen hinter der Primary-Key-Klausel legt die „Schlüsselreihenfolge" fest.

### 5.7.3 Referenzielle Integrität

Zwischen zwei Tabellen lässt sich eine referenzielle Integritätsbedingung in der Definition einer Tabelle festlegen. Im folgenden Beispiel wird die Abhängigkeit der Tabelle bestellung von der Tabelle kunden definiert. Hierfür wird in der Tabelle bestellung der Fremdschlüssel knr eingetragen; dieser muss in der Tabelle kunden Primärschlüssel sein (FOREIGN KEY (knr) REFERENCES kunden (knr)):

```
CREATE TABLE bestellung
(bnr DEC(5) NOT NULL,
Knr  DEC(4) NOT NULL,
anr  DEC(3) NOT NULL,
Menge DEC(3) CHECK menge > 0,
PRIMARY KEY (bnr, anr),
FOREIGN KEY (knr) REFERENCES kunden(knr)
ON DELETE RESTRICT)
```

> Der Fremdschlüssel knr ist in der Tabelle kunden Primärschlüssel

Da der Standardtabellentyp MyISAM in MySQL keine referenziellen Integritätsbedingungen unterstützt, ist z. B. der Tabellentyp InnoDB zu verwenden (Ergänzung des Statements um den Zusatz ENGINE=InnoDB).

Nach FOREIGN KEY (in MySQL vor FOREIGN KEY) kann ein Bezeichner für die Integritätsbedingung vergeben werden. Fehlt er, wird aus den beiden beteiligten Tabellennamen ein Name von der Datenbank kreiert (z. B. bei MaxDB der Bezeichner kunden_bestellung).

Nach ON DELETE wird festgelegt, was mit abhängigen Werten beim Löschen von Zeilen geschehen soll.

In MySQL muss für die referenzierende Spalte knr ein Index erzeugt werden (z. B. ist zwischen PRIMARY KEY und FOREIGN KEY folgender Eintrag möglich: INDEX knr_idx(knr),).

Wenn beim Löschen eines Kunden noch Bestellungen dieses Kunden existieren, sind folgende Aktionen möglich:

| Klausel | Bedeutung |
|---|---|
| ON DELETE RESTRICT | Das Löschen wird nicht ausgeführt. Es erscheint ein Warnhinweis. |
| ON DELETE CASCADE | Zugehörige Bestellungszeilen werden ebenfalls gelöscht. |
| ON DELETE SET NULL | Die sinnlos gewordene Kundennummer in bestellung erhält eine NULL-Marke. (Die Spaltendefinition muss das natürlich zulassen.) |
| ON DELETE SET DEFAULT | Die sinnlos gewordene Kundennummer in bestellung erhält den Standardwert. (nicht in MySQL) |

MySQL unterstützt diese Aktionen zusätzlich bei Updates (z. B.: ON UPDATE CASCADE).

Eine Überwachung der Beziehung gilt auch für die umgekehrte Richtung: Das Einfügen bzw. Ändern einer Bestellung mit nicht vorhandener Kundennummer ist nicht möglich. Die beiden folgenden Anweisungen werden mit einem Hinweis auf die Integritätsverletzung nicht ausgeführt.

```
DELETE FROM kunden
WHERE knr = 1081

INSERT bestellung VALUES(12345,9999,220,5)
```

Im ersten Fall wird das Löschen des Kunden mit der Nummer 1081 unterbunden, weil in der Tabelle bestellung für diesen Kunden noch Einträge vorhanden sind (Annahme: ON DELETE RESTRICT). Es ist natürlich möglich, einen neuen Kunden einzufügen, auch wenn für ihn noch keine Bestellungen existieren.

Die zweite Anweisung fügt keine Zeile in die Tabelle bestellungen ein, da es in der Tabelle kunden keinen Kunden mit der Kundennummer 9999 gibt. Es ist aber sehr wohl möglich, Bestellzeilen aus der Tabelle bestellungen zu löschen.

```
ALTER TABLE bestellung ADD FOREIGN KEY (knr)
REFERENCES kunden(knr) ON DELETE RESTRICT
```

fügt in die bereits bestehende Tabelle bestellung eine Integritätsbedingung ein.

Das Kommando

```
ALTER TABLE bestellung DROP FOREIGN KEY kunden_bestellung
```

löscht die referenzielle Integritätsbedingung mit dem Namen kunden_bestellung.

## AUFGABE 5.14

**Aufgabe Integrität:**
Erstellen Sie für die Tabelle buchung referenzielle Integritätsbedingungen, die sicherstellen, dass nur Buchungen existierender Mieter und Niederlassungen möglich sind. Beim Löschen eines Mieters oder einer Niederlassung mit bestehenden Buchungen soll ein Warnhinweis ausgegeben werden. Testen Sie Ihre Integritätsbedingungen mit entsprechenden Einfüge- und Löschoperationen.

Übersetzen Sie folgenden Text aus dem MySQL-Handbuch:

**FOREIGN KEY Constraints**
`InnoDB` also supports foreign key constraints. The syntax for a foreign key constraint definition in InnoDB looks like this:

```
[CONSTRAINT symbol] FOREIGN KEY [id] (index_col_name, …)
    REFERENCES tbl_name (index_col_name, …)
    [ON DELETE {RESTRICT | CASCADE | SET NULL | NO ACTION}]
    [ON UPDATE {RESTRICT | CASCADE | SET NULL | NO ACTION}]
```

Foreign keys definitions are subject to the following conditions:

- Both tables must be InnoDB tables and they must not be TEMPORARY tables.

- In the referencing table, there must be an index where the foreign key columns are listed as the first columns in the same order. Such an index is created on the referencing table automatically if it does not exist.

- In the referenced table, there must be an index where the referenced columns are listed as the first columns in the same order.

- Index prefixes on foreign key columns are not supported. One consequence of this is that BLOB and TEXT columns cannot be included in a foreign key, because indexes on those columns must always include a prefix length.

- If the CONSTRAINT symbol clause is given, the symbol value must be unique in the database. If the clause is not given, InnoDB creates the name automatically.

InnoDB rejects any INSERT or UPDATE operation that attempts to create a foreign key value in a child table if there is no a matching candidate key value in the parent table. The action InnoDB takes for any UPDATE or DELETE operation that attempts to update or delete a candidate key value in the parent table that has some matching rows in the child table is dependent on the referential action specified using ON UPDATE and ON DELETE subclauses of the FOREIGN KEY clause. When the user attempts to delete or update a row from a parent table, and there are one or more matching rows in the child table, InnoDB supports five options regarding the action to be taken:

- CASCADE: Delete or update the row from the parent table and automatically delete or update the matching rows in the child table. Both ON DELETE CASCADE and ON UPDATE CASCADE are supported. Between two tables, you should not define several ON UPDATE CASCADE clauses that act on the same column in the parent table or in the child table.

- **SET NULL**: Delete or update the row from the parent table and set the foreign key column or columns in the child table to NULL. This is valid only if the foreign key columns do not have the NOT NULL qualifier specified. Both ON DELETE SET NULL and ON UPDATE SET NULL clauses are supported.

- **NO ACTION**: In standard SQL, NO ACTION means no action in the sense that an attempt to delete or update a primary key value is not allowed to proceed if there is a related foreign key value in the referenced table. InnoDB rejects the delete or update operation for the parent table.

- **RESTRICT**: Rejects the delete or update operation for the parent table. NO ACTION and RESTRICT are the same as omitting the ON DELETE or ON UPDATE clause. (Some database systems have deferred checks, and NO ACTION is a deferred check. In MySQL, foreign key constraints are checked immediately, so NO ACTION and RESTRICT are the same.)

- **SET DEFAULT**: This action is recognized by the parser, but InnoDB rejects table definitions containing ON DELETE SET DEFAULT or ON UPDATE SET DEFAULT clauses.

## 5.7.4 Datenbankbenutzer und -rechte

### 5.7.4.1 Benutzerklassen und Benutzergruppen in MaxDB

Insbesondere in einer Mehrbenutzerumgebung ist es unbedingt erforderlich, den allgemeinen Zugang zu einer Datenbank und die Rechte an einzelnen Datenbankobjekten (wie Tabellen, Datensichten, Domänen usw.) zu regeln (in SQL spricht man auch von Privilegien).

Der allgemeine Zugang zu einer Datenbank ist im SQL-Standard nicht genauer geregelt. In MaxDB gibt es verschiedene Benutzerklassen mit bestimmten „Standardrechten", die einem Benutzer einer bestimmten Klasse nach der Anmeldung an der Datenbank eingeräumt werden.

In größeren Organisationen wird es mehrere Datenbankanwender geben, die mit gleichen Rechten ausgestattet sein müssen. Zur Vereinfachung der Benutzerverwaltung können Benutzergruppen eingerichtet werden. Alle Mitglieder einer bestimmten Gruppe haben dann genau die Rechte, die dieser Benutzergruppe zugeordnet wurden.

| Benutzerklasse | Rechte |
|---|---|
| STANDARD | Er kann nur auf vorhandene (von anderen Benutzern) erzeugte Tabellen zugreifen (soweit er die erforderlichen Privilegien hat). Zusätzlich kann er Viewtabellen, Synonyme und temporäre Tabellen erzeugen. |
| RESOURCE | Zusätzlich zu den Rechten des Standardbenutzers kann er private Daten und DB-Prozeduren definieren und für diese Objekte Privilegien an andere Benutzer vergeben. |

| Benutzerklasse | Rechte |
| --- | --- |
| DBA (Datenbankadministratoren) | Er hat alle Rechte des Resourcebenutzers. Zusätzlich darf er Standard- und Resourcebenutzer anlegen, Domänen definieren u. a. |
| SYSDBA (System-Datenbankadministrator) | Neben den Rechten eines DBA darf er u. a. weitere DBA-Benutzer anlegen. |

Wenn Sie sich als ein Benutzer der Klasse RESOURCE bei der Datenbank anmelden, können Sie zwar private „normale" Tabellen erzeugen – der Versuch, eine Domäne zu definieren, wird Ihnen jedoch vom DBMS verweigert.

Zusätzlich haben Sie nur auf solche Datenbankobjekte Zugriff, für die Sie ausdrücklich privilegiert sind. Das sind in erster Linie Ihre privaten Daten, aber auch Systemtabellen (oft nur mit einem Leserecht verbunden).

Einen neuen Benutzer erzeugen Sie mit der CREATE USER-Anweisung.

**Format**  CREATE USER <Benutzername> PASSWORD <Passwort> [<Benutzerklasse>]

**BEISPIEL**

```
CREATE USER maier PASSWORD geheim RESOURCE
```

Mit dem SQL-Statement

```
ALTER PASSWORD <altes Passwort> TO <neues Passwort>
```

kann der Benutzer sein Passwort später ändern.

Soll ein Benutzer als Mitglied einer bestehenden Benutzergruppe angelegt werden, gilt folgende Syntax:

**Format**  CREATE USER <Benutzername> PASSWORD <Passwort> USERGROUP <Benutzergruppenname>

Eine Benutzergruppe wird mit CREATE USERGROUP definiert.

**Format**  CREATE USERGROUP <Benutzergruppenname> [RESOURCE | STANDARD]

Benutzergruppen können nur für Benutzer der Klassen RESOURCE oder STANDARD eingerichtet werden.

Mit einem DROP USER bzw. DROP USERGROUP löschen Sie Benutzer und Benutzergruppen.

**Format**  DROP USER <Benutzername> [CASCADE-Option]

| Format | DROP USERGROUP <Benutzergruppenname> [CASCADE-Option] |
|---|---|

Wird als CASCADE-Option CASCADE angegeben (oder fehlt die Optionsangabe), werden alle Tabellen, Indices, Viewtabellen usw. des zu löschenden Benutzers (bzw. der Benutzergruppe) gelöscht. Mit der Option RESTRICT scheitert das DROP-Statement, wenn der Benutzer/die Benutzergruppe Eigentümer von Tabellen ist.

### 5.7.4.2 Weitergabe von Privilegien in MaxDB

Wenn Sie als Benutzer benutzer1 die Tabelle mieter erzeugen, haben Sie als Eigentümer alle Rechte an dieser Tabelle. Sie können dies mit einem Blick in den Systemkatalog bestätigen (siehe hierzu Abschnitt 5.8).

Auszug aus der Systemtabelle domain.tables:

| OWNER | TABLE-NAME | PRIVILEGES | TYPE | SERVER-DB | SERVER-NODE |
|---|---|---|---|---|---|
| BENUTZER1 | MIETER | SEL+UPD+DEL+INS+REF+IND+ALT+ | TABLE | MYDB | lx10 |

Die Tabelle mieter gehört dem Benutzer benutzer1 und dieser Benutzer besitzt alle Rechte (siehe Spalte PRIVILEGES):

- SEL   = SELECT (Zeilen selektieren)
- UPD  = UPDATE (Zeilen ändern)
- DEL  = DELETE (Zeilen löschen)
- INS   = INSERT (Zeilen einfügen)
- REF   = REFERENCES (Tabelle in einer Spaltendefinition als referenzierte Tabelle eintragen)
- IND   = INDEX (Index erstellen)
- ALT   = ALTER (ALTER TABLE-Statement ausführen)

Als Eigentümer der Tabelle dürfen Sie Privilegien an andere Benutzer weitergeben. Die Privilegien an Datenbankobjekten werden mit dem Befehl GRANT erteilt und mit REVOKE wieder entzogen.

| Format | GRANT <Rechteliste> ON [TABLE] <Tabellenname> TO <Berechtigter>, ... [WITH GRANT OPTION] |
|---|---|

| Format | REVOKE <Rechteliste> ON [TABLE] <Tabellenname> FROM <Berechtigter> |
|---|---|

*Einführung in SQL*

Mögliche Eintragungen in der Rechteliste:

| Rechteliste | Bedeutung |
|---|---|
| INSERT | Einfügen von Zeilen |
| SELECT [(<Spaltenliste>)] | Zeilen bzw. aufgelistete Spalten selektieren |
| UPDATE [(<Spaltenliste>)] | Zeilen bzw. aufgelistete Spalten ändern |
| DELETE | Zeilen löschen |
| INDEX | Erzeugen und Löschen eines Indexes |
| ALTER | Ändern der Tabellendefinition |
| REFERENCES [(<Spaltenliste>)>] | Tabelle bzw. aufgelistete Spalten als Referenz verwenden |
| ALL | Alle Rechte |

Der Zusatz WITH GRANT OPTION erlaubt dem Berechtigten, die erworbenen Rechte wiederum an andere Benutzer weiterzugeben.

**Berechtigter**

| Berechtigter | Bedeutung |
|---|---|
| PUBLIC | alle Benutzer der Datenbank |
| <Benutzername> | ein bestimmter Benutzer |
| <Benutzergruppe> | eine bestimmte Benutzergruppe |

**BEISPIEL**

```
GRANT SELECT ON kunden TO PUBLIC

GRANT SELECT, UPDATE, DELETE, INSERT ON kunden TO benutzer5

REVOKE DELETE ON kunden FROM benutzer5

REVOKE ALL ON kunden FROM PUBLIC
```

### 5.7.4.3 Benutzer und ihre Berechtigungen in MySQL

MySQL verwaltet Benutzer und ihre Berechtigungen in fünf Berechtigungstabellen, die mit der Installation in der Datenbank mysql angelegt werden.

| Tabelle | |
|---|---|
| user | In dieser Tabelle wird festgelegt, welcher Benutzer von welchem Host eine Verbindung mit MySQL herstellen darf (Felder host, user, password). Zusätzlich können Berechtigungen auf globaler Ebene vergeben werden; d. h., Privilegien, die hier ein User erhält, gelten für alle Datenbanken des Servers. Ein normaler Benutzer wird daher i. d. R. auf dieser Ebene keine Privilegien erhalten.<br>Berechtigungen werden durch den Eintrag Y (für yes) und N (für no) in den jeweiligen Berechtigungsfeldern vergeben. |
| db und host | In der db-Tabelle wird festgelegt, welcher User von welchem Host auf welche Datenbank zugreifen darf. Wie in der User-Tabelle werden die erlaubten Operationen in den Berechtigungsfeldern der db-Tabelle eingetragen.<br>Die Host-Tabelle wird verwendet, um einen db-Eintrag für mehrere Hosts zu verwenden. In diesem Fall bleibt das Feld host der db-Tabelle leer und jeder Host wird in der Host-Tabelle eingetragen. |
| tables_priv und columns_priv | Sie funktionieren ähnlich der db-Tabelle. Die Berechtigungen beziehen sich jedoch nicht auf eine gesamte Datenbank sondern auf einzelne Tabellen bzw. Spalten. |

Das Zusammenwirken der Berechtigungstabellen:
1. Verbindungsüberprüfung
   Versucht sich ein Benutzer mit dem SQL-Server zu verbinden, überprüft der Server anhand der User-Tabelle den eingehenden Verbindungswunsch. Gibt es einen übereinstimmenden Eintrag für User, Host und Password, wird die Verbindung gestattet.
2. Anfrageüberprüfung
   Jede Anfrage, die über eine zugelassene Verbindung gestellt wird, durchläuft einen mehrstufigen Prozess, in dem geprüft wird, ob der Benutzer ausreichende Berechtigungen zur Ausführung dieser Anfrage hat. Zunächst wird geprüft, ob der Benutzer globale Berechtigungen in der Tabelle user hat. Ist das der Fall, wird die Anfrage ausgeführt. Im anderen Fall wird die Tabelle db (ggfs. in Verbindung mit der Tabelle host) überprüft. Sind dort entsprechende Privilegien eingetragen, wird die Anfrage ausgeführt. Im anderen Fall werden Berechtigungen in der Tabelle tables_priv und falls dort kein Privileg für die Anfrage eingetragen ist, die Tabelle columns_priv durchsucht. Wenn auch hier keine Berechtigung vorliegt, wird die Anfrage endgültig nicht ausgeführt.

**Anlegen neuer Benutzer und Gewährung von Privilegien**
Einen Datenbankbenutzer erzeugen Sie mit Create User und löschen ihn mit Drop User:

| Format | CREATE USER <Benutzername> @ <Hostname> [IDENTIFIED BY [PASSWORD] <Passwort>] |
|---|---|

| Format | DROP USER <Benutzername> @ <Hostname> |
|---|---|

(Zur Angabe des Hostnamens siehe weiter unten bei Grant).

Privilegien können vergeben werden, indem man die Berechtigungstabellen direkt mit geeigneten Insert- bzw. Delete-Statements verändert. Übersichtlicher und weniger fehleranfällig ist jedoch die Verwendung von GRANT- und REVOKE-Anweisungen.

| Format | GRANT <Rechteliste> ON <Datenbankname>.<Tabellenname> TO <Benutzername>@<Hostname> [IDENTIFIED BY <Passwort>] WITH GRANT OPTION] |
|---|---|

| Format | REVOKE <Rechteliste> ON <Datenbankname>.<Tabellenname> FROM <Benutzername>@<Hostname> |
|---|---|

Wird eine GRANT-Anweisung für einen nicht existierenden Benutzer eingegeben, wird dieser neue Benutzer automatisch angelegt.

Werte in der Rechteliste (für Tabellen) können sein: SELECT, INSERT, UPDATE, DELETE, CREATE, DROP, GRANT, INDEX, ALTER, REFERENCES, CREATE VIEWS, SHOW VIEW und ALL; für Spalten sind SELECT, INSERT, REFERENCES und UPDATE möglich.

Im ON-Teil der GRANT-Anweisung kann für Datenbank- bzw. Tabellennamen das Platzhalterzeichen * verwendet werden:

| | |
|---|---|
| *.* | alle Datenbanken und alle Tabellen (globale Berechtigungen) |
| Verkauf.* | alle Tabellen der Datenbank Verkauf |
| Verkauf.Artikel | Tabelle Artikel in der Datenbank Verkauf |

Im TO-Teil kann der Hostname als vollständiger Name (z. B. WS100.SchuleX.de) oder als IP-Nummer (z. B. 192.168.1.1) eingetragen werden. Platzhalter sind möglich (%-Zeichen). In diesem Fall sind Anführungszeichen erforderlich.

| | |
|---|---|
| benutzer@'%.schulex.de' | alle Hosts der Domäne schulex.de |
| benutzer@'192.168.1.%' | alle Hosts im Netz 192.168.1.0 |
| benutzer@'192.168.1.%/255.255.255.0' | mit der Subnetzmaske 255.255.255.0 wird spezifiziert, wie viele Bits der Adresse für die Netzwerknummer verwendet werden; entspricht im Ergebnis dem vorherigen Beispiel. |
| benutzer@'%' | jeder Host |

Der lokale Rechner wird mit localhost angegeben: benutzer@localhost.

Mit WITH GRANT OPTION kann der Benutzer die erhaltenen Rechte an andere Benutzer weitergeben.

> **BEISPIEL**
>
> GRANT SELECT ON udb.artikel TO benutzer1@'%'
>
> GRANT SELECT, DELETE, UPDATE ON udb.* TO benutzer2@localhost
>
> GRANT ALL ON udb.* TO benutzer3@192.168.1.34 IDENTIFIED BY 'geheim'
>
> GRANT SELECT (anr, bestand) ON udb.artikel TO benutzer3@'%'

> **AUFGABE 5.15**
>
> Aufgabe Rechte:
> Wenden Sie den Grant- und Revoke-Befehl an, indem Sie z. B. einem anderen Kursteilnehmer verschiedene Rechte an Ihren Tabellen gewähren und wieder entziehen. Überprüfen Sie dabei auch die WITH GRANT OPTION.

## 5.7.5 Transaktionen

### 5.7.5.1 Gefahren für die Datenkonsistenz

Nehmen wir an, in der Tabelle bestellung sei folgende Integritätsbedingung definiert:

```
CREATE TABLE bestellung
(...
FOREIGN KEY (knr) REFERENCES kunden
   ON DELETE CASCADE)
```

Die Anweisung

```
DELETE FROM kunden
WHERE knr = 1560
```

bewirkt mehrere Datenbankaktionen: Der Kunde 1560 wird aus der Tabelle kunden gelöscht und als Folge der Integritätsvereinbarung (... ON DELETE CASCADE) müssen alle Bestellungen des Kunden 1560 in der Tabelle bestellung entfernt werden. Scheitert nun aus irgendeinem Grund das vollständige Löschen (z. B. Datenbank-Crash, Hardwarefehler, Stromausfall), bleibt ein inkonsistenter Datenbestand zurück.

Im Mehrbenutzerbetrieb gehen Gefahren für die Datenkonsistenz von konkurrierenden Zugriffen auf die Datenbank aus, wie das folgende Beispiel illustriert.

*Einführung in SQL*

**BEISPIEL**

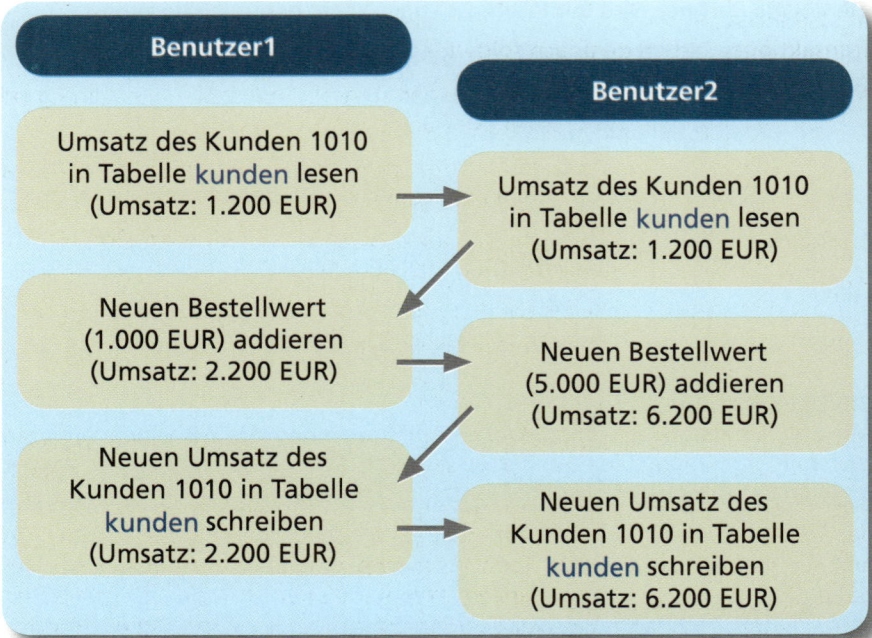

Die Tabelle kunden enthält eine Spalte umsatz, in der die kumulierten Umsätze mit diesem Kunden gespeichert sind. Nehmen wir an, der Benutzer1 erfasst eine neue Bestellung des Kunden 1010 im Gesamtwert von 1.000 EUR (Tabelle bestellung). Zur Aktualisierung der Tabelle kunden muss der bisherige Umsatz dieses Kunden (1.200 EUR) gelesen, anschließend um 1.000 EUR erhöht und der neue Wert (2.200 EUR) zurückgeschrieben werden. Wenn zur gleichen Zeit ein Benutzer2 ebenfalls eine neue Bestellung des Kunden 1010 bearbeitet (5.000 EUR), kann der Updatevorgang fehlschlagen: Nachdem Benutzer1 den alten Umsatz des Kunden gelesen hat (1.200 EUR) und bevor der neue Umsatzwert (2.200 EUR) zurückgeschrieben wurde, liest Benutzer2 den alten Umsatz des Kunden (1.200 EUR), anschließend wird der Umsatz durch die erste Bestellung aktualisiert (auf 2.200 EUR). Zum Abschluss schreibt Benutzer2 seinen aktualisierten Wert (6.200 EUR) in die Tabelle kunden zurück. Das Update des Benutzers1 geht hierdurch verloren: Statt 7.200 EUR ist nur ein Umsatz von 6.200 EUR in der Tabelle gespeichert.

Transaktionsmechanismen des DBMS sollen diese Inkonsistenzen verhindern. Unter Transaktionen versteht man eine Folge von Datenbankmanipulationen, die als eine logische Einheit zu betrachten sind. Die von den beteiligten SQL-Statements bewirkten Datenänderungen werden entweder alle oder gar nicht in die Datenbank übernommen, da isoliert ausgeführte Einzelschritte die Konsistenz der Datenbank gefährden. Aufgabe des DBMS ist es, Situationen, die eine Gefährdung für die Datenkonsistenz darstellen, zu kontrollieren, erfolgreich durchgeführte Transaktionen dauerhaft in der Datenbank zu speichern und bei gescheiterten Transaktionen den Zustand der Datenbank wiederherzustellen, in dem sie sich vor Beginn dieser Transaktion befand.

**ACID-Prinzip:**
Transaktionen haben demnach folgende Eigenschaften:

- Atomarität (atomicity) — Die Aktionen einer Transaktion werden vollständig oder gar nicht ausgeführt.
- Konsistenz (consistency) — Die Datenbank befindet sich vor und nach einer Transaktion in einem konsistenten Zustand.
- Isolation (isolation) — Nebenläufige Transaktionen beeinflussen sich nicht gegenseitig (bzw. nur kontrolliert).
- Dauerhaftigkeit (durability) — Die Ergebnisse einer Transaktion sind dauerhaft in der Datenbank gespeichert.

### 5.7.5.2 Sperrverfahren

Die Ursache für das verlorene Update im vorherigen Beispiel liegt im uneingeschränkten, parallelen Zugriff auf die Spalte umsatz des Kunden 1010. Man hätte das Problem vermeiden können, indem man die Datenbank bis zum Abschluss der ersten Updates vollständig für andere Zugriffe gesperrt hätte. Gleiches hätte anschließend für den zweiten Update-Vorgang geschehen müssen. In einer Mehrbenutzerumgebung ist das sicher kein akzeptables Verfahren, da die gemeinsame Nutzung der Datenbasis zeitweise außer Kraft gesetzt würde und entsprechend lange Antwortzeiten für andere Anwender entstünden. In unserem Beispiel wäre diese radikale Sperre auch gar nicht erforderlich, es hätte genügt, Zugriffe auf die Spalte umsatz des Kunden 1010 während eines Updates zu unterbinden.

Prinzipiell wären solche Sperrungen eines einzigen Feldes möglich. In MaxDB und vielen anderen DBMS sind Sperrmöglichkeiten jedoch nur auf Zeilen- und Tabellenebene realisiert.

Zu unterscheiden sind

- EXCLUSIVE-Sperren (exclusive locks, X-Locks)
- SHARED-Sperren (shared locks, S-Locks).

Wenn einem Datenobjekt ein S-Lock zugeordnet ist, kann dieses Objekt während der Sperrung von anderen Transaktionen nicht verändert werden; ein lesender Zugriff ist jedoch möglich (Schreibsperre). Ein X-Lock unterbindet Lese- und Schreibzugriffe.

Die erforderlichen Sperren werden vom DBMS automatisch ohne Zutun des Benutzers während der Bearbeitung einer SQL-Anweisung gesetzt und nach dem Transaktionsende wieder aufgehoben (implizite Sperrung). In bestimmten Situationen ist zusätzlich eine ausdrückliche Sperre (explizite Sperrung) erforderlich. In obigem Beispiel setzt das DBMS für das Lesen der Zeile lediglich eine Schreibsperre (das DBMS kann ja nicht „wissen", dass wir nach dem Lesen diesen gelesenen Wert erhöhen und dann zurückschreiben möchten). Erforderlich ist also eine explizite EXCLUSIVE-Sperrung, die während der Ausführung der ersten Transaktion auch ein Lesen durch die zweite Transaktion unterbindet.

### 5.7.5.3 Transaktionen und Sperrverfahren in SQL

Mit dem Beginn einer Datenbanksitzung wird eine erste Transaktion gestartet. Eine laufende Transaktion wird mit COMMIT oder ROLLBACK beendet.

| Format | COMMIT |
|---|---|

| Format | ROLLBACK |
|---|---|

Nach der Anweisung COMMIT werden alle Datenänderungen der laufenden Transaktion dauerhaft in der Datenbank abgespeichert und eine neue Transaktion geöffnet.

ROLLBACK bricht die aktuelle Transaktion ab; alle in ihr durchgeführten Datenänderungen werden wieder rückgängig gemacht und eine neue Transaktion gestartet. Datenbankmanipulationen, z. B. für Testzwecke, können so einfach wieder zurückgenommen werden. In MySQL muss ein transaktionsunterstützender Tabellentyp verwendet werden (z. B. InnoDB).

SELECT nachname, umsatz FROM Vertreter

| NACHNAME | UMSATZ |
|---|---|
| Müller | 0 |
| Blaz | 0 |
| ... | ... |

START TRANSACTION

UPDATE Vertreter SET Umsatz = 12345

SELECT nachname, umsatz FROM Vertreter

| NACHNAME | UMSATZ |
|---|---|
| Müller | 12.345 |
| Blaz | 12.345 |
| ... | ... |

ROLLBACK

SELECT nachname, umsatz FROM Vertreter

| NACHNAME | UMSATZ |
|---|---|
| Müller | 0 |
| Blaz | 0 |
| ... | ... |

SQL Studio und MySQL Query Browser schließen SQL-Statements automatisch mit einem COMMIT ab (AUTOCOMMIT).

In MySQL deaktiviert das START TRANSACTION-Statement temporär das AUTO-COMMIT, bis die Transaktion mit COMMIT oder ROLLBACK abgeschlossen ist.

In SQL Studio können Sie das AUTOCOMMIT im SQL-Dialog-Fenster aus- und einschalten. Das START TRANSACTION-Statement entfällt (Mit Beginn der Datenbanksitzung bzw. einem COMMIT wird automatisch eine neue Transaktion gestartet.) Dem Benutzer müssen zusätzlich mehrere Datenbanksitzungen erlaubt sein (Zusatz NOT EXCLUSIVE im CREATE USER-Statement).

Zur Steuerung der Sperrmechanismen während einer Transaktion sind im SQL-Standard verschiedene Isolation-Levels (0=Read Uncommited, 1=Read Commited, 2=Repeatable Read, 3=Serializable) festgehalten. Sie beschreiben, welche Nebenwirkungen mit einer Transaktion auftreten dürfen. Je höher das Level, desto höher ist auch die Sicherheit für einen konsistenten Datenbestand. Das wirksame Isolation-Level wird z. B. beim Verbinden mit der Datenbank spezifiziert.

Im Isolation Level 0 führen Einfüge-, Lösch- und Änderungsoperationen zu impliziten EXCLUSIVE-Sperren der betroffenen Zeilen, die erst am Ende der Transaktion aufgehoben werden. Das Lesen hingegen fordert keine Sperre an (keine implizite Sperrung). Wenn innerhalb einer Transaktion eine Zeile einen bestimmten Wert lieferte, ist daher nicht sichergestellt, dass ein nochmaliges Lesen der gleichen Zeile wiederum den gleichen Wert ergibt. Eine andere Transaktion kann inzwischen eine Änderung durchgeführt haben.

Zum expliziten Sperren von Tabellen und Zeilen gibt es in SQL das LOCK- bzw. UNLOCK-Statement. Ziehen Sie eine SQL-Referenz zu Rate, wenn Sie sich hierüber genauer informieren möchten.

## 5.8 Der Systemkatalog

Informationen über den Datenbankzustand und die Objekte der Datenbank sind in verschiedenen Systemtabellen abgelegt (Metadaten). Dieser Systemkatalog unterscheidet sich stark in den verschiedenen DBMS-Produkten. Mit den Tools SQL Studio und Database Manager stehen für MaxDB Windowsanwendungen zum Aufbau und zur Pflege von Tabellen, Views, Benutzern usw. zur Verfügung. Eine ähnliche Funktionalität bieten MySQL Query Browser, MySQL Administrator und MySQL Workbench für MySQL.

Auf die Inhalte der Systemtabellen kann aber auch „direkt" mit dem SQL-SELECT-Kommando zugegriffen werden. Die folgenden Zugriffe auf den Systemkatalog stellen eine kleine exemplarische Auswahl für MaxDB dar (wie so oft, hilft bei weitergehenden Fragen das Referenzhandbuch).

### Tabellen
Anzeige aller Tabellen, auf die der Benutzer Zugriff hat:
```
SELECT * FROM TABLES
ORDER BY OWNER
```

oder

```
SELECT * FROM DOMAIN.TABLES ORDER BY OWNER
```
(**DOMAIN** ist Eigentümer der Tabelle **TABLES**.)

### Spalten
Anzeige der Tabellenstruktur der Tabelle kunden:
```
SELECT * FROM COLUMNS
WHERE TABLENAME = 'KUNDEN'
```

### Domains
Anzeige aller Informationen zur Domäne d_beginn:
```
SELECT * FROM DOMAINS
WHERE DOMAINNAME = 'D_BEGINN'
```

Anzeige der Wertebereichsdefinition der Domain d_name:
```
SELECT DEFINITION FROM DOMAINS
WHERE DOMAINNAME = 'D_NAME'
```

### Wertebereichsbeschränkungen
Anzeige der Spaltenbeschränkungen, die für die Tabelle kunden festgelegt wurden:
```
SELECT * FROM CONSTRAINTS
WHERE TABLENAME = 'KUNDEN'
```

### Indizes
Abfrage der erzeugten Indizes:
```
SELECT * FROM IND_USES_COL
WHERE DEFTABLENAME = 'KUNDEN'
```

### Views
Anzeige einer Liste aller Views:
```
SELECT * FROM VIEWS
```

Anzeige von Informationen zur Datensicht auftrag:
```
SELECT * FROM DOMAIN.VIEWDEFS
WHERE VIEWNAME = 'AUFTRAG'
```

### Privilegien
Anzeige der Privilegien für eigene und für fremde Tabellen, wenn der Benutzer von anderen Usern Privilegien erhalten hat. Angezeigt werden sollen nur Eigentümer, Tabellenname, Spaltenname, Privilegien und Benutzername:

```
SELECT REFOWNER, REFTABLENAME, REFCOLUMNNAME, PRIVILEGES,
DEFUSERNAME
FROM USR_USES_COL
```

```
WHERE REFOWNER NOT LIKE 'DOMAIN' AND REFOWNER NOT LIKE
'SUPERDBA'
```

Referenzielle Integritätsbedingungen
Anzeige definierter referenzieller Integritätsbedingungen:
```
SELECT * FROM FKC_REFS_COL
```

Benutzerinformationen
```
SELECT * FROM USERS
```

In MySQL liefert die SQL-Anweisung SHOW nähere Informationen über Datenbanken, Tabellen, Spalten u. a.

**BEISPIELE**

```
SHOW DATABASES
SHOW TABLES FROM meinedb
SHOW COLUMNS FROM meinetabelle FROM meinedb
SHOW GRANTS FOR benutzer1
```

Ab Version 5 sind in der Datenbank information_schema Metadaten über die Datenbanken des Servers und die enthaltenen Objekte abrufbar. Unter anderem sind Informationen über die vorhandenen Datenbanken (Tabelle SCHEMATA), Datenbanktabellen (Tabelle TABLES) und Tabellenspalten (Tabelle COLUMNS) gespeichert. Die Tabellen COLUMN_PRIVILEGES, SCHEMA_PRIVILEGES, TABLE_PRIVILEGES und USER_PRIVILEGES informieren über die den Nutzern gewährten Privilegien.

## 5.9  MS Access als Frontend einer SQL-Datenbank

Mit einer SQL-Datenbank steht ein DBMS zur Verfügung, das sehr große Datenmengen eines Unternehmens konsistent verwalten kann, Anfragen einer hohen Anzahl von Benutzern mit kurzen Antwortzeiten bearbeitet und leistungsfähige Datensicherheits- und Datenschutzmechanismen zur Verfügung stellt. Der Datenzugriff mit SQL-Anweisungen bietet in der Fachabteilung aber nicht die Benutzerfreundlichkeit, wie sie mit MS Access z. B. durch Formulare oder Berichte möglich ist. Wie im Abschnitt 5.1 kurz dargestellt, können hier Programme, in denen Datenbankzugriffe mit SQL eingebettet sind, eine grafische Benutzeroberfläche zur Verfügung stellen. Eine Alternative hierzu: Wir nutzen die Fähigkeit von MS Access, dass es auch auf externe Daten zugreifen kann.

Für den Zugriff auf externe Daten verwendet MS Access entweder eigene Treiber (z. B. für andere Access-Datenbanken, Excel, Paradox, dBase) oder ODBC-Treiber der jeweiligen Datenbankhersteller. Ist der ODBC-Treiber installiert und eine Datenquelle eingerichtet, können wir mit Access auf alle SQL-Datenbanken zugreifen.

Access stellt zwei Möglichkeiten zur Verfügung, externe Daten zu verwenden:

1. Datenimport
   Die Daten werden aus der externen Quelle gelesen, konvertiert und in einer Access-Datenbank abgelegt. Die importierten Daten können nun verwendet

werden, als seien sie von Anfang an mit Access erzeugt worden. Veränderungen, die Sie am importierten Datenbestand vornehmen, haben natürlich keine Auswirkungen auf die Originaldaten der ursprünglichen Datenquelle.

2. Datenverknüpfung
Es werden keine neuen Tabellen erzeugt, Access greift stattdessen auf die externen Originaldaten zu. Mit Access können Sie die Originaldaten anzeigen, bearbeiten, löschen und ergänzen. In der Entwurfsansicht erscheinen die verknüpften Tabellen wie normale Access-Tabellen. Sie können die Felddefinitionen zwar nicht verändern, aber die Art und Weise, wie Access die Daten darstellt, beeinflussen, z. B. mit der Eigenschaft Format das Ausgabeformat. Zusätzlich besteht die Möglichkeit, die Eigenschaften der Steuerelemente eines Formulars festzulegen (z. B. die Eigenschaften Standardwert oder Gültigkeitsregel).

Sie werden nun exemplarisch eine Verknüpfung mit der Tabelle kunden in der Datenbank maxdb1 einrichten:

1. Zunächst erstellen Sie in Access eine neue leere Datenbank.
2. Im Register Externe Daten wählen Sie ODBC-Datenbank.
3. In dem sich öffnenden Fenster wählen Sie Erstellen Sie eine Verknüpfung zur Datenquelle.
4. Es öffnet sich das Fenster Datenquelle auswählen. Hier suchen Sie die gewünschte Datenquelle aus und melden sich bei der Datenbank an.
5. In dem sich öffnenden Fenster Tabellen verknüpfen werden alle Tabellen angezeigt, auf die Sie Zugriff haben. Sie markieren die Tabelle USER_1.KUNDEN (bzw. <Ihr Benutzername>.KUNDEN) und bestätigen mit OK.
6. Sie werden aufgefordert, einen eindeutigen Datensatzbezeichner festzulegen. Geeignet ist das Feld knr, das Sie markieren und bestätigen.
7. Im Navigationsbereich der Access-Datenbank erscheint die Tabelle kunden als verknüpfte Tabelle unter dem Namen USER_1_KUNDEN (zu erkennen an dem Erdkugel-Symbol).

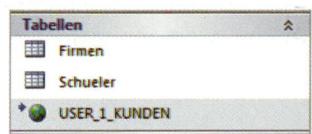

*Autoformular auf Basis der verknüpften Tabelle kunden*

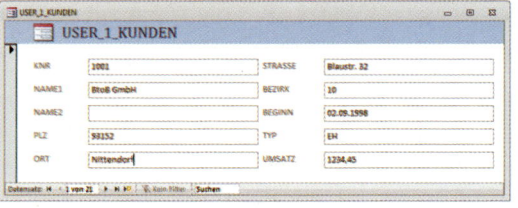

Sie können für die verknüpfte Tabelle nun z. B. ein Eingabeformular oder einen Bericht zur Auswertung entwerfen. Die Sicherheitsmechanismen der SQL-Datenbank bleiben dabei selbstverständlich weiter wirksam: Für einen Zugriff auf die verknüpfte Tabelle ist eine Anmeldung an der Datenbank erforderlich, Wertebereichsbeschränkungen für Felder werden vom DBMS überprüft, auch wenn im Eingabeformular keine Gültigkeitsregel definiert ist usw.

## 5.10 Projektauftrag: Hardwareverwaltung

Zur Erfassung und Verwaltung der Hardware benötigt Ihre Ausbildungsstätte eine datenbankbasierte Anwendung. Die Anforderungen sind bisher nur sehr grob formuliert und müssten in einem Pflichtenheft präzisiert werden. Folgende Anforderungen sollen erfüllt werden:

- Die Erfassung der Hardware soll auf Komponentenebene (z. B. Prozessor, Netzwerkkarte, Mainboard) erfolgen, sodass jederzeit Abfragen der Art „Wie viele Netzwerkkarten vom Typ xyz haben wir?" möglich sind.
- Komponenten können als Einzelstücke gelagert (z. B. in einem Ersatzteillager), in einem bestimmten Raum eingesetzt (z. B. ein bestimmter Monitor) oder in einem PC-System (das wiederum einen bestimmten Standort hat) eingebaut sein. Es soll jederzeit möglich sein, den Verbleib einer bestimmten Komponente zu erfragen. Beispiel: „Wo befindet sich der Monitor mit der Seriennummer 123 (Inventarnummer 123)?"
- Umgekehrt muss auch der Aufbau eines PC-Systems abfragbar sein („Welche Komponenten befinden sich im PC123 und wo befindet er sich?").
- Standortbezogene Abfragen sind ebenfalls zu erwarten: „Welche Geräte befinden sich in Raum 123?"
- Da nicht selten Geräte aufgerüstet werden, sollen Umbauten durch eine entsprechende Protokollierung nachvollziehbar bleiben (komponentenbezogen). Gleiches gilt für abgeschriebene Geräte.
- Sinnvoll erscheint auch die Erfassung von kaufmännischen Verwaltungsdaten, um z. B. eine Verbindung zwischen einer Komponente/einem Gerät und dem zugehörigen Anschaffungsvorgang herstellen zu können.

Die technische Umsetzung könnte mit einer SQL-Datenbank realisiert werden, in der die Datenbanktabellen, die Beziehungen und die Integritätsbedingungen, aber auch die Benutzer und ihre Privilegien zu definieren sind. Als Frontend ist – je nach Rahmenbedingung – z. B. MS Access, eine Visual Basic- oder C++Builder-Anwendung denkbar.

# 6 Erstellung von Webseiten

Das Kapitel 6 enthält eine kurze Einführung in die Gestaltung von Web-Seiten mit HTML und Cascading Style Sheets (CSS). Es dient als Grundlage für das selbstständige Erarbeiten weiterführender Themen.

**Aufbau einer HTML-Seite**

- Grundstruktur einer HTML-Seite
- Gestaltungsempfehlungen

**HTML-Kennungen**

- Textformatierungen, Listen, Tabellen, Grafiken, Links, Frames

**Cascading Style Sheets**

- Grundlagen, Syntax von CSS-Anweisungen, Einsatzmöglichkeiten von CSS

Um Informationen im World Wide Web zu veröffentlichen, müssen Dokumente erstellt werden, die mit Software unterschiedlichster Rechnersysteme dargestellt werden können. Dazu wurde HTML (Hypertext Markup Language) auf der Basis der Sprache SGML (Standard Generalized Markup Language) entwickelt und es wurden Standardisierungen dieser Sprache durch das W3-Konsortium vorgenommen. Die Standardisierung erfolgte über die Versionen 1.0, 2.0, 3.2 bis zum Standard HTML 4.01.

Mit HTML wird nicht das Layout einer Web-Seite festgelegt, sondern lediglich die Struktur der Seite beschrieben. Wird ein HTML-Dokument mit einem Web-Browser geöffnet, dann setzt der Browser die Beschreibung der Dokumentstruktur in eine visuelle Darstellung um. Das Layout, das unterschiedliche Browser erzeugen, ist nicht einheitlich.

## 6.1 Tools zum Erstellen von Webseiten

Zur Erstellung von Webseiten benötigt man nicht unbedingt zusätzliche Software. Eine einfache Möglichkeit stellt die Verwendung eines Texteditors, wie z. B. Notepad oder Wordpad, dar. Das Dokument muss als Textdokument mit der Erweiterung html bzw. htm abgespeichert werden und kann dann mit einem Browser dargestellt werden. Um die Erstellung von HTML-Dokumenten zu vereinfachen, kann man auch Kennungseditoren einsetzen. Es gibt sehr gute Editoren die als Freeware im Internet zum Download zur Verfügung stehen. Zur Erstellung von Webseiten können Sie z. B. den Kennungseditor HTML Phase 5 verwenden, der im Internet von der Seite www.phase5.info in der aktuellen Version heruntergeladen werden kann. Die komfortabelste Möglichkeit, eine Internetpräsentation zu erzeugen, ist die Verwendung eines WYSIWYG-Editors. Diese Editoren bieten die Möglichkeit, komfortabel in einer visuellen Umgebung Webseiten zu entwickeln. Doch für eine Einführung in HTML ist es ratsam, zunächst mit einem Tool zu arbeiten, mit dem man den Quelltext mit einem Editor erfasst, um die Grundlagen von HTML besser zu verstehen.

## 6.2 Grundsätzlicher Aufbau einer HTML-Seite

HTML-Dateien sind reine Textdateien und enthalten neben dem Text, der auf einer Webseite dargestellt werden soll, HTML-Befehle, die in sogenannten Tags (= Kennungen) stehen. Tags werden durch spitze Klammern markiert. Dabei enthalten die meisten Kennungen ein Beginntag (z. B. <html>) und ein Endetag (z. B. </html>, das mit einem Slash beginnt). Innerhalb des Beginns und des Endes eines Tags ist der Gültigkeitsbereich dieser Kennung. Die Groß- bzw. Kleinschreibung der Kennungen ist ohne Bedeutung.
Das folgende Beispiel zeigt das Grundgerüst einer HTML-Datei:

```
<!DOCTYPE HTML PUBLIC "-//W3C//DTD HTML 4.01 Transitional//EN"
   "http://www.w3.org/TR/html4/loose.dtd">
<html>
<head>
<title>Meine erste HTML-Seite</title> </head>
<body>
<h1>Dies ist eine &Uuml;berschrift der Stufe 1</h1>
<p>In diesem Abschnitt wird Text ohne besondere
Formatierung dargestellt.</p>
</body>
</html>
```

Die HTML-Datei beginnt mit der Dokumenttyp-Deklaration. In dieser Deklaration wird die Auszeichnungssprache und die verwendete Version dieser Sprache festgelegt. Webbrowser können diese Information verwenden, um die Ausgabe entsprechend der angegebenen Definition zu erzeugen. In dieser Deklaration wird das W3-Konsortium als Herausgeber der Dokumenttyp-Definition angegeben. Als Sprachversion ist die Version „-//W3C//DTD HTML 4.01 Transitional//EN" in der Sprache Englisch (EN) in unserem Grundgerüst der HTML-Datei festgelegt worden. Die Sprachdefinition Englisch bezieht sich nur auf die Sprache für die verwendeten Kennungen und nicht auf die Sprache für den eigentlichen Inhalt des HTML-Dokuments. Außerdem enthält die Dokumenttyp-Deklaration die Webadresse der Dokumentdefinition (http://www.w3.org/TR/html4/loose.dtd).

Der weitere Quellcode einer HTML-Datei wird innerhalb der Kennungen <html> (= Starttag) und </html> (= Endetag) codiert. Das Dokument selbst enthält zwei Bereiche, den Kopf (= HEAD) und den Körper (= BODY). Im Kopf des Dokumentes wird mit der Kennung title der Titel des Dokuments festgelegt. Der Text, der an dieser Stelle angegeben wird, erscheint in der Titelzeile des Browsers und sollte schon deshalb kurz und einprägsam sein. Außerdem verwenden viele Suchmaschinen des Internets diesen Titel für die Suche von Dokumenten im WWW. Im zweiten Teil (= BODY) steht der eigentliche Inhalt des HTML-Dokuments.

Ähnlich wie der Text einer normalen Textdatei besteht auch der Text einer HTML-Datei aus einigen grundsätzlichen Elementen. In unserem Einführungsbeispiel werden die Elemente Überschrift und Absatz verwendet. Überschriften beginnen mit den Tags h1 bis h6. Sie werden in ihrer Formatierung durch Größe, Fettschrift, Zentrierung oder Unterstreichung vom übrigen Text abgehoben. Überschriften enthalten jedoch keine Nummerierung. Um eine Stufung der Überschriften vorzunehmen, hat man die Möglichkeit, Überschriften 1. bis 6. Ordnung zu verwenden. In welcher Schrift, Schriftgröße und Schriftart diese Überschriften dann dargestellt werden, das übernimmt der Browser. Deshalb sollte man seine HTML-Dateien auch mit verschiedenen Browsern testen. Überschriften sowie der Text der Seite werden im Regelfall linksbündig dargestellt. Es gibt jedoch auch die Möglichkeit, durch Attribute die Überschrift rechtsbündig, zentriert oder im Blocksatz darzustellen. Soll die Überschrift aus obigem Beispiel zentriert angezeigt werden, so muss der Quellcode angepasst werden:

```
<h1 align = 'center'>Dies ist eine &Uuml;berschrift der Stufe 1</h1>
```

Sollen im Text zwischen den HTML-Kennungen Zeichen verwendet werden, die für die eigentliche Auszeichnung des Textes eine besondere Bedeutung haben, oder sollen spezielle Zeichen des Zeichensatzes (verwendbar ist der Unicode-Zeichensatz) bzw. länderspezifische Zeichen eingesetzt werden, so sollten Sie die dafür in HTML festgelegten Namen verwenden. Die Auszeichnung beginnt dann mit dem &-Zeichen, gefolgt von dem Namen des verwendeten Zeichens. Abgeschlossen wird die Angabe des Zeichens mit einem Semikolon. Die Angabe &Uuml; bedeutet, dass an dieser Stelle der Umlaut „Ü" als Zeichen im Text eingefügt wird. In der folgenden Tabelle sind einige wichtige Beispiele für HTML-Namen festgelegter Zeichen enthalten. Weitere Informationen können Sie der HTML-Referenz entnehmen.

| Zeichen | HTML-Name | Beschreibung |
| --- | --- | --- |
| " | &quot; | Anführungszeichen oben |
| < | &lt; | kleiner-Zeichen |
| > | &gt; | größer-Zeichen |
| & | &amp: | Ampersand, kaufmännisches Und |
| ä | &auml; | kleines ä |
| Ä | &Auml; | großes Ä |
| ß | &szlig; | scharfes s |
| © | &copy; | Copyrightzeichen |
| (blank) |   | Leerzeichen (non-breaking space) |

Das zweite Element, das in dem Einführungsbeispiel verwendet wurde, ist der Absatz (= Paragraph). Das Starttag für dieses Element ist <p> und entsprechend muss am Ende eines Absatzes als Kennung </p> verwendet werden.

Auch hier können Sie Attribute einsetzen, um eine andere Formatierung des Textes zu erzeugen.

Wenn Sie im Editor Zeilenumbrüche verwenden, so werden diese jedoch nicht im Browser dargestellt (es sei denn, Sie verwenden die Kennung für vorformatierten Text). Der Browser formatiert den Text entsprechend der aktuellen Fensterbreite des Browserfensters. Betrachten wir unser Einführungsbeispiel mit Mozilla-Firefox.

## 6.3 Wichtige HTML-Kennungen

### 6.3.1 Textgestaltung

Um Texte in einem HTML-Dokument hervorzuheben, gibt es eine Reihe von Formatierungsmöglichkeiten. So kann man Text fett (<b> = Bold), kursiv (<i> = Italic) oder unterstrichen (<u> = Underline) darstellen. Aber auch die Schriftart, Schriftgröße und die Schriftfarbe können mit HTML-Kennungen beeinflusst werden. Mit der Kennung font und dem Attribut face lässt sich die Schriftart definieren.

```
<font face = 'Arial'>Text in der Schriftart Arial</font>
```

Bei der Anzeige des Dokuments im Browser wird die angegebene Schriftart verwendet. Der Browser ist jedoch nur in der Lage, die Schriftarten anzuzeigen, die auf dem Browser-Rechner installiert sind. Es ist deshalb möglich, innerhalb der Anführungszeichen mehrere Schriftarten durch Kommata getrennt anzugeben. Der Browser verwendet dann die erste auf dem Rechner verfügbare Schriftart. Ist keine der angegebenen Schriftarten installiert, so ist die Angabe der Schriftart unbedeutend und der Browser verwendet die eingestellte Standardschrift. Bei der Erstellung von HTML-Dokumenten muss man sich auch bewusst sein, dass der Anwender eventuell in seinen Browsereinstellungen die Option aktiviert hat, dass alle Dokumente in der Standardschriftart dargestellt werden sollen. Da mit einer solchen Einstellung die Formatierung des HTML-Dokumentes außer Kraft gesetzt wird und da HTML-Dokumente auf sehr unterschiedlichen Rechnersystemen dargestellt werden, ist es ratsam, nur sparsam mit dem Einsatz von Schriftarten umzugehen.

Möchte man die Schriftgröße verändern, so verwendet man das Font-Tag mit dem Attribute size.

```
<font size = '5'>Dieser Text wird in Schriftgr&ouml;&szlig;e 5 dargestellt.</font>
```

Die Normalschriftgröße ist 3. Die Angabe der Schriftgröße ist eine relative Größe und bezieht sich auf die Normalschriftgröße. Es stehen die relativen Schriftgrößen von 1 bis 7 zur Verfügung.

Mit dem Attribut color lässt sich die Schriftfarbe verändern. Dabei kann man die Farbe in Hexadezimalschreibweise oder als Farbnamen angeben.

```
<font color='#FF0000'>Dieser Text wird rot dargestellt.</font>
<font color='red'>Dieser Text wird rot dargestellt.</font>
```

Wie schon im Eingangsbeispiel erwähnt, übernimmt der Browser die Formatierung des Textes. Zeilenumbrüche werden beispielsweise aufgrund der jeweiligen Fenstergröße automatisch durch den Browser vorgenommen. Es ist aber zum Teil auch notwendig, manuell einen Zeilenumbruch zu erzeugen. Dazu verwendet man die Kennung <br> (= BREAK). Für diese Kennung gibt es keine Endekennung.

Um den Text visuell zu untergliedern, können Sie horizontale Linien einfügen. Diese Linien werden durch das Tag <hr> erzeugt. Auch dieses Tag verfügt über verschiedene Attribute. Das Attribut width gibt die Breite der Linie an. Man kann eine Zahl oder einen Prozentwert angeben. Wird eine Zahl verwendet, so interpretiert der Browser die Angabe der Breite in Pixel. Die Prozentangabe bewirkt, dass die Linie an der Gesamtbreite des Fensters gemessen dargestellt wird.

In allen Fällen wird eine Trennlinie standardmäßig zentriert dargestellt. Will man dies verändern, so muss das Attribut align eingesetzt werden. Auch die Liniendicke kann verändert werden. Der Ausgangswert der Höhe der Linien beträgt 2 Punkt.

Betrachtet man die Linien im Browser, so stellt man fest, dass die Linien schattiert dargestellt werden. Mit dem Attribut noshade wird eine nicht schattierte Linie erzeugt.

Wenn in einem HTML-Dokument sogenannte White-Space-Zeichen (Leerzeichen, Tabulatoren oder Zeilenumbrüche) verwendet werden, so werden diese Zeichen normalerweise vom Browser ignoriert. Es gibt jedoch die Möglichkeit, Text mit der Kennung <pre> als vorformatierten Text in einem Dokument zu implementieren. Dann wird der Text innerhalb dieser Kennung (<pre> ... </pre>) in einer Schrift mit fester Schriftweite (z. B. Courier) dargestellt und auch die White-Space-Zeichen werden vom Browser umgesetzt. So ist es möglich, Text einzurücken oder auch Tabellen ohne die Verwendung der Table-Kennung zu erzeugen.

## 6.3.2 Listen

Informationen sollen in einer übersichtlichen Form dargeboten werden. Ein wesentliches Element, um diesen Anspruch umzusetzen, ist das Listenelement. Es gibt insgesamt fünf Listentypen. Die beiden wichtigsten Listen sind die nummerierten geordneten Listen und die ungeordneten Listen.

Geordnete Listen
Bei geordneten Listen wird jeder Listenpunkt nummeriert. Die Listeneinträge stehen zwischen den Tags <ol> und </ol>. Die Kennzeichnung eines einzelnen Listeneintrags beginnt mit dem Tag <li>. Dieses Tag benötigt keine Endekennung.

```
<p><b>IT-Berufe:</b></p>
<ol>
<li>Informatikkaufmann/Informatikkauffrau</li>
<li>IT-Systemkaufmann/IT-Systemkauffrau</li>
<li>IT-Systemelektroniker/IT-Systemelektronikerin</li>
<li>Fachinformatiker/Fachinformatikerin</li>
</ol>
```

Durch diese Anweisungen wird eine nummerierte Liste erzeugt, bei der der erste Eintrag mit der Ziffer 1 beginnt. Entsprechend werden die weiteren Aufzählungspunkte mit fortlaufender Nummerierung dargestellt. Auch beim OL-Tag können Sie Attribute verwenden, um die Liste an Ihre Bedürfnisse anzupassen. Möchten Sie – anstelle einer mit arabischen Zahlen nummerierten Liste – eine Liste mit römischen Ziffern erzeugen, so können Sie die OL-Kennung um das Attribut type erweitern: <ol type = 'I'>. Mit Attributwert „A" bzw. „a" lassen sich Aufzählungen mit Groß- bzw. Kleinbuchstaben erzeugen. Mit dem Start-Attribut können Sie die erste Ziffer (oder Buchstaben) bestimmen, mit der die Nummerierung beginnen soll.

Ungeordnete Listen
Ungeordnete Listen sind Aufzählungen, bei denen die Einträge im Regelfall durch einen dicken Aufzählungspunkt oder eine andere symbolische Markierung gekennzeichnet werden. Eingeleitet wird diese Form der Liste durch das Tag <ul> und das Ende wird durch die Kennung </ul> festgelegt. Die Listeneinträge haben wie bei der geordneten Liste die Kennung <li>. Auch bei der ungeordneten Liste steht das Type-Attribut zur Verfügung. Mit diesem Attribut lässt sich festlegen, wie das Aufzählungszeichen aussehen soll. Mit der Kennung <ul type = 'square'> wird ein rechteckiges Aufzählungszeichen angezeigt. Der Attributwert circle führt zu einem nicht ausgefüllten Punkt. Die Standardeinstellung für die Darstellung ist der Attributwert disc, der einen dicken ausgefüllten Punkt erzeugt.

```
<h3>Verfügbare Listenarten in HTML</h3>
<ul type = 'square'>
<li>Nummerierte Listen Tag : ol</li>
<li>Ungeordnete Listen Tag : ul</li>
<li>Menülisten Tag: menu</li>
<li>Verzeichnislisten Tag: dir</li>
```

```
<li>Definitionslisten Tag: dl</li>
</ul>
```

**Ausgabe in Mozilla Firefox**

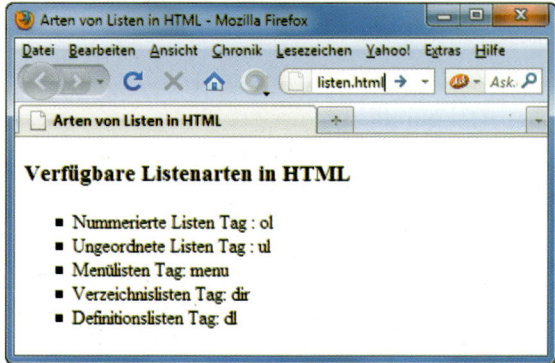

### 6.3.3 Tabellen

Um Daten darzustellen oder Texte einer HTML-Seite ansprechend zu formatieren, können Sie auch Tabellen definieren. Tabellen können verwendet werden, um Text mehrspaltig darzustellen oder Texte formatiert horizontal auszurichten. Eingeleitet wird eine Tabelle durch die Kennung <table> und beendet durch das Endetag </table>.

Tabellen können mit bzw. ohne Gitternetz angezeigt werden. Standardmäßig werden Tabellen ohne Trennlinien erzeugt. Um eine Tabelle mit Gitternetz der Linienstärke 2 zu erzeugen, muss man das Attribut border='2' verwenden. Die Definition einer Tabellenzeile erfolgt mit der Kennung <tr> ... </tr> (= table row). Die Tabelle selbst kann in Kopfzellen Spaltenüberschriften oder Zeilenbeschriftungen enthalten, die mit einer besonderen Formatierung hervorgehoben werden (z. B. fett und zentriert). Kopfzellen werden mit dem Tag <th> ... </th> (= table header) erstellt. Gewöhnliche Datenzellen können Sie mit der Kennung <td> ... </td> (= table data) erzeugen.

```
<table border='2'>
<tr>
<th>Seminarnummer</th>
<th>Seminarbezeichnung</th>
<th>Termin</th>
</tr>
<tr>
<td>1050</td><td>Betriebssystem Windows</td><td>07. Januar
    2011</td>
</tr>
<tr>
<td>1051</td><td>MS-Office Word</td><td>23. Januar 2011</td>
</tr>
```

```
<tr>
<td>1052</td><td>C++-Programmierung</td><td>13. Juli 2011</td>
</tr>
</table>
```

Beim Anzeigen der Tabelle analysiert der Browser den HTML-Quelltext und ermittelt die Anzahl der Zeilen und Spalten sowie die Breite der einzelnen Spalten. Die Anzahl der Zeilen ergibt sich durch die Anzahl der TR-Kennungen und die Anzahl der Spalten wird durch die Anzahl der TD-Kennungen in einer Zeile ermittelt. Bei der Berechnung der Spaltenbreite orientiert sich der Browser an der Breite des größten Eintrags in der jeweiligen Spalte. Erst nach dieser Analyse kann die Tabelle angezeigt werden.

Die Tabelle der Seminarveranstaltungen soll noch um eine Zeile erweitert werden, in der der Text Seminarveranstaltungen angezeigt wird. Dieser Text muss jedoch alle drei Spalten der Tabelle überschreiben. Dazu müssen Sie folgende Veränderungen am HTML-Dokument vornehmen:

```
<table border = '2'>
<tr>
<th colspan = '3''>Seminarveranstaltungen</th>
</tr>
<tr>
<th>Seminarnummer</th>
<th>Seminarbezeichnung</th>
</tr>
...
```

Das Ergebnis der Tabellendefinition lassen wir uns im Browser anzeigen.

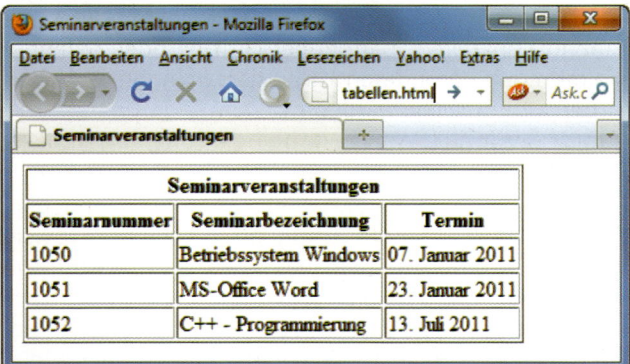

Da die spaltenübergreifende Überschrift mit der Kennung <th> erzeugt wurde, wird diese Überschrift zentriert und fett als erste Tabellenzeile dargestellt. Es wird anhand dieses Beispiels auch deutlich, dass eine Tabelle nicht nur eine Überschrift hat, sondern dass das TH-Tag mehrfach verwendet werden kann. Zur Formatierung von Tabellen existieren noch viele Kennungen, die die Darstellung der einzelnen Elemente der Tabelle beeinflussen. Wenn Sie weitere Gestaltungsanforderungen an Tabellen haben, so informieren Sie sich in der HTML-Referenz.

## 6.3.4 Einbinden von Grafiken

Durch das Einfügen von Grafiken können Webseiten visuell gestaltet werden. Die gängigen Browser unterstützen im Regelfall das GIF- und das JPEG-Grafikdatenformat. Hochauflösende Bilder benötigen viel Speicher und verursachen längere Ladezeiten beim Aufbau einer Webseite. Deshalb sollten Sie die Grafiken bearbeiten und nur in der Größe abspeichern, die Sie tatsächlich für Ihre Darstellung benötigen.

Das Einbinden einer Grafik erfolgt mit dem Tag <img>. Um die Datei zu bestimmen, die angezeigt werden soll, muss man das Attribut src einsetzen. Die Dateibezeichnung ist in Anführungszeichen zu setzen. Soll die Datei computer.gif, die sich im aktuellen Verzeichnis befindet, in einem Absatz ohne zusätzlichen Text abgebildet werden, müssen Sie die HTML-Anweisung

```
<p><img src = 'computer.gif'></p>
```

codieren. Durch konkrete Pfadangaben (z. B. „c:/html/computer.gif") oder relative Pfadangaben (z. B. „../bilder/computer.gif" - eine Verzeichnisebene nach oben und dort im Unterverzeichnis bilder) lassen sich Grafikobjekte auch in anderen Verzeichnissen referenzieren. Achten Sie darauf, dass auch bei Betriebssystemen, die normalerweise den Backslash als Trennzeichen in Pfadangaben verwenden, im HTML-Code ein einfacher Slash verwendet werden muss. Bei der Angabe von absoluten Quellverweisen ist zu bedenken, dass alle Referenzen angepasst werden müssen, wenn die Grafiken in ein anderes Verzeichnis verschoben werden oder wenn die Quelle sogar auf ein anderes Laufwerk bewegt wird. Es besteht auch die Möglichkeit, eine Grafik durch Angabe der Internetadresse im Internet selbst zu referenzieren.

Auch bei der Imagekennung können Sie zusätzliche Attribute verwenden. Mit dem Attribut align können Sie festlegen, ob ein Bild linksbündig (= left), rechtsbündig (= right) oder zentriert (= center) ausgerichtet wird.

Da HTML-Dokumente auf sehr unterschiedlichen Systemen Verwendung finden, sollte man auch daran denken, dass ein Text definiert wird, der angezeigt wird, wenn ein Browser (z. B. reiner Textbrowser) nicht in der Lage ist, diese Grafik darzustellen. Dem Attribut alt muss dieser Text zugewiesen werden. Weiterhin können Sie die Breite (= width) und die Höhe (= height) eines Bildes angeben. Sind diese Informationen für die Grafikelemente verfügbar, so kann der Browser bereits die HTML-Seite auf dem Bildschirm aufbauen und für die Grafiken entsprechend Freiraum anzeigen, bevor die Grafikdateien selbst gelesen werden. Beim Einbinden von Grafikelementen fügen verschiedene HTML-Editoren diese Werte automatisch ein. Um einen Rahmen um die Grafik zu ziehen, ist es notwendig, mit der Angabe border = '2' z. B. eine Umrahmung in der Linienstärke von 2 Pixel zu erzeugen.

Das folgende Beispiel verdeutlicht die Verwendung der beschriebenen Attribute, um einen Kopf für unser HTML-Dokument zu erzeugen. Die Überschrift „EDV-Schulung für IT-Auszubildende" umfließt die Grafik auf der linken Seite. Alle Elemente, die nach der Kennung <br clear = all> folgen, werden durch diese Anweisung unterhalb der Grafik angezeigt.

```
<p><img src='computer.gif' align = 'right' border='2'
        alt='Leider kann die Grafik nicht angezeigt werden'
        width='107' height='88'>
</p>
<h1>EDV-Schulung f&uuml;r IT-Auszubildende</h1>
<br clear='all'>
<hr>
```

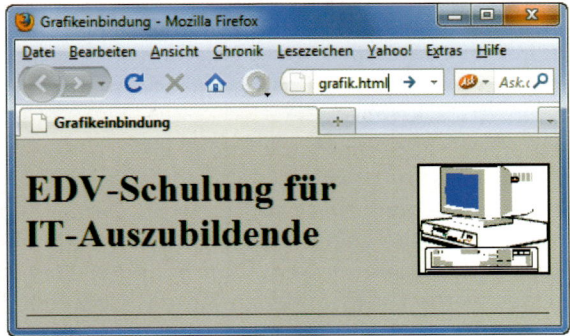

### 6.3.5 Verknüpfungen (Links)

Eine wesentliche Neuerung im World Wide Web war die Möglichkeit, dass man durch Verknüpfungen mit einem Mausklick sehr schnell andere Dokumente öffnen kann. Wenn man an die Gesamtwebpräsentation denkt, so ist es grundsätzlich möglich, die Information auf einer einzigen Seite darzustellen. Da dies aber sehr unübersichtlich ist und die Navigation zu einem bestimmten Punkt im Text aufwendig ist, sollte man die Informationen auf unterschiedlichen Seiten implementieren und dem Benutzer durch Verweise den schnellen Zugriff auf wichtige Informationen ermöglichen. Dazu ist vor allem bei komplexen Projekten eine gute Strukturierung der Gesamtpräsentation notwendig.

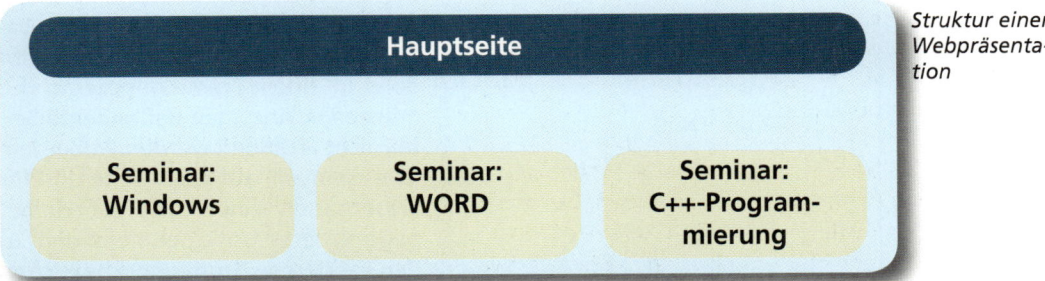

*Struktur einer Webpräsentation*

In unserer Aufgabe scheint es sinnvoll, die Einführungsinformation und die Seminarübersicht auf der Hauptseite abzulegen. Durch Anklicken der Seminarbezeichnung soll für das jeweilige Seminar eine Seite geöffnet werden, auf der die Informationen zum ausgewählten Seminar dargestellt werden. Außerdem soll es möglich sein, durch Anklicken eines Buttons zwischen den Beschreibungen der Seminare zu wandern und der Verweis auf die Hauptseite sollte ebenfalls auf allen Seiten implementiert werden.

Mit dem Anchor-Tag <a> lassen sich Verknüpfungen erzeugen. Der gesamte Text, der für den Link hervorgehoben werden soll, muss zwischen dem Starttag <a> und dem Ende der Kennung </a> stehen. Durch das Attribut href der Anchor-Kennung wird das Verweisziel festgelegt. Die Angabe des Ziels kann in Form eines Dateinamens (Name eines HTML-Dokumentes) angegeben werden oder man kann auch einen Link zu einer anderen Seite des WWW erzeugen, indem man eine gültige WWW-Adresse als Verknüpfungsziel wählt.

```
<tr>
<td>1050</td>
<td><a href='windows.html'>Betriebssystem Windows</a></td>
<td>07. Januar 2011</td>
</tr>
```

Der Ausschnitt aus dem HTML-Dokument zeigt den Link zur HTML-Datei windows.html. Da keine Pfadangaben vorhanden sind, muss sich diese Datei im gleichen Verzeichnis wie die Hauptseite unserer Präsentation befinden. Damit die Verknüpfung auch ausgetestet werden kann, müssen Sie das Dokument windows.html und die anderen beiden Seminardokumente erzeugen. Durch das Einfügen aller notwendigen Anchor-Kennungen lassen sich die Links implementieren.

### 6.3.6 Frames

Mit Frames kann man das Anzeigefenster des Browsers in frei definierbare Bereiche aufteilen. Diese Segmente können z. B. statischen Inhalt haben, der unabhängig von den anderen Segmenten angezeigt und auch durch andere HTML-Dateien ersetzt werden kann. Um zu gewährleisten, dass beispielsweise alle Seiten unserer Präsentation den gleichen Kopf besitzen, kann ein einheitlicher Kopf in einer HTML-Datei abgelegt werden. Dieser Kopf wird dann in einem Frame angezeigt und muss beim Anzeigen der anderen Seiten nicht verändert werden. Außerdem ist es sinnvoll, auf jeder Seite unserer Präsentation einen Link zur Homepage unseres Unternehmens und zu den anderen Ausbildungsbereichen zur Verfügung zu stellen.

*Struktur einer Webseite mit Frames*

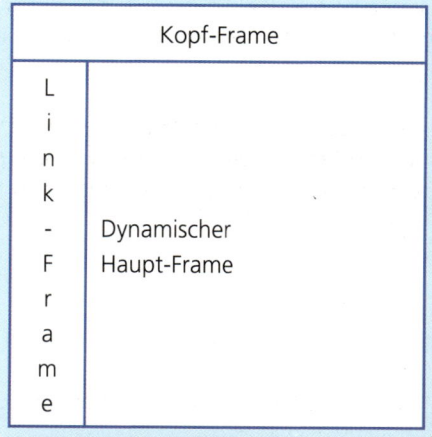

Um eine Seite in verschiedene Frames zu unterteilen, muss man in einer HTML-Datei eine Framesetdefinition erstellen. Das Anzeigefenster soll in zwei untereinanderliegende Bereiche aufgeteilt werden (= Zeilen, rows) und innerhalb des unteren Anzeigebereichs sind zwei nebeneinanderliegende Segmente (= Spalten, cols) zu definieren.

Aufbau der Framedefinitionsdatei:

```html
<!DOCTYPE HTML PUBLIC "-//W3C//DTD HTML 4.01 Transitional//EN"
        "http://www.w3.org/TR/html4/loose.dtd">
<html>
<head>
<title>Framedefinition</title>
</head>
<frameset rows='20%,80%'>
  <frame src='kopf.html'>
  <frameset cols='250,*'>
    <frame src='linkseite.html'>
    <frame src='hauptseite.html'>
  </frameset>
</frameset>
<noframes>Ihr Browser unterst&uuml;tzt keine Frames!
    </noframes>
</html>
```

Im Rahmen der Definition des Framesets werden zuerst die beiden vertikalen Bereiche definiert. Die Angaben der Zeilen erfolgen in Prozentangaben. Anschließend wird der obere Frame (Kopf-Frame) mit der HTML-Quelldatei kopf.html belegt. Nun muss für den unteren Teil der Anzeige eine weitere Framesetdefinition vorgenommen werden. Dabei wird der linke Frame mit einer festen Größe von 250 Pixel definiert. Das rechte Segment wird mit einem Sternchen definiert, das bedeutet, dass dieser Frame die restliche verfügbare Fensterbreite erhält. In den zwei folgenden HTML-Quellcodezeilen wird festgelegt, welche HTML-Datei im jeweiligen Bereich angezeigt werden soll. Da nicht alle Browser die Anzeige von Frames unterstützen, wird auch noch das Tag <noframes> verwendet. In diesem Abschnitt wird festgelegt, was ein nicht framefähiger Browser anzeigen soll.

Auch für die Verwendung von Frames existieren zahlreiche Attribute, deren Darstellung den Rahmen dieses Buches sprengen würde. Zum Abschluss soll lediglich noch gezeigt werden, wie man die Framedarstellung wieder beenden kann. Dies ist vor allem dann notwendig, wenn ein Link auf eine fremde HTML-Seite erfolgt.

```html
<a href = 'hauptseite.html' target = '_top'>Hauptseite
ohne Frames</a>
```

Aufgrund dieser Anweisung wird die HTML-Datei hauptseite.html wieder in der gesamten Fensterbreite des Browserbildschirms angezeigt.

## 6.3.7 Empfehlungen zur Gestaltung einer Webpräsentation

Soll Ihre Webpräsentation erfolgreich sein, so müssen Sie sich bei der Gestaltung Ihrer Webdokumente an einige Vorgaben halten:

- Gestalten Sie leicht überschaubare Dokumente.
- Verwenden Sie Überschriften.
- Verwenden Sie Listen.
- Schreiben Sie kurze und prägnante Texte.
- Seien Sie zurückhaltend mit Hervorhebungen.
- Verwenden Sie ein durchgehendes Layout für alle Seiten.
- Halten Sie die Gestaltung der Seiten so einfach wie möglich.
- Reduzieren Sie die Anzahl der Elemente (Grafiken, Multimediaobjekte).
- Denken Sie an die Ladezeiten für Ihre Seiten.
- Verwenden Sie keine aufwendigen Hintergründe.
- Implementieren Sie auf jeder Seite eine Verknüpfung zur eigenen Homepage.
- Unterzeichnen Sie Ihre Dokumente.

## 6.3.8 Verwendete HTML-Tags im Überblick

Die folgende Tabelle gibt einen Überblick über die in den Beispielen verwendeten HTML-Kennungen und Attribute.

| Kennung | Attribut | Beschreibung |
| --- | --- | --- |
| &lt;html&gt; ... &lt;/html&gt; | | Umgibt das gesamte HTML-Dokument |
| &lt;head&gt; ... &lt;/head&gt; | | Header des HTML-Dokuments |
| &lt;body&gt; ... &lt;/body&gt; | | Dokumenthauptteil |
| &lt;title&gt; ... &lt;/title&gt; | | Titel des HTML-Dokuments, wird in Browser-Fensterbeschriftung angezeigt |
| &lt;h1&gt; ... &lt;/h1&gt; | | Überschrift Stufe1 (es gibt 6 Stufen) |
| &lt;p&gt; ... &lt;/p&gt; | | Absatz |
| &lt;ol&gt; ... &lt;/ol&gt; | | Ordered List (geordnete nummerierte Liste) |
| &lt;ul&gt; ... &lt;/ul&gt; | | Unordered List (ungeordnete Liste, Listeneinträge werden mit Punkten dargestellt) |
| &lt;li&gt; ... &lt;/li&gt; | | Einzelner Listeneintrag (&lt;/li&gt; kann weggelassen werden) |

*Erstellung von Webseiten*

| Kennung | Attribut | Beschreibung |
|---|---|---|
| <!- ... -> | | Kommentar |
| <hr> | | Horizontale Trennlinie |
| <pre> ... </pre> | | Vorformatierter Text |
| <table> ... </table> | | Tabelle |
| <tr> ... </tr> | | Table Row (Tabellenzeile) |
| <td> ... </td> | | Table Data (Inhalt einer Zelle) |
| <th> ... </th> | | Table Header (Tabellenüberschriftszeile) |
| <table> ... </table> | border = n<br>colspan = n | Rahmenstärke der Tabelle<br>Spaltenüberspannung (für Kennungen th, td) |
| <b> ... </b> | | Zeichenformatierung fett (bold) |
| <u> ... </u> | | Zeichenformatierung unterstrichen (underline) |
| <img > | src = dateiname<br>align = left | Einbindung von Bildern über URL oder Dateinamen. Unterstützte Formate (i.d.R.): GIF, JPEG, PNG<br>SOURCE (Quelle für Bilder)<br>Ausrichtung (left, right, center) |
| <a> ... </a> | href = dateiname | Verknüpfungskennung (anchor)<br>HypertextREFerence verweist auf Verknüpfung |

Eine umfassende Beschreibung der HTML-Standards finden Sie unter http://www.w3.org/TR/html401/. Manche der verwendeten Elemente bzw. Attribute sind vom W3C als deprecated (= missbilligt) eingestuft, werden jedoch noch sehr häufig in HTML-Dokumenten verwendet.

Bedeutung dieser Einstufung:

Deprecated
A deprecated element or attribute is one that has been outdated by newer constructs. Deprecated elements are defined in the reference manual in appropriate locations, but are clearly marked as deprecated. Deprecated elements may become obsolete in future versions of HTML.

User agents should continue to support deprecated elements for reasons of backward compatibility.
…
This specification includes examples that illustrate how to avoid using deprecated elements. In most cases these depend on user agent support for style sheets. In general, authors should use style sheets to achieve stylistic and formatting effects rather than HTML presentational attributes. HTML presentational attributes have been deprecated when style sheet alternatives exist …
Quelle http://www.w3.org/TR/html401/conform.html#deprecated (letzter Zugriff am 15.09.2010)

## AUFGABE 6.1

Informieren Sie sich über die betroffenen Elemente und Attribute im Internet auf der Seite http://www.w3.org/TR/html401/.

Für das Intranet Ihrer Institution soll jedes Mitglied Ihrer Ausbildungsgruppe einen Steckbrief mit Angaben zu seiner Person in Form eines HTML-Dokumentes erzeugen. Ein Muster der zu visualisierenden Informationen liegt bereits vor.

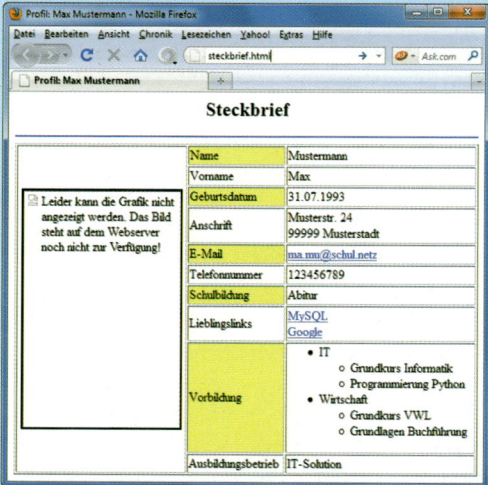

Erzeugen Sie eine benutzerfreundliche HTML-Seite, die die Informationen entsprechend der Musterseite enthält. Optische Verbesserungen der vorliegenden Seite sind erwünscht.

### 6.3.9 XHTML

Aufgrund der Planungen des W3C sollte HTML 4.01 der letzte veröffentlichte HTML-Standard sein. Die Weiterentwicklung von HTML erfolgte in Form von XHTML. XHTML basiert auf dem Standard von XML (Extensible Markup Language). XML ist eine Auszeichnungssprache zur Darstellung von hierarchisch strukturierten Daten in Textform. XML ist deshalb besonders geeignet, Informationen über verschiedene Systeme auszutauschen.

Basierend auf dem XML-Standard wurde XHTML 1.0 vom W3C-Konsortium verabschiedet. Es handelt sich bei dieser Version lediglich um eine Anpassung von HTML 4.01 an die formalen Anforderungen von XML. Inhaltlich wurden keine Neuerungen in diesen Standard aufgenommen. In der Version XHTML 1.0 können Sie auch noch die gewohnten Dokumenttypen Transitional, Strict und Frameset verwenden. Mit der Version XHTML 1.1 können bereits keine Layoutelemente im Quellcode mehr verwendet werden, d. h. Sie müssen in dieser Version bereits auf alle missbilligten Elemente (deprecated elements) verzichten und die Formatierung der Webseiten ausschließlich mit CSS-Formatierungen realisieren.

Das W3C wollte auf der Basis von XML eine Weiterentwicklung von HTML in Form einer besser strukturierten Sprache vorantreiben. Parallel zu dieser Arbeit gründeten die Browserhersteller Opera, Mozilla und Apple im Jahr 2004 jedoch eine Arbeitsgruppe (WHATWG – Web Hypertext Application Working Group) mit dem Ziel, die Grundlagen für HTML 5, einer Weiterentwicklung des HTML-Standards, zu erarbeiten. Das W3C erkannte, dass die Entwicklung auf Basis von XML keinen Sinn macht, wenn namhafte Browserhersteller das nicht unterstützen und in ihren Browsern implementieren. Deshalb erkor das W3C die Arbeit des WHATWG offiziell zu HTML 5 und beide Gruppen arbeiten seit 2007 mehr oder weniger gemeinsam an HTML 5.

Die formalen Anforderungen an HTML-5-Webseiten sind gering. Es ist aber auch in HTML 5 durchaus möglich, die Grundzüge von XML in einer HTML-Datei umzusetzen. Die Umsetzung dieser Anforderungen führt zu besser strukturiertem und besser lesbarem Quellcode. Deshalb sollen im nächsten Kapitel die formalen Anforderungen an eine HTML-Datei dargestellt werden, die den XML-Konventionen entspricht.

### 6.3.9.1 Formale Anforderungen an XHTML

Die formalen Anforderungen an eine HTML-Datei sind relativ gering. Selbst fehlerhafte und unvollständige HTML-Dateien können durch entsprechende Korrekturen der Browser meistens korrekt angezeigt werden. Doch darauf sollte man sich beim Entwickeln von Webseiten nicht verlassen. Die neueren Browser werden immer mehr standard-konform, sodass es sinnvoll ist, Webseitenentwicklung an die formalen Anforderungen des XHTML-Formats anzupassen. Die folgende Tabelle enthält die wichtigsten formalen Anforderungen von XHTML:

| Anforderung | Beispiele |
| --- | --- |
| Alle Elementnamen (Kennungen, Attribute, Attributwerte) müssen klein geschrieben werden. | `<html>`, `</html>`, `<p>`, `</p>`, `<table>`, `</table>`. |
| Jede Kennung muss mit einem Start-Tag und auch einem Ende-Tag codiert werden, d. h. auch Kennungen, die in HTML kein Ende-Tag benötigen (z. B. `<hr>`), müssen nach dem XHTML-Standard abgeschlossen werden. Es ist dabei möglich, die Ende-Kennung in das Tag miteinzubeziehen. | `<p> ... </p>` <br> `<li> ... </li>` <br> `<hr />` <br> `<img src = "test.jpg" />` |
| Alle Tags müssen korrekt ineinander geschachtelt werden. Das bedeutet, dass bei einer Schachtelung von HTML-Kennungen das zuletzt geöffnete Tag als erstes geschlossen werden muss. | `<p><b>Text</b></p>` |
| Alle Attributwerte müssen in einfache oder doppelte Anführungszeichen gesetzt werden. | `<img src = '/test.jpg' />` <br> `<img src = "test.jpg" />` |
| Attribute ohne Attributwerte sind nicht erlaubt, es muss deshalb jedem Attribut ein Attributwert zugewiesen werden. | `<option selected='selected'>` |
| Inline-Elemente erzeugen keinen eigenen Absatz in der Textdarstellung, sie sind innere Elemente. Inline-Elemente (z. B. a, img, b, br, span, button) müssen in ein Blockelement (z. B. p, div, form, h1-h6, hr, ol, table, ul) eingebettet werden. | `<p>Text<br />Text</p>` <br> `<div><img src = "test.jpg" /></div>` |

### 6.3.9.2 Grundgerüst einer XHTML 1.0 Webseite

Die folgenden Quellcodezeilen enthalten das Grundgerüst einer XHTML-Datei. Es ist dem Grundgerüst einer HTML-Datei sehr ähnlich.

```
<?xml version="1.0" ?>
<!DOCTYPE html PUBLIC "-//W3C//DTD XHTML 1.0 Transitional//EN"
   "http://www.w3.org/TR/xhtml1/DTD/xhtml1-transitional.dtd">
<html xmlns="http://www.w3.org/1999/xhtml">
<head>
<title>Beschreibung der Seite</title>
</head>
<body>

</body>
</html>
```

Die erste Zeile des XHTML-Grundgerüsts enthält die XML-Deklaration. Hier wird der Bezug zu XML hergestellt und mit dem Attribut version, das unbedingt verwendet werden muss, wird die Version XHTML 1.0 angegeben. Im einleitenden Tag kann wahlweise auch noch das Attribut encoding verwendet werden, um beispielsweise die Zeichencodierung festzulegen (z. B.

```
<?xml version="1.0" encoding="ISO-8859-1"?>
```

legt den Zeichensatz ISO-8859-1 als Zeichensatz für die Darstellung dieses Dokuments fest).

Erst in der zweiten und dritten Zeile folgt die Dokumenttypdeklaration. Als Version wird in unserem Grundgerüst XHTML 1.0 festgelegt. Die Variante Transitional erlaubt nach dem Standard für diese Deklaration noch den Einsatz von deprecated-elements (missbilligten Elementen). Ab XHTML 1.1 ist diese Deklaration nicht mehr möglich, wenn man standard-konforme Dateien erzeugen möchte.

Die Quellcodezeile 3 enthält den Verweis auf die entsprechende Datei für die Deklaration des Dokumenttyps auf den Webseiten des W3C-Konsortiums. Der letzte Unterschied im Grundgerüst betrifft das einleitende HTML-Tag. Im Gegensatz zum HTML-Standard muss in diesem Tag der verwendete XML-Namensraum mit dem Attribut

```
xmlns="http://www.w3.org/1999/xhtml"
```

angegeben werden. Der restliche Quelltext des Grundgerüsts entspricht dem Aufbau eines normalen HTML-Dokuments.

### 6.3.9.3 Validierung von Dokumenten

Unter Validierung versteht man einen Prozess, bei dem ein Dokument auf die Einhaltung eines formalen Standards (z. B. XHTML 1.0 Standard Strict des W3C-Konsortiums) überprüft wird. Ein Dokument, das so geprüft wurde und diese Prüfung bestanden hat, wird als valide bezeichnet. Die Vorteile, die sich aufgrund von validen Dokumenten ergeben, sind:

- Dokumente werden fehlerfreier dargestellt.

- Es ist keine Korrektur durch den Browser beim Parsen des Dokuments notwendig.
- Valider Code wird schneller wiedergegeben als fehlerhafter Code.

Viele HTML-Editoren haben bereits eingebaute Validierungshilfen. Sie können jedoch Ihre Dokumente auch Online auf den W3C-Seiten validieren. Im Internet stehen weitere Seiten für eine Onlinevalidierung zur Verfügung. Sie können aber auch mit im Internet verfügbaren Programmpaketen Ihre Dokumente offline validieren. Im Hinblick auf das nächste Kapitel (CSS) sei an dieser Stelle auch noch vermerkt, dass Sie Ihre CSS-Dokumente ebenfalls validieren sollten. Auch hierzu stellt Ihnen zum Beispiel das W3C-Konsortium einen Online CSS Validation Service zur Verfügung.

## AUFGABE 6.2

Im Rahmen der Entwicklung von HTML-Seiten liegt ein Grobentwurf einer HTML-Datei (Inhalt: Darstellung der formalen Anforderungen an eine XHTML-Datei – Auszug) vor.

```
 1: <?xml version="1.0"?>
 2: <!DOCTYPE html PUBLIC "-//W3C//DTD XHTML 1.0 Transitional//EN"
 3: "http://www.w3.org/TR/xhtml1/DTD/xhtml1-transitional.dtd">
 4: <html xmlns="http://www.w3.org/1999/xhtml">
 5: <head>
 6: </head>
 7: <body>
 8: <h1><b><u>Formale Anforderungen an eine XHTML-Datei</h1></b>
 9:
10: <table border=2>
11:     <tr><th colspan=2>Formale Anforderungen XHTML</th></tr>
12:     <tr><th>Anforderung</th><th>Beispiele</tr>
13:     <tr><td>Alle Elementnamen müssen groß geschrieben
                werden</td>
14:         <td><ul><li>&lt;html&gt;, &lt;/html&gt;
15:             <li>&lt;p&gt;, &lt;/p&gt;</ul>
16:     </tr>
17:     <tr><td>Jede Kennung muss ein Start- und ein End-Tag
                haben</td>
18:         <td><ul><li>&lt;li&gt;, &lt;/li&gt;
19:             <li>&lt;img src = "test.jpg" /&gt;</ul>
20:     </tr>
21: </table>
22: <hr>
23: </body>
24: </html>
```

> Bei der Validierung dieses Dokuments wurden folgende Warnungen bzw. Fehler erkannt:
>
> - Warnung:
> No Character Encoding Found! Falling back to windows-1252. None of the standards sources gave any information on the character encoding labeling for this document. Before defaulting to windows-1252 the validator also tried to read the content with the following encoding(s), without success: UTF-8.
>
> - Fehler:
> Line 6, Column 6: end tag for „head" which is not finished. Most likely, you nested tags and closed them in the wrong order. For example <p><em>...</p> is not acceptable, as <em> must be closed before <p>. Acceptable nesting is: <p><em>...</em></p>
> Another possibility is that you used an element which requires a child element that you did not include. Hence the parent element is „not finished", not complete. For instance, in HTML the <head> element must contain a <title> child element, lists (ul, ol, dl) require list items (li, or dt, dd), and so on.
>
> - Fehler:
> Line 12, Column 51: end tag for „th" omitted, but OMITTAG NO was specified. You may have neglected to close an element, or perhaps you meant to „self-close" an element, that is, ending it with „/>" instead of „>".
>
> - Fehler:
> Line 15, Column 15: document type does not allow element „li" here. The mentioned element is not allowed to appear in the context in which you've placed it.
>
> - Fehler:
> Line 22, Column 4: end tag for „hr" omitted, but OMITTAG NO was specified. You may have neglected to close an element, or perhaps you meant to „self-close" an element, that is, ending it with „/>" instead of „>".
>
> Die dargestellte Liste enthält nicht alle Fehlermeldungen. Außerdem sind die Fehlerhinweise teilweise verkürzt worden. Übersetzen Sie die Fehlermeldungen und korrigieren Sie das Dokument, sodass es erfolgreich validiert werden kann.

## 6.4   Cascading Style Sheets (CSS)

Mit zunehmenden Gestaltungswünschen für Webseiten entstehen aufgeblähte HTML-Seiten, in denen Elemente zur Strukturierung und Formatierung unübersichtlich zusammengewürfelt sind. Das Ziel von CSS ist es, Elemente zur Dokumentenstrukturierung (Absatz, Überschrift, Liste, Tabelle usw.) klar von Elementen zur Gestaltung (Schriftart, Schriftgröße, Hintergrundfarbe, Rahmentyp usw.) zu trennen: HTML ist für den Inhalt und seine Strukturierung zuständig, während CSS als Sprache zur Formatierung der HTML-Elemente verwendet wird („Separation of presentation and content!").

Die Verwendung von CSS ist mit verschiedenen Vorteilen verbunden:

- Übersichtlicherer HTML-Code
- Designänderungen und Wartung werden vereinfacht, da Änderungen nur an zentralen Stellen erforderlich sind.
- Kleinere Dateigrößen (geringerer Traffic), da Formatinformationen nicht mehrfach übertragen werden müssen.
- Zusätzliche Gestaltungsmöglichkeiten
- Gestaltung der Dokumente für unterschiedliche Ausgabemedien (z. B. verschiedene Stylesheets für die Bildschirmdarstellung und Druck)

Wie für HTML entwickelt das World Wide Web Consortium (W3C) Standards für CSS und spricht Empfehlungen aus (http://www.w3.org/). Zurzeit der Drucklegung ist die Spezifikation CSS Level 2 Revision 1 („CSS 2.1") aktuell.

## 6.4.1 Einbinden von CSS in HTML

Idealerweise werden die CSS-Statements zur Formatierung in einer eigenen – vom HTML-Dokument getrennten – Datei abgelegt.

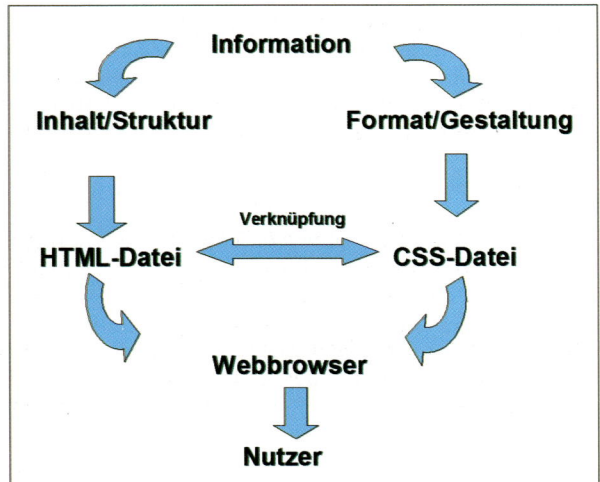

Die CSS-Formate sind in diesem Fall in allen Dokumenten gültig, in die die Stylesheet-Datei eingebunden wird. Stylesheets können aber auch im <head>-Bereich eines HTML-Dokuments festgelegt werden; die Formate sind dann nur in dieser HTML-Datei gültig. Als dritte Variante können CSS-Formatierungen in einzelnen HTML-Tags eingefügt werden. In den folgenden drei Abschnitten werden an dem einfachen Fall einer Überschriftformatierung diese drei Möglichkeiten näher beschrieben.

### 6.4.1.1 Formatdefinitionen in einer CSS-Datei

Überschriften 2. Ordnung <h2> sollen in der Schriftart Arial, blau, unterstrichen und in der Schriftgröße 12 Punkt dargestellt werden. Die zugehörige CSS-Datei ist eine reine Textdatei mit folgendem Inhalt:

```
1  /* CSSVORLAGEN.CSS
2     Hier ist die zentrale Definition für die Überschriften
       H2 hinterlegt
3     Kommentare in CSS-Dateien erfolgen im C-Stil.)
4  */
5
6  h2 { font-family:Arial, Verdana, Helvetica, sans-serif;
7       color:blue; font-size:12pt; text-decoration:underline; }
```

Die Zeilennummern 1…7 sind nicht Bestandteil der Datei; sie sind nur eingefügt, um den Text einfacher erläutern zu können.

Der Text zwischen /* und */ (Zeile1 bis 4) ist lediglich Kommentar und für die Formatdefinition unerheblich. Die CSS-Regel zur Formatierung beginnt in Zeile 6. Der erste Eintrag h2 gibt an, für welches HTML-Element eine Formatierung definiert wird. In den geschweiften Klammern folgen die Eigenschaften und die Werte, die festgelegt werden. In diesem Beispiel sind das die Schriftart (font-family), die Schriftfarbe (color), die Schriftgröße (font-size) und die Textdekoration (text-decoration). In der Formatdefinition wurden mehrere Schriftarten angegeben. Sollte die erste Schriftart nicht auf dem Browser-Rechner installiert sein, kann der Browser diese Schriftart nicht verwenden. Es ist deshalb möglich, innerhalb der Formatdefinition mehrere Schriftarten durch Kommata getrennt anzugeben. Der Browser verwendet dann die erste auf dem Rechner verfügbare Schriftart. Ist keine der angegebenen Schriftarten installiert, so ist die Angabe der Schriftart unbedeutend und der Browser verwendet die eingestellte Standardschrift.

Formatdefinitionen haben folgenden Aufbau:

Selektor { Eigenschaft:Wert }

Selektor: gibt an, auf welchen Bereich sich die Definition bezieht; hier Überschriften der Stufe 2: h2

Eigenschaft: bezeichnet das Attribut, dessen Ausprägung definiert werden soll: font-family, color usw.

Wert: gibt den „Wert" an, der für eine Eigenschaft festgelegt wird: Arial, blue, 12pt usw.

Die Deklaration Eigenschaft:Wert steht in geschweiften Klammern { }. Mehrere Deklarationen werden mit einem Semikolon getrennt.

Soll sich die Formatdefinition auf mehrere Elemente beziehen, werden die Elemente in der Liste mit einem Komma getrennt. Im folgenden Beispiel gilt die Definition für die Überschriften H1, H2, H3 und Absätze P:

```
h1, h2, h3, p { font-family:Arial; color:blue; }
```

Die Wirkung einer Formatierung für ein Element kann auch davon abhängig gemacht werden, ob dieses Element in einem bestimmten anderen Element enthalten ist (Verschachtelung). Mit der Angabe

```
p u { color:blue; text-decoration:none; }
```

wird ein Text zwischen <u> … </u> nicht mehr unterstrichen (text-decoration: none), sondern in blauer Schrift dargestellt (color:blue); diese gilt aber nur dann, wenn das <u> in einem Absatz <p> verwendet wird (p u { ... }). Innerhalb eines anderen Elementes (z. B. einer Überschrift) würde das u-Tag eine normale Unterstreichung erzeugen.

Hier nun eine HTML-Seite, die dieses Stylesheet verwendet:

```
1   <!DOCTYPE HTML PUBLIC "-//W3C//DTD HTML 4.01 Transitio-
    nal//EN"
2       "http://www.w3.org/TR/html4/loose.dtd">
3   <html>
4   <head>
5   <title>CSS3 - Zentrale Formatierung mit CSS-Datei</title>
6   <!--Hier folgt die Einbindung der Datei CSSVORLAGEN.CSS,
7       die das zentral definierte Format für
8       Überschriften H2 enthält.-->
9   <link rel="stylesheet" type="text/css" href="cssvorlagen.
    css">
10  </head>
11  <body>
12  <h2>F&uuml;r diese &Uuml;berschrift H2 gilt die Definiti-
    on: Arial,
13      blau, 12 Punkt und unterstrichen.</h2>
14  <h2 style="color:gray">
15      In dieser &Uuml;berschrift H2 ist die zentral defi-
        nierte
16      Farbe &uuml;berschrieben.</h2>
17  <h2> ... und diese &Uuml;berschrift H2 hat wieder
18       keine Direktformatierung.</h2>
19  </body>
20  </html>
```

Die Einbindung der CSS-Datei erfolgt im Dateikopf der HTML-Datei (Zeile 9). Mit dem LINK-Tag wird eine Verbindung zu einer anderen Datei hergestellt. rel="stylesheet" gibt an, dass es sich um einen Bezug auf eine Datei mit Stylesheets handelt rel: Relation: Beziehung); type="text/css" gibt den MIME-Typ an. (MIME=Multipurpose Internet Mail Extensions; ursprünglich ein Standard beim Austausch von E-Mails. Über die MIME-Festlegung können sich Sender und Empfänger über die Struktur und den Inhalt eines Dokumentes verständigen. In unserem Beispiel liefert die Typangabe ="text/css" die Information, dass es sich um eine CSS-Datei handelt.) href="cssvorlagen.css" ist der Verweis auf die einzubindende CSS-Datei. Da eine Pfadangabe fehlt, muss sich die Datei im gleichen Verzeichnis wie die HTML-Datei befinden.

Browserausgabe:

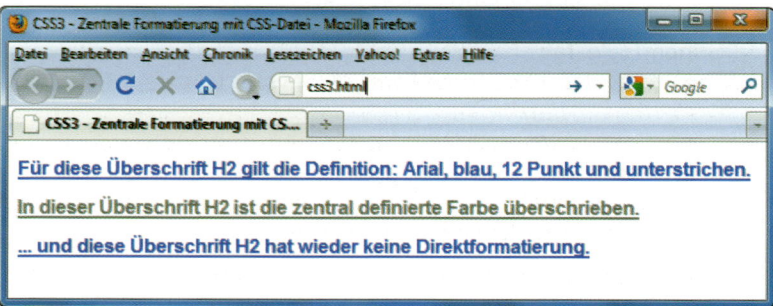

Die erste Überschrift (erzeugt in den Zeilen 12–13) zeigt, wie der Webbrowser die in der CSS-Datei festgelegten Formateigenschaften umsetzt. Die zweite Überschrift (Zeilen 14–16) wird in grau ausgegeben. Mit der Angabe style="color:gray" wird die zentrale Formatdefinition durch eine Direktformatierung außer Kraft gesetzt. (Genaueres zur Direktformatierung mit CSS finden Sie weiter unten.) In der dritten Überschrift (Zeilen 17–18) gibt es keine Direktformatierung und es greifen wieder die in der CSS-Datei festgelegten Regeln.

### 6.4.1.2 Formatdefinitionen im Kopf eines HTML-Dokuments

Formate im CSS-Stil können auch im Kopf einer HTML-Seite festgelegt werden. Sie gelten dann nur für dieses HTML-Dokument. Im folgenden Beispiel sollen, wie oben, die Überschriften 2. Ordnung H2 in der Schriftart Arial, blau, unterstrichen und der Schriftgröße 12 Punkt dargestellt werden.

```
1  <!DOCTYPE HTML PUBLIC "-//W3C//DTD HTML 4.01 Transitio-
   nal//EN"
2     "http://www.w3.org/TR/html4/loose.dtd">
3  <html>
4  <head>
5  <title>CSS2 - Zentrale Formatierung f&uuml;r eine Datei
   </title>
6  <!--Hier folgen die dokumentenweit gültigen, zentralen
7      Formatdefinitionen:*-->
8  <style type="text/css">
9  h2 { font-family:Arial, Verdana, Helvetica, sans-serif;
10    color:blue; font-size:12pt; text-decoration:underline; }
11 </style>
12 </head>
13 <body>
14 <h2>F&uuml;r diese &Uuml;berschrift H2 gilt die Definiti-
   on:
15    Arial, blau, 12 Punkt und unterstrichen.</h2>
16 <h2 style="color:gray">In dieser &Uuml;berschrift H2 ist
   die
17    zentral definierte Farbe &uuml;berschrieben.</h2>
18 <h2>... und diese &Uuml;berschrift H2 hat wieder keine
19    Direktformatierung.</h2>
```

```
20    </body>
21    </html>
```

Zeile 8 leitet mit einem Style-Tag einen Bereich für CSS-Formatangaben ein. In diesem Tag wird angegeben, dass CSS für die Formatierung verwendet wird (Mime-Typ: text/css). Zwischen dem einleitenden Tag (Zeile 8) und dem abschließenden Tag (Zeile 11) stehen die Formatdefinitionen. Syntaktisch entsprechen sie der Angabe in einer separaten CSS-Datei (siehe vorhergehenden Abschnitt). Auch in diesem Beispiel wird für die zweite Überschrift die zentrale Formatierung durch eine Direktformatierung überschrieben (siehe Zeile 16).

Die Browserausgabe entspricht der des vorherigen Abschnitts.

Da die CSS-Formate direkt in einer HTML-Datei enthalten sind, können diese Definitionen nicht in andere HTML-Dateien eingebunden werden. Einige der genannten Vorteile von CSS entfallen damit, z. B. sind Designänderungen in zentralen CSS-Dokumenten nicht möglich.

### 6.4.1.3 Direktformatierung im CSS-Stil

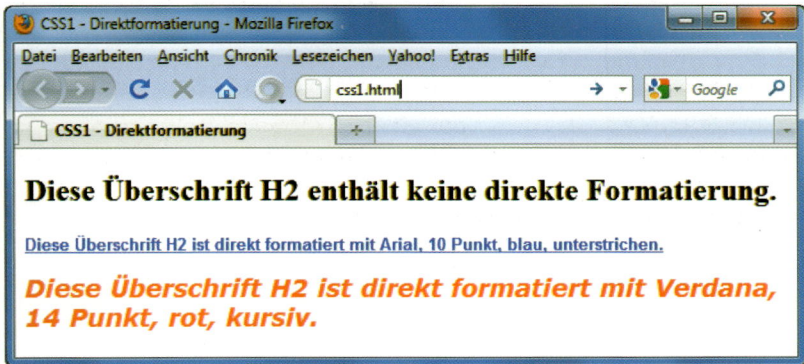

Diese Ausgabe ist mit der folgenden CSS-Direktformatierung im HTML-Dokument entstanden.

```
1     <!DOCTYPE HTML PUBLIC "-//W3C//DTD HTML 4.01 Transitional
      //EN"
2        "http://www.w3.org/TR/html4/loose.dtd">
3     <html>
4     <head>
5     <title>CSS1 - Direktformatierung</title>
6     </head>
7     <body>
8     <h2>Diese &Uuml;berschrift H2 enth&auml;lt keine direkte
9         Formatierung.</h2>
10    <h2 style="font-family:Arial; font-size:10pt;color:blue;
11        text-decoration:underline">Diese &Uuml;berschrift H2
12        ist direkt formatiert mit Arial, 10 Punkt, blau,
13        unterstrichen.</h2>
14    <h2 style="font-family:Verdana; font-size:14pt;color:red;
```

```
15          font-style:italic" >Diese &Uuml;berschrift H2 ist
16          direkt formatiert mit Verdana, 14 Punkt, rot, kursiv.
            </h2>
17  </body>
18  </html>
```

Die erste Überschrift enthält keine Formatangaben; die Ausgabe zeigt, wie ein Browser das H2-Tag ohne Zusätze interpretiert. Für die zweite Überschrift erfolgt im einleitenden H2-Tag eine Style-Angabe, mit der die Schriftart (fontfamily), die Schriftgröße (font-size), die Schriftfarbe (color) und die Textdekoration (text- decoration) festgelegt werden. Diese Stilangaben sind nur für den Geltungsbereich des HTML-Elements zutreffend, in dem sie stehen; in diesem Beispiel also für die zweite Überschrift. Gleiches gilt für die dritte Überschrift, in der neben Schriftart, -größe und -farbe ein Schriftstil (font-style) definiert ist.

Die Anwendung der direkten Formatierung ist dann sinnvoll, wenn es um wenige Formatanweisungen geht und ansonsten nicht mit CSS gearbeitet wird. Die meisten genannten CSS-Vorteile entfallen bei diesem Vorgehen.

### 6.4.1.4 Kombination der drei Methoden

Die Verfahren zur Einbindung von Stylesheets in ein HTML-Dokument können miteinander kombiniert werden.

```
1   <!DOCTYPE HTML PUBLIC "-//W3C//DTD HTML 4.01 Transitional //EN"
2    "http://www.w3.org/TR/html4/loose.dtd">
3   <html>
4   <head>
5   <title>CSS4 - CSS-Datei, dokumentenweite und direkte
6          Formatierung</title>
7   <!--Hier folgt die Einbindung der Datei CSSVORLAGEN.CSS, die das
8       zentral definierte Format für Überschriften H2 enthält.-->
9   <link rel="stylesheet" type="text/css" href="cssvorlagen.css">
10  <!--Hier folgen die dokumentenweit gültigen, zentralen
11      Formatdefinitionen:*-->
12  <style type="text/css">
13    h2 {color:black;text-decoration:none}
14  </style>
15  </head>
16  <body>
17  <h2>Die in der CSS-Datei definierten Eigenschaften sind durch
18      Dokumentendefintionen zum Teil &uuml;berschrieben:<br>
19      Farbe schwarz statt blau und keine Unterstreichung.
        </h2>
20  <h2 style="color:red" >
21      Und hier wird die dokumentenweit definierte
```

```
22        Farbe schwarz durch Direktformatierung mit rot
23        &uuml;berschrieben.</h2>
24   </body>
25   </html>
```

In diesem Beispiel wird die separate CSS-Datei cssvorlagen.css eingebunden (Zeile 9). Diese Datei enthält Formatdefinitionen für die Überschriften der Stufe 2 (siehe oben unter Formatdefinitionen in einer CSS-Datei). Zusätzlich werden dokumentenweit gültige Definitionen für diesen Überschriftentyp eingefügt (Zeilen 12–14). Zuletzt wird in Zeile 20 eine Direktformatierung für ein H2-Tag vorgenommen.

Der Webbrowser liefert folgende Ausgabe:

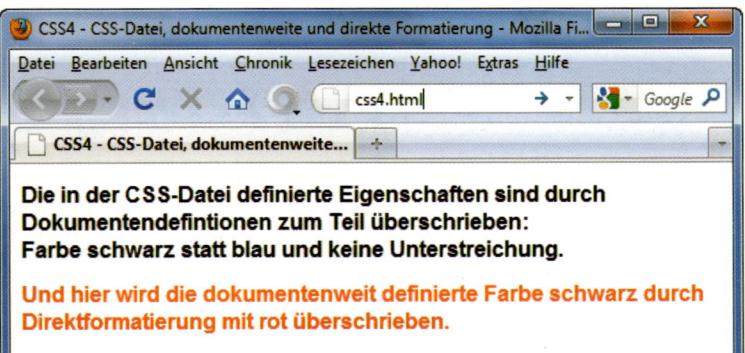

*Browserausgabe*

Wie man sieht, werden die Eigenschaften, die in der separaten CSS-Datei festgelegt sind, durch anderslautende Dokumentendefinitionen im STYLE-Tag überlagert (CSS-Datei: Schriftfarbe blau und Unterstreichung; Formatdefinition im STYLE-Tag: Farbe schwarz, keine Unterstreichung). Nicht neu definierte Eigenschaften bleiben erhalten (Schriftart Arial und Schriftgröße 12 Punkt). Die Direktformatierung überlagert wiederum die dokumentenweite Formatangabe (Schriftfarbe rot statt schwarz). Nicht neu definierte Eigenschaften aus der dokumentenweiten Formatangabe und der externen Datei bleiben erhalten (keine Unterstreichung aus dokumentenweiter Definition, Schriftart Arial mit 12 Punkt aus der externen CSS-Datei).

### 6.4.1.5 Das DIV- und das SPAN-Element

Im folgenden Beispiel ist die Schriftgröße und -farbe einer H2-Überschrift direkt formatiert.

```
1   <h2 style="font-size:14pt;color:red">
2      In dieser &Uuml;berschrift H2 ist nichts unterstrichen.
3   </h2>
```

*Browserausgabe*

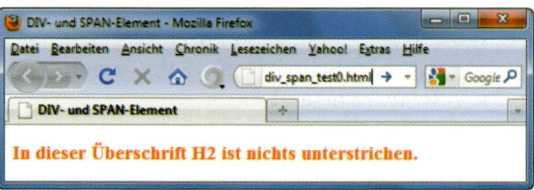

Wie ist es nun möglich, einem Teil des Überschriftentextes eine abweichende oder zusätzliche Formatierung zuzuweisen? Für diese Situation gibt es das SPAN-Tag. Dem Wort blau wird die Schriftfarbe blue und dem Wort Unterstreichung die Textdekoration underline zugewiesen:

```
1  <h2 style="font-size:14pt;color:red">
2      In dieser &Uuml;berschrift H2 ist wird mit dem Span-Tag die
3      Schriftfarbe
4      <span style="color:blue">blau</span> und die Textdekoration
5      <span style="text-decoration:underline">Unterstreichung</span>
6      verwendet.
7  </h2>
```

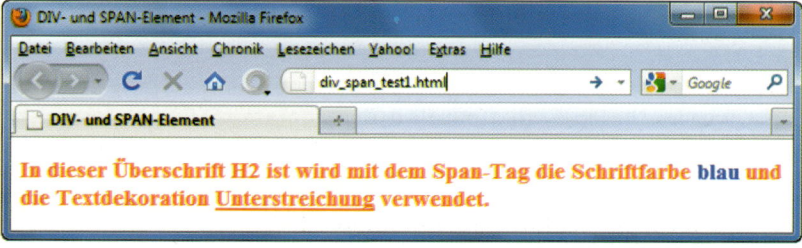

Mithilfe des SPAN-Elements ist es möglich, weitere CSS-Formatierungen innerhalb eines bereits mit CSS formatierten Elements vorzunehmen. Ansonsten hat es keine weiteren Auswirkungen. Innerhalb des Span-Elements kann Text oder ein weiteres (Inline-)Element angegeben werden.

Mit dem DIV-Element können Sie einen Bereich festlegen, der weitere Elemente enthält. Die im DIV-Tag angegebenen Eigenschaften gelten für den gesamten Bereich und damit für alle enthaltenen Elemente. Als Blockelement erzeugt es einen Zeilenumbruch, hat aber darüber hinaus keine eigenen Wirkungen.

In diesem Beispiel wird mit div ein Bereich festgelegt, der eine Überschrift (h1), eine weitere Überschrift (h2), eine Liste (ul) und einen Absatz (p) enthält. Im DIV-Tag wird für diesen Bereich festgelegt, dass Text zentriert (text-align) und blau (color) dargestellt wird, diese Formatierung gilt für alle vier enthaltenen Elemente. Der Bereich erhält darüber hinaus einen doppelt durchgezogenen Rahmen (border-style) in der Farbe blau (border-color); der Rahmen ist 400 Punkt breit (width) und hat eine – hier hexadezimal angegebene – Hintergrundfarbe (background-color). Mit der Padding-Eigenschaft wird der Abstand des Elementinhalts zu seinem Rand auf 12 Punkt gesetzt (hier der freie Raum zwischen Inhalten und dem Rahmen). Im letzten Element des Bereichs (Absatz) wird die Schriftfarbe blau für einen Teil des Textes mit dem SPAN-Element durch schwarz ersetzt.

```html
1   <!DOCTYPE HTML PUBLIC "-//W3C//DTD HTML 4.01 Transitio-
    nal//EN"
2       "http://www.w3.org/TR/html4/loose.dtd">
3   <html>
4   <head>
5   <title>DIV- und SPAN-Element</title>
6   </head>
7   <body>
8   <p>Jetzt beginnt ein DIV-Element.</p>
9   <div style="text-align:center;color:blue; padding:12pt;
10      border-style:double; border-color:blue;
11      background-color:#e6e6fa;width:400pt">
12      <h1>&Uuml;berschrift H1</h1>
13      <h2>&Uuml;berschrift H2</h2>
14      <ul>
15         <li>Listenelement</li>
16      </ul>
17      <p>... zun&auml;chst mit blauer und dann<br>
18         <span style="color:black">mit schwarzer Schrift.
           </span>
19      </p>
20  </div>
21  <p>und hier geht es nach dem DIV-Element weiter.</p>
22  </body>
23  </html>
```

So wird die Seite in einem Webbrowser angezeigt:

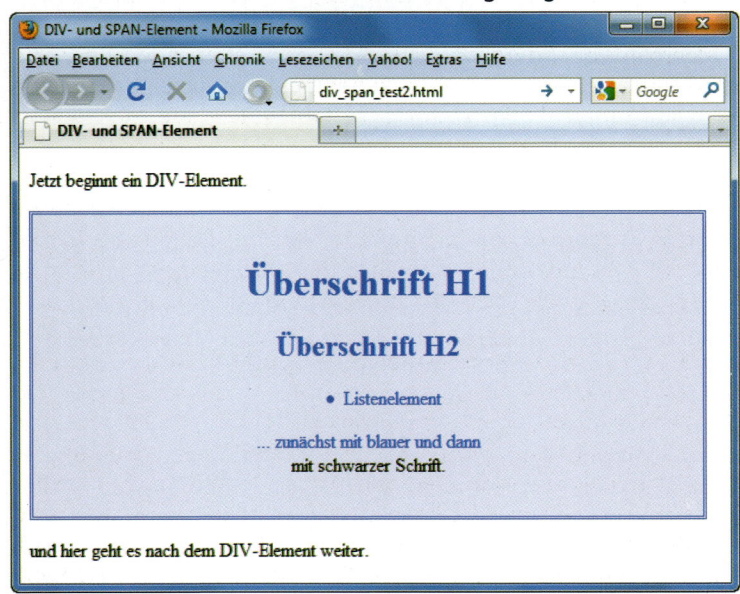

*Browserausgabe*

## 6.4.2 Stylesheet-Klassen

Mit dem Konzept der Klassen ist es möglich, Formatdefinitionen sehr flexibel einzusetzen. Das folgende Beispiel zeigt das Prinzip.

```
1   <!DOCTYPE HTML PUBLIC "-//W3C//DTD HTML 4.01 Transitional //EN"
2       "http://www.w3.org/TR/html4/loose.dtd">
3   <html>
4   <head>
5   <title>Stylesheet-Klassen</title>
6   <style type="text/css">
7     h1 { font-family:Arial; font-size:14pt; font-weight:
      normal; }
8     h1.invers { color:white; background-color:black; font-
      weight:bold; }
9     *.Rahmen { text-align:center;color:blue; padding:6pt;
10      border-style:double; border-color:blue;
11      background-color:#e6e6fa; }
12     .RahmenEinfach { text-align:center;color:white;
       padding:6pt;
13      border-style:solid; border-color:black;
14      background-color:teal; }
15  </style>
16  </head>
17  <body>
18    <h1>Normale &Uuml;berschrift H1 mit Arial, 12 Punkt</h1>
19    <h1 class="invers">H1 mit wei&szlig;er Schrift auf
      schwarzem Hintergrund.</h1>
20    <h1 class="Rahmen">H1 mit Rahmen.</h1>
21    <p class="Rahmen">Auch dieser Absatz ohne besondere
22    Schriftformatierung ist gerahmt.</p>
23    <h2>Normale &Uuml;berschrift H2</h2>
24    <h2 class="RahmenEinfach">... und jetzt mit Klassenfor-
      matierung
25    ganz anders.</h2>
26    <div class="RahmenEinfach" style="text-align:left">
27    <ul>
28      <li>Das funktioniert ebenso mit einem div-Element.
        </li>
29      <li>Es enth&auml;lt diese unsortierte Liste.</li>
30      <li>Die linksb&uuml;ndige entsteht mit Direktforma-
        tierung.</li>
31    </ul>
32    </div>
33  </body>
34  </html>
```

Zeile 7 zeigt keine Besonderheiten; es werden einige Eigenschaften für eine Überschrift h1 definiert. In Zeile 8 beginnt die Definition für eine StylesheetKlasse:

Der Selektor enthält nach dem Elementnamen h1 einen Punkt und einen frei gewählten (Klassen-)Namen (h1.invers); danach folgen wie gewohnt einige Definitionen.

In Zeile 19 wird diese Formatierung für eine Überschrift H1 verwendet: <h1 class="invers">H1 mit wei&szlig;er Schrift auf schwarzem Hintergrund.</h1>. Mit dem Zusatz class="invers" wird festgelegt, dass das H1-Tag der Stylesheet-Klasse invers angehört und damit alle Formatdefinitionen dieser Klasse übernimmt. Und so gibt der Browser diese Überschrift aus:

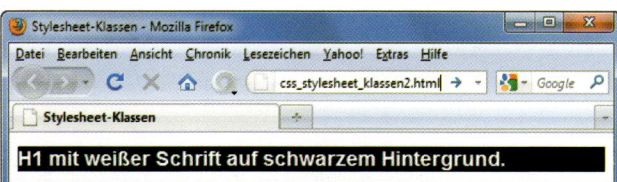

*Browserausgabe*

Schriftart und -größe entstammen der normalen Definition für H1 (Zeile 7). Diese Formatierung wird nun ergänzt um die Eigenschaften der Klassendefinition (Zeile 8): weiße Schrift auf schwarzem Hintergrund in Fettschrift. In diesem Beispiel wurde eine Klasse für die H1-Überschrift definiert (h1.invers) und kann damit nur mit diesem Tag verwendet werden (<h1 class="invers">). Diese Beschränkung auf ein bestimmtes Element ist nicht zwingend, wie Zeile 9 zeigt. Als Elementtyp wird hier ein Stern angegeben: *.Rahmen. Der Stern steht hierbei für ein beliebiges HTML-Element. Damit ist es möglich, eine Klasse in beliebigen Elementen zu verwenden. Auf die Angabe des Sterns kann auch verzichtet werden: .RahmenEinfach (siehe Zeile 12).

In Zeile 20 wird eine Überschrift mit der Klasse Rahmen ausgegeben:

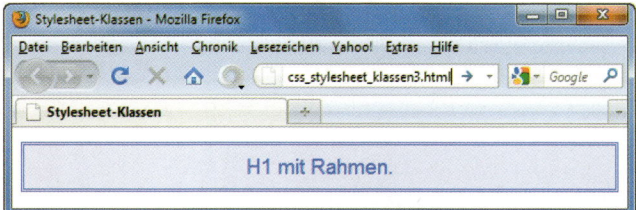

*Browserausgabe*

Die Schriftformatierung (Zeile 7) ist nun um die Eigenschaften aus der Klasse Rahmen wie Schriftzentrierung, -farbe, Rahmenart usw. ergänzt (Zeilen 9–11). In Zeile 21 wird die Klasse Rahmen für einen Absatz verwendet.

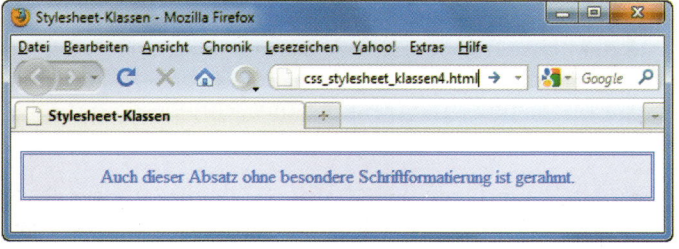

*Browserausgabe*

Wie man sieht, werden die definierten Eigenschaften nun auf das HTML-Element Absatz angewendet. Im Unterschied zum vorherigen Beispiel ist die Schrift nicht besonders formatiert, da die oben verwendeten Schrifteigenschaften nur für H1-Überschriften definiert waren.

Mit Zeile 23 wird eine normale Überschrift H2 ausgegeben:

*Browserausgabe*

Die nachfolgende Überschrift H2 ist mithilfe der Klasse RahmenEinfach völlig anders gestaltet (Formatdefinition in Zeilen 12–14, Ausgabe in Zeile 24)

*Browserausgabe*

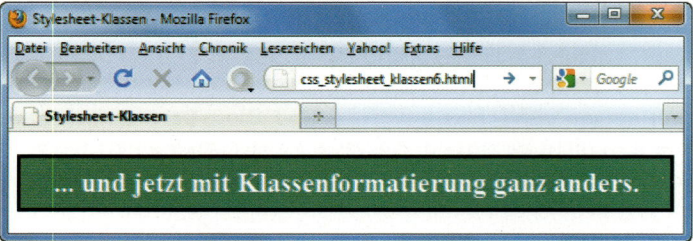

Zum Abschluss die Verwendung der Klasse RahmenEinfach mit einem DIV-Element:

*Browserausgabe*

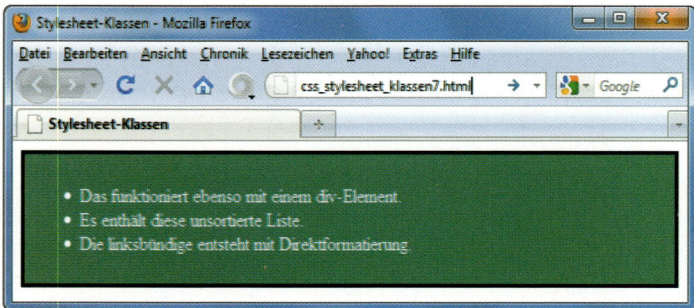

In Zeile 26 wird diese Klasse in einem DIV-Tag verwendet. Der mit DIV festgelegte Bereich enthält eine unsortierte Liste (Zeilen 27–31). Für den gesamten DIV-Bereich gilt die Formatierung aus der Klasse RahmenEinfach. Da im DIVTag eine Direktformatierung für die Textausrichtung angegeben ist (style="text-align:left"), wird die Textausrichtung der Klasse text-align:center (Zeile 12) überschrieben.

## 6.4.3 Gestaltung einer Seite

Als zusammenfassendes Beispiel soll folgende einfache Startseite einer Internetpräsenz gestaltet werden:

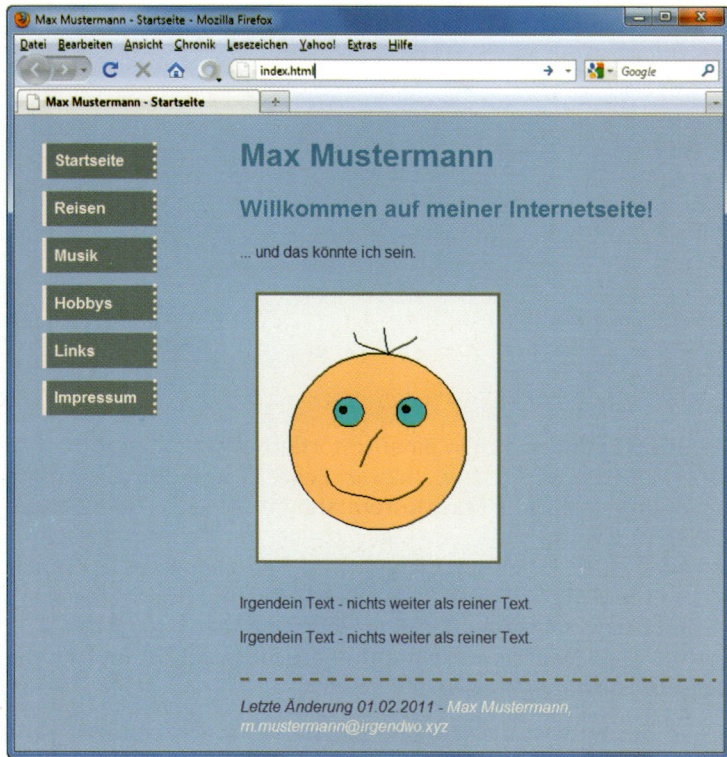

Im linken Teil befinden sich einige Balken zur Navigation; der eigentliche Seiteninhalt besteht aus zwei Überschriften, einer Grafik und Text. Der HTMLCode ist sehr einfach:

```
1   <!DOCTYPE HTML PUBlIC "-//W3C//DTD HTML 4.01 Transitional //EN"
2   "http://www.w3.org/TR/html4/loose.dtd">
3   <html>
4   <head>
5     <title>Max Mustermann - Startseite</title>
6     <link rel="stylesheet" href="navi.css">
7   </head>
8   <body>
9   <!-- Navigationsbalken -->
10  <ul class="navigation">
11    <li><a href="index.html">Startseite</a>
12    <li><a href="reisen.html">Reisen</a>
13    <li><a href="musik.html">Musik</a>
14    <li><a href="hobbys.html">Hobbys</a>
```

## Erstellung von Webseiten

```
15      <li><a href="links.html">Links</a>
16      <li><a href="impressum.html">Impressum</a>
17   </ul>
18   <!-- Inhalt -->
19   <h1>Max Mustermann</h1>
20   <h2>Willkommen auf meiner Internetseite!</h2>
21   <p>... und das k&ouml;nnte ich sein.</p>
22   <img src="MaxMustermann.gif" alt="Max Mustermann"
     border="0" >
23   <p>Irgendein Text - nichts weiter als reiner Text.</p>
24   <p>Irgendein Text - nichts weiter als reiner Text.</p>
25   <address>Letzte &Auml;nderung 01.02.2011 -
26      <a href="mailto:m.mustermann@irgendwo.xyz">Max Muster-
         mann,
27         m.mustermann@irgendwo.xyz</a>
28   </address>
29   </body>
30   </html>
```

Die Links zur Navigation befinden sich in einer unsortierten Liste (Zeilen 10–17). Es folgen zwei Überschriften (<h1> bzw. <h2> in Zeile 19 und 20), ein Absatz (Zeile 21), die Einbindung der Grafik MaxMustermann.gif (Zeile 22) und weitere Absätze mit Text. Neu ist das Tag <address> (Zeile 25–28), mit dem ein Absatz für eine Internetadresse mit eigenem Format erzeugt wird. In diesem Beispiel enthält es einen Verweis auf eine E-Mail-Adresse (mailto:). Mit einem Klick auf den Link kann der Nutzer direkt eine E-Mail an den Empfänger verfassen. (Für den Fall, dass ein Browser ein E-Mail-Programm nicht automatisch startet, ist im Link die vollständige E-Mail-Adresse angegeben.)

Für die Formatierung der Seite ist die separate CSS-Datei navi.css zuständig, die in Zeile 6 eingebunden wird.

Dem leichteren Verständnis der Breiten- und Höhenangaben für HTML-Elemente hier zunächst das CSS-Box-Modell:

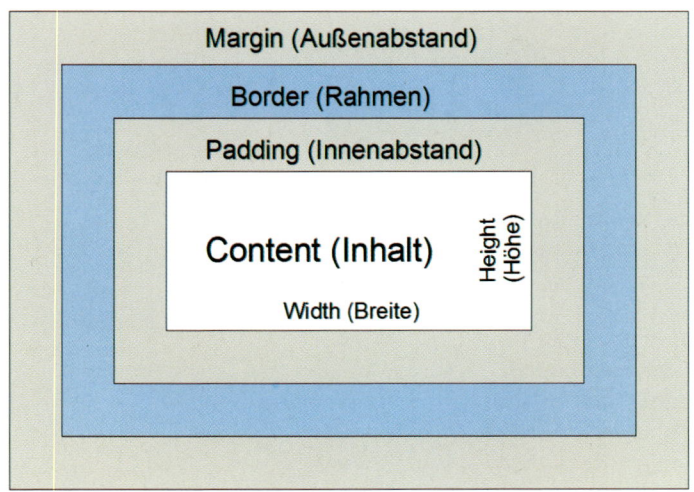

Content ist das eigentliche HTML-Element (Text, Bild usw.) mit einer bestimmten Höhe und Breite. Das Element selbst ist von einer „Polsterung" (Padding) umschlossen, die ohne ausdrückliche Angabe 0 ist. Ein höherer Padding-Wert vergrößert also den Leerraum zwischen dem Inhalt des Elementes und seinem Rand. Mit Angaben zum Rahmen (border) werden Rahmenstärke, -farbe und -typ festgelegt. Mit Angaben zum Außenabstand (margin) legt man den Leerraum (oben, unten, links, rechts) zu dem Eltern- oder Nachbarelement fest.

Die Datei navi.css hat folgenden Aufbau:

```
1   body {
2     padding-left: 14em;
3     font-family: Arial, Verdana, Helvetica, Sans-Serif;
4     color: #191970;
5     background-color: #b0c4de; }
6   ul.navigation {
7     list-style-type: none;
8     padding: 0;
9     margin: 0;
10    position: absolute;
11    top:1em;
12    left: 1em;
13    width: 9em; }
14  h1, h2 {
15    color: 4682b4;
16    font-family: Arial, Verdana, Helvetica, Sans-Serif; }
17  ul.navigation li {
18    background: #778899;
19    font-weight: bold;
20    margin: 0.8em;
21    padding: 0.5em;
22    border-left: 0.3em solid;
23    border-right: 0.3em dotted;
24    border-color: #faf0e6; }
25  a:link {
26    color: #faf0e6;
27    text-decoration:none; }
28  a:visited {
29    color: #faf0e6;
30    text-decoration:none; }
31  a:hover {
32    color: red;
33    text-decoration:none; }
34  address {
35    margin-top:2em;
36    padding-top: 1em;
37    border-top: dashed;
38    border-color: #808080; }
39  img {
40    margin: 1em;
```

```
41        padding: 2em;
42        border: 0.2em solid;
43        border-color: #808080;
44        background: whitesmoke; }
```

Erläuterungen:
**body** (Eigenschaften des Dokumentenkörpers):
  Um Freiraum für die Navigationsleiste zu erhalten, wird mit padding-left: 14em der Inhalt des Dokuments nach rechts verschoben.
**ul.navigation** (Definition der Klasse navigation für unsortierte Listen):
  Diese Klasse wird in der HTML-Datei für die Link-Liste zur Navigation eingesetzt (Zeile 9 im HTML-Code). Mit den Eigenschaften top, left und width werden Position und Breite der Liste spezifiziert. Diese Angaben sind absolute Werte (position: absolute) bezogen auf das Elternelement (hier: body).
**h1, h2** (gemeinsame Eigenschaften für die Überschriften <h1> und <h2>):
**ul.navigation li** (Eigenschaften von Listenelementen, wenn sie in einem „Element" ul.navigation enthalten sind):
  border-left: 0.3em solid bzw. border-right: 0.3em dotted erzeugen den geschlossenen Balken (links) bzw. unterbrochenen Balken (rechts) in jedem Listenelement.
**a:link, a:visited, a:hover** (Formate für Verweise):
  Die Pseudoklassen :link, :visited und :hover werden hier für das <a>-Tag verwendet. Die definierten Eigenschaften gelten für nicht angeklickte Verweise (:link), für angeklickte Verweise (:visited) und für Verweise, über die der Anwender mit der Maus fährt (:hover). Sowohl angeklickte als auch nicht angeklickte Links haben die gleiche Farbe (color: #faf0e6) und sind nicht unterstrichen (text-decoration:none). Fährt man mit der Maus über einen Link, verändert sich die Schriftfarbe in rot (color: red).
**address** (Eigenschaften für das <address>-Tag):
  Neben Abständen wird ein grauer (border-color: #808080), nur oben sichtbarer und gestrichelter Rahmen (border-top: dashed) festgelegt.
**img** (Eigenschaften für eingefügte Bilder):
  Bilder erhalten einen grauen (border-color: #808080), durchgezogenen (border: 0.2em solid) Rahmen und einen blassweißen Hintergrund (background: whitesmoke).

## 6.4.4 CSS-Kurzreferenz (Auswahl)

| Numerische Angaben | | |
|---|---|---|
| absolut | pt | Punkt ( ca. 0,35 mm) |
| | pc | Pica (12 Punkt) |
| | in | Inch (2,54 cm) |
| | mm | Millimeter |
| | cm | cm |

## Numerische Angaben

| relativ | em | Relativ zur Schriftgröße (bzw. zum Elternelement bei Anwendung auf die Schriftgröße) |
|---|---|---|
| | px | Pixel (relativ, da unterschiedlich auf verschiedenen Ausgabegeräten) |
| | % | Prozentangabe |

## Farbangaben

| Hexadezimal | #rrggbb | wie in HTML |
|---|---|---|
| | #rgb | Kurzform (Hex-Angabe für jede Farbe wird intern verdoppelt) |
| Farbnamen | | wie in HTML |
| Dezimal | rgb(R,G,B) | R, G bzw. B: Dezimalwerte von 0-255 |
| Prozentual | rgb(R%,G%,B%) | R,G bzw. B: Prozentanteile von 0-100 |

## Schrift

| Schriftart | font-family: Wert1, Wert2 ,…; | Namen der Schriftarten |
|---|---|---|
| Schriftstil | font-style:Wert; | normal, italic, oblique |
| Schriftgröße | font-size:Wert; | numerische Angabe oder: small, medium, large, smaller, larger |
| Schriftgewicht | font-weight:Wert; | 100, 200, …, 900 oder normal, bold, bolder, lighter |
| Textauszeichnung | text-decoration: Wert; | none, underline, overline, line-through, blink |
| Farbe | color:Wert; | Farbangabe |

| Text | | |
|---|---|---|
| Einrückung | text-indent:Wert; | numerische Angabe |
| Zeilenhöhe | line-height:Wert; | numerische Angabe |
| Vertikale Ausrichtung | vertical-align:Wert; | top, middle, bottom |
| Horizontale Ausrichtung | text-align:Wert; | left, center, right, justify |

| Box-Modell | | |
|---|---|---|
| Außenabstände | margin-top:Wert;<br>margin-bottom:Wert;<br>margin-left:Wert:<br>margin-right:Wert;<br>margin:Wert; | numerische Angabe |
| Innenabstände | padding-top:Wert;<br>padding-bottom:Wert;<br>padding-left:Wert;<br>padding-right:Wert;<br>padding:Wert; | numerische Angabe |
| Rahmenstärke | border-top-width:Wert;<br>border-bottom-width:Wert;<br>border-left-width:Wert;<br>border-right-width:Wert;<br>border-width:Wert; | numerische Angabe oder thin, medium, thick |
| Rahmenfarbe | border-top-color:Wert;<br>border-bottom-color:Wert;<br>border-left-color:Wert;<br>border-right-color:Wert;<br>border-color:Wert; | Farbangabe |
| Rahmentyp | border-top-style:Wert;<br>border-bottom-style:Wert;<br>border-left-style:Wert;<br>border-right-style:Wert;<br>border-style:Wert; | none, dotted, dashed, solid, double |

## Hintergrundfarbe, -bilder

| | | |
|---|---|---|
| Hintergrundfarbe | background-color:Wert; | Farbangabe |
| Hintergrundbild | background-image:Wert; | Dateiname (ggfs. mit Pfad) |

## Listen

| | | |
|---|---|---|
| Listentyp | list-style-type:Wert; | für ol-Listen: decimal, lower-roman, upper-roman, lower-alpha, upper-alpha; Bulletzeichen für ul-Listen: disc, circle, square, none |
| Eigene Bullet-Grafik | list-style-image:Wert; | Dateiname (ggf. mit Pfad) |

## Tabellen

| | | |
|---|---|---|
| Position der Tabellenüberschrift | caption-side:Wert; | top, bottom, left, right |
| Spaltenbreite | table-layout:Wert; | fixed (Inhalt wird bei Bedarf abgeschnitten), auto |
| Zellenrahmen | border-collapse:Wert; | separate, collapse |
| Rahmenabstand im Gitternetz | border-spacing:Wert; | numerische Angabe |

## Positionierung

| | | |
|---|---|---|
| Positionsart | position:Wert; | absolute, relative, static |
| Startposition (von oben, unten, links, rechts) | top:Wert;<br>bottom:Wert;<br>left:Wert;<br>right:Wert; | numerische Angabe |
| Elementbreite | width:Wert; | numerische Angabe |
| Elementhöhe | height:Wert; | numerische Angabe |

Eine umfassende Beschreibung der CSS-Standards finden Sie unter http://www.w3.org/Style/CSS/.

Hier exemplarische Auszüge zu den beiden Rahmenmodellen in Tabellen (Eigenschaft border-collapse) und den Werten der Eigenschaft border-style:

Borders
There are two distinct models for setting borders on table cells in CSS. One is most suitable for so-called separated borders around individual cells, the other is suitable for borders that are continuous from one end of the table to the other. Many border styles can be achieved with either model, so it is often a matter of taste which one is used.

'border-collapse'
Value:            collapse | separate | inherit
Initial:          separate
Applies to:       'table' and 'inline-table' elements
Inherited:        yes
Percentages:      N/A
Media:            visual
Computed value:   as specified

This property selects a table's border model. The value 'separate' selects the separated borders border model. The value 'collapse' selects the collapsing borders model.

Border styles
Some of the values of the 'border-style' have different meanings in tables than for other elements. In the list below they are marked with an asterisk.
- none     No border.
- *hidden  Same as 'none', but in the collapsing border model, also inhibits any other border (see the section on border conflicts).
- dotted   The border is a series of dots.
- dashed   The border is a series of short line segments.
- solid    The border is a single line segment.
- double   The border is two solid lines. The sum of the two lines and the space between them equals the value of ‚border-width'.
- groove   The border looks as though it were carved into the canvas.
- ridge    The opposite of 'groove': the border looks as though it were coming out of the canvas.
- *inset   In the separated borders model, the border makes the entire box look as though it were embedded in the canvas. In the collapsing border model, same as 'ridge'.
- *outset  In the separated borders model, the border makes the entire box look as though it were coming out of the canvas. In the collapsing border model, same as ‚groove'.

Quelle: http://www.w3.org/TR/CSS21/tables.html#borders (letzter Zugriff am 01.02.2011)

**AUFGABE 6.3** Suchen Sie im Internet nach weiteren Tipps für die Gestaltung von Webseiten.

**AUFGABE 6.4** Erstellen Sie für die Schulbibliothek die HTML-Seiten für das schulinterne Intranet. Verwenden Sie bei der Erstellung Ihrer Seiten nach Möglichkeit CSS und validieren Sie Ihre Dokumente und CSS-Dateien.

## 6.5 Projektauftrag: Schulung Netzwerktechnik

Sie arbeiten in einer Gruppe in der Ausbildungsabteilung eines Großbetriebes und sollen gemeinsam eine Einführungsschulung der neuen IT-Auszubildenden in Netzwerktechnolgie vorbereiten. Dazu sollen Unterlagen im HTML-Format erstellt werden, mit denen die Auszubildenden sich eigenständig in dieses Themengebiet einarbeiten können.

# 7 HTML-Formulare, PHP und MySQL

Die Inhalte von Webseiten sind in vielen Fällen nicht statisch codiert, sondern werden erst nach dem Aufruf der Seite dynamisch erzeugt. Sehr häufig kommen dabei LAMP-Systeme zum Einsatz. Man versteht darunter die Benutzung verschiedener Softwarekomponenten, die in ihrem Zusammenwirken das Erzeugen datenbankgestützter, dynamischer Webseiten ermöglichen:

L ⇒ **L**inux (Serverbetriebssystem)
A ⇒ **A**pache (Webserver)
M ⇒ **M**ySQL (Datenbank)
P ⇒ **P**HP (Skriptsprache PHP; auch Perl, Python)

Von WAMP spricht man, wenn als Serverbetriebssystem Windows anstelle von Linux verwendet wird, von xAMP bei einer systemunabhängigen Beschreibung.

Das Zusammenspiel der Softwarekomponenten an einem Beispiel:

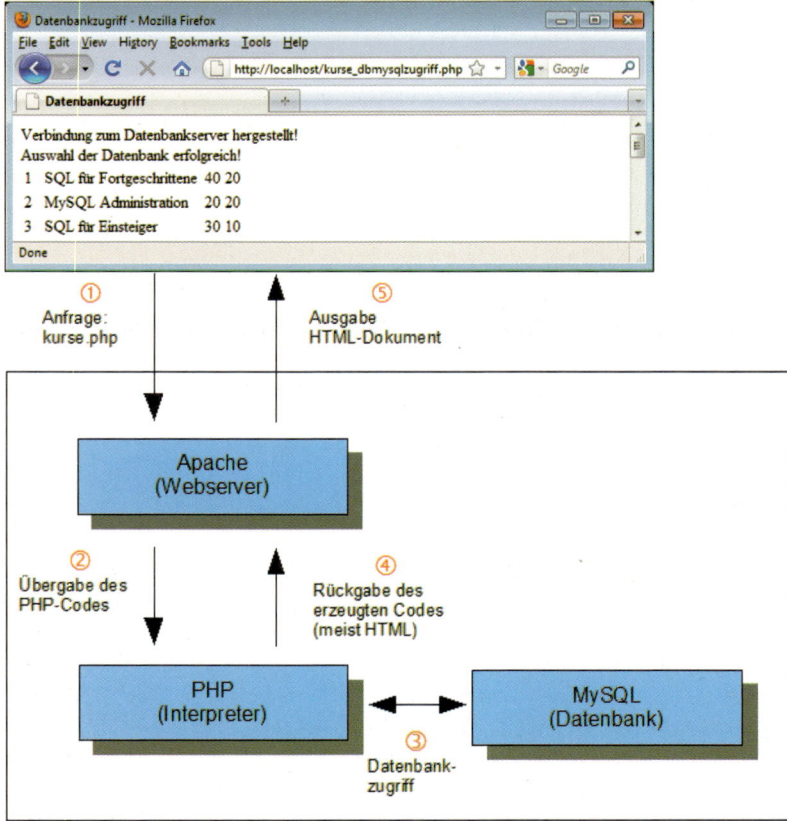

*Webbrowser*

*Linuxserver (LAMP-System)*

1. Aufruf der Webseite kurse.php im Webbrowser.

2. Der Webserver übergibt den – auf dem Server gespeicherten – Code des Skripts kurse.php an den PHP-Interpreter.
3. Das Skript enthält Anweisungen, Daten aus einer MySQL-Datenbank auszulesen.
4. Mit entsprechenden PHP-Anweisungen wird Code eines HTML-Dokuments erzeugt, das die Ausgabedaten enthält.
5. Das mit PHP generierte HTML-Dokument wird vom Webserver zurückgeschickt und im Webbrowser dargestellt.

Im Abschnitt 6.1 wird beschrieben, wie Sie mit HTML-Formularen Daten mit einem Webbrowser an den Webserver übergeben können. Es folgen Grundlagen der Programmiersprache PHP in den Abschnitten 6.2 bis 6.7. Der Abschnitt 6.8 zeigt, wie man mit PHP auf eine MySQL-Datenbank zugreifen kann. Dabei wird ein funktionsfähiges xAMP-System vorausgesetzt. Installations- und Konfigurationshilfen finden Sie in großer Anzahl im Internet (z. B. das Softwarepaket XAMPP). Zum Verständnis des Kapitels sind Grundkenntnisse in HTML erforderlich.

## 7.1 Formulare

Wollen Sie mit Besuchern einer Webseite kommunizieren, um beispielsweise eine Benutzerregistrierung vorzunehmen oder eine Bestellung im Rahmen eines eCommerce-Systems zu erzeugen, können Sie Formulare einsetzen. Ein Formular beginnt mit dem einleitenden Tag <form> und endet mit </form>. Innerhalb dieser beiden Kennungen können Sie zur Gestaltung des Formulars Steuerelemente, wie zum Beispiel ein- oder mehrzeilige Eingabefelder, Radiobuttons, Checkboxen oder Listen, verwenden. Sie können aber auch alle anderen Ihnen bekannten HTML-Elemente einsetzen. Das Formular dient im Prinzip als Container für diese Elemente.
Die folgenden HTML-Zeilen zeigen die Verwendung des Form-Tags:

```
<form method="get" action="registrierung.php">
<!-- Hier können Sie die Formularelemente einfügen. -->
</form>
```

Wichtig für die Verwendung des Form-Tags sind die Attribute method und action. Mit der Eigenschaft method wird festgelegt, wie Eingabewerte eines Formulars an ein zu verarbeitendes Skript (z. B. an ein PHP-Programm) übergeben werden. Wenn Sie die get-Methode verwenden, sind die übertragenen Parameter sowie deren Bezeichnungen in der Adressleiste des Browsers sichtbar: (z. B. http://registrierung.php?username=Mustermann &pwd=topsecret).

Wenn Formulardaten mit der get-Methode übergeben werden, kann man Links in HTML-Dokumenten auf das angegebene PHP-Skript erzeugen und Benutzer können Bookmarks (Lesezeichen) setzen, sodass Sie später erneut ohne neue Formulareingaben auf diese Informationen zugreifen können. Die Übergabe mit der get-Methode hat jedoch auch zwei Nachteile:

1. Ein String in der Eingabezeile eines Browsers ist von der Länge begrenzt. Deshalb kann man mit der get-Methode nur kleinere Datenmengen übergeben.
2. Da die übergebenen Daten in der Adressleiste sichtbar sind, ist diese Art der Übergabe für sicherheitsrelevante Informationen (z. B. Passwordübergabe oder Bestelldaten) ungeeignet.

Um diese Nachteile zu vermeiden, sollten Sie im Regelfall die Daten mit der post-Methode (method="post") übertragen, denn dann wird ein eigener Kanal für die Übergabe verwendet und die Datenmenge ist bei Verwendung dieser Methode unbegrenzt.

Mit dem Attribut action wird das Skript festgelegt, das auf der Serverseite aufgerufen werden soll, um die Formulardaten zu verarbeiten. Im Einführungsbeispiel soll das PHP-Programm registrierung.php ausgeführt werden. Wird keine relative Adressierung verwendet (siehe Beispiel oben), so muss das Skript im selben Ordner wie das HTML-Dokument des Formulars gespeichert sein. Sie können aber auch relative Adressen (z. B. ../skripte/registrierung.php) oder vollständige URLs (z. B. http://www.meineseite.de/skripte/registrierung.php) einsetzen. Achten Sie bei diesen Angaben stets auf Klein- und Großschreibung. Bei einem Windowssystem ist dies zwar unerheblich, da viele Webserver jedoch auf Linuxsystemen laufen, müssen Sie die Adressen immer genau codieren. Am einfachsten verwenden Sie für alle Adressen und auch für Bezeichner ausschließlich Kleinbuchstaben. Wichtig für die Gestaltung des Formulars ist auch das Ende-Tag eines Formulars, da eine Webseite durchaus auch mehrere Formulare enthalten kann.

Mit den folgenden HTML-Quellcodezeilen wird ein Registrierungsformular erzeugt, mit dem man Userinformationen erfassen kann.

```
 1: <form method="get" action="registrierung.php">
 2: <p>User-Name :
 3: <input type="text" name="username" value="Mustermann"></p>
 4: <p>Password :
 5: <input type="password" name="pwd" value="topsecret"></p>
 6: <p>Geschlecht :
 7: <input type="radio" value="männlich" checked
 8: name="geschlecht">männlich
 9: <input type="radio" value="weiblich"
10: name="geschlecht">weiblich</p>
11: <p>Beruf :
12: <select name="beruf" size="1">
13: <option selected>Informatikkaufmann/-frau</option>
14: <option>Systemkaufmann/-frau</option>
15: <option>Systemelektroniker/-in</option>
16: <option>Fachinformatik/-in</option>
17: </select></p>
18: <p>Kommentar :
19: <textarea name="kommentar" cols="25" rows="5">
20: Ihr Kommentar: </textarea></p>
21: <p><input type="reset" value="Werte zurücksetzen">
22: <input type="submit" value="Senden"></p>
23: </form>
```

Screenshot dieses Formulars:

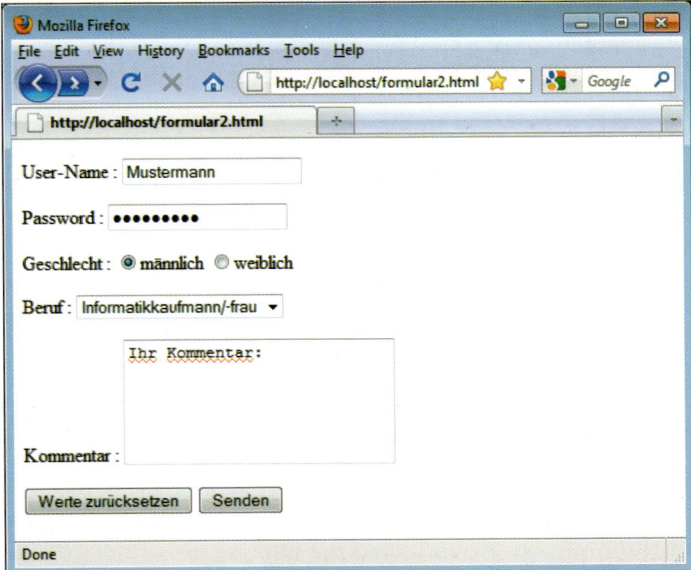

## 7.1.1 Eingabefelder

Für die Kommunikation mit dem Benutzer gibt es zwei Typen von Eingabefeldern für Texteingaben: einzeilige und mehrzeilige Texteingabefelder.

### 7.1.1.1 Einzeilige Eingabefelder

Für einzeilige Eingabefelder wird das Input-Tag verwendet. Zeile 3 zeigt die Definition eines einzeiligen Eingabefeldes. Hier wird das Attribut type mit dem Wert "text" belegt. Es handelt sich somit um ein Eingabefeld, bei dem der Benutzer die Eingabe in Form des Textes am Bildschirm erkennen kann. Wenn Sie das Attribut type="password" setzen (siehe Zeile 5), wird die Eingabe durch Sternchen ('*') maskiert. Dies ist vor allem bei der Eingabe von Passwörtern sinnvoll. Das Passwort kann bei der Eingabe auf dem Bildschirm nicht gelesen werden, wird jedoch im Klartext übertragen, sodass das Eingabefeld vom Typ type="password" keine Sicherheit vor unberechtigtem Zugriff bietet.

Bei der Verarbeitung der im Formular eingegebenen Informationen ist es notwendig, die einzelnen Übergabewerte zu identifizieren. Mit dem Attribut name kann man dem Übergabewert einen Bezeichner zuweisen, mit dem die übergebenen Daten in dem Verarbeitungsskript (z. B. registrierung.php) eindeutig identifiziert und verarbeitet werden können.

Das Value-Attribut im Ausgangsbeispiel wird verwendet, um dem Eingabefeld beim Aufruf des HTML-Dokumentes einen Initialwert zuzuweisen.

Die folgende Tabelle enthält ausgewählte Attribute eines einzeiligen Eingabefeldes. Es gibt noch eine Reihe weiterer Attribute, die Sie in Ihrer HTML-Dokumentation bei Bedarf nachschlagen können. Nicht alle in der folgenden Tabelle beschriebenen Attribute wurden im Ausgangsbeispiel verwendet.

*Attribute eines einzeiligen Eingabefeldes*

| ATTRIBUT | BESCHREIBUNG | BEISPIELE |
|---|---|---|
| type | Mit dem Attribut type wird grundsätzlich festgelegt, welche Art von Steuerelement erzeugt werden soll. | type="text" Erzeugt ein einzeiliges im Browser zu lesendes Eingabefeld. type="password" Hier ist der Text mit Sternchen maskiert. type="hidden". Das Feld ist nicht sichtbar. |
| name | Mit dieser Eigenschaft wird der Name für den Bezeichner dieses Steuerelements festgelegt. | name="user" |
| value | Mit dieser Eigenschaft wird der Initialwert für dieses Feld bestimmt. | value="Mustermann" |
| size | Bei einem Textfeld legt size die Anzahl der Zeichen fest, die im Steuerfeld sichtbar sind. | size="20" |
| maxlength | Soll die Länge des Eingabewertes begrenzt werden, muss die Eigenschaft maxlength gesetzt werden. | maxlength="100" |

### 7.1.1.2 Mehrzeilige Eingabefelder

Wollen Sie ein mehrzeiliges Eingabefeld in einem Formular zur Verfügung stellen, so müssen Sie das Tag textarea verwenden. Im Gegensatz zum inputTag hat die textarea-Kennung auch ein Ende-Tag. Zwischen diesen beiden Tags können Sie den Initialwert für dieses Steuerelement definieren. Mithilfe der Eigenschaften cols und rows lassen sich die im Eingabefeld sichtbaren Spalten einer Zeile (= Anzahl der möglichen Zeichen einer Zeile) und die Anzahl der verfügbaren Eingabezeilen bestimmen.

*Attribute eines mehrzeiligen Eingabefeldes*

| ATTRIBUT | BESCHREIBUNG | BEISPIELE |
|---|---|---|
| &lt;textarea&gt; | Das Tag textarea definiert ein mehrzeiliges Eingabefeld. | &lt;textarea&gt;Ihr Kommentar: &lt;/textarea&gt; |
| &lt;/textarea&gt; | Zwischen dem Beginn und dem Ende dieses Tags können Sie den Initialtext für dieses Steuerelement festlegen. | |
| name | Mit dieser Eigenschaft wird der Name für den Bezeichner dieses Steuerelements festgelegt. | name="kommentar" |

| ATTRIBUT | BESCHREIBUNG | BEISPIELE |
|---|---|---|
| cols | Mit dieser Eigenschaft wird die Anzahl der Zeichen einer Zeile bestimmt. | cols="25" |
| rows | Das Attribut rows begrenzt die Anzahl der in einem mehrzeiligen Textfeld verfügbaren Eingabezeilen. | rows="5" |

### 7.1.1.3 Radiobutton

Das Input-Tag mit dem Attribut type="radio" definiert einen Radiobutton. Sollen mehrere Radiobuttons erzeugt werden, die zu einer Gruppe zusammengefasst werden sollen, so müssen mehrere Buttons mit jeweils einem eigenen input-Tag definiert werden und diese Buttons müssen im Attribut name den gleichen Wert enthalten. Damit wird sichergestellt, dass Sie immer nur einen Radiobutton der Gruppe anklicken können. Wenn Sie bei einer Definition eines Radiobuttons die Eigenschaft checked verwenden, dann ist dieser Button beim Aufruf des Formulars gesetzt und alle anderen automatisch deaktiviert.

| ATTRIBUT | BESCHREIBUNG | BEISPIELE |
|---|---|---|
| type | Bei Verwendung des Type-Attributs mit dem Inhalt 'radio' eines input-Tags wird ein Radiobutton erzeugt. | type="radio" |
| name | Mit dieser Eigenschaft wird der Name für den Bezeichner dieses Steuerelements festgelegt. Mehrere Radiobuttons, die zu einer Gruppe zusammengehören sollen, müssen den gleichen Bezeichner haben. | name="geschlecht" |
| value | Ist der Radiobutton beim Aufruf eines Verarbeitungsskripts aktiviert, so wird der Wert des Attributs von value als Übergabeparameter übergeben. | value="männlich" |
| checked | Der Radiobutton, bei dem dieses Attribut (ohne Wert) gesetzt ist, wird beim Aufruf des Formulars aktiviert, d. h., es ist ausgewählt. | checked |

Attribute eines Radiobuttons

### 7.1.1.4 Auswahllisten

Das Select-Tag (<select> ... </select>) definiert eine Auswahlliste. Mit der Option-Kennung zwischen Beginn und Ende der Definition der Auswahlliste wird festgelegt, welche Listfeldeinträge für die Auswahlliste zur Verfügung stehen sollen. Jeder Eintrag einer Auswahlliste erfordert einen separaten Option-Eintrag. Der Listfeldeintrag, der beim Aufruf des Formulars bereits ausgewählt sein soll, muss die Eigenschaft selected (ohne Attributswert) besitzen.

*Attribute von Auswahllisten*

| ATTRIBUT | BESCHREIBUNG | BEISPIELE |
|---|---|---|
| <select> ... </select> | Dieses HTML-Tag erzeugt ein List-/Kombinationsfeld. Zwischen dem Beginn- und dem Ende-Tag müssen die Elemente der Auswahlliste mit der OptionKennung codiert werden. | <select name="beruf"> ... </select> |
| name | Mit dieser Eigenschaft wird der Name für den Bezeichner des Listfeldes festgelegt. | name="beruf" |
| size | Das Size-Attribut ist verantwortlich dafür, wie viele Listfeldeinträge im Auswahlfeld sichtbar sein sollen. Ist die Anzahl der tatsächlich vorhandenen Listfeldeinträge größer als der Wert der Size-Eigenschaft, so wird automatisch ein vertikaler Scrollbalken für das Feld angezeigt. | size="1" |
| multiple | Wenn dieses Attribut gesetzt wird, so kann der User des Formulars durch Verwenden der Strg- und der Shift-Taste mehrere Listfeldeinträge auswählen. | multiple |

## 7.1.2 Schaltflächen

Soll in einem Formular eine Schaltfläche (= Button) zum Übertragen von Steuerelementinhalten eines Formulars verfügbar sein, können Sie mit dem Tag <input type="submit"> eine vordefinierte Schaltfläche definieren. Wird diese Schaltfläche angeklickt, werden alle Formulardaten an den Server gemäß der eingestellten Übertragungsmethode (method="get" bzw. method="post") geschickt. Das Anklicken eines Buttons, der mit <input type="reset"> definiert wurde, bewirkt das Zurücksetzen der Steuerelementinhalte auf die Vorgabewerte bzw. löscht den Inhalt des Steuerelements, wenn dieses Feld keinen Initialwert hatte.

Anstelle des Input-Tags können Sie auch die Button-Kennung verwenden, um Schaltflächen zu erzeugen. Dieses Element bietet wesentlich mehr Möglichkeiten für die optische Gestaltung der Schaltflächen. So können Sie z. B. zwischen dem Beginn und dem Ende des Button-Tags eine Image-Kennung verwenden, um eine Grafik auf dem Button anzuzeigen.

```
<button type="submit">
 <img src="ok.gif"><b>"Senden"</b>
</button>
```

In diesem Beispiel wird ein Button zum Übertragen von Formulardaten definiert. Auf dem Button erscheint das Bild „ok.gif" und der Text „Senden" in Fettschrift.

**AUFGABE 7.1**

Verändern Sie das Eingabeformular zur Erfassung von Benutzerinformationen so, dass die Felder des Formulars in einer Tabelle mit zwei Spalten (1. Spalte: Beschriftung, 2. Spalte: Eingabefeld) ausgegeben werden. Die Tabelle soll keinen Rahmen haben.

**AUFGABE 7.2**

Informieren Sie sich in der HTML-Hilfe (z. B. SelfHTML) über die Verwendung einer Checkbox. Fügen Sie in das HTML-Formular zur Erfassung von Benutzerinformationen den Formularpunkt „Wodurch sind Sie auf unsere Seite aufmerksam geworden?" in Form einer Checkbox ein. Als Auswahlpunkte sollen folgende Möglichkeiten angeboten werden:

- Radio-/Fernsehwerbung
- Zeitschrift
- Kollege/Kollegin
- Internetsuchmaschine

Verwenden Sie für alle Elemente sinnvolle Steuerbezeichnungen. Für die Auswahlpunkte mit einer Checkbox müssen Sie für alle Elemente den gleichen Namen verwenden. Zusätzlich muss beachtet werden, dass dieses Feld in Form eines Arrays (eckige Klammern hinter dem Bezeichner) zu definieren ist (z. B. name ="werbemedium[ ]").
Wodurch unterscheidet sich ein Checkbox-Feld von einer Gruppe von Radiobuttons?

**AUFGABE 7.3**

Erzeugen Sie ein Eingabeformular mit folgenden Eingabefeldern:
Vorname (vorname), Nachname (nachname), Straße mit Hausnummer (strasse), Postleitzahl (plz), Wohnort (ort), Geschlecht (geschlecht) und Hobbys (hobbies) mit den Feldern Sport, Urlaub, Technik und andere Interessen. Verwenden Sie für die Eingaben jeweils sinnvolle Steuerelementtypen, benennen Sie die Felder gemäß den Angaben für die Feldbezeichnungen in Klammern (Achtung: Feld hobbies mit eckigen Klammern) und gruppieren Sie die Eingabefelder nach Eingabebereichen (z. B. Adresse, Zusatzinformationen). Um Gruppierungen zu bilden und sie zu beschriften, müssen Sie das Fieldset-Tag und das Legend-Tag verwenden. Informationen zu diesen Kennungen finden Sie in der HTML-Hilfe. Beim Hinzufügen von Gruppierungen müssen Sie berücksichtigen, dass die Gruppierung nicht innerhalb eines Table-Elementes erzeugt werden kann, sondern dass Sie für die Eingabefelder, die zu einer Gruppe zusammengefasst werden sollen, jeweils eine eigene Tabelle definieren müssen. Sollen die Spalten der einzelnen Tabellen einheitliche Breite haben, so können Sie das Colgroup-Tag und das Col-Tag verwenden. Recherchieren Sie auch hierzu in Ihrer HTML-Hilfe.
Das Formular soll zwei Buttons enthalten; der erste Button soll ein PHP-Programm mit der Bezeichnung registrierung.php aufrufen. Die übergebenen Werte dürfen nicht in der Adressleiste des Browsers sichtbar sein. Mit dem zweiten Button soll der User der Webseite die Eingaben wieder auf die Initialwerte zurücksetzen können.
Erstellen Sie ein benutzerfreundliches Formular zur Eingabe der beschriebenen Daten.

## 7.2 Programmiersprache PHP

PHP (Abkürzung für „**P**HP: **H**ypertext **P**reprocessor") ist eine Programmiersprache, die insbesondere zur Programmierung dynamischer Webseiten eingesetzt wird. Sie wird zu den Skriptsprachen gezählt, die ursprünglich als leicht erlernbare, einfache Sprachen zur Programmierung von kleinen, überschaubaren Abläufen dienten. Zur Abgrenzung gegenüber „vollwertigen" Programmiersprachen gelten für Skriptsprachen oft folgende Merkmale: Der Programmcode wird interpretierend ausgeführt (kein von einem Compiler erzeugter Maschinencode), keine strenge Typisierung, automatische Speicherverwaltung, mächtige eingebettete Operationen, weniger geeignet für vielschichtige Datenstrukturen und Algorithmen.

Auch wenn es möglich ist, PHP-Skripte ohne Webserver und Webbrowser auszuführen, liegt das Haupteinsatzgebiet in der Webprogrammierung. Dabei wird PHP-Code zwischen einem Anfangs- und Schlusstag in ein HTML-Dokument eingebettet `<?php ... ?>`. Wird ein Dokument mit eingebettetem PHP-Code aufgerufen, analysiert der PHP-Interpreter das Dokument und führt die PHP-Anweisungen zwischen `<?php ... ?>`.aus (Parsen des Dokuments). Text außerhalb dieser Kennung wird von PHP ignoriert und bleibt daher unverändert; die Kennung selbst und der Text innerhalb der Kennung werden im erzeugten Dokument ausgeblendet. Da das PHP-Skript auf dem Server ausgeführt wird und der Webserver nur den HTML-Code des erzeugten Dokuments an den Browser zurückliefert, bleibt der PHP-Code vor dem Nutzer verborgen.

Wegen der serverseitigen Skriptausführung stellt PHP keine besonderen Anforderungen an einen Browser; er „weiß" nicht, dass das HTML-Dokument mit PHP aufgebaut wurde. Dieses Prinzip hat zur Folge, dass Benutzeraktionen nur durch erneuten Aufruf einer Seite erfasst werden können. Hat beispielsweise ein Anwender Daten in einem HTML-Formular eingegeben, so können diese Daten vor dem Absenden nicht auf Gültigkeit überprüft werden. Erforderlich wäre ein clientseitig ausgeführtes Skript, das auf dem Client die notwendigen Prüfungen durchführt (z. B. JavaScript). Da PHP-Code nicht auf dem Client, sondern nur auf dem Server interpretiert wird, müssen die Daten zunächst an den Server übermittelt werden und können erst dort mit PHP auf Plausibilität geprüft werden. Nachteilig ist weiterhin die zusätzliche Belastung des Servers, da alle aufgerufenen PHP-Skripte auf dem Server ablaufen.

### 7.2.1 Aufbau eines PHP-Programms

```
 1: <html>
 2: <head>
 3: <title>PHP-Programmierung</title>
 4: </head>
 5: <body>
 6: <?php
 7:   echo "Hallo PHP-Programmierer";
 8: ?>
 9: </body>
10: </html>
```

Die Programmzeilennummern, die im obigen Listing hinzugefügt wurden, sind nicht Bestandteil des Programms, sondern dienen nur zur besseren Erläuterung der einzelnen Zeilen.

PHP-Programme werden im Regelfall in HTML-Dokumente eingebunden, um HTML-Code zu erzeugen, wobei jede PHP-Anweisung mit einem Semikolon endet. Das Ausgangsbeispiel enthält in den Programmzeilen (1–5) HTML-Quellcode zur Erzeugung der Elemente innerhalb des head-Elements und den Beginn des body-Elements. Das PHP-Programm ist zwischen der Kennung <?php und ?> notiert.

Die Anweisung echo gibt einen oder mehrere (durch Komma getrennte) Strings, die in Anführungszeichen stehen, aus. Etwas genauer: Die eingebettete PHP-Anweisung echo schreibt den Text in das HTML-Dokument. echo "Hallo PHP-Programmierer"; schreibt den Text Hallo PHP-Programmierer in das Dokument. Ruft ein Besucher dieses Dokument auf, stellt der Webbrowser den Text Hallo PHP-Programmierer dar.

Lässt man sich den Seitenquelltext, der vom Webserver ausgeliefert wurde, im Browser anzeigen, sieht man folgenden HTML-Code:

```
<html>
    <head>
    <title>PHP-Programmierung</title>
    </head>
    <body>
    Hallo PHP-Programmierer </body>
</html>
```

Wie man sieht, ist 1. der Text außerhalb der PHP-Kennung <?php ... ?> unverändert, 2. das PHP-Skript selbst nicht sichtbar und 3. der mit echo erzeugte Text an der Stelle eingefügt, an der die echo-Anweisung des Skripts stand.

## 7.2.2 HTML-Tags in einem PHP-Programm

Innerhalb des Strings einer Echo-Anweisung können Sie alle HTML-Kennungen verwenden. Die folgenden Programmzeilen zeigen den Quellcode zur Darstellung einer Tabelle. In diesem und den nachfolgenden Beispielen verzichten wir meistens auf die Angabe der umschließenden Tags wie html, head, body, die jedoch in Ihren PHP-Programmen immer enthalten sein sollten.

```
1:  <?php
2:      echo "<p><b><u>Software: PHP-Entwicklung</u></b></p>";
3:      echo "<table><tr>";
4:      echo "<th>Software</th><th>Beispiel</th></tr>";
5:      echo "<tr><td>PHP-Editor</td>
           <td>PHP-Designer 2006</td></tr>";
6:      echo "<tr><td>Webserver</td><td>Apache 2.0</td></tr>";
7:      echo "<tr><td>PHP</td><td>PHP 5.0</td></tr>";
8:      echo "<tr><td>Datenbank</td><td>MySQL 5.0</td></tr>";
```

```
 9:    echo "</table>";
10: ?>
```

Innerhalb des Strings einer Echo-Anweisung können HTML-Kennungen eingesetzt werden. PHP interpretiert Zeile für Zeile des Quellcodes und erzeugt HTML-Quellcode. Dieser Quellcode wird an den Webbrowser zurückgeschickt und im Browser visualisiert.

Wenn Sie HTML-Kennungen verwenden wollen, bei denen Attribute verwendet werden müssen, die mit Anführungszeichen zu begrenzen sind (z. B. <img src='test.jpg'>), dürfen Sie in den Echo-Anweisungen des PHP-Programms keine doppelten Anführungszeichen setzen, denn dadurch wird der String einer Echo-Anweisung beendet. Anstelle der doppelten Anführungszeichen müssen Sie einfache verwenden.

```
echo "<img src='test.jpg'>";
```

Um Anführungszeichen oder den Backslash selbst mit einer Echo-Anweisung ausgeben zu können, müssen Sie zusätzlich den Backslash vor dem Zeichen codieren. Die PHP-Anweisung echo "Dynamische Webseiten mit \"PHP\""; erzeugt somit die Ausgabe: Dynamische Webseiten mit "PHP".

### AUFGABE 7.4

Für eine Schulungspräsentation IP-Adressklassen (IPV4) soll ein PHP-Programm erstellt werden, das in einer Tabelle (Spaltenüberschrift mit gelbem Hintergrund, Tabellenrahmen der Linienstärke 2) folgende Informationen in den Spalten der Tabelle ausgibt:

IP-Klasse
Host-Adresse: von – bis Anzahl Netze
Subnet-Mask
Beispiel einer Adresse

Recherchieren Sie im Internet die Grundlagen für die Bildung von IP-Adressen und erstellen Sie eine ergonomisch anspruchsvolle Webseite.

## 7.2.3 Grundlagen der Programmiersprache PHP

### 7.2.3.1 Deklarationen von Variablen

Nachdem Sie sich mit dem Aufbau eines PHP-Programms vertraut gemacht haben, müssen Sie sich mit den Grundlagen dieser Programmiersprache beschäftigen. Um beispielsweise Werte zu übergeben („Eingabe"), Berechnungen durchzuführen („Verarbeitung") und die Ergebnisse auszugeben („Ausgabe"), benötigen Sie Speicher für diese Daten. Bevor Sie den Speicherplatz benutzen können, müssen Sie im Programm einen symbolischen Namen für diesen Speicherbereich (= Bezeichner) festlegen. Im Gegensatz zu vielen anderen Programmiersprachen ist die Festlegung des Datentyps in PHP nicht notwendig, denn aufgrund der Zuweisung von Werten legt PHP implizit den Datentyp einer Variablen fest. Durch neue Wertzuweisungen kann der Datentyp sogar zur Laufzeit verändert werden. PHP ist eine leicht typisierte Programmiersprache.

### 7.2.3.2 Bezeichner

Bezeichner sind Namen für Klassen, Objekte, Funktionen, Variablen, benutzerdefinierte Datentypen usw.

**Regeln für die Bildung von Bezeichnern:**
Bezeichner können die Buchstaben a bis z, A bis Z, den Unterstrich »_« und die Ziffern 0 bis 9 enthalten. Zusätzlich dürfen Sie auch Zeichen verwenden, die dem ASCII-Code 127 bis 255 entsprechen. Zu beachten ist jedoch, dass das erste Zeichen eines Bezeichners immer das $-Zeichen sein muss (Ausnahme: Funktions- und Klassennamen) und danach als nächstes Zeichen keine Ziffer folgen darf. Bezeichner in PHP sind – wieder mit Ausnahme von Funktions- und Klassennamen – case-sensitive, d. h. es wird zwischen Klein- und Großbuchstaben unterschieden. Allerdings ist es im Sinne einer guten Programmdokumentation ratsam, auch bei Bezeichnern von Funktionen und Klassen auf Groß- und Kleinschreibung zu achten. Da in PHP zwischen Groß- und Kleinschreibung unterschieden wird, sind sum, Sum und suM unterschiedliche Bezeichner. Generell hat sich in PHP die Konvention gebildet, für Bezeichner nur Kleinbuchstaben zu verwenden.

### 7.2.3.3 Primitive Datentypen

Der Datentyp einer Variablen wird in PHP durch den zugewiesenen Wert definiert. Der Datentyp einer Variablen entscheidet darüber, wie viel Platz das Datenobjekt im Speicher belegt und in welchem Format die Variable gespeichert wird. Daraus ergibt sich der Wertebereich (= möglicher Inhalt der Variablen) für dieses Datenobjekt. PHP kennt grundsätzlich acht sogenannte primitive Datentypen. Die untenstehende Tabelle zeigt die wichtigsten Datentypen, den Speicherplatzbedarf, den Wertebereich des jeweiligen Datentyps und Beispiele für Wertzuweisungen. Zum Teil ist die Größe und der numerische Bereich der Datentypen implementierungsspezifisch und von der Rechnerarchitektur abhängig. Deshalb basiert die folgende Tabelle auf einem 32-Bit Betriebssystem.

**32-Bit Datentypen, Größen und Bereiche**

| TYP | GRÖSSE | BEREICH | BEISPIELE FÜR WERTZUWEISUNGEN |
|---|---|---|---|
| Integer (Ganzzahl) | 32 Bit | -2,147,483,648 bis 2,147,483,647 | $wert = -32755;<br>$wert = 500;<br>$wert = 015;<br>// Oktalzahl (führende 0): Dezimal 13<br>$wert = 0xFF; // Hexadezimalzahl (0x): Dezimal 255 |
| Float (Fließkommazahl) | 64 Bit | Gleitkommazahl mit 14-stelliger Genauigkeit | $wert = 154.76;<br>// Dezimaltrennzeichen: . (Punkt)<br>$wert = -2133.45; |
| Boolean | 1 Bit | TRUE oder FALSE (Groß- bzw. Kleinschreibung möglich) | $korrekt = TRUE; |

| TYP | GRÖSSE | BEREICH | BEISPIELE FÜR WERT-ZUWEISUNGEN |
|---|---|---|---|
| String (Zeichenkette) | Dynamisch | Größe und somit Inhalt einer String-Variablen sind nur durch den vorhandenen Speicherplatz beschränkt und werden dynamisch (zur Laufzeit) festgelegt. | $text = "PHP-Programmierung";<br>$text = "Zahl: $wert";<br>// Variablen innerhalb von Strings mit doppelten Anführungszeichen werden automatisch aufgelöst.<br>$text = 'PHP-Programmierung';<br>// String auch in einfachen Anführungszeichen möglich. |
| Array | Dynamisch gemäß Inhalt | Arrays sind Anordnungen von Variablen und können über Index oder Namen (=assoziativer Array) angesprochen werden. | $umsatz[0] = 10956.55;<br>$umsatz[1] = 22114.09;<br>$umsatz[2] = 8500.0; |

#### 7.2.3.4 Browserausgabe

Eine Ausgabe erfolgt mithilfe einer Echo-Anweisung. Dabei können Sie innerhalb eines Ausgabestrings sowohl Texte als auch Bezeichner für Variablen verwenden. Diese Variablen werden dann bei der Browserausgabe automatisch aufgelöst.

**BEISPIEL**

```
$betrag = 1500.54;
echo "Rechnungsbetrag: $betrag EUR";
```

Ausgabe: Rechnungsbetrag: 1500.54 EUR
Bei der Ausgabe der Zeichenkette „Rechnungsbetrag:" und der Variablen $betrag wird kein Zeilenvorschub erzeugt. Standardmäßig wird bei der Ausgabe immer ab der aktuellen Position im HTML-Dokument weiter ausgegeben. Soll ein Zeilenumbruch eingefügt werden, müssen Sie eine HTML-Kennung verwenden (z. B. "<br>").

Sie können in einen String auch Escape-Sequenzen einfügen. Diese besondere Art von Zeichenkonstanten wird mit einem Backslash (\) eingeleitet, dem ein Buchstabe (bzw. eine Oktal- oder Hex-Zahl) folgt; sie dienen der Darstellung von nicht druckbaren Zeichen. In dem folgenden Beispiel bewirkt die Escape-Sequenz "\n" einen Zeilenvorschub im HTML-Quellcode (nicht bei der Ausgabe im Browserfenster), bevor der Text „Dieser Text steht in einer neuen Zeile" ausgegeben wird.

**BEISPIEL**

```
echo "Dieser Text steht in einer Zeile",
 "\nDieser Text steht in einer neuen Zeile";
```

| ESCAPE-SEQUENZ | BEDEUTUNG |
| --- | --- |
| \n | Zeilenumbruch |
| \t | horizontaler Tabulatorsprung |
| \" | Anführungszeichen |
| \$ | $-Zeichen |
| \\ | Backslash |

*Escape-Sequenzen*

### 7.2.3.5 Formatierte Ausgabe von numerischen Werten

Sollen auf einer Webseite numerische Werte ausgegeben werden, so ist die Formatierung dieser Elemente von besonderer Bedeutung. In PHP stehen dazu Funktionen zur Verfügung, mit denen Sie sehr komfortabel die Ausgabeformatierung für numerische Werte umsetzen können.

Funktion round( ):

**double round(double val [, int precision])**
Mit der Funktion round( ) wird eine Zahl (val) auf- oder abgerundet. Es wird kaufmännisch gerundet, d.h. ab der Ziffer 5 in der zu rundenden Stelle (bei Genauigkeit 2 Stellen wird die 3. Nachkommastelle für die Rundung herangezogen) wird auf- sonst abgerundet. Der Parameter precision ist optional und ist erst ab PHP4 verfügbar. Mit der Angabe der Genauigkeit (precision) kann man die Anzahl der Nachkommastellen angeben, nach denen gerundet werden soll. Die Funktion round( ) gibt den gerundeten Wert in Form eines double-Wertes zurück, mit dem man entweder weiter rechnen bzw. den man auch ausgeben kann.

**BEISPIEL**

```
1:  <?php
2:  $prozent = 1500.542;
3:  $wert1 = round($prozent,2);
4:  $wert2 = round($prozent,0);
5:  echo "<p>Rundung auf 2 Nachkommastellen: $wert1</p>";
6:  echo "<p>Rundung auf 0 Nachkommastellen: $wert2</p>";
7:  ?>
```

Ausgabe:
Rundung auf 2 Nachkommastellen: 1500.54
Rundung auf 0 Nachkommastellen: 1501
Funktion number_format( ):
**string number_format(float number [, int decimals [, string dec_point , string thousands_sep]])**

Mit number_format( ) kann man eine Zahl (number) formatieren. Die Parameter haben folgende Bedeutung:

*Bedeutung der Parameter der Funktion number _format( )*

| PARAMETER | BEDEUTUNG |
|---|---|
| number | Zu formatierender Wert |
| decimals | Anzahl der Nachkommastellen |
| dec_point | Legt das Zeichen vor den Nachkommastellen fest (Dezimaltrennzeichen) |
| thousands_sep | Legt das Tausendertrennzeichen fest |

Die Funktion akzeptiert ein, zwei oder vier Parameter (aber nicht drei). Da man mit der Funktion number_format( ) nicht nur die Anzahl der Nachkommastellen, sondern auch das Dezimaltrennzeichen und das Tausendertrennzeichen festlegen kann, ist diese Funktion besonders für die Ausgabe geeignet. Sie müssen jedoch darauf achten, dass diese Funktion einen String zurückgibt, mit dem Sie nicht weiter rechnen können, wenn Sie das Dezimaltrennzeichen bzw. das Tausendertrennzeichen abweichend von der amerikanischen Darstellung (Dezimalpunkt und Tausenderkomma) festgelegt haben.

**BEISPIEL**

```php
 1:  <?php
 2:    $prozent = 1500.542;
 3:    $wert1 = number_format($prozent,2);
 4:    $wert2 = number_format($prozent,2, ",", ".");
 5:    echo "<p><b><u>Formatierung Ausgabe mit: </u></b></p>";
 6:    echo "<p>2 Nachkommastellen (im amerikanischen ";
 7:    echo "Zahlenformat): $wert1</p>";
 8:    echo "<p>2 Nachkommastellen, Dezimalkomma ";
 9:    echo "u. Tausenderpunkt: $wert2</p>";
10:  ?>
```

Ausgabe:
2 Nachkommastellen (im amerikanischen Zahlenformat): 1,500.54
2 Nachkommastellen, Dezimalkomma u. Tausenderpunkt: 1.500,54

### 7.2.3.6 Grundlegende Operatoren

Für die grundlegenden Rechenoperationen stehen arithmetische Operatoren zur Verfügung. Werden mehrere Operatoren in einem Ausdruck miteinander verknüpft, so ist die Reihenfolge der Auswertung der einzelnen Operatoren von Bedeutung. Es gelten, ähnlich wie in vielen anderen Programmiersprachen, die üblichen Regeln der Mathematik (z. B. Punkt vor Strich). Wollen Sie von dieser Regel abweichen, so müssen Sie den Klammeroperator verwenden. Der Klammeroperator hat die höchste Priorität.

*Grundlegende Operationen*

| OPERATOR | BEDEUTUNG |
|---|---|
| + | Addition |
| − | Subtraktion |
| * | Multiplikation |
| / | Division |
| % | Modulodivision |

# HTML-Formulare, PHP und MySQL

| OPERATOR | BEDEUTUNG |
|---|---|
| ( ) | Klammersetzung |
| . | Punktoperator (für Stringverkettung) |
| = | Zuweisungsoperator |

In dem Beispiel operatoren.php wird dargestellt, wie Sie die grundlegenden Operatoren in einem PHP-Programm einsetzen können.

**BEISPIEL**

```
 1:  <?php
 2:    $zahl1 = 20;
 3:    $zahl2 = 3;
 4:    $ergebnis = $zahl1 + $zahl2;
 5:    echo "<p>Ergebnis der Addition von 20 und 3:
 6:  $ergebnis</p>";
 7:    echo "<p>Ergebnis der Modulodivison von 20 und 3: "
 8:      .($zahl1 % 3)."</p>";
 9:    $text = "Ergebnis der Divison von 20 und 3: "
10:      .number_format(($zahl1 / $zahl2),2,",",".");
11:    echo "<p>$text</p>";
12:  ?>
```

Die Variablen $zahl1 und $zahl2 werden mit den Werten 20 und 3 belegt. In der Programmzeile 4 werden die beiden Variablen addiert. Das Ergebnis der Addition wird $ergebnis zugewiesen und anschließend im Browserfenster ausgegeben (Zeilen 5–6). Die Programmzeilen 7 und 8 verdeutlichen, dass Sie auch innerhalb einer Echo-Anweisung eine arithmetische Operation ausführen können. Die Variable $zahl1 wird mit dem Modulooperator durch 3 geteilt. Das Ergebnis dieser Division (Rest von 20 geteilt durch 3) wird als Rückgabewert mit dem Punktoperator an den Ausgabestring angehängt. Dazu führt PHP eine implizite Typkonvertierung durch, d.h. der numerische Rückgabewert 2 wird in einen String konvertiert. Am Ende der Programmzeile 8 erfolgt eine weitere Stringverkettung, um das Paragraphen-Tag der HTML-Anweisung abzuschließen.

Die Zeilen 9 und 10 demonstrieren eine andere Variante, um den Ausgabestring aufzubauen. Hier wird der Stringvariablen $text eine Stringkonstante („Ergebnis der ...") zugewiesen und mit dem Stringverkettungsoperator der Rückgabewert der Funktion number_format( ) an diesen String angefügt. Da die Funktion number_format( ) einen String zurückgibt, ist hier keine implizite Typkonvertierung notwendig.

**AUFGABE 7.5**

Für ein webbasiertes eLearn-Tool sollen Sie eine Webseite erstellen, mit der IT-Auszubildende sich die Grundlagen einer Bezugskalkulation aneignen können. Erstellen Sie eine Bezugspreiskalkulation aufgrund von fest vorgegebenen Werten (Variablen mit konstanten Werten belegen) für

- Nettopreis pro Stück
- Menge des Produkts
- Rabattsatz
- Skontosatz
- Transportkosten (Betrag)

Geben Sie die Ergebnisse formatiert in einer Tabelle aus (Datei: bezugskalkulation.php) und erklären Sie auf dieser Seite den Aufbau dieses Kalkulationsschemas.

**AUFGABE 7.6**

Geben Sie bei der Aufgabe 7.5 auch das aktuelle Datum und die aktuelle Uhrzeit aus. Verwenden Sie zur Lösung dieser Aufgabe die PHP-Hilfe.

### 7.2.4 Formulareingaben verarbeiten

In PHP können Sie auf die Daten, die mit einem HTML-Formular an ein Skript übergeben werden, durch die Auswertung des $_GET-Arrays bzw. des $_POST-Arrays weiter verarbeiten. Das vereinfachte Formularbeispiel (anmeldung.html) zur Useranmeldung soll dies verdeutlichen:

```
1:  <form method="get" action="anmeldung.php">
2:  <p>User-Name :
3:  <input type="text" name="username" value="Mustermann"></p>
4:  <p>Password :
5:  <input type="password" name="pwd" value="topsecret"></p>
6:  <input type="submit" value="Senden"></p>
7:  </form>
```

Da in diesem Beispiel die Daten mit der get-Methode übertragen werden, muss das PHP-Skript zur Verarbeitung der Formularinformationen den Array $_GET auswerten. Das folgende PHP-Programm (anmeldung.php) zeigt die Auswertung der Übergabedaten des Formulars:

```
1:  <?php
2:    $name = $_GET['username'];
3:    $password = $_GET['pwd'];
4:    echo("<p>Ihr User-Name lautet: $name</p>");
5:    echo("<p>Als Password haben Sie gewählt: $password</p>")
6:  ?>
```

Wenn das HTML-Formular die Formulardaten mit der Methode get an das aufgerufene PHP-Dokument übergibt, dann stehen die Daten in dem assoziativen Array $_GET. Im Gegensatz zu einem normalen Array, bei dem man mit einem numerischen Index auf die Tabellenelemente zugreift (Erläuterungen zu Arrays folgen in Kapitel 6.5), wird in einem assoziativen Array eine Zeichenkette als

Schlüssel (Index) benötigt, um auf das Feld zugreifen zu können. Bei einer Formularübergabe entsprechen die Strings für die Arrayfelder eines assoziativen Arrays den im HTML-Formular festgelegten Werten für die Name-Eigenschaften der Übergabefelder. Diese Bezeichnungen müssen Sie innerhalb der eckigen Klammern des $_GET-Arrays in einfachen Hochkommas als Schlüssel für das jeweilige Feld angeben.

Im HTML-Formular anmeldung.html wurde in der Zeile 3 ein einzeiliges Inputfeld mit dem Attribut name="username" erzeugt. Da die Formulardaten mit der get-Methode an das PHP-Skript anmeldung.php übergeben wurden, enthält das $_GET-Array das Feld username. Mit der Anweisung $name = $_GET['username'] wird der Inhalt dieses Arrayfeldes in der Variablen $name gespeichert. Mit dem Wert dieser Variablen können Sie im PHP-Programm weiter arbeiten, d. h., Sie können zum Beispiel den Wert im Browser ausgeben oder bei der Übergabe von numerischen Werten können Sie mit diesen Inhalten rechnen.

Sollen die Übergabewerte nicht in der Adressleiste Ihres Browsers erscheinen, so müssen Sie im HTML-Formular innerhalb des Form-Tags das Attribut method="post" setzen und im PHP-Skript muss das assoziative Array $_POST angesprochen werden.

**AUFGABE 7.7**

Erzeugen Sie für die Bezugskalkulation (Aufgabe 7.5) ein benutzerfreundliches Eingabeformular (bezugskalkulation.html). Berücksichtigen Sie dabei, dass als Rabattsatz entweder nur 0 oder 10 % gewährt werden und dass der Skontosatz 0, 1, 2 oder 3 % betragen muss. Passen Sie das PHP-Skript zur Berechnung des Bezugspreises an. Die Übergabe der Formularwerte soll in der Adressleiste des Browsers sichtbar sein.

**AUFGABE 7.8**

Übergeben Sie die Formulardaten Ihres Formulars zur Useranmeldung mit der post-Methode an ein PHP-Skript (register.php). Weisen Sie die Übergabewerte lokalen Skriptvariablen zu. Das übergebene Passwort soll verschlüsselt werden. Dazu soll die Funktion md5( ) verwendet werden. Informieren Sie sich in der PHP-Hilfe über den Aufbau und den Einsatz dieser Funktion. Geben Sie im Browserfenster den Usernamen sowie das eingegebene Passwort im Klartext und in verschlüsselter Form wieder aus.

## 7.3 Kontrollstrukturen

Kontrollstrukturen sind Schemata, die regeln, wie die Anweisungen eines Programms abgearbeitet werden. Ein strukturiertes Programm kann prinzipiell aus drei unterschiedlichen Kontrollstrukturen aufgebaut sein: Wenn eine Reihe von Anweisungen einmal von oben nach unten ausgeführt wird, spricht man von einer Folgestruktur. Werden bestimmte Anweisungen nur dann ausgeführt, wenn eine oder mehrere Bedingungen erfüllt sind, handelt es sich um eine Auswahlstruktur. Eine Wiederholungsstruktur liegt vor, wenn bestimmte Anweisungen – in Abhängigkeit von einer Bedingung – mehrfach ausgeführt werden können.

HTML-Formulare, PHP und MySQL

### 7.3.1 Folgestruktur (Sequenz, Reihe, lineare Folge)

Merkmal: Die Anweisungen des Programms werden der Reihe nach von oben nach unten einmal ausgeführt.

BEISPIEL

Für einen PC mit einer Leistung von 300 Watt sind die Energiekosten für eine Laufzeit von 8 Stunden zu berechnen. Der Preis für eine kwh beträgt 13 Cent.

*Struktogramm*

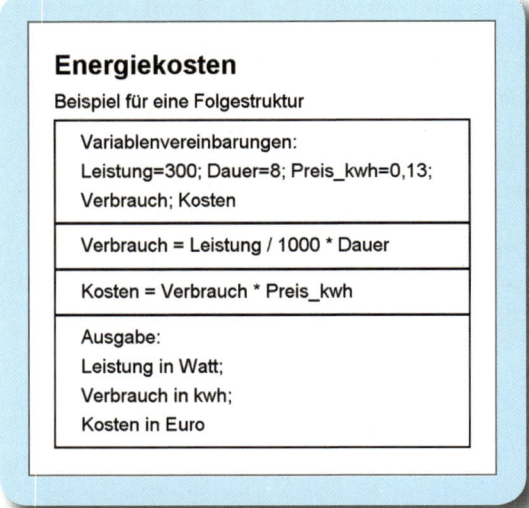

Codierung:

```
1:  <?php
2:     $leistung=300;
3:     $dauer=8;
4:     $preis_kwh=0.13;
5:     $verbrauch=$leistung/1000*$dauer;
6:     $kosten=$verbrauch*$preis_kwh;
7:     echo "Leistung des PC: $leistung Watt<br />";
8:     echo "Verbrauch in $dauer Stunden: $verbrauch
9:       kwh<br />";
10:    echo "Energiekosten: $kosten Euro";
11: ?>
```

### 7.3.2 Auswahlstrukturen

Merkmal: Der weitere Programmablauf ist von dem Ergebnis einer Bedingungsüberprüfung abhängig. Je nach Ergebnis der Überprüfung – die Bedingung ist zutreffend oder die Bedingung ist nicht erfüllt – werden unterschiedliche Anweisungen ausgeführt.
Beachten Sie die Hinweise im Kapitel 7.3.2.5 (Operatoren zur Bildung von Bedingungsausdrücken).

## 7.3.2.1 Einseitige Auswahl

Es soll überprüft werden, ob in einem Feld für die E-Mail-Adresse eine Zeichenfolge übergeben wurde. Wenn dies nicht der Fall ist, erfolgt eine Ausgabe, die auf die fehlende Adresse hinweist.

**BEISPIEL**

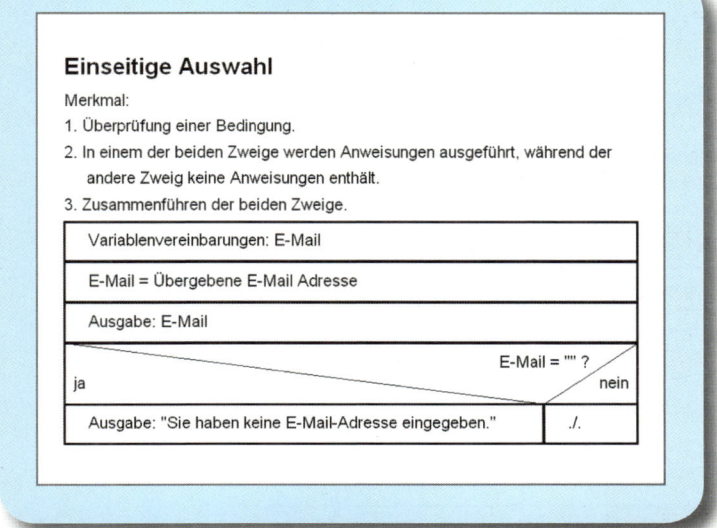

*Struktogramm*

```
1:   <?php
2:      $email=$_GET['adresse'];
3:      echo "Die eingegebene E-Mailadresse ist: $email";
4:      if ($email=="")
5:      {
6:         echo "<br />Sie haben keine E-Mailadresse
     angegeben!";
7:      }
8:   ?>
```

In Zeile 4 wird überprüft, ob die Variable $email keinen Wert enthält (if ($email=="")). Wenn diese Bedingung zutrifft, wird ein entsprechender Text ausgegeben (Zeile 6).

Die Anweisungen, die auszuführen sind, wenn der Bedingungsausdruck wahr (true) ist, heißen zusammenfassend auch Ja-Zweig der Auswahlstruktur.

# HTML-Formulare, PHP und MySQL

### 7.3.2.2 Zweiseitige Auswahl

**BEISPIEL**

Siehe einseitige Auswahl oben; wenn eine Zeichenfolge übergeben wurde, erfolgt zusätzlich der Hinweis, dass die Adresse in einen Verteiler übernommen wird.

*Struktogramm*

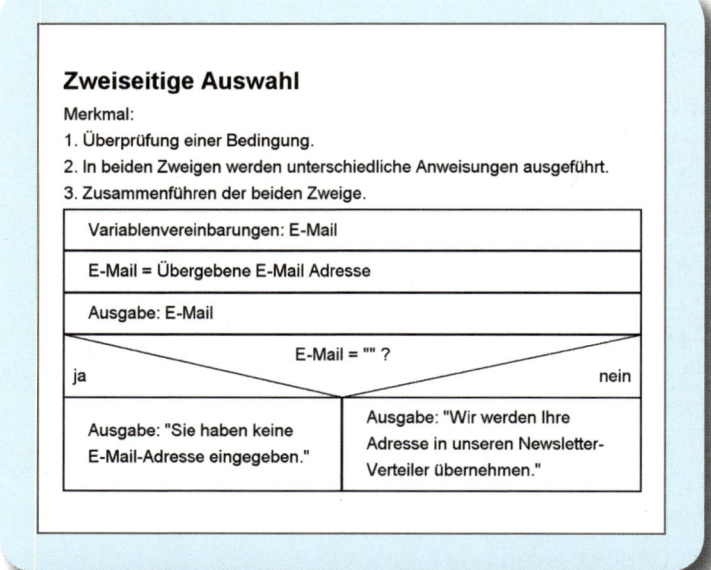

Codierung:

```php
 1: <?php
 2:    $email=$_GET['adresse'];
 3:    echo "Die eingegebene E-Mailadresse ist: $email";
 4:    if ($email=="")
 5:    {
 6:       echo "<br />Sie haben keine E-Mailadresse
             angegeben!";
 7:    }
 8:    else
 9:    {
10:       echo "<br />Wir werden Ihre Adresse in unseren
11:             Newsletter-Verteiler übernehmen.";
12:    }
13: ?>
```

Die Zeilen 4–7 entsprechen dem ersten Beispiel: Wenn die Variable $email leer ist, wird ein hinweisender Text ausgegeben. Ist die Bedingung dagegen nicht erfüllt ($email enthält einen Wert), wird der Else-Zweig (Nein-Zweig) ausgeführt (Zeilen 8–12) und damit der Text „Wie werden Ihre Adresse …" ausgegeben.

## 7.3.2.3 Mehrseitige Auswahl

Siehe zweiseitige Auswahl oben; für den Fall einer übergebenen Zeichenkette wird zusätzlich überprüft, ob ein @-Zeichen enthalten ist und dieses Zeichen nicht an erster bzw. letzter Stelle der Zeichenkette steht. Sollte das Zeichen fehlen bzw. an erster oder letzter Stelle stehen, gibt es einen Hinweis auf eine fehlerhafte E-Mail-Adresse.

BEISPIEL

*Struktogramm*

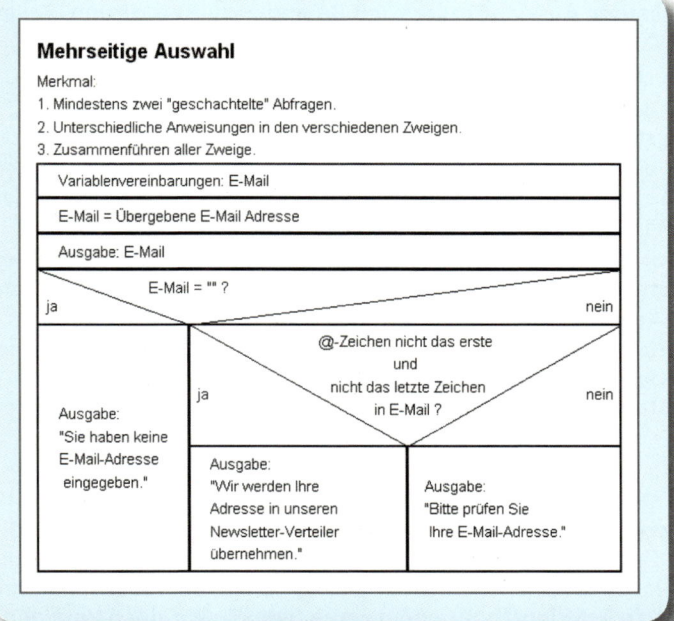

```
 1:   <?php
 2:     $email=$_GET['adresse'];
 3:     echo "Die eingegebene E-Mailadresse ist: $email";
 4:     if ($email=="")
 5:     {
 6:       echo "<br/>Sie haben keine E-Mailadresse
             angegeben!";
 7:     }
 8:     else
 9:     {
10:       if (strpos($email,"@")>0 and
11:           strpos($email,"@")<(strlen($email)-1))
12:       {
13:         echo "<br/>Wir werden Ihre Adresse in
14:             unseren Newsletter-Verteiler
15:             übernehmen.";
16:       }
17:       else
18:       {
19:         echo "<br/>Bitte prüfen Sie Ihre
20:             E-Mailadresse!";
```

```
21:     }
22:   }
23: ?>
```

In Zeile 4 wird, wie in den beiden vorangegangenen Beispielen, der Inhalt der Variablen $email überprüft. Enthält diese Variable einen Wert, wird der Else-Zweig dieser Abfrage ausgeführt (ab Zeile 8). Dieser Else-Zweig enthält wiederum eine vollständige Auswahlstruktur mit Bedingungsüberprüfung (Zeilen 10–21), einem Ja-Zweig (Zeilen 12–16) und einem Nein-Zweig (Zeilen 18–21).

Die Bedingung in den Zeilen 10–11 enthält zwei Ausdrücke:
Erster Ausdruck:   strpos($email,"@")>0
**int strpos ( string str1, string str2 [, int offset] )**
Die Funktion strpos( ) liefert die Position des erstmaligen Auftretens der Zeichenkette str2 in der Zeichenkette str1 zurück. Mit offset kann angegeben werden, an welcher Stelle von str1 die Suche beginnen soll.
Im ersten Ausdruck wird mit strpos( ) die Position des Strings @ in der Variablen $email ermittelt und dann geprüft, ob dieser Wert größer 0 ist (1. Stelle = Position 0). Ist dieser Ausdruck wahr, ist @ nicht das erste Zeichen in $email.
Im zweiten Ausdruck wird noch einmal diese Position ermittelt und anschließend geprüft, ob der Wert kleiner ist als die Länge der Zeichenkette in $email-1. Ist dieser zweite Ausdruck wahr, dann ist das Zeichen @ nicht das letzte Zeichen in $email.
Zweiter Ausdruck:   strpos($email,"@")<(strlen($email)-1)
**int strlen ( string str )**
Die Funktion strlen( ) ermittelt die Länge des übergebenen Strings str. Da die Funktion strlen( ) die tatsächliche Anzahl von Zeichen eines Strings ermittelt, die Indizierung der einzelnen Zeichen in einem String jedoch bei Index 0 beginnt und bei Index n-1 (n = Stringlänge) endet, muss man 1 von der Stringlänge abziehen, um auf das letzte Zeichen des Strings zuzugreifen.

Da wir nur Adressen in unseren Verteiler aufnehmen, für die beide Bedingungen zutreffen (@-Zeichen nicht an erster Stelle und nicht an letzter Stelle), müssen der erste und der zweite Ausdruck mit einem logischen und (and oder &&) verknüpft werden. Sind beide Bedingungen erfüllt, werden die Zeilen 12–16 ausgeführt, im anderen Fall wird der Text „Bitte prüfen Sie …" ausgegeben.

### 7.3.2.4 Syntax zu Auswahlstrukturen

| SYNTAX | HINWEISE |
|---|---|
| if (Bedingungsausdruck) | |
| { | Der Else-Zweig kann entfallen. |
|     Anweisung(en); | |
| } | Die geschweiften Klammern können entfallen, |
| else | wenn der Zweig nur eine Anweisung enthält. |
| { | |
|     Anweisung(en); | |
| } | |

| BEISPIELE: | |
|---|---|
| if ($a<$b)<br>{<br>   $kleiner=$a;<br>   $groesser=$b;<br>} | if ($a<$b)<br>   echo "A ist kleiner B!"; |
| if ($a==$b)<br>{<br>   echo "A ist gleich B!";<br>}<br>else<br>{<br>   echo "A ist nicht gleich B!";<br>} | if ($a==$b)<br>   echo "A ist gleich B!";<br>else<br>   echo "A ist nicht gleich B!"; |

## 7.3.2.5 Operatoren zur Bildung von Bedingungsausdrücken

| OPERATOR | ERLÄUTERUNG | BEISPIEL |
|---|---|---|
| VERGLEICHSOPERATOREN | | |
| < | kleiner als | $a < $b |
| <= | kleiner oder gleich | $a <= $b |
| > | größer als | $a > $b |
| >= | größer oder gleich | $a >= $b |
| == | gleich | $a == $b |
| != | ungleich | $a != $b |

| OPERATOR | ERLÄUTERUNG | BEISPIEL |
|---|---|---|
| **LOGISCHE OPERATOREN** | | |
| && oder and | Logisches und<br>Der Ausdruck ist nur dann wahr, wenn sowohl der erste als auch der zweite Operand wahr sind. Achtung: unterschiedliche Operatorpriorität von && und and. | $a < $b and $c < $d<br>$a < $b && $c < $d<br>(Der Ausdruck ist nur dann wahr, wenn $a kleiner $b ist und gleichzeitig $c kleiner $d ist.) |
| \|\| oder or | Logisches oder<br>Der Ausdruck ist wahr, wenn der erste Operand oder der zweite Operand oder auch beide Operanden gleichzeitig wahr sind. Achtung: unterschiedliche Operatorpriorität von \|\| und or. | $a < $b or $c < $d<br>$a < $b \|\| $c < $d<br>(Der Ausdruck ist dann wahr, wenn $a kleiner $b ist oder wenn $c kleiner $d ist oder wenn $a kleiner $b ist und gleichzeitig $c kleiner $d ist.) |
| xor | Logisches exklusives oder<br>Der Ausdruck ist nur dann wahr, wenn genau einer der beiden Operanden wahr ist (nicht aber beide gleichzeitig). | $a < $b xor $c < $d<br>(Der Ausdruck ist nur dann wahr, wenn $a kleiner $b ist oder wenn $c kleiner $d ist; der Ausdruck ist nicht wahr, wenn $a kleiner $b ist und gleichzeitig $c kleiner $d ist.) |
| ! | Logisches nicht<br>Der Operator steht vor einem einzigen Operanden und verneint ihn (kehrt seinen Wahrheitswert um). | Wenn $a wahr ist, ist !$a falsch; wenn $a falsch ist, ist !$a wahr. |

Prioritäten legen fest, in welcher Reihenfolge die Operatoren eines Ausdrucks ausgewertet werden. Eine Übersicht der Prioritäten können Sie der PHP-Referenz entnehmen.

**AUFGABE 7.9**

Für die Personalabteilung eines Unternehmens ist eine Webseite zu erstellen, die eine Abfrage des Urlaubsanspruchs nach dem Tarifvertrag ermöglicht.

Auszug aus dem Tarifvertrag:
Dauer des Erholungsurlaubs
(1) Der Erholungsurlaub des Angestellten, dessen durchschnittliche regelmäßige wöchentliche Arbeitszeit auf fünf Arbeitstage in der Kalenderwoche verteilt ist (Fünftagewoche), beträgt

| in der Vergütungsgruppe | bis zum vollendeten 30. Lebensjahr | bis zum vollendeten 40. Lebensjahr | nach vollendetem 40. Lebensjahr |
|---|---|---|---|
| | Arbeitstage | | |
| I und I a | 26 | 30 | 30 |
| I b bis X, Kr. XIII bis Kr. I | 26 | 29 | 30 |

Daten des Eingabeformulars: Alter in Jahren (Textfeld)
Vergütungsgruppe (zwei Radiobuttons)
Ausgabe: Alter in Jahren
Vergütungsgruppe
Urlaubsanspruch in Tagen

## 7.3.3 Wiederholungsstrukturen

Merkmal:   Anweisungen des Programms können mehrfach ausgeführt werden.

### 7.3.3.1 Zählschleife

Beispiel: Zählschleife: Ausgabe der ASCII-Zeichen für die Werte $32_{dez}$ bis $126_{dez}$.

*Struktogramm*

**Zählschleife**

Merkmal:
1. Anzahl der Schleifendurchläufe ist in der Codierung festgelegt.
2. Die Schleifensteuerung erfolgt mit einer Schleifenvariable.

Im Schleifenkopf erscheint die Schleifenvariable an erster Stelle:   i:

Es folgen drei Werte zur Schleifensteuerung:
AW: Anfangswert der Schleifenvariablen
EW: Endwert der Schleifenvariablen, für den die Schleife das letzte Mal ausgeführt wird.
SW: Schrittweite; um diesen Wert wird die Schleifenvariable nach jedem Durchlauf verändert.

| Variablenvereinbarungen: i, Zeichen |
|---|
| i:   AW=32; EW=126; SW=1 |
| Rest i/8=0 ?  ja / nein |
| Zeilenvorschub   /   ./. |
| Zeichen = ASCII-Zeichen für i |
| Ausgabe i, Zeichen |

```
1:   <?php
2:     echo "<table width='50%' border='1' cellspacing='1'
3:       cellpadding=''>";
4:     echo "<tr>";
```

```
 5:    for ($i=32;$i<127;$i++)
 6:    {
 7:      if ($i%8==0)
 8:      {
 9:        echo "</tr><tr>";
10:      }
11:      $zeichen=chr($i);
12:      echo "<td>";
13:      echo $i."=>".$zeichen;
14:      echo "</td>";
15:    }
16:    echo "</tr></table>";
17: ?>
```

Die Zählschleife beginnt in Zeile 5 mit dem Schlüsselwort for. Zur Steuerung der Schleife folgen in den runden Klammern drei Ausdrücke: Beim erstmaligen Ausführen dieser Anweisung erhält die Schleifenvariable $i den Initialwert 32 ($i=32), danach wird die Laufbedingung $i<127 überprüft; nur wenn diese Bedingung erfüllt ist, wird die Schleife durchlaufen. Da 32 kleiner als 127 ist, werden die Schleifenanweisungen abgearbeitet (Zeilen 6–15). Nachdem die Schleife durchlaufen wurde, erhält die Schleifenvariable einen neuen Wert (Re-Initialisierung). In unserem Fall wird $i um eins erhöht (siehe Zeile 5: $i++), erhält also den Wert 33, danach wird erneut die Laufbedingung geprüft; da 33 kleiner als 127 ist, erfolgt ein weiterer Schleifendurchlauf, an dessen Ende $i auf 34 erhöht wird. Dieser Vorgang wiederholt sich so lange, bis $i den Wert 127 erhält. Da nun die Laufbedingung nicht mehr erfüllt ist (127 ist nicht kleiner 127), endet die Schleife und das Programm wird in Zeile 16 fortgesetzt.

Innerhalb der Schleife wird zunächst überprüft, ob $i ohne Rest durch 8 teilbar ist (Zeile 7). Ist das der Fall (bei 32, 40, 48 usw.), endet die aktuelle und beginnt eine neue Tabellenzeile (Zeile 9). Die Ausgabe erfolgt hierdurch in einer Tabelle mit 8 Spalten pro Zeile.

In Zeile 11 ermittelt die Funktion chr( ) für den übergebenen Wert $i das zugehörige ASCII-Zeichen (chr($i)); dieses Zeichen wird in $zeichen gespeichert.

string chr ( int ascii )

Die Funktion chr( ) gibt einen 1-Zeichen-String zurück, der dem Zeichen des ASCII-Wertes von ascii entspricht.

Der Wert $i, die Zeichenkette „=>" und der Inhalt von $zeichen werden dann in einem neuen (Zeile 12) Tabellenelement ausgegeben (Zeile 13). Dabei kommt der String-Verkettungsoperator . (Punkt) zum Einsatz. Nach dieser Ausgabe endet das aktuelle Datenfeld der Tabelle (Zeile 14). Die zuletzt begonnene Tabellenzeile und die Tabelle selbst enden nach der Schleife (Zeile 16).

## 7.3.3.2 Kopfgesteuerte Schleife

Kopfgesteuerte Schleife: Ausgabe der ASCII-Zeichen für die Werte $32_{dez}$ bis $126_{dez}$.

BEISPIEL

*Struktogramm*

**Kopfgesteuerte Schleife**

Merkmal:
1. Anzahl der Schleifendurchläufe muss nicht in der Codierung festgelegt werden.
2. Die Überprüfung der Laufbedingung erfolgt im Schleifenkopf.
3. Die Schleife wird gar nicht durchlaufen, wenn die Laufbedingung von Anfang an nicht erfüllt ist.

| Variablenvereinbarungen: i, Zeichen |
| --- |
| i = 32 |
| Solange i < 127 |

Rest i/8 = 0 ?
ja / nein

| Zeilenvorschub | ∫ |
| --- | --- |

| Zeichen = ASCII-Zeichen für i |
| --- |
| Ausgabe i, Zeichen |
| i = i + 1 |

```php
 1: <?php
 2:   echo "<table width='50%' border='1' cellspacing='1'
 3:     cellpadding=''>";
 4:   echo "<tr>";
 5:   $i=32;
 6:   while ($i<127)
 7:   {
 8:     if ($i%8==0)
 9:     {
10:       echo "</tr><tr>";
11:     }
12:     $zeichen=chr($i);
13:     echo "<td>";
14:     echo $i."=>".$zeichen;
15:     echo "</td>";
16:     $i++;
17:   }
18:   echo "</tr></table>";
19: ?>
```

Die Schleife beginnt in Zeile 6 mit dem Schlüsselwort while. Es folgt in Klammern eine Laufbedingung ($i<127). Wenn dieser Ausdruck wahr ist, werden die Schleifenanweisungen (Zeilen 7–17) ausgeführt. Nach einem Schleifendurchlauf wird die Laufbedingung (Zeile 6) erneut geprüft. Ist der Ausdruck immer noch wahr, wird die Schleife erneut durchlaufen. In der Schleife selbst muss sichergestellt werden, dass zu irgendeinem Zeitpunkt die Laufbedingung nicht mehr zutreffend ist (Vermeidung einer Endlosschleife). Dies geschieht hier in Zeile 16 mit der Erhöhung der Variablen $i: Durch die fortlaufende Inkrementierung erhält $i nach 95 Durchläufen den Wert 127. Damit ist die Bedingung $i<127 nicht mehr erfüllt, die Schleife wird beendet und das Programm wird in Zeile 18 fortgesetzt.

Eine kopfgesteuerte Schleife wird überhaupt nicht durchlaufen, wenn die Laufbedingung von Anfang an nicht erfüllt ist. Dies wäre beispielsweise der Fall, wenn der Variablen $i in Zeile 5 ein Wert größer 126 zugewiesen würde.

### 7.3.3.3 Fußgesteuerte Schleife

**BEISPIEL**

Fußgesteuerte Schleife: Ausgabe der ASCII-Zeichen für die Werte $32_{dez}$ bis $126_{dez}$.

*Struktogramm*

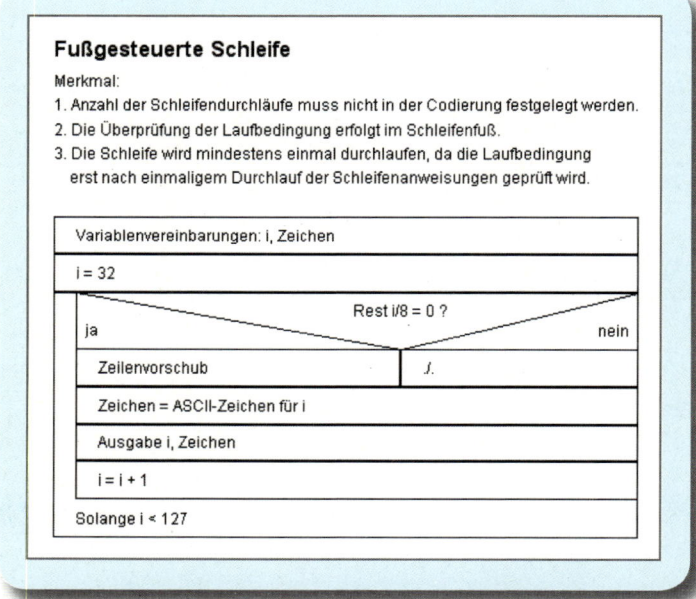

```
1:  <?php
2:    echo "<table width='50%' border='1' cellspacing='1'
3:      cellpadding=''>";
4:    echo "<tr>";
5:    $i=32;
6:    do
7:    {
8:      if ($i%8==0)
9:      {
10:       echo "</tr><tr>";
11:     }
12:     $zeichen=chr($i);
13:     echo "<td>";
14:     echo $i."=>".$zeichen;
15:     echo "</td>";
```

```
16:        $i++;
17:     }while ($i<127);
18:     echo "</tr></table>";
19: ?>
```

Die fußgesteuerte Schleife beginnt in Zeile 6 mit dem Schlüsselwort do. Die Schleifenanweisungen folgen in den Zeilen 7–17. Die Laufbedingung wird am Ende des Schleifenkörpers nach dem Schlüsselwort while angegeben. Im Unterschied zur kopfgesteuerten Schleife werden die Schleifenanweisungen nach dem Programmstart mindestens einmal abgearbeitet, da zunächst keine Bedingungsprüfung durchgeführt wird. Erst nach dem ersten Durchlauf wird geprüft, ob die Laufbedingung für einen weiteren Durchlauf erfüllt ist (Zeile 17). Wie im Beispiel zur kopfgesteuerten Schleife wird das Terminieren der Schleife durch die Inkrementierung der Variablen $i sichergestellt (Zeile 16).

### 7.3.3.4 Syntax zu Wiederholungsstrukturen

| SYNTAX ZÄHLSCHLEIFE | HINWEISE |
|---|---|
| for (Initialisierung Schleifenvariable;<br>    Laufbedingung; Re-Initialisierung)<br>{<br>    Anweisung(en);<br>} | Die geschweiften Klammern des Schleifenkörpers können entfallen, wenn er nur eine Anweisung enthält |
| **BEISPIELE** | |
| for ($i=1; $i<=10; $i++)<br>    echo "$i im Quadrat ergibt"<br>    .$i*$i."<br />"; | Diese Schleife gibt die Quadratzahlen von 1 bis 10 aus.<br>Wird die „For-Zeile" das erste Mal ausgeführt, erhält die Variable $i den Wert 1 (Initialisierung der Schleifenvariablen $i), danach erfolgt die Überprüfung der Laufbedingung ($i<=10 ?). Da 1<=10, werden die Schleifenanweisungen abgearbeitet (Ausgabe von $i * $i). Am Ende der Schleife erfolgt die Re-Initialisierung der Schleifenvariable (hier: $i++, d. h. Erhöhung von $i um 1 auf 2). Nach der Re-Initialisierung wird erneut die Laufbedingung geprüft; da sie immer noch erfüllt ist (2 ist kleiner gleich 10) wird die Schleife ein weiteres Mal durchlaufen. Dieser Prozess wiederholt sich, solange die Laufbedingung erfüllt bleibt. Die Schleife endet, wenn $i den Wert 11 erhält. |

| SYNTAX KOPFGESTEUERTE SCHLEIFE | HINWEISE |
|---|---|
| ```while (Bedingungsausdruck)<br>{<br>    Anweisung(en);<br>}``` | Die geschweiften Klammern des Schleifenkörpers können entfallen, wenn er nur eine Anweisung enthält |
| **BEISPIELE** | |
| ```$i=1;<br>while ($i<=10)<br>{<br>    echo "$i im Quadrat ergibt ".<br>    $i*$i."<br />";<br>    $i++;<br>}``` | Diese Schleife gibt die Quadratzahlen von 1 bis 10 aus.<br>Vor dem ersten Schleifendurchlauf wird geprüft, ob der Bedingungsausdruck $i <= 10 wahr ist.<br>Nur wenn das der Fall ist, werden die Schleifenanweisungen abgearbeitet. In unserem Fall trifft dies zu, da 1 kleiner gleich 10 ist. Nachdem der quadrierte Wert ausgegeben und die Variable $i um eins (auf 2) erhöht wurde, erfolgt erneut die Überprüfung des Bedingungsausdrucks; da 2 kleiner gleich 10 ist, erfolgt ein neuer Schleifendurchlauf. Dieser Prozess endet, wenn $i einen Wert größer 10 angenommen hat. Um nicht ungewollt eine Endlosschleife zu erzeugen, ist darauf zu achten, dass der Bedingungsausdruck zur Schleifensteuerung tatsächlich zu irgendeinem Zeitpunkt nicht mehr wahr ist. Da die Bedingung $i<=10 bereits beim erstmaligen Eintritt in die Schleife unzutreffend sein kann, kann der Fall eintreten, dass die Schleife 0-mal durchlaufen wird. |

| SYNTAX FUSSGESTEUERTE SCHLEIFE | HINWEISE |
|---|---|
| ```do<br>{<br>    Anweisung(en);<br>} while (Bedingungsausdruck);``` | Die geschweiften Klammern des Schleifenkörpers können entfallen, wenn er nur eine Anweisung enthält |

## HTML-Formulare, PHP und MySQL

| BEISPIELE | |
|---|---|
| `$i=1;`<br>`do`<br>`{`<br>`    echo "$i im Quadrat ergibt".`<br>`    $i*$i."<br />";`<br>`    $i++;`<br>`} while ($i<=10);` | Diese Schleife gibt die Quadratzahlen von 1 bis 10 aus.<br>Im Gegensatz zur kopfgesteuerten Schleife wird die Schleife mindestens einmal durchlaufen, da der Bedingungsausdruck zur Schleifensteuerung erstmals nach einem Schleifendurchlauf überprüft wird. |

**AUFGABE 7.10**

Ein Verein zur Erhöhung der Verkehrssicherheit möchte auf seinen Internetseiten eine Onlineberechnung für den Anhalteweg eines Pkws anbieten. Eingabedatum ist eine beliebige Anfangsgeschwindigkeit. In einer Tabelle soll – beginnend mit der Anfangsgeschwindigkeit – in 10er-Schritten der Anhalteweg bis zur Geschwindigkeit von maximal 180 km/h ausgegeben werden.

Es sind folgende Formeln zu verwenden:
Anhalteweg      = Reaktionsweg + Bremsweg
Reaktionsweg    = v * 3/10
Bremsweg        = (v/10) * (v/10)[1] mit
v               = km/h

[1] Diese Formel berücksichtigt noch nicht die inzwischen durch technischen Fortschritt erreichten günstigeren Verzögerungswerte moderner Bremsanlagen.

**AUFGABE 7.11**

In einem Onlineshop werden Kundennummern verwendet (maximal 13 Stellen inklusive der Prüfziffer), die mit einer Prüfziffer nach dem Modulo10-Verfahren gesichert sind. Dabei wird das Verfahren angewandt, mit dem auch Prüfziffern einer EAN-Nummer gebildet werden. Es ist eine Anwendung zu erstellen, die eine übermittelte Kundennummer auf Gültigkeit überprüft. Das Ergebnis der Überprüfung ist durch einen entsprechenden Hinweis auszugeben. Informieren Sie sich mithilfe des Internets, wie Prüfziffern für EAN-Codes gebildet werden. Hinweis: Mit der Funktion substr( ) können Sie auf ein einzelnes Zeichen innerhalb eines Strings zugreifen (siehe PHP-Referenz).

## 7.4 Ein- und Ausgabe in einem Formular

Bisher erfolgte der Datenaustausch zwischen Browser und Webserver mit einer Eingabeseite und einer Ausgabeseite. Das folgende Beispiel email.php zeigt, wie die Kommunikation in einem Dokument möglich wird.

```
1: <html>
2: <head>
3: <title>Ein- Ausgabeformular</title>
4: </head>
5: <body>
6: <form method="get" action="<?php echo $_SERVER['PHP_
```

```
        SELF']?>">
 7:    <input type="text" value="E-Mail-Adresse" name="adresse"
       />
 8:    <!--Oder, wenn Eingabedaten wieder angezeigt werden
       sollen:
 9:    <input type="text" value="<?php echo $_GET['adresse']?>"
10:      name="adresse" />
11:    -->
12:    <input type="submit" value="Senden" name="abgeschickt" />
13:    </form>
14:    <?php
15:      if(isset($_GET['abgeschickt']))
16:      {
17:        $email=$_GET['adresse'];
18:        echo "Die eingegebene E-Mail-Adresse ist: $email";
19:      }
20:    ?>
21:    </body>
22:    </html>
```

Die erste Veränderung betrifft den action-Eintrag des Form-Tags: In den bisherigen Beispielen wurde hier eine PHP-Datei angegeben, die für die Verarbeitung der Formulardaten zuständig war und ein neues Ausgabedokument erzeugte. Da nun nach dem Versenden der Formulardaten kein neues Dokument angezeigt, sondern das Eingabeformular erneut dargeboten werden soll, muss sich das Dokument selbst aufrufen: action="email.php". Nachteilig bei diesem Vorgehen ist, dass nach einer Umbenennung oder Verschiebung dieser Datei der action-Eintrag entsprechend anzupassen ist. Da PHP auf den aktuellen Dateinamen mit $_SERVER['PHP_SELF'] zugreifen kann, ist es günstiger, diesen Dateinamen mit PHP zu erzeugen: action="<?php echo $_SERVER['PHP_SELF']?>" (Zeile 6). $_SERVER ist ein global zur Verfügung stehendes Array, dessen Elemente verschiedene Informationen über Server, Pfade, Header usw. enthalten.

Als zweite Änderung ist das PHP-Skript zur Auswertung der übermittelten Formulardaten in das Dokument email.php selbst eingebettet (Zeilen 14–20).

Die Verarbeitung der Eingabedaten (hier das Auslesen des Arrays $_GET (Zeile 17) und die Ausgabe der übermittelten E-Mail-Adresse (Zeile 18)) sind jedoch nur dann sinnvoll, wenn diese Daten vorhanden sind (also der Submit-Button im Formular gedrückt wurde). Zur Überprüfung dient die Funktion:

bool isset (var)

Existierte die Variable var, liefert isset( ) TRUE ansonsten FALSE zurück.

In Zeile 15 wird geprüft, ob der Ausdruck isset($_GET['abgeschickt']) wahr ist. Das ist nur dann der Fall, wenn das Element abgeschickt im Array $_GET existiert. Existieren kann dieses Element nur dann, wenn der Submit-Button mit dem name-Attribut abgeschickt gedrückt wurde (siehe Zeile 12).

## 7.5 Arrays

Wenn wir für eine Gehaltsabrechnung das Bruttogehalt eines Mitarbeiters speichern möchten, erzeugen wir eine Variable (z.B. $geh1); für einen zweiten Mitarbeiter benötigen wir eine weitere Variable (z.B. $geh2). Zur Speicherung sehr vieler Gehälter ist dieses Vorgehen nicht zu empfehlen, denn die Verarbeitung dieser Variablen verursacht einen sehr großen Codieraufwand. Möchten wir die Summe von angenommenen 100 Gehältern ermitteln, ist eine umständliche Anweisung in der Art $summe = $geh1 + $geh2 + $geh3 + ..... + $geh100 erforderlich. Wir können in einer einfachen Variablen wie $geh1 nur einen Wert speichern. Günstiger ist eine Lösung mit einer Datenstruktur, die in geordneter Form viele Werte speichern kann. Dieser zusammengesetzte Datentyp wird mit dem Typ Array zur Verfügung gestellt.

### 7.5.1 Eindimensionale Arrays

Ein eindimensionales Array kann man sich als eine Liste von mehreren Werten vorstellen. Das folgende Array mit dem Namen $gehalt besteht aus fünf Elementen, wobei jedes Element dem Gehalt eines Mitarbeiters entspricht:

Array $gehalt:

| 2000 | 2500 | 2300 | 3000 | 2800 |
|------|------|------|------|------|

Die einzelnen Werte des Arrays werden mit dem Arraynamen und einem numerischen Index (beginnend mit 0) angesprochen: $gehalt[0] ist das erste Element, $gehalt[1] das zweite Element usw.

Das Array $gehalt kann mit folgenden Anweisungen erzeugt und gefüllt werden:

```
$gehalt[0]=2000;
$gehalt[1]=2500;
$gehalt[2]=2300;
```

Der Index kann auch entfallen, das neue Element erhält automatisch den nachfolgenden Index:

```
$gehalt[]=3000;
$gehalt[]=2800;
```

Wir können das Array mit einer Wiederholungsstruktur leicht bearbeiten:

```
1:  for ($i=0;$i<5;$i++)
2:  {
3:    echo "Index: $i; Wert: $gehalt[$i]<br />";
4:  }
```

Die Zählvariable $i durchläuft in diesem Beispiel die Werte 0 bis 4 (Zeile 1). Im Schleifenkörper wird sie als Index zur Adressierung der Elemente des Arrays verwendet ($gehalt[$i]).

Ausgabe:  Index: 0; Wert: 2000
          Index: 1; Wert: 2500
          Index: 2; Wert: 2300
          Index: 3; Wert: 3000
          Index: 4; Wert: 2800

Neben der oben beschriebenen Art, gibt es mit array( ) eine weitere Form, ein Array zu erzeugen. Das Gehaltsarray wird in dieser Variante mit

```
$gehalt=array(2000,2500,2300,3000,2800);
```

erzeugt und ist mit dem obigen Array identisch.

## 7.5.2 Assoziative Arrays

Die einzelnen Gehälter in unserem Array $gehalt werden mit einem numerischen Index adressiert ($gehalt[0], $gehalt[1], ...). Der Indexwert 0, 1 usw. hat oft keinen logischen Bezug zu dem gespeicherten Wert; er ist lediglich eine fortlaufende Nummerierung der Arrayelemente. Vorteilhaft wäre es, wenn wir anstelle eines numerischen einen aussagefähigeren Index – z. B. den Namen des Mitarbeiters – verwenden könnten. In PHP ist das problemlos möglich. Die Elemente eines Arrays können auch mit einem nichtnumerischen Schlüssel (einem String) angesprochen werden. Man spricht in diesem Fall von einem assoziativen Array.

PHP unterscheidet nicht zwischen einem Arraytyp mit einem Index und einem Arraytyp mit einem nichtnumerischen Schlüssel. Die allgemeine Syntax zur Erzeugung eines Arrays mit array( ) lautet:

```
array([Schlüssel=>]Wert,...)
```

Die Angabe eines Schlüssels ist wahlfrei, wenn er angegeben wird, kann er eine Ganzzahl oder ein String sein. Wert ist das zu speichernde Datum und kann von einem beliebigen Typ sein.

Unser Gehaltsarray könnte demnach in verschiedenen Formen gebildet werden:

- Ohne ausdrückliche Angabe eines Schlüssels:
  `$gehalt=array(2000,2500,2300,3000,2800);` (siehe oben)
- Mit einem numerischen Schlüssel:
  `$gehalt=array(0=>2000, 1=>2500, 2=>2300, 3=>3000, 4=>2800);`
- Mit einem nichtnumerischen Schlüssel:
  `$gehalt=array("Schneider"=>2000, "Maier"=>2500, "Simon"=>2300, "Hain"=>3000, "Kraus"=>2800);`

Im Fall des assoziativen Arrays (String als Schlüssel) ist in den eckigen Klammern der Schlüsselwert in Anführungszeichen anzugeben:

```
echo "Gehalt von Maier: " . $gehalt["Maier"]."<br />";
echo "Gehalt von Hain: "  . $gehalt["Hain"];
```

Die Ausgabe ist auch ohne Stringverkettung möglich. Der Arraywert muss dann innerhalb der doppelten Anführungszeichen von echo in geschweiften Klammern stehen:

```
echo "Gehalt von Maier: {$gehalt['Maier']}<br />";
echo "Gehalt von Hain: {$gehalt['Hain']}";
```

## 7.5.3 Arrayverarbeitung mit foreach

Mit foreach steht eine besondere Anweisung zur Verfügung, mit der leicht die Elemente eines Arrays durchlaufen werden können. Es gibt zwei syntaktische Varianten:

| SYNTAX FOREACH | HINWEISE |
| --- | --- |
| foreach (Arrayausdruck as Variable)<br>{<br>   Anweisung(en);<br>} | Die geschweiften Klammern des Schleifenkörpers können entfallen, wenn er nur eine Anweisung enthält |
| foreach (Arrayausdruck as Schlüssel => Variable)<br>{<br>   Anweisung(en);<br>} | s. o. |

**BEISPIEL**

```
1: $gehalt=array("Schneider"=>2000, "Maier"=>2500,
      "Simon"=>2300,
      "Hain"=>3000, "Kraus"=>2800);
2: foreach($gehalt as $betrag)
3:    {echo "$betrag";}
```

Ausgabe: 2000 2500 2300 3000 2800

In Zeile 1 wird das assoziative Array $gehalt erzeugt und mit Daten gefüllt. Der Inhalt des Array wird anschließend mit der Schleifenanweisung foreach ausgegeben: Zunächst wird der interne Arrayzeiger auf das erste Element des Arrays $gehalt gesetzt. Der Wert dieses Elementes wird dann der Variablen $betrag zugewiesen. Diese Variable kann nun im Schleifenkörper ausgewertet werden (hier erfolgt eine Ausgabe: echo "$betrag";). Nach dem Schleifendurchlauf wird der interne Arrayzeiger automatisch auf das nächste Element gesetzt und es beginnt ein neuer Durchlauf. Dieser Vorgang wiederholt sich bis zum letzten Element des Arrays.

**BEISPIEL**

```
$gehalt=array("Schneider"=>2000, "Maier"=>2500,
"Simon"=>2300, "Hain"=>3000, "Kraus"=>2800);
1:   foreach($gehalt as $index=>$betrag)
2:      {echo "Index: $index; Wert: $betrag<br />";}
```
Ausgabe:  Index: Schneider; Wert: 2000
    Index: Maier; Wert: 2500
    Index: Simon; Wert: 2300
    Index: Hain; Wert: 3000
    Index: Kraus; Wert: 2800

In diesem Beispiel wird zusätzlich in jedem Schleifendurchlauf der Variablen $index der Schlüssel des aktuellen Elementes zugewiesen und in Zeile 3 mit ausgegeben.

### 7.5.4 Löschen von Arrays und Arrayelementen

Ein Array wird mit unset(Arrayausdruck) gelöscht:

```
unset($gehalt);
```

Mit Arrayausdruck=array( ) wird lediglich der Inhalt eines Arrays gelöscht; das Array existiert jedoch weiterhin:

```
$gehalt=array();
```

### 7.5.5 Mehrdimensionale Arrays

Die Elemente eines Arrays müssen nicht einfachen Datentypen entsprechen, sondern können selbst wieder Arrays sein. In dem folgenden Beispiel werden für drei Jahre die Quartalsumsätze gespeichert:

```
$umsatz=array("2009"=>array("Q1"=>1,"Q2"=>2,"Q3"=>3,"Q4"=>4),
              "2010"=>array("Q1"=>10,"Q2"=>20,"Q3"=>30,"Q4"
              =>40),
              "2011"=>array("Q1"=>100,"Q2"=>200,"Q3"=>300,"Q4"
              =>400));
```

Das Array $umsatz enthält drei Elemente (für die Jahre 2009, 2010, 2011). Jedes der drei Elemente ist wiederum ein Array mit vier Elementen (die Umsätze für die Quartale 1–4). Ein bestimmter Wert in $umsatz wird mit zwei Schlüsseln adressiert:

```
echo $umsatz["2011"]["Q2"];
```

liefert den Wert 200 (Umsatz im zweiten Quartal 2011).

Die Auswertung des gesamten Arrays mit foreach könnte folgendermaßen aussehen:

```
foreach($umsatz as $jahr=>$j)
{
```

```
        echo "Jahr: $jahr <br />";
        foreach($j as $quartal=>$betrag)
         echo " Quartal: $quartal - Umsatz: $betrag";
        echo "<br />";
    }
```

Ausgabe: Jahr: 2009
Quartal: Q1 – Umsatz: 1 Quartal: Q2 – Umsatz: 2 Quartal: Q3 – Umsatz: 3 Quartal: Q4 – Umsatz: 4
Jahr: 2010
Quartal: Q1 – Umsatz: 10 Quartal: Q2 – Umsatz: 20 Quartal: Q3 – Umsatz: 30 Quartal: Q4 – Umsatz: 40
Jahr: 2011
Quartal: Q1 – Umsatz: 100 Quartal: Q2 – Umsatz: 200 Quartal: Q3 – Umsatz: 300 Quartal: Q4 – Umsatz: 400

Die erste (äußere) Schleife foreach($umsatz as $jahr=>$j) verarbeitet alle Elemente des Arrays $umsatz; der Schlüssel $jahr nimmt dabei nacheinander die Werte „2009", „2010" bzw. „2011" an; der jeweils zugehörige Wert $j ist dabei das Array der Quartalsumsätze.

In jedem Durchlauf der äußeren Schleife wird eine weitere (innere) Schleife angestoßen: foreach($j as $quartal=>$betrag). Dabei wird in jedem Durchlauf das Array der Quartalsumsätze eines Jahres $j abgearbeitet. $quartal enthält den Schlüssel für das Quartal und $betrag den Umsatz, der zu diesem Schlüsselwert gehört.

Mehrdimensionale Arrays können natürlich auch mit einem numerischen Index erstellt werden:

```
$ums[0][0]=1; $ums[0][1]=2; $ums[0][2]=3; $ums[0][3]=4;
$ums[1][0]=10; $ums[1][1]=20; $ums[1][2]=30; $ums[1][3]=40;
$ums[2][0]=100; $ums[2][1]=200; $ums[2][2]=300;
$ums[2][3]=400;
```

Dieses Array enthält die gleichen Werte wie das assoziative Array $umsatz. Der erste Index steht dabei für das Jahr (Index 0:Jahr 2009, Index 1:Jahr 2010 usw.) und der zweite Index für das Quartal (Index 0: Quartal 1, Index 1: Quartal 2 usw.). Der Umsatz des zweiten Quartals (= Index 1) des Jahres 2011 (= Index 2) wird also mit

```
echo $umsatz[2][1];
```

ausgegeben.

### 7.5.6 Array-Funktionen

In PHP sind viele Funktionen vordefiniert, die es erlauben, auf einfache Weise Arrays zu bearbeiten. Um sich einen Überblick zu verschaffen, hilft ein Blick in die PHP-Referenz. Die folgenden Beispiele zeigen lediglich eine kleine Auswahl.

| ARRAYFUNKTION | BEDEUTUNG |
| --- | --- |
| array_search( ) | Suchen eines Wertes |
| in_array( ) | Prüfen, ob ein bestimmter Wert enthalten ist |
| sort( ) | Sortieren nach enthaltenen Werten |
| ksort( ) | Sortieren nach einem Schlüssel |
| count( ) | Zählen der Elemente |
| array_count_values( ) | Häufigkeit einzelner Werte |
| array_sum( ) | Ermitteln der Summe |

**AUFGABE 7.12**

In einem Array mit 365 Elementen sind für ein Jahr die täglichen Zugriffe auf eine Website gespeichert. Ermitteln Sie folgende Kennzahlen:
1) Anzahl der Zugriffe und (erster) Tag mit den häufigsten Zugriffen
2) Anzahl der Zugriffe und (erster) Tag mit den geringsten Zugriffen
3) Gesamtzahl der Zugriffe im Jahr
4) Durchschnittliche Anzahl der Zugriffe pro Tag

a) Lösen Sie die vier Teilaufgaben jeweils ohne und – soweit vorhanden – mit vordefinierten PHP-Funktionen.

Verwenden Sie zum Füllen des Arrays die Funktion rand(). Auszug aus der englischen PHP-Referenz:

rand
(PHP 3, PHP 4, PHP 5)
rand -- Generate a random integer
Description
int rand ( [int min, int max] )
If called without the optional min, max arguments rand( ) returns a pseudo-random integer between 0 and RAND_MAX. If you want a random number between 5 and 15 (inclusive), for example, use rand (5, 15).

Example 1. rand() example

```
<?php
  echo rand() . "\n";
  echo rand() . "\n";
  echo rand(5, 15);
?>
```

The above example will output something similar to:
7771
22264
11

Note: On some platforms (such as Windows) RAND_MAX is only 32768. If you require a range larger than 32768, specifying min and max will allow you to create a range larger than RAND_MAX, or consider using mt_rand ( ) instead.
Note: As of PHP 4.2.0, there is no need to seed the random number generator with srand( ) or mt_srand( ) as this is now done automatically.

b) Bestimmen Sie aus den beiden gefundenen Tagesangaben (1–365) den Kalendermonat und Kalendertag.

## 7.6 Funktionen

Funktionen sind Programmteile, die eine Teilaufgabe lösen und bei Bedarf aufgerufen werden (Unterprogramme). Die Verwendung von Funktionen bietet mehrere Vorteile:

- Durch eine Aufteilung der Gesamtaufgabe in Teilaufgaben ist ein übersichtlicher und strukturierter Quellcode möglich.
- Programmteile, die man mehrfach benötigt, müssen nur einmal codiert werden.
- Die Pflege eines Programms wird vereinfacht.

In das folgende HTML-Dokument ist ein kleines PHP-Skript eingebettet, das aus den Werten einer Zahlungsbedingung berechnet, welchem Jahreszinssatz der Skontoabzug entspricht.

Eingabedaten im Formular:   Zahlungsziel in Tagen (Zeile 8)
                            Skontofrist in Tagen (Zeile 10)
                            Skontosatz in Prozent (Zeile 11)

Der Schuldner darf sich Skonto abziehen, wenn er das Zahlungsziel nicht ausnutzt, sondern vorzeitig (spätestens zum Ende der Skontofrist) bezahlt. Bei einer Zahlungsbedingung 30 Tage netto, 10 Tage 2 % Skonto, muss er spätestens am Tag 30 den Gesamtbetrag bezahlen, zahlt er vorzeitig (spätestens am Tag 10), darf er sich 2 % Skonto vom Gesamtbetrag abziehen. Zahlt der Schuldner also 20 Tage früher (30–10), kann er 2 % durch den Skontoabzug verdienen. Dieser Verdienst (2 % in 20 Tagen) wird in den Zeilen 18–19 mit einer kaufmännischen Näherungsformel in einen Jahreszinssatz umgerechnet.

```
 1: <html>
 2: <head>
 3: <title>Skonto</title>
 4: </head>
 5: <body>
 6: <form method="get" action="<?php echo $_SERVER['PHP_
    SELF']?>">
 7: <p>Tage des Zahlungsziels:
 8: <input type="text" value="0" name="tage_ziel" />
 9: Tage der Skontofrist:
10: <input type="text" value="0" name="tage_skonto" />
11: Skontosatz: <input type="text" value="0" name="skontosatz"
    />
12: </p>
13: <input type="submit" value="Senden" name="abgeschickt" />
14: </form>
15: <?php
16: if(isset($_GET['abgeschickt']))
17: {
18:   $prozent=$_GET['skontosatz'] * 360 /
19:     ($_GET['tage_ziel'] - $_GET['tage_skonto']);
```

```
20:    echo "Der Jahreszinssatz ist $prozent Prozent.";
21:  }
22: ?>
23: </body>
24: </html>
```

### 7.6.1 Einfache Funktionen

Der Jahreszinssatz soll jetzt in einer vom Benutzer definierten Funktion berechnet und ausgegeben werden.

**Definition einer Funktion:**

function funktionsname(arg1, arg2, …)
{
  Anweisung(en);
  return returnvalue;
}

Die Liste der Argumente (arg1, arg2, …) und die Angabe eines Rückgabewertes (return returnvalue) sind wahlfreie Angaben.

```
 1: <?php
 2:    if(isset($_GET['abgeschickt']))
 3:    {
 4:       zins_berechnen();
 5:    }
 6: function zins_berechnen()
 7: {
 8:    $prozent=$_GET['skontosatz'] * 360 /
 9:       ($_GET['tage_ziel'] -    $_GET['tage_skonto']);
10: echo "Der Jahreszinssatz ist $prozent Prozent.";
11: }
12: ?>
```

Mit function zins_berechnen() wird in Zeile 6 die Definition der Funktion zins_berechnen() eingeleitet. Der Funktionsrumpf (mit den Funktionsanweisungen) steht in geschweiften Klammern (Zeilen 7–11). Während des Programmlaufs werden nach dem Aufruf der Funktion zins_berechnen() (Zeile 4) die Anweisungen dieser Funktion (Berechnung und Ausgabe des Jahreszinssatzes) ausgeführt. Anschließend wird das Programm in der Zeile nach dem Funktionsaufruf fortgesetzt.

In einem Struktogramm wird der Unterprogrammaufruf mit einem neuen Symbol dargstellt:

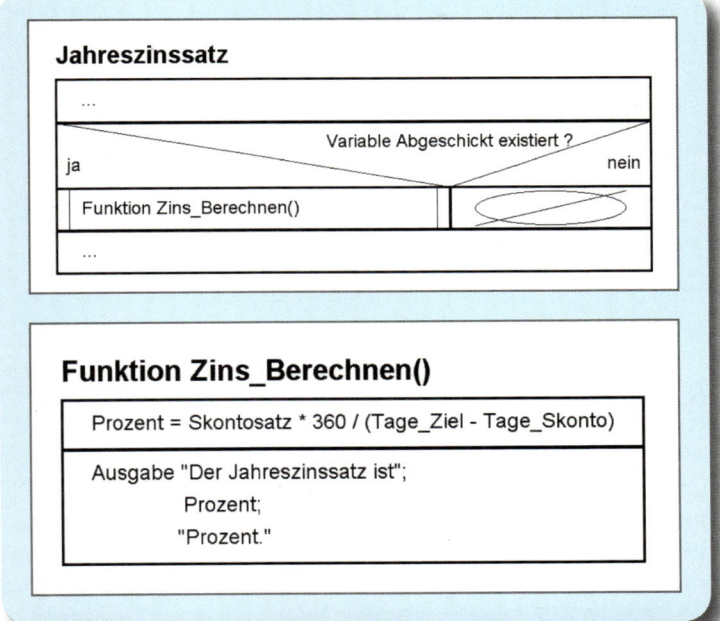

*Struktogramm*

## 7.6.2 Gültigkeitsbereich von Variablen

In unserem vorherigen Beispiel haben wir in der Funktion zins_berechnen( ) auf das Array $_GET zugegrifffen. Diese Variable steht automatisch global zur Verfügung; d. h. wir können an jeder Stelle des Skripts auf sie zugreifen (auch in einer benutzerdefinierten Funktion). Variablen, die wir selbst definieren, haben nicht diese globale Gültigkeit; sie existieren nur in dem Bereich, in dem sie definiert wurden (lokale Variablen). Zum Beispiel ist die Variable $prozent nur in der Funktion zins_berechnen( ) gültig und verwendbar. Wird die Funktion verlassen, kann man auf den Inhalt von $prozent nicht mehr zugreifen (die Variable existiert nicht mehr). Auf die Möglichkeit, eigene Variablen global zu deklarieren, gehen wir nicht ein; näheres finden Sie in einer PHP-Referenz.

Wenn Variablen nur lokal gültig sind, wie können wir dann im Hauptteil eines Skripts Werte verwenden, die in einer Funktion berechnet wurden? Wie kann eine Funktion auf Werte zugreifen, die sie benötigt, die aber nicht lokal definiert wurden? Die hierfür erforderlichen Mechanismen des Datenaustauschs werden in den nächsten Abschnitten beschrieben.

### 7.6.3 Funktionen mit Rückgabewert

Das Skript zur Jahreszinsberechnung soll so verändert werden, dass die Ausgabe des Zinssatzes nicht mehr in der Funktion, sondern im Hauptteil des Programms erfolgt. Hierfür muss der Inhalt der lokalen Variablen $prozent im Hauptteil zur Verfügung stehen. Im folgenden Beispiel wird mit einer Return-Anweisung der Inhalt der Variablen $prozent an die aufrufende Stelle zurückgegeben (Zeile 11). Dieser Return- oder Rückgabewert wird in $jsatz (Zeile 4) gespeichert und anschließend ausgegeben (Zeile 5).

```php
 1: <?php
 2:  if(isset($_GET['abgeschickt']))
 3:  {
 4:   $jsatz=zins_berechnen();
 5:   echo "Der Jahreszinssatz ist $jsatz Prozent.";
 6:  }
 7:  function zins_berechnen()
 8:  {
 9:   $prozent=$_GET['skontosatz'] * 360 /
10:    ($_GET['tage_ziel'] -    $_GET['tage_skonto']);
11:   return ($prozent);
12:  }
13: ?>
```

Return beendet die Funktion und kann nur einen Wert zurückgeben. Diese Beschränkung kann man durch Rückgabe einer Liste (Bsp.: return array (0, 1, 2);) umgehen. Die Klammern um das Argument sind nur bei Ausdrücken erforderlich und werden bei der Rückgabe von Variablen meist weggelassen (return $prozent;).

### 7.6.4 Funktionen mit Übergabeparametern

Mit der nächsten Programmveränderung soll die Ausgabe des berechneten Zinssatzes in eine zweite Funktion ausgabe() verlagert werden. Der in $jsatz zwischengespeicherte Wert muss zur Ausgabe an diese Funktion übergeben werden. Zwei prinzipielle Änderungen sind notwendig.

```php
 1: <?php
 2:  if(isset($_GET['abgeschickt']))
 3:  {
 4:   $jsatz=zins_berechnen();
 5:   ausgabe($jsatz);
 6:   //oder kürzer: ausgabe(zins_berechnen());
 7:  }
 8:  function zins_berechnen()
 9:  {
10:   $prozent=$_GET['skontosatz'] * 360 /
11:    ($_GET['tage_ziel'] - $_GET['tage_skonto']);
12:   return ($prozent);
13:  }
```

```
14:    function ausgabe($jproz)
15:    {
16:       echo "Der Jahreszinssatz ist $jproz Prozent.";
17:    }
18: ?>
```

Es verändert sich erstens der Funktionsaufruf in ausgabe($jsatz); (Zeile 5). In den runden Klammern nach dem Funktionsnamen sind die Werte (Variablen oder Konstanten) anzugeben, die an die aufgerufene Funktion übergeben werden. Die Parameter einer Liste sind durch Kommata zu trennen (z. B. funk1($a, $b, "abc")). Zweitens müssen im Funktionskopf der aufgerufenen Funktion für die übergebenen Werte Variablen eingerichtet werden: function ausgabe($jproz) (Zeile 14). Die Variable $jproz übernimmt eine Kopie des Wertes $jsatz, die mit dem Funktionsaufruf übergeben wird. Bei einer Parameterliste ist für jeden übergebenen Wert eine Variable vorzusehen; dabei wird der erste übergebene Wert in der ersten Variablen, der zweite in der zweiten Variablen usw. gespeichert.

## Call By Value
Übergeben werden Kopien der Variableninhalte (call by value). Selbst wenn der Name der „Empfangsvariablen" dem der übergebenen Variablen entspricht (function ausgabe($jsatz), handelt es sich um eine neue (lokale!) Variable der Funktion ausgabe( ), die eine Kopie des Wertes von $jsatz des Hauptprogramms enthält. Mit anderen Worten: Eine Veränderung des Wertes in der Funktion lässt den Wert der übergebenen Variablen im Hauptprogramm unverändert.

## Call By Reference
Möchte man in einer Funktion die Variablen des Hauptprogramms (oder einer aufrufenden Funktion) verändern, ist das mit einem Call By Value nicht möglich, da die Funktion nur auf Kopien der Variablen zugreift. In solchen Situationen ist die Übergabe eines Verweises erforderlich (Call by Reference). Beispiel: Die Inhalte der Variablen $a und $b sollen durch die Funktion tausch( ) vertauscht werden.

```
 1: <?php
 2:    $a=10;
 3:    $b=20;
 4:    echo "Vor dem Tausch >>> Wert 1: $a Wert 2: $b<br />";
 5:    tausch($a, $b);
 6:    echo "Nach dem Tausch >>> Wert 1: $a Wert 2: $b";
 7:    function tausch(&$ra, &$rb)
 8:    {
 9:       $hilf=$ra;
10:       $ra=$rb;
11:       $rb=$hilf;
12:    }
13: ?>
```

Der Funktionsaufruf unterscheidet sich syntaktisch nicht von einem Call-By-Value (Zeile 5). Neu ist im Kopf der Funktion tausch( ) der Referenzoperator & vor den Variablennamen (&$ra, &$rb). Damit wird erreicht, dass $ra statt einer Kopie des Wertes von $a einen Verweis auf die Variable $a enthält. Ebenso enthält $rb einen

Verweis auf $b. Durch diese Deklaration als Verweis greifen $ra bzw. $rb auf den gleichen Speicherplatz zu wie $a und $b. $ra und $rb sind nur andere Namen für die Variablen $a und $b (Aliasdefinition).

Ausgabe des Programms:

```
Vor dem Tausch >>> Wert 1: 10 Wert 2: 20
Nach dem Tausch >>> Wert 1: 20 Wert 2: 10
```

Vorsicht: An einem Funktionsaufruf ist nicht zu erkennen, ob die aufgerufene Funktion die übergebenen Variablen verändern kann. Notwendig ist immer die Überprüfung des Funktionskopfes der aufgerufenen Funktion.

## AUFGABE 7.13

Mit der Funktion getdate( ) erhalten Sie aktuelle Datums- und Zeitinformationen in einem assoziativen Array. Neben den numerischen Werten für Monat, Tag und Jahr, steht auch ein numerischer Wert für den Wochentag zur Verfügung (0 = Sonntag, 1 = Montag usw.) Erstellen Sie eine Funktion, die in einer Liste folgende Werte des aktuellen Datums zurückliefert: numerischer Wert für Tag, Monat und Jahr, Namen des Monats und des Wochentags. Testen Sie Ihre Funktion, indem Sie diese Daten in einem HTML-Dokument ausgeben.

Beschreibung der Funktion getdate( ) (Auszug aus der PHP-Referenz):
array getdate ( [int timestamp] )
Returns an associative array containing the date information of the timestamp, or the current local time if no timestamp is given, as the following associative array elements:
Key elements of the returned associative array

| KEY | DESCRIPTION | EXAMPLE RETURNED VALUES |
|---|---|---|
| "seconds" | Numeric representation of seconds | 0 to 59 |
| "minutes" | Numeric representation of minutes | 0 to 59 |
| "hours" | Numeric representation of hours | 0 to 23 |
| "mday" | Numeric representation of the day of the month | 1 to 31 |
| "wday" | Numeric representation of the day of the week | 0 (for Sunday) through 6 (for Saturday) |
| "mon" | Numeric representation of a month | 1 through 12 |
| "year" | A full numeric representation of a year, 4 digits | Examples: 1999 or 2003 |

| KEY | DESCRIPTION | EXAMPLE RETURNED VALUES |
|---|---|---|
| "yday" | Numeric representation of the day of the year | 0 through 365 |
| "weekday" | A full textual representation of the day of the week | Sunday through Saturday |
| "month" | A full textual representation of a month, such as January or March | January through December |
| 0 | Seconds since the Unix Epoch, similar to the values returned by time( ) and used by date( ). | System Dependent, typically –2147483648 through 2147483647. |

Auszüge aus der PHP-Referenz zur Rückgabe einer Liste:

You can't return multiple values from a function, but similar results can be obtained by returning a list.
Returning an array to get multiple values

```
<?php
function small_numbers()
{
return array (0, 1, 2);
}
list ($zero, $one, $two) = small_numbers();
?>
```

list – Assign variables as if they were an array
Description
void list ( mixed varname, mixed ... )
Like array(), this is not really a function, but a language construct. list( ) is used to assign a list of variables in one operation list( ) only works on numerical arrays and assumes the numerical indices start at 0.

**AUFGABE 7.14**

Wenn Sie der Funktion getdate( ) einen Timestamp übergeben, erhalten Sie die beschriebenen Datums- und Zeitinformationen für ein beliebiges Datum. Einen Timestamp erzeugen Sie mit der Funktion mktime( ). Auszug aus der PHP-Referenz:

Description
int mktime ( [int hour [, int minute [, int second [, int month [, int day [, int year [, int is_dst]]]]]]] )
Returns the Unix timestamp corresponding to the arguments given. This timestamp is a long integer containing the number of seconds between the Unix Epoch (January 1 1970 00:00:00 GMT) and the time specified. Arguments may be left out in order from right to left; any arguments thus omitted will be set to the current value according to the local date and time.
Erstellen Sie eine zweite Funktion, die für ein beliebiges Datum die in der vorherigen Aufgabe beschriebene Liste zurückliefert.

## 7.7 Cookies

Wollen Sie für Besucher einer Webseite beispielsweise im Rahmen eines Web-Shops oder eines Web-Forums eine an die Bedürfnisse des Users angepasste Seite erzeugen, so können Sie Cookies einsetzen. Cookies sind Informationen, die über den Browser in Textdateien auf der Festplatte des Clients abgelegt werden.

Folgendes Beispiel soll den Einsatz von Cookies verdeutlichen. Für ein Forum soll für registrierte Benutzer Userkennung und der Zeitpunkt des letzten Besuchs in einem Cookie abgespeichert werden, um beim nächsten Besuch alle neuen Forumsbeiträge anzuzeigen. Mit der PHP-Funktion setcookie( ) kann das Cookie erzeugt werden.

```php
 1: <?php
 2:    $inhalt = "Mustermann;".time();
 3:    $result = setcookie("onlineworld",
          $inhalt, (time()+60*60*24));
 4:    if($result == true)
 5:    {
 6:       echo "Cookie erfolgreich geschrieben<br>";
 7:    }
 8:    else
 9:    {
10:       echo "Cookie konnte nicht geschrieben werden<br>";
11:    }
12: ?>
```

In der Programmzeile 2 wird die Variable $inhalt mit dem Usernamen und der aktuellen Zeit belegt. Als Trennzeichen zwischen diesen beiden Informationen wurde ein Semikolon eingefügt, um später beim Lesen des Cookies die Information wieder trennen zu können.

Da die Funktion setcookie( ) ein mit den HTTP-Header-Informationen zu übertragendes Cookie definiert, müssen Cookies vor jeglicher Ausgabe eines Skriptes gesendet werden. Das bedeutet, dass Sie die Funktion setcookie( ) vor der Verwendung von Echo-Anweisungen und auch vor der Verwendung von HTML-Tags aufrufen müssen.

Die Funktionssyntax sowie die Beschreibung der Parameter geben Aufschluss über den Einsatz der Funktion setcookie( ).

**bool setcookie ( string name [, string value [, int expire [, string path [, string domain [, bool secure]]]]] )**

Bedeutung der Parameter der Funktion setcookie( ):

| PARAMETER | BEDEUTUNG |
|---|---|
| name | Name des Cookies |
| value | Der Wert des Cookies. Dieser Wert wird auf dem Computer des Benutzers gespeichert, speichern Sie deshalb keine sensiblen Informationen. |
| expire | Der Zeitpunkt, an dem das Cookie ungültig wird. Dies ist ein Unix Timestamp, also die Anzahl Sekunden, die seit dem 01.01.1970 vergangen sind. |
| domain | Die Domain, der das Cookie zur Verfügung steht. Nur Seiten dieser Domain können das Cookie wieder lesen. |
| path | Der Pfad auf dem Server, für welchen das Cookie verfügbar sein soll. Ist er auf '/' gesetzt, wird das Cookie innerhalb der gesamten domain verfügbar. |
| secure | Wenn der Parameter secure gesetzt ist (= true), darf das Cookie nur über eine verschlüsselte Verbindung übertragen werden. |

*Bedeutung der Parameter der Funktion setcookie( )*

Beim Aufruf der Funktion setcookie( ) in der Zeile 3 des Beispiels werden drei Parameter übergeben. Der erste Parameter ("onlineworld") legt den Namen des Cookies fest, mit dem man später den eigentlichen Inhalt wieder lesen kann. Der zweite Parameter ($inhalt) ist der Wert des Cookies, der auf dem Client-PC gespeichert wird. Mit dem dritten Parameter (time()+60*60*24) wird der Zeitpunkt festgelegt, an dem das Cookie ungültig und dann vom Browser gelöscht wird. Die Ablauffrist beträgt einen Tag (24 Stunden zu 60 Minuten mit je 60 Sekunden). Auf die Übergabe weiterer Parameter wurde verzichtet. Wenn Sie mit Firefox das Cookie erzeugt haben, können Sie sich den Inhalt des Cookies mit dem Browser anzeigen lassen.

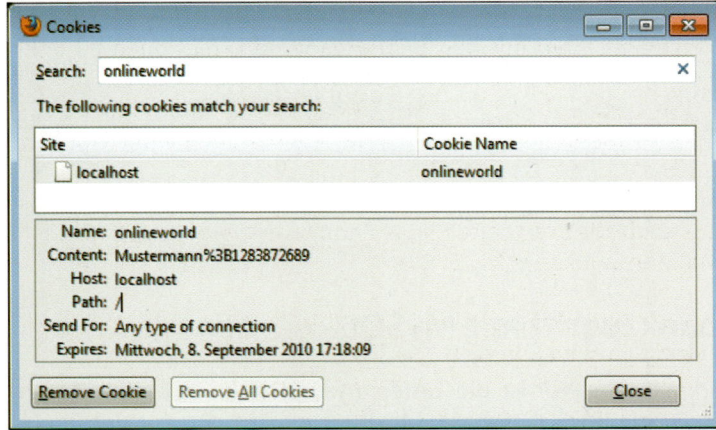

Mithilfe des Rückgabewertes der Funktion setcookie( ) können Sie ermitteln, ob dieses Cookie erzeugt werden konnte. Erfolgt z. B. eine Ausgabe vor dem Aufruf dieser Funktion, gibt sie false zurück. Wenn setcookie( ) erfolgreich durchgeführt wird, wird true zurückgegeben. Es ist jedoch zu beachten, dass die Funktion auch dann true zurückgibt, wenn das Cookie erzeugt wird, der Benutzer aber beispielsweise das Cookie nicht akzeptiert hat.

Wenn Sie beim Aufruf einer Webseite ein Cookie lesen wollen, so müssen Sie vor einem Schreibvorgang das Cookie lesen. Beim Aufruf einer Webseite enthält der assoziative Array $_COOKIE alle Cookies, die für diese Webseite gespeichert sind. Das folgende PHP-Skript zeigt den Lese- und Schreibzugriff auf das Cookie „onlineworld".

```
1:  <?php
2:    $wert = $_COOKIE['onlineworld'];
3:    $inhalt = "Mustermann;".time();
4:    setcookie("onlineworld", $inhalt, (time()+60*60*24));
5:    echo "Vorheriger Inhalt des Cookies onlineworld : "
         .$wert."<br>";
6:  ?>
```

In der zweiten Programmzeile wird der Variablen $wert der Inhalt des Schlüssels „onlineworld" (= Name des Cookies) des Arrays $_COOKIE zugewiesen. Anschließend wird das Cookie „onlineworld" neu geschrieben, bevor in der ersten Ausgabeanweisung (Zeile 5) der alte Wert des zuvor ausgelesenen Cookies ausgegeben wird.

**AUFGABE 7.15**

Erzeugen Sie ein Eingabeformular zur Erfassung von Benutzerinformationen (Benutzerkennung und Password). Dieses Formular soll die Formulardaten mit der post-Methode an das PHP-Skript online.php übergeben. In diesem Skript soll das Cookie „onlineworld", sofern es existiert, ausgelesen werden. Mit der Funktion isset() können Sie überprüfen, ob eine Variable bzw. ein Arrayelement existiert. Nach dem Lesen des alten Cookieinhalts ist das neue Cookie mit der Benutzerkennung und der aktuellen Zeit, getrennt durch ein Semikolon, zu schreiben. Falls die im vorherigen Cookie abgespeicherte Benutzerkennung mit der im Formular neu eingegebenen Kennung übereinstimmt, soll die Meldung „Hallo <benutzerkennung>, Ihr letzter Besuch war am 07.07.2008 um 19:57:03" bzw. falls die Kennung nicht identisch sein sollte, ist die Meldung „Hallo <benutzerkennung>, wir begrüßen Sie auf unserer Webseite" ausgegeben werden. Hinweis: Um einen String in einzelne Teile zu zerlegen, können Sie die Stringfunktion explode() verwenden. Informieren Sie sich in der PHP-Hilfe über die zusätzlichen Funktionen. Erstellen Sie zunächst ein Struktogramm und erst anschließend die Codierung.

## 7.8 Datenbankzugriff mit MySQL

Ein wichtiges Merkmal von PHP ist die Unterstützung vieler aktueller Datenbanksysteme (DB2, Oracle, MySQL, Sybase, MaxDB u. a.). Mit den zur Verfügung gestellten Funktionen ist es recht einfach, ein datenbankgestütztes Webangebot zu entwickeln. Der folgende Abschnitt zeigt, wie mit PHP in Verbindung mit SQL auf eine MySQL-Datenbank zugegriffen werden kann. Die hierzu benötigte Datenbank Seminar mit der Tabelle Kurse muss vorher eingerichtet werden (siehe auch Aufgabe 2.2f).

**Aufbau der Tabelle Kurse:**

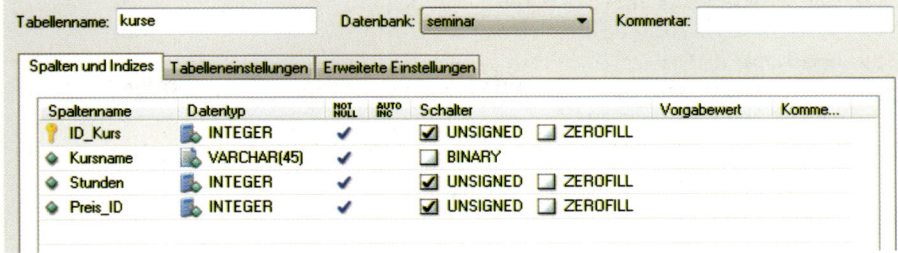

## 7.8.1 Schritte einer Datenbankabfrage

In diesem Beispiel soll der Inhalt der Datenbanktabelle Kurse in einem HTML-Dokument ausgegeben werden. Die Abfrage der Datenbank erfolgt dabei in mehreren Schritten:

1. Verbindung zu dem MySQL-Server aufbauen
2. Auswahl der gewünschten Datenbank
3. SQL-Anweisung(en) ausführen
4. Ausgabe des Abfrageergebnisses in einem HTML-Dokument
5. Freigabe des belegten Speichers
6. Beenden der Verbindung

Das folgende PHP-Skript löst die Aufgabe:

```
 1: <html>
 2: <head>
 3: <title>
 4: Titel der HTML-Seite
 5: </title>
 6: </head>
 7: <body>
 8: <?php
 9: $db_host="localhost";
10: $db_user="User_1";
11: $db_password="geheim";
12: $db_database="Seminar";
13: //Verbindung aufbauen
14: $verbindung = mysql_connect($db_host, $db_user, $db_password)
15: or die("Keine Verbindung möglich!" . mysql_error());
16: echo "Verbindung zum Datenbankserver hergestellt! <br />";
17: //Datenbank auswählen
18: mysql_select_db($db_database) or die("Auswahl der Datenbank fehlgeschlagen!");
19: echo "Auswahl der Datenbank erfolgreich!<br /> ";
20: //SQL Abfrage */
21: $abfrage = "SELECT * FROM kurse";
```

```php
22:   $ergebnis = mysql_query($abfrage) or die("Tabellenabfrage
      fehlgeschlagen! " . mysql_error());
23:   //Ergebnis ausgeben
24:   echo "<table>\n";
25:   $satz = mysql_fetch_array($ergebnis, MYSQL_NUM);
26:   while ($satz)
27:   {
28:     echo "\t<tr>\n";
29:     foreach ($satz as $feld)
30:     {
31:       echo "\t\t<td>$feld</td>\n";
32:     }
33:     echo "\t</tr>\n";
34:     $satz = mysql_fetch_array($ergebnis, MYSQL_NUM);
35:   }
36:   echo "</table>\n";
37:   $anzahl=mysql_num_rows($ergebnis);
38:   echo "Datensätze: $anzahl";
39:   //Freigeben des Speichers
40:   mysql_free_result($ergebnis);
41:   //Verbindung beenden
42:   mysql_close($verbindung);
43: ?>
44: </body>
45: </html>
```

Verbindung zu dem MySQL-Server aufbauen (Zeilen 13–15)
Die Verbindung zum MySQL-Server wird mit der Funktion mysql_connect( ) hergestellt:
**resource mysql_connect ( [string Server [, string Benutzername [, string Benutzerkennwort]]] )**

Die drei String-Parameter legen fest, an welchem MySQL-Server (Server) welcher Datenbankbenutzer (Benutzername) mit welchem Kennwort (Benutzerkennwort) angemeldet werden soll. Als Serverstring muss, je nach Systemkonfiguration, ein Rechner (z. B. dbserver.bzo.de), der Webserver selbst (localhost) oder eine IP-Adresse (z. B. 192.168.1.24) eingetragen werden. Der angegebene Benutzer muss in MySQL angelegt und mit den erforderlichen Rechten ausgestattet sein (siehe Abschnitt 5.7.4.3 Benutzer und ihre Berechtigungen in MySQL).

In unserem Beispiel sind die erforderlichen Daten in PHP-Variablen hinterlegt (Zeilen 9–11).

Ist der Verbindungsaufbau erfolgreich, liefert mysql_connect( ) eine Verbindungskennung (Referenz) zurück, die in nachfolgenden Funktionen verwendet wird; im Fehlerfall ist der Rückgabewert FALSE.

Etwas ungewöhnlich erscheint die logische Oder-Verknüpfung mit der Funktion die( ) in Zeile 15. Ein Ausdruck A or B ist dann wahr, wenn A, B bzw. A und B wahr sind. Stellt der Interpreter fest, dass A wahr ist, bricht er die Auswertung des Ausdrucks ab, da es auf den Wahrheitswert von B nicht mehr ankommt: der Ausdruck ist in jedem Fall wahr. A bzw. B können in PHP auch Funktionen sein. Die Zeilen 14–15 sind daher wie folgt zu verstehen: Gelingt der Verbindungsaufbau mit mysql_connect( ), liefert die Funktion eine Verbindungskennung, die in $verbindung gespeichert wird. Der Ausdruck nach or wird nicht mehr ausgewertet und damit die Funktion die( ) nicht ausgeführt; das Skript wird mit Zeile 16 fortgesetzt. Scheitert der Verbindungsaufbau (Returnwert FALSE), muss der Ausdruck nach or ausgewertet werden d. h. die Funktion die( ) wird ausgeführt; sie beendet das aktuelle Skript mit der Nachricht „Keine Verbindung möglich!". Die Funktion mysql_error( ) liefert zusätzlich den Fehlertext der letzten MySQL-Funktion (für Testzwecke eingefügt).

Auswahl der gewünschten Datenbank (Zeilen 17–18)
Nach erfolgreichem Verbindungsaufbau ist die benötigte Datenbank mit der Funktion mysql_select_db( ) auszuwählen:

**bool mysql_select_db ( string Datenbankname [, resource Verbindungs-Kennung] )**

Gelingt die Auswahl, ist der Returnwert TRUE ansonsten FALSE. Anstelle der ausführlichen Anweisungen

```
if (mysql_select_db($db_database, $verbindung)==FALSE)
{
  die("Auswahl der Datenbank fehlgeschlagen!");
}
```

wurde wieder die Kurzform gewählt (Zeile 18). Da die Angabe der Verbindungskennung fehlt, gilt die Auswahl für die zuletzt geöffnete Verbindung. Der Datenbankname selbst ist in der Variablen $db_database hinterlegt (Zeile 12).

SQL-Anweisung(en) ausführen (Zeilen 20–22)
In Zeile 21 speichert die Variable $abfrage den Text der auszuführenden SQL-Anweisung (SELECT * FROM Kurse). Die Funktion mysql_query( ) sendet diese Abfrage an die MySQL-Datenbank.

**resource mysql_query ( string Anfrage [, resource Verbindungs-Kennung] )**
Die Verbindungskennung ist wieder eine wahlfreie Angabe. Fehlt sie, gilt die Kennung der letzten geöffneten Verbindung. Tritt bei der Ausführung der SQL-Anweisung kein Fehler auf, liefert die Funktion eine Kennung, die auf das Ergebnis der Abfrage verweist; im Fehlerfall ist der Returnwert FALSE. Bei einer fehlerfreien Abfrage speichert in unserem Beispiel die Variable $ergebnis die Ergebniskennung, im Fehlerfall bricht das Skript mit einer Fehlermeldung ab.

$ergebnis enthält nicht bereits die Daten der SQL-Abfrage, sondern lediglich eine Referenz auf diese Daten. In unserem Fall verweist $ergebnis auf folgende Daten:

| ID_Kurs | Kursname | Stunden | Preis_ID |
|---|---|---|---|
| 1 | SQL für Fortgeschrittene | 40 | 20 |
| 2 | MySQL Administration | 20 | 20 |
| 3 | SQL für Einsteiger | 30 | 10 |
| … | … | … | … |
| 13 | Linux II | 40 | 30 |

Der Zugriff auf diese Daten erfolgt erst im nächsten Schritt.

Erzeugt eine SQL-Anweisung keine Ergebnismenge (z. B. DELETE, UPDATE, INSERT) kann die Funktion mysql_query( ) keine Ergebniskennung zurückliefern. Der Rückgabewert ist in diesen Fällen TRUE oder FALSE.

**Ausgabe des Abfrageergebnisses in einem HTML-Dokument (Zeilen 23-36)**
Zur Ausgabe des Ergebnisses der Abfrage müssen wir auf die Daten, auf die unsere Ergebniskennung verweist, zugreifen. Dies geschieht mit der Funktion mysql_fetch_array( ):

array mysql_fetch_array ( resource Ergebnis-Kennung [, int Ergebnistyp] )
Diese Funktion gibt den aktuellen Datensatz in einem Array zurück. Liegen keine weiteren Datensätze vor, liefert sie FALSE. Der wahlfreie Parameter Ergebnistyp legt fest, ob mit einem numerischen Schlüssel (MYSQL_NUM), einem nichtnumerischen Schlüssel (MYSQL_ASSOC) oder beiden (MYSQL_BOTH) auf das Ergebnisarray zugegriffen werden kann.

Der erste Aufruf von mysql_fetch_array() liefert in einem Array (z. B. $satz) die Werte des ersten Datensatzes:

Array $satz:

| 1 | SQL für Fortgeschrittene | 40 | 20 |
|---|---|---|---|

Die folgende Übersicht zeigt, wie – in Abhängigkeit vom angegebenen Ergebnistyp – auf die Elemente des Arrays zugegriffen werden kann:

| | Feld 1 | Feld 2 | Feld 3 | Feld 4 |
|---|---|---|---|---|
| Daten | 1 | SQL für Fortgeschrittene | 40 | 20 |
| Ergebnistyp: MYSQL_NUM | $satz[0] | $satz[1] | $satz[2] | $satz[3] |
| Ergebnistyp: MYSQL_ASSOC | $satz ['ID_Kurs'] | $satz ['Kursname'] | $satz ['Stunden'] | $satz ['Preis_ID'] |
| Ergebnistyp: MYSQL_BOTH (=Standard) | Der Zugriff ist mit numerischem oder assoziativem Index möglich. | | | |

Wir verwenden in unserem Beispiel zur Verarbeitung der Arrayelemente das Schleifenkonstrukt foreach().

Um alle Datensätze der Ergebnismenge auszugeben, übernimmt in Zeile 25 die Arrayvariable $satz die Daten des ersten Datensatzes. In Zeile 26 beginnt eine While-Schleife, die durchlaufen wird, solange Daten existieren. Jeder Schleifendurchlauf ist nun für die Verarbeitung eines Datensatzes zuständig: Beginn einer neuen Zeile (<tr>) für die tabellarische Ausgabe (Zeile 28), Verarbeiten jedes Elementes des Arrays $satz mit foreach( ) (Zeile 29), Ausgabe jedes Feldes eines Satzes in einem <td>-Element (Zeile 31), Lesen des nächsten Datensatzes (Zeile 34).

Die zusätzlichen Zeilen 37–38 zeigen die Verwendung der Funktion int mysql_num_rows ( resource Ergebnis-Kennung ).

Sie gibt die Anzahl der Datensätze in der Ergebnismenge zurück. Für SQL-Anweisungen ohne Ergebnismenge (z. B. DELETE) gibt die ähnliche Funktion

int mysql_affected_rows ( [resource Verbindungs-Kennung] ) die Anzahl der betroffenen Datensätze zurück.

Freigabe des belegten Speichers (Zeilen 39–40)

Die Funktion bool mysql_free_result ( resource Ergebnis-Kennung ) gibt den mit Ergebniskennung verbundenen Speicher während der Laufzeit des Skripts wieder frei, Returnwerte sind TRUE oder FALSE. Da der Speicherplatz mit dem Ende des Skripts automatisch freigegeben wird, ist dieser Schritt nur bei sehr großen Ergebnismengen erforderlich.

Beenden der Verbindung (Zeilen 41–42)
Mit mysql_close( ) schließen Sie die Datenbankverbindung.

bool mysql_close ( [resource Verbindungs-Kennung] )

Ist die Verbindungskennung nicht angegeben, schließt mysql_close( ) die zuletzt geöffnete Verbindung, Returnwerte sind TRUE oder FALSE. Da bestehende Verbindungen mit dem Ende des Skripts automatisch geschlossen werden, ist der Aufruf dieser Funktion nicht zwingend erforderlich.

**Browserausgabe**

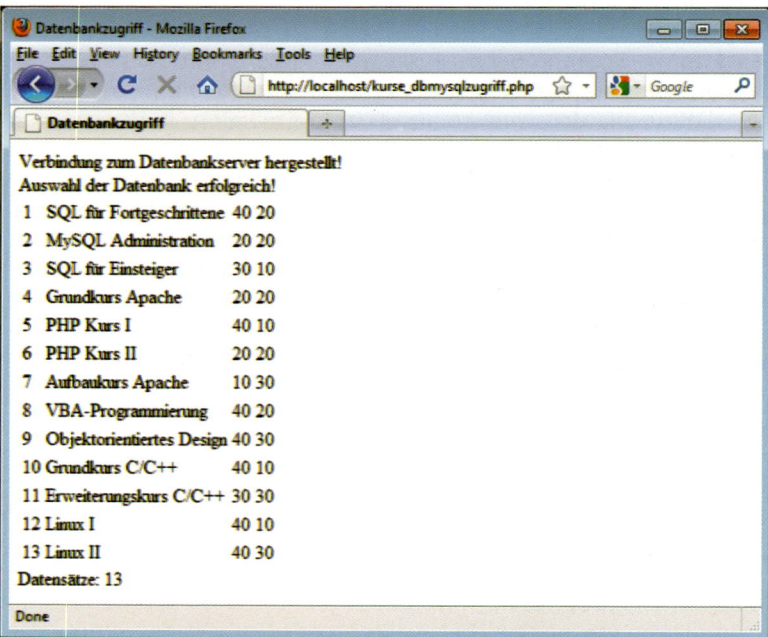

**AUFGABE 7.16**

Verändern Sie das obige Beipiel:

- Die Meldungen über die erfolgreiche Datenbankverbindung und -auswahl sollen nicht ausgegeben werden.
- Vor den Datensätzen soll die Überschrift „Kursangebot" erscheinen.
- Die Tabelle für die Datensätze soll einen Rahmen und jede Spalte eine Überschrift erhalten.
- Greifen Sie auf die Elemente des Arrays $satz nicht mit foreach(), sondern mit einem assoziativen Index zu (Ergebnistyp: MYSQL_ASSOC).

**AUFGABE 7.17**

Erstellen Sie in MySQL die Tabelle Kursleiter. Füllen Sie diese Tabelle mit geeigneten Testdaten und geben Sie den Inhalt dieser Tabelle mit einem PHP-Skript aus.

Aufbau der Tabelle Kursleiter:

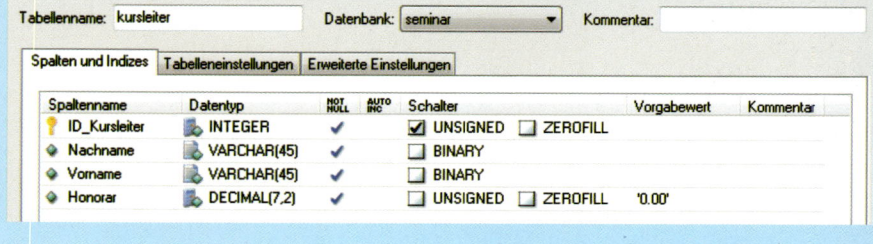

## 7.8.2 Datenbankzugriff ohne Ergebnismenge

Das Einführungsbeispiel beschreibt einen lesenden Zugriff auf Tabellen einer Datenbank. Sie können mit PHP ebenso SQL-Anweisungen ausführen, die keine Ergebnismenge erzeugen (z. B. INSERT, DELETE, UPDATE). Das folgende Beispiel zeigt, wie Nutzer über eine Webschnittstelle neue Datensätze in die Datenbanktabelle Kurse einpflegen können.

Für die Datenfelder ID_Kurs, Kursname, Stunden und Preis_ID enthält ein Formular entsprechende einzeilige Eingabefelder. Die Daten werden nach dem Absenden (vereinfacht) auf Plausibilität überprüft. Bei Falscheingaben erhält der Anwender einen Fehlerhinweis und kann seine Eingaben korrigieren. Sind die übermittelten Daten gültig, werden sie in die Tabelle Kurse übernommen. Zur Überprüfung des neuen Tabelleninhalts wird zum Abschluss die vollständige Tabelle ausgegeben.

Die gesamte Funktionalität ist in **einem** Dokument gespeichert.

```
 1: <!DOCTYPE HTML PUBLIC "-//W3C//DTD HTML 4.01
    Transitional//EN"
 2: "http://www.w3.org/TR/html4/loose.dtd">
 3: <html>
 4: <head>
 5: <title>Neue Kurse</title>
 6: <meta http-equiv="content-type" content="text/html;
 7: charset=ISO-8859-1">
 8: </head>
 9: <body>
10: <form method="post"
11: action="<?php echo $_SERVER['PHP_SELF']?>">
12: <h2>Erfassen eines neuen Kurses</h2>
13: <table>
14: <tr><td>Kurs-ID:</td><td><input type="text" value="<?php
15: echo $_POST['id_kurs'];?>" name="id_kurs" /></td></tr>
16: <tr><td>Kursname:</td><td><input type="text" value="<?php
17: echo $_POST['kursname'];?>" name="kursname" /></td></tr>
18: <tr><td>Stunden:</td><td><input type="text" value="<?php
19: echo $_POST['stunden'];?>" name="stunden" /></td></tr>
20: <tr><td>Preis-ID:</td><td><input type="text" value="<?php
21: echo $_POST['preis_id'];?>" name="preis_id" /></td></tr>
22: <tr><td></td><td><input type="submit" value=
23: "Kurs speichern" name="abgeschickt" /></td></tr>
24: </table>
25: </form>
26: <?php
27: if(isset($_POST['abgeschickt']))
28: {
29:   $id_kurs=(int)$_POST['id_kurs'];
30:   $kursname=$_POST['kursname'];
31:   $stunden=(int)$_POST['stunden'];
32:   $preis_id=(int)$_POST['preis_id'];
33:   //Plausibilitätsprüfung der Eingabedaten
```

```php
34:    $fehlerfeld="";
35:    if ($id_kurs=="" or !is_int($id_kurs))
36:      $fehlerfeld="<br />Kurs-ID ";
37:    if ($kursname=="")
38:      $fehlerfeld=$fehlerfeld . "<br />Kursname ";
39:    if ($stunden=="" or !is_int($stunden))
40:      $fehlerfeld=$fehlerfeld . "<br />Stunden ";
41:    if ($preis_id=="" or !is_int($preis_id))
42:      $fehlerfeld=$fehlerfeld . "<br />Preis-ID ";
43:    //Im Fehlerfall Fehlermeldung zurückgeben und
44:    //Skript abbrechen
45:    if ($fehlerfeld)
46:    {
47:      echo
48:      "Bitte prüfen Sie Ihre Eingabe für: $fehlerfeld!";
49:      die();
50:    }
51:    $db_host="localhost";
52:    $db_user="User_1";
53:    $db_password="geheim";
54:    $db_database="seminar";
55:    //Verbindung aufbauen
56:    $verbindung = mysql_connect($db_host, $db_user,
57:    $db_password)
58:    or die("Keine Verbindung möglich! " . mysql_error());
59:    //Datenbank auswählen
60:    mysql_select_db($db_database) or
61:    die("Auswahl der Datenbank fehlgeschlagen! ");
62:    //SQL Abfrage zum Einfügen des neuen Datensatzes
63:    $abfrage="INSERT INTO kurse (id_kurs, kursname, stunden,
64:    preis_id) VALUES (" . $id_kurs . "," . "'" . $kursname .
65:    "'," . $stunden . "," . $preis_id . ")";
66:    $ergebnis = mysql_query($abfrage)
67:    or die("Neuer Kurs konnte nicht gespeichert werden.
68:    Fehler-Nr.: " . mysql_errno() . " " . mysql_error());
69:    echo "<br />Der neue Kurs wurde in der Datenbank
70:    gepeichert!<br />";
71:    echo "<br />Neuer Inhalt der Tabelle Kurse:<br />";
72:    //SQL Abfrage zur Ausgabe des neuen Tabelleninhalts
73:    $abfrage = "SELECT * FROM kurse";
74:    $ergebnis = mysql_query($abfrage)
75:    or die("Tabellenabfrage fehlgeschlagen! "
76:    . mysql_error());
77:    //Ergebnis ausgeben
78:    echo "<table>\n";
79:    $satz = mysql_fetch_array($ergebnis, MYSQL_NUM);
80:    while ($satz)
81:    {
82:      echo "\t<tr>\n";
83:      foreach ($satz as $feld)
```

```
 84:    {
 85:      echo "\t\t<td>$feld</td>\n";
 86:    }
 87:    echo "\t</tr>\n";
 88:    $satz = mysql_fetch_array($ergebnis, MYSQL_NUM);
 89:  }
 90:  echo "</table>\n";
 91:  $anzahl=mysql_num_rows($ergebnis);
 92:  echo "Datensätze: $anzahl";
 93:  //Freigeben des Speichers
 94:  mysql_free_result($ergebnis);
 95:  //Verbindung beenden
 96:  mysql_close($verbindung);
 97: }
 98: ?>
 99: </body>
100: </html>
```

Wenn die Eingabedaten den Plausibilitätstest nicht bestehen, kann der Anwender die Eingabedaten korrigieren. Damit er nicht alle Daten neu eingeben muss, werden die letzten Eingaben im Eingabeformular angezeigt, indem die Value-Eigenschaft mit dem Wert der letzten Eingabe gesetzt wird (z. B. Zeilen 14–15: value="<?php echo $_POST['id_kurs'];?>").

Die vereinfachte Gültigkeitsprüfung (Zeilen 33–42) beschränkt sich auf den Test, ob ein Feld keinen Wert enthält (z. B. ($preis_id=="" ) bzw. ob dieser Wert einer ganzen Zahl enspricht (Funktion is_int() bei den Werten für die Felder ID_Kurs, Stunden und Preis_ID). Da die Formulardaten immer vom Typ String sind, werden vor der Anwendung der Funktion is_int() diese drei Werte mit dem Cast-Operator in Ganzzahlen konvertiert (Zeilen 29, 31 und 32, z. B. $id_kurs=(int)$_POST['id_kurs'];). Der Cast-Operator (Datentypangabe in runden Klammern vor einer Variablen) dient dazu, eine Umwandlung eines Datentyps temporär zu erzwingen. Im Fehlerfall wird in der Variablen $fehlerfeld ein Hinweistext auf das betroffene Feld gespeichert. Dieser Text wird zur Formulierung einer Fehlermeldung verwendet, die für den Benutzer ausgegeben wird (Zeilen 43–50); das Skript wird anschließend abgebrochen.

Bestehen die Eingabedaten den Gültigkeitstest, können Sie in die Datenbank übernommen werden. Die Zeilen 62–65 zeigen den Aufbau des erforderlichen SQL-Statements. Gelingt das Einfügen der Daten nicht, liefert mysql_query($abfrage) anstelle von TRUE ein FALSE zurück. Für Testzwecke werden in diesem Fall mit dem Skriptabbruch die MySQL-Fehlernummer und ein MySQL-Fehlertext ausgegeben (Zeilen 66–68).

**AUFGABE 7.18**

Da ein Anwender den nächsten zu vergebenden Schlüsselwert ID_Kurs vermutlich nicht kennt, soll dieser Wert vom PHP-Skript automatisch gesetzt werden (z. B. durch Bestimmung des bisherigen Höchstwertes in der Tabelle und Inkrementieren dieses Wertes). Verändern Sie das obige Dokument entsprechend. (Da die Tabellendefinition nicht verändert werden soll, ist die Aufgabe nicht durch die Ergänzung der Definition für das Feld ID_Kurs um das Attribut Auto_Increment zu lösen.)

# HTML-Formulare, PHP und MySQL

**AUFGABE 7.19**  In der Tabelle Kursleiter sollen Datensätze eingefügt und gelöscht werden. Erstellen Sie ein PHP-Skript, das zunächst alle Datensätze der Tabelle Kursleiter anzeigt. Dem Anwender sollen am Ende der Ausgabetabelle zwei Buttons dargeboten werden: Mit einem Klick auf den ersten Button (Beschriftung: Neuer Kursleiter) sollen Felder zur Erfassung eines neuen Kursleiters angezeigt werden. Zusätzlich muss ein Button zum Speichern der neuen Daten vorhanden sein. Nach einem Klick auf den zweiten Button (Beschriftung: Kursleiter löschen), soll der Nutzer eine Kursleiter-ID eingeben können. Ein Button zum Absenden der Daten, soll das Löschen dieses Datensatzes auslösen. Nach dem Einfügen oder Löschen sollen wieder alle Daten der Tabelle angezeigt werden.

**AUFGABE 7.20**  Die Tabelle Kurse enthält nur die Grunddaten eines möglichen Kurses. Wenn ein Kurs in unser Programm der aktuell angebotenen Kurse aufgenommen wird, ist ein entsprechender Datensatz in der Tabelle LaufendeKurse zu speichern. Erstellen Sie in MySQL die Tabelle LaufendeKurse und ein Webinterface zum Einpflegen neuer Datensätze.

Aufbau der Tabelle LaufendeKurse:

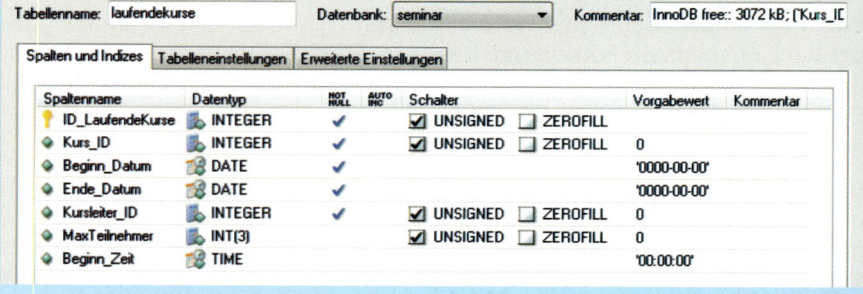

## 7.8.3 Datenbankzugriff auf mehrere Tabellen

In diesem Beispiel gehen wir davon aus, dass neben der Tabelle Kurse, die Tabelle Preise mit den notwendigen Datensätzen existiert.

Aufbau der Tabelle Preise:

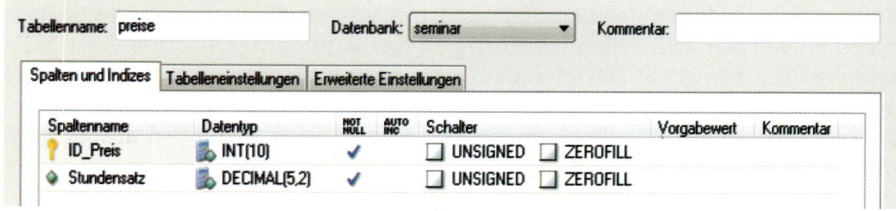

Dem Besucher sollen nach dem Aufruf der Seite preise_dbmysqlzugriff.php alle Kursdaten und der Gesamtpreis des jeweiligen Kurses angezeigt werden. Zur Einschränkung der anzuzeigenden Kurse kann der Besucher in einem Eingabefeld einen Text eingeben, der im Namen der anzuzeigenden Kurse enthalten sein muss. Das Skript wird mit selbst definierten Funktionen strukturiert; formatiert wird mit CSS.

## HTML-Formulare, PHP und MySQL

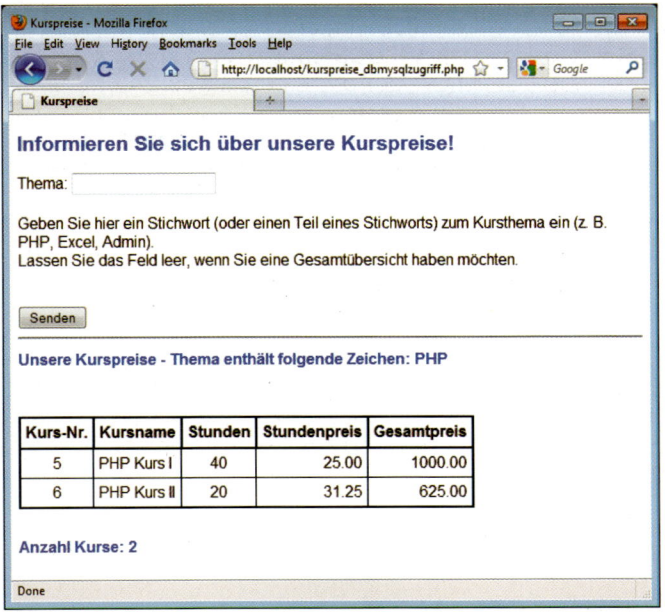

```
 1: <!DOCTYPE HTML PUBLIC "-//W3C//DTD HTML 4.01
    Transitional//EN"
 2: "http://www.w3.org/TR/html4/loose.dtd">
 3: <html>
 4: <head>
 5: <title>Kurspreise</title>
 6: <meta http-equiv="content-type" content="text/html;
 7: charset=ISO-8859-1">
 8: <!--dokumentenweit gültige Formatdefinitionen:*-->
 9: <style type="text/css">
10:    body { font-family:Arial, Verdana, Helvetica, sans-
       serif;}
11:    h2   { color:blue; font-size:16pt;}
12:    h1   { color:blue; font-size:12pt;}
13:    table { border-collapse:collapse; border-style:solid;
14:            border-width:2px; padding:5px}
15:    td   { border-style:solid; border-width:1px; padding:5px}
16:    th   { border-style:solid; border-width:2px; padding:5px}
17: </style>
18: </head>
19: <body>
20: <form method="post" action=
21:     "<?php echo $_SERVER['PHP_SELF']?>">
22:   <h2>Informieren Sie sich über unsere Kurspreise! </h2>
23:   <br /><br />Thema:
24:   <input type="text" value="" name="thema" />
25:   <br /><br />Geben Sie hier ein Stichwort (oder einen Teil
26:   eines Stichworts) zum Kursthema ein (z.B. PHP, Excel,
27:   Admin).
```

```php
28:    <br />Lassen Sie das Feld leer, wenn Sie eine
29:    Gesamtübersicht haben möchten.<br /><br /><br />
30:    <input type="submit" value="Senden" name="abgeschickt" />
31:</form>
32:<?php
33:if(isset($_POST['abgeschickt']))
34:{
35:    $db_host="localhost";
36:    $db_user="User_1";
37:    $db_password="geheim";
38:    $db_database="seminar";
39:    $thema=$_POST['thema'];
40:    //Datenbankverbindung
41:    $verbindung=verbinden($db_host, $db_user, $db_password,
42:    $db_database);
43:    //SQL-Abfrage
44:    $ergebnis=abfrage($thema);
45:    //Ergebnis ausgeben
46:    ausgabe($ergebnis,$thema);
47:    //Freigeben des Speichers
48:    mysql_free_result($ergebnis);
49:    //Verbindung beenden
50:    mysql_close($verbindung);
51:}
52:function verbinden ($db_host, $db_user, $db_password,
53:    $db_database)
54:{
55:    //Verbindung aufbauen
56:    $verbindung = mysql_connect($db_host, $db_user,
57:      $db_password)
58:    or die("Datenbank nicht verfügbar - Bitte versuchen Sie es
59:      später noch einmal!");
60:    //Datenbank auswählen
61:    mysql_select_db($db_database) or die("Datenbank nicht ver
62:    fügbar - Bitte versuchen Sie es später noch einmal!");
63:    return $verbindung;
64:}
65:function abfrage($thema)
66:{
67:    $bedingungthema="'" . '%' . $thema . '%' . "'";
68:    $abfrage = "SELECT k.id_kurs, k.kursname, k.stunden,
69:      p.stundensatz, k.stunden * p.stundensatz
70:      FROM kurse k
71:      INNER JOIN preise p ON k.preis_id=p.id_preis
72:      WHERE k.kursname LIKE " . $bedingungthema
73:      . "ORDER BY k.kursname";
74:    $ergebnis = mysql_query($abfrage) or die("Datenbank nicht
75:    verfügbar - Bitte versuchen Sie es später noch
       einmal!");
```

```
 76:    return $ergebnis;
 77: }
 78: function ausgabe($ergebnis,$thema)
 79: {
 80:    echo "<hr><h1>Unsere Kurspreise";
 81:    if ($thema!="")
 82:      echo " - Thema enthält folgende Zeichen: $thema";
 83:    echo "</h1><br /><br /><table>\n";
 84:    echo "<tr><th>Kurs-Nr.</th><th>Kursname</th>
 85:       <th>Stunden</th><th>Stundenpreis</th>
 86:       <th>Gesamtpreis</th></tr>";
 87:    $satz = mysql_fetch_array($ergebnis, MYSQL_NUM);
 88:    while ($satz)
 89:    {
 90:      echo "\t<tr>\n";
 91:      echo "\t\t<td style='text-align:center'>$satz[0]</td>\n";
 92:      echo "\t\t<td style='text-align:left'>$satz[1]</td>\n";
 93:      echo "\t\t<td style='text-align:center'>$satz[2]</td>\n";
 94:      echo "\t\t<td style='text-align:right'>$satz[3]</td>\n";
 95:      echo "\t\t<td style='text-align:right'>$satz[4]</td>\n";
 96:      echo "\t</tr>\n";
 97:      $satz = mysql_fetch_array($ergebnis, MYSQL_NUM);
 98:    }
 99:    echo "</table>\n";
100:    $anzahl=mysql_num_rows($ergebnis);
101:    echo "<br /><h1>Anzahl Kurse: $anzahl</h1>";
102: }
103: ?>
104: </body>
105: </html>
```

In den Zeilen 9–17 werden einige Formate in CSS definiert, die für das gesamte Dokument gültig sind.

Das Eingabeformular (Zeilen 20–31) enthält neben dem Senden-Button ein Eingabefeld, in das der Benutzer eine Zeichenkette eingeben kann. Diese Zeichenkette wird in PHP zur Selektion der anzuzeigenden Datensätze verwendet (siehe SQL-Statement in Zeilen 68–73).

Die einzelnen Schritte der Datenbankabfrage sind in Funktionen ausgelagert, die nacheinander aufgerufen werden (Zeilen 41–46). Dabei sind die jeweils benötigten Variableninhalte an die aufgerufene Funktion zu übergeben. Die Funktion verbinden() z. B. baut die Verbindung zur Datenbank auf und wählt die gewünschte Datenbank aus. Übergeben werden die Inhalte der Variablen $db_host, $db_user, $db_password und $db_database (call by Value, Zeilen 41–42). Im Funktionskopf der Funktion verbinden(), sind entsprechend Variablen eingerichtet, in die alle übergebenen Werte übernommen werden. Die Variablennamen entsprechen den Namen der Parameterliste, was aber nicht zwingend ist (siehe Kapitel 6.6. Funktionen.) Nach erfolgreicher Verbindung und Datenbankauswahl liefert die Funktion verbinden() die Verbindungskennung an die aufrufende Stelle zurück (Zeile 63).

Dieser Returnwert wird im Hauptteil des Skripts in der Variablen $verbindung gespeichert (Zeile 41) und in Zeile 50 zum Schließen der Datenbankverbindung eingesetzt.

Die Funktion abfrage() ist für die Ausführung des SQL-Statements zuständig. Ihr wird beim Aufruf die Zeichenkette übergeben, die der Anwender im Eingabeformular eingetragen hat und im Text des Kursnamens enthalten sein muss. Diese Zeichenkette wird in Zeile 67 um SQL-Platzhalterzeichen ergänzt, damit im nachfolgenden SQL-Statement die WHERE-Klausel korrekt formuliert werden kann. Die gewünschten Daten sind in zwei Tabellen gespeichert. Die Verknüpfung der Tabellen kurse und preise erfolgt mit einem INNER JOIN, wobei der Inhalt des Feldes preis_id in der Tabelle kurse dem Inhalt des Feldes id_preis der Tabelle preise entsprechen muss (Zeile 68). Nach erfolgreicher Datenbankabfrage gibt die Funktion einen Verweis auf die Ergebnismenge zurück (Zeile 76).

Diese Ergebniskennung und die vom Anwender eingegebene Zeichenkette werden anschließend an die Funktion ausgabe() übergeben (Zeile 78). Die Funktion ausgabe() baut die HTML-Antwortseite auf und gibt die gefunden Datensätze aus. Auf das von mysql_fetch_array() gefüllte Datensatzarray $satz wird hier nicht mit foreach(), sondern in einer while-Schleife mit dem numerischen Index zugegriffen. Auf diese Weise ist eine unterschiedliche Formatierung der auszugebenden Elemente möglich. Die Ausgabe der Kursnummer erfolgt beispielsweise zentriert (Formatierung im CSS-Stil):

```
echo "\t\t<td style='text-align:center'>$satz[0]</td>\n";.
```

**AUFGABE 7.21**

Verändern Sie das obige Beispiel:
a) Die auszugebende Tabelle soll nur aktuell angebotene Kurse (Tabelle LaufendeKurse) enthalten. Neben den Daten des Beispiels sollen zusätzlich die ID, das Beginndatum und das Endedatum der laufenden Kurse enthalten sein.
b) Zusätzlich soll dem Benutzer die Möglichkeit einer exakten Themensuche ermöglicht werden. Fügen Sie hierfür ein Kontrollkästchen in das Eingabeformular ein. Wenn es aktiviert ist, sollen nur Kurse gesucht werden, deren Kursnamen genau der Eingabe entsprechen. Außerdem sollen die Eingabe im Feld Thema und die Markierung des Kontrollkästchens weiterhin sichtbar sein.

### 7.8.4 Beispiel Kursangebot

Ein Weiterbildungsinstitut möchte in seiner Webpräsenz unter anderem eine Abfrage des Kursangebots ermöglichen. In einer Prototypingphase wurde folgende HTML-Seite entworfen:

# HTML-Formulare, PHP und MySQL

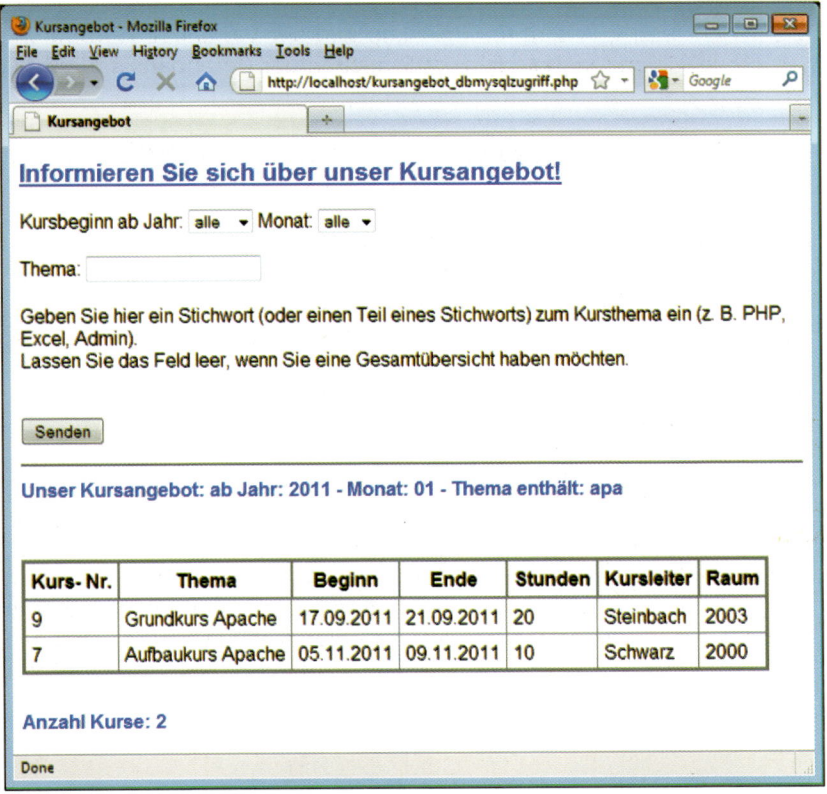

Das ER-Diagramm zeigt die verwendeten Tabellen und Attribute (siehe hierzu auch Aufgabe 2.2 f):

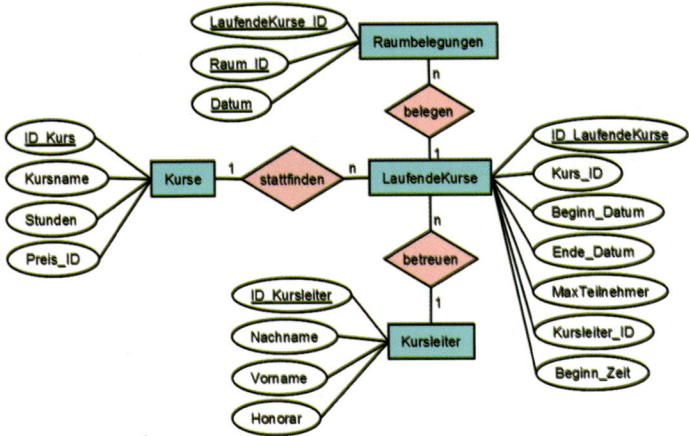

Neben der Tabelle Kurse müssen in der Datenbank Seminar die Tabellen LaufendeKurse, Kursleiter und Raumbelegungen eingerichtet sein. Die neue Tabelle Raumbelegungen hat folgenden Aufbau:

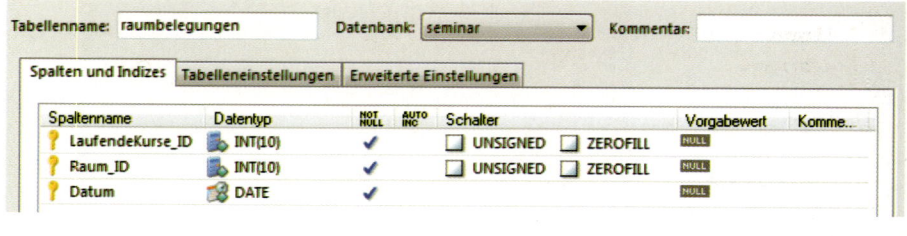

```
 1: <html>
 2: <head>
 3: <title>Kursangebot</title>
 4: <!--dokumentenweit gültige Formatdefinitionen:*-->
 5: <style type="text/css">
 6: body { font-family:Arial; }
 7: h2 { color:blue; font-size:16pt;text-decoration:underline;
     }
 8: h1 { color:blue; font-size:12pt; }
 9: table { border-collapse:collapse; border-style:solid;
     border-width: 2px; padding:5px; }
10: td { border-style:solid; border-width:1px; padding:5px; }
11: th { border-style:solid; border-width:2px; padding:5px; }
12: </style>
13: </head>
14: <body>
15: <form method="post" action=
     "<?php echo $_SERVER['PHP_SELF']?>">
16: <h2> Informieren Sie sich über unser Kursangebot! </h2>
17: Kursbeginn ab Jahr:
18: <select name="jahr" size="1">
19: <option selected>alle</option>
20: <option>2011</option><option>2012</option><option>2013</
     option>
21: </select>
22: Monat:
23: <select name="monat" size="1">
24: <option selected>alle</option>
25: <option>01</option><option>02</option><option>03</option>
26: <option>04</option><option>05</option><option>06</option>
27: <option>07</option><option>08</option><option>09</option>
28: <option>10</option><option>11</option><option>12</option>
29: </select>
30: <br /><br />
31: Thema:
32: <input type="text" value="" name="thema" />
33: <br /><br />
34: Geben Sie hier ein Stichwort (oder einen Teil eines
     Stichworts) zum Kursthema ein (z.B. PHP, Excel, Admin).
35: <br />Lassen Sie das Feld leer, wenn Sie eine
     Gesamtübersicht haben möchten.
36: <br /><br /><br />
```

```php
37:    <input type="submit" value="Senden" name="abgeschickt" />
38:  </form>
39:  <?php
40:     if(isset($_POST['abgeschickt']))
41:     {
42:        include ("Verbindungsdaten.inc.php");
43:        $jahr=$_POST['jahr'];
44:        $monat=$_POST['monat'];
45:        $thema=$_POST['thema'];
46:        if ($monat=="alle")  $monat="01";
47:        if ($jahr=="alle")   {$jahr="2009"; $monat="01";}
48:        //Datenbankverbindung
49:        $verbindung=verbinden($db_host, $db_user, $db_password,$db_database);
50:        //SQL Abfrage
51:        $ergebnis=abfrage($jahr,$monat,$thema);
52:        //Ergebnis ausgeben
53:        ausgabe($ergebnis,$jahr,$monat,$thema);
54:        //Freigeben des Speichers
55:        mysql_free_result($ergebnis);
56:        //Verbindung beenden
57:        mysql_close($verbindung);
58:     }
59:     function verbinden ($db_host, $db_user, $db_password, $db_database)
60:     {
61:        //Verbindung aufbauen
62:        $verbindung = mysql_connect($db_host, $db_user, $db_password)
63:        or die("Datenbank nicht verfügbar - Bitte versuchen Sie es später nocheinmal!");
64:        //Datenbank auswählen
65:        mysql_select_db($db_database) or die("Datenbank nicht verfügbar - Bitte versuchen Sie es später nocheinmal!");
66:        return $verbindung;
67:     }
68:     function abfrage($jahr,$monat,$thema)
69:     {
70:        $bedingungthema="'" . '%' . $thema . '%' . "'";
71:        $bedingungzeit="'" . $jahr . "-" . $monat . "-01'";
72:        $abfrage = "SELECT l.id_laufendekurse, k.kursname,
           DATE_FORMAT(l.beginn_datum,'%d.%m.%Y'),
           DATE_FORMAT(l.ende_datum,'%d.%m.%Y'), k.stunden,
           kl.nachname, r.raum_id
           FROM kurse k
           INNER JOIN laufendekurse l ON k.id_kurs=l.kurs_id
           INNER JOIN kursleiter kl
           ON kl.id_kursleiter=l.kursleiter_id
           INNER JOIN raumbelegungen r
```

```php
                    ON l.id_laufendekurse=r.laufendekurse_id
                    WHERE k.kursname LIKE " . $bedingungthema .
                    "AND l.beginn_datum>=" . $bedingungzeit
                    ."ORDER BY l.beginn_datum";
73:             $ergebnis = mysql_query($abfrage) or die("Datenbank
                    nicht verfügbar - Bitte versuchen Sie es später
                    nocheinmal!");
74:             return $ergebnis;
75:         }
76:         function ausgabe($ergebnis,$jahr,$monat,$thema)
77:         {
78:             echo "<hr><h1>Unser Kursangebot: ab Jahr: $jahr -
                    Monat: $monat";
79:             if ($thema!="") echo " - Thema enthält: $thema";
80:             echo "</h1><br /><br /><table>\n";
81:             echo "<tr><th>Kurs    Nr.</th><th>Thema</
                    th><th>Beginn</th><th>Ende</th>
                    <th>Stunden</th><th>Kursleiter</th><th>Raum</th></
                    tr>";
82:             $satz = mysql_fetch_array($ergebnis, MYSQL_NUM);
83:             while ($satz)
84:             {
85:                 echo "\t<tr>\n";
86:                 foreach ($satz as $feld)
87:                 {
88:                     echo "\t\t<td>$feld</td>\n";
89:                 }
90:                 echo "\t</tr>\n";
91:                 $satz = mysql_fetch_array($ergebnis, MYSQL_NUM);
92:             }
93:             echo "</table>\n";
94:             $anzahl=mysql_num_rows($ergebnis);
95:             echo "<br /><h1>Anzahl Kurse: $anzahl</h1>";
96:         }
97: ?>
98: </body>
99: </html>
```

Zeilen 5–12
Hier sind einige dokumentenweit gültige Formate in CSS definiert.

Zeile 15–38
Aufbau des Eingabeformulars

Zeile 42
Da die Verbindungsdaten in verschiedenen Projekten benötigt werden, sind sie in das externe PHP-Skript Verbindungsdaten.inc.php ausgelagert:

```php
<?php
 $db_host="localhost";
 $db_user="User_1";
 $db_password="geheim";
 $db_database="Seminar";
?>
```

Mit include („Verbindungsdaten.inc.php") wird der externe Code in das Skript eingebunden. Dabei erhalten die eingebunden Variablen den Gültigkeitsbereich, den sie bei einer Vereinbarung an dieser Stelle hätten. Include-Dateien haben häufig die Erweiterung .inc. Damit ein Benutzer, der den Pfad zur Datei herausgefunden hat, diese Datei nicht einsehen kann, ist der Name zusätzlich um .php ergänzt. Der Webserver liefert die Datei nicht mehr direkt als Dokument an den Browser, sondern übergibt sie an den PHP-Interpreter.

Aus Gründen der Sicherheit und der einfacheren Pflege sollten die Include-Dateien in einem eigenen Verzeichnis außerhalb des HTML-Dokumentenverzeichnisses gespeichert werden (siehe hierzu auch die Variable include_path in der Datei php.ini).

Ähnlich wie include( ) verhält sich require( ). Ist die einzubindende Datei nicht vorhanden, gibt include( ) lediglich eine Warnung aus, require( ) dagegen beendet das Skript mit einem Fehler.

Zeilen 48–53
Der Aufbau der Datenbankverbindung, die Datenbankabfrage und die Ausgabe des Abfrageergebnisses sind in Funktionen ausgelagert, die hier aufgerufen werden.

Zeilen 59–67
Definition der Funktion verbinden( ).

Zeilen 68–75
Definition der Funktion abfrage( ).

Zeilen 76–96
Definition der Funktion ausgabe( ).

**AUFGABE 7.22**

In Verbindung mit Aufgabe 2.2f sind beispielsweise folgende Erweiterungen möglich:

- Erstellen einer Seite, auf der Interessenten einen Kurs buchen können.
- Ausgabe einer Buchungsbestätigung (siehe Musterbeleg in Aufgabe 2.2f).
- Pflege der Datenbanktabellen (Einfügen, Editieren, Löschen von Tabelleneinträgen) für den internen Gebrauch.

# 8 Objektorientierte Anwendungsentwicklung

Seit Anfang der 90er-Jahre hat der Begriff objektorientierte Programmierung im Rahmen der Softwareentwicklung eine immer größere Bedeutung gewonnen. Dies ist vor allem dadurch zu erklären, dass die rein prozedurale Programmierung durch die erhöhten Softwareanforderungen (z. B. Integration aller betrieblichen Bereiche oder einheitliche grafische Oberflächen zur Bedienung der komplexen Software) an ihre Grenzen stieß. Bei kleinen Programmen ist die Funktionalität eines Programms noch recht einfach zu überschauen, aber mit der steigenden Komplexität wird es immer schwieriger, Programme zu erstellen und zu warten. Man kann zwar im Rahmen der strukturierten Programmierung Module (Funktionen) bilden und somit die Übersichtlichkeit erhöhen, aber letztlich bleibt die Produktivität der Programmierung weit hinter den Anforderungen zurück. Nicht nur die Neuerstellung von komplexen Programmen ist beim prozeduralen Programmieransatz problematisch, auch die Veränderung von Programmen (Wartung) führt zu enormen Kosten und Termindruck im Programmierbereich.

Wird beispielsweise der Datentyp eines Datenfeldes einer Datenbanktabelle geändert, so müssen alle Programme/Funktionen verändert werden, die auf diese Information zugreifen. Der Grund hierfür liegt vor allem darin, dass man die prozedurale Programmierung von Funktionen (Anweisungsfolgen) in den Vordergrund der Arbeit stellt. Viele Funktionen/Programme greifen auf die gleichen Daten zu. Die Struktur der Daten kann nicht geändert werden, ohne gleichzeitig alle Funktionen zu modifizieren, die auf diese Daten zugreifen. Die Daten stehen bei dieser Form der Programmierung erst an zweiter Stelle. Genau hier setzt die objektorientierte Programmierung (= OOP) an.

Man geht bei der OOP davon aus, dass die Daten der Grund sind, warum Programme existieren. Beispielsweise ist nicht ein Abschreibungsprogramm mit den entsprechenden Algorithmen der bedeutende Teil eines Programms, sondern die Daten der Anlagengüter, die abzuschreiben sind, stehen im Mittelpunkt der Betrachtung. Deshalb ist die grundlegende Idee der OOP, sowohl die Daten als auch die Funktionen, die mit diesen Daten arbeiten, in einer einzigen Einheit, einem Objekt (einer Klasse) zu kombinieren. Dabei werden die Daten gegenüber der Außenwelt gekapselt, d.h., es ist kein direkter Zugriff auf diese Informationen möglich, man kann lediglich über die Komponentfunktionen/-methoden eines Objektes auf diese Daten zugreifen. In der OOP nennt man die Funktionen meist Methoden. Die Methoden bilden somit die Schnittstelle zu anderen Programmen.

Werden die Daten eines Objektes verändert, so muss man nur die Methoden einer Klasse anpassen, da keine weiteren Funktionen direkt auf diese Daten zugreifen können.

Wie das obige Schaubild zeigt, werden die Daten (z. B. eines Mitarbeiters) nach außen (gegenüber Programmen/Modulen) verborgen (= information hiding), nur die Methoden (Funktionen) des Objektes erhalten Zugriff auf diese Daten und können somit die Informationen an die Außenwelt weitergeben. Sie stellen die Schnittstelle zwischen den Datenfeldern einer Klasse und der Außenwelt dar. Will man also im Rahmen der OOP ein Programmierproblem lösen, so stellt sich zunächst nicht die Frage, wie diese Aufgabenstellung in Funktionen zu unterteilen ist, sondern welche Objekte in dem entsprechenden Bereich existieren, welche Datenstruktur diese Objekte beschreibt und welche Zugriffsnotwendigkeiten für diese Informationen bestehen.

## 8.1 Klassen

Ein Objekt (= Exemplar, Instanz) ist ein eindeutig identifizierbares Exemplar von Gegenständen, Personen oder abstrakten Elementen (z. B. eine Bestellung oder Rechnung). Es besitzt Eigenschaften/Attribute (= Daten) und hat ein bestimmtes Verhalten (= Methoden). Eine Klasse kann als Beschreibung einer Sammlung von gleichartigen Objekten bezeichnet werden. Man könnte sagen, eine Klasse dient als Mustervorlage. Sie legt fest, welche Daten und welche Funktionen (Methoden) in Objekten dieser Klasse enthalten sein werden. In einem Reisebüro kann man z. B. für die angebotenen Reisen mit der Bahn eine Klasse deklarieren. Jede einzelne Bahnreise ist ein Objekt dieser Klasse. Beschrieben wird eine Bahnreise (Objekt) z. B. durch die folgenden Datenfelder (vereinfachte Darstellung):

Datenfelder der Objekte der Klasse Bahnreise:
Reisenr
Zielort
Reisepreis

Wegen der Datenkapselung müssen zum Speichern und Lesen der Attributwerte Methoden zur Verfügung gestellt werden, die von der Außenwelt aufgerufen werden können (Set- und Get-Methoden):

Methoden der Klasse Bahnreise:
SetzeReisenr()
HoleReisenr()
SetzeZielort()
HoleZielort()
...

Durch den Aufruf der Methode HoleZielort() – diese Funktion kann das Datenfeld Zielort eines Objektes lesen und diese Information an die aufrufende Stelle zurückgeben – können wir über diese Schnittstellenfunktion auf die Daten (Feld Zielort) zugreifen. Die Datenkapselung (ein Zugriff soll nur mit Methoden der Klasse erlaubt sein) erreicht man, indem man die Datenfelder in der Klasse als private deklariert. Die Methoden zum Lesen und Schreiben müssen dagegen als public deklariert sein, damit sie außerhalb der Klasse aufgerufen werden können.

## 8.2 UML

### 8.2.1 Objektorientierte Modellierung mit UML-Diagrammen

#### 8.2.1.1 Einführung: UML

Moderne Anwendungsentwicklung komplexer Programmsysteme erfolgt heutzutage in Form der objektorientierten Programmentwicklung. An diesem Prozess sind Systemanalytiker, Entwickler und Kunden (externe bzw. interne Kunden) beteiligt. Zum großen Teil wird der Entwicklungsprozess in Teamarbeit geleistet. Dazu ist es notwendig, dass jedes Teammitglied seinen Anteil am Gesamtprojekt erkennen kann und klare Schnittstellendefinitionen für alle Beteiligten existieren. Im Rahmen des objektorientierten Entwurfs von Softwareprojekten wurden grafische Notationen zur Darstellung von objektorientierten Konzepten entwickelt. Die heute üblicherweise verwendete Darstellungsform für objektorientierte Anwendungssysteme ist UML (Unified Modelling Language). UML ist eine von der Object Management Group (OMG) entwickelte und standardisierte Sprache für die Modellierung von Softwaresystemen. Der aktuelle Stand ist die Definition UML 2 Version 2.3 (Stand: Mai 2010). Mit dieser grafischen Modellierungssprache können komplexe Softwaresysteme spezifiziert, analysiert und entwickelt werden. Dabei können die Software, verwendete Hardware, personelle Ressourcen und auch geschäftsprozessorientierte Informationen dargestellt werden. Insgesamt sind in UML (UML 2.3) 14 Diagrammarten spezifiziert. Diese Diagramme lassen sich in Strukturdiagramme und Verhaltensdiagramme unterscheiden. Im Rahmen dieser kurzen Einführung sollen nur die Diagrammarten der folgenden Übersicht dargestellt werden.

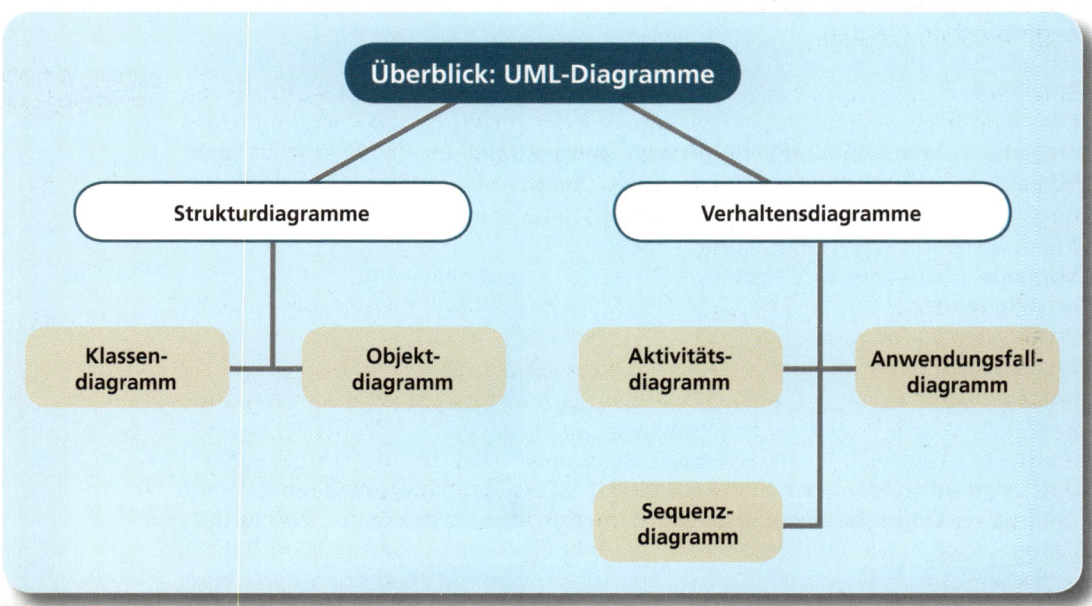

## 8.2.1.2 Klassendiagramm

Ein Klassendiagramm kann aus den folgenden Elementen bestehen:

- Klassen
- Attributen
- Methoden
- Generalisierungsbeziehungen
- Assoziationen
- Schnittstellen
- Abhängigkeitsbeziehungen

Eine Klasse wird mit einem Rechteck dargestellt. Die Klasse hat einen Namen (hier: Klasse), besitzt eindeutig benannte Attribute innerhalb einer Klasse (= Datenfelder) und stellt eindeutige Operationen (= Methoden) zum Zugriff auf die Klassenattribute zur Verfügung. Bei der Angabe der Attribute kann man den Typ und auch eine Voreinstellung (Initialisierung) angeben. Die Benennung der Operationen (Methoden) der Klasse kann in runden Klammern eine Liste der Übergabeparameter mit Typangaben enthalten. Außerdem kann der Typ des Rückgabewertes der Methode angegeben werden. Ein Minuszeichen vor einem Attribut bzw. einer Methode bedeutet, dass dieses Element in der Klasse private erzeugt wird. Steht ein Pluszeichen vor dem Attribut bzw. der Methode, so ist dieses Element mit public in der Klassendeklaration anzulegen und kann somit von außen direkt angesprochen werden.

| Klasse |
|---|
| - Attribut 1<br>- Attribut 2: Typ<br>- Attribut 3: Typ = Voreinstellung<br>… |
| + Operation 1<br>+ Operation 2 (P-Liste):Ergebnistyp<br>… |

**BEISPIEL**

Eine Veranstaltungsagentur will Tickets für Bühnen- und Open-Air-Auftritte von Künstlern in Form eines Internetonlineshops anbieten. Dazu soll eine objektorientierte Programmbibliothek entwickelt werden. Im Rahmen dieser Programmbibliothek ist eine Klasse Kunde zu deklarieren. Vereinfachend soll davon ausgegangen werden, dass für jeden Kunden folgende Informationen mit einer Klassenbibliothek verwaltet werden sollen:
Vorname, Nachname, Geburtsdatum, Postleitzahl, Wohnort, Straße, E-Mail-Adresse, Benutzerkennung (eindeutiger Registrierungsname), Passwort, Zahlungsart (1: Rechnung, 2: Lastschrift, 3: Nachnahme, 4: Vorauskasse).
Alle Datenfelder sollen als private-Attribute angelegt werden. Deshalb ist für jedes Attribut sowohl eine Methode zum Lesen (getNachname, getVorname, getZahlungsart …) als auch zum Schreiben (setNachname, setVorname, setZahlungsart …) notwendig. Es soll bei der Modellierung berücksichtigt werden, dass das Feld Zahlungsart intern als Ziffer abzuspeichern ist, die Verwendung innerhalb des Programmsystems jedoch in Form eines Textes (z. B. „Rechnung") erfolgen soll.

```
┌─────────────────────────────────┐
│             Kunde               │
├─────────────────────────────────┤
│ -Nachname : string              │
│ -Vorname : string               │
│ -Geburtsdatum : string          │
│ -Postleitzahl : string          │
│ -Wohnort : string               │
│ -Strasse : string               │
│ -EMailadresse : string          │
│ -Benutzerkennung : string       │
│ -Passwort : string              │
│ -Zahlungsart : int              │
├─────────────────────────────────┤
│ +setNachname(Nachname : string) : void │
│ +getNachname() : string         │
│ +...()                          │
│ +setZahlungsart(Zahlungsart : string) : void │
│ +getZahlungsart() : string      │
│ +...()                          │
└─────────────────────────────────┘
```

Alle Attribute der Klasse Kunde sind private zu erzeugen. Deshalb werden in der Klasse Kunde für alle Attribute Methoden zum Lesen und Schreiben für das jeweilige Attribut benötigt. Eine Methode zum Lesen eines Attributs hat im Regelfall als Rückgabetyp den Datentyp des Attributs bzw. ist es zum Schreiben erforderlich, dass die Methode einen Übergabeparameter vom Typ des Attributs erhält. Für das Attribut Zahlungsart gilt dies jedoch nicht. Rückgabetyp bzw. Typ des Übergabeparameters ist hier ein String, obwohl der Feldtyp für die Zahlungsart mit int festgelegt wurde. Dies bedeutet, dass die Konvertierung von string nach int bei der Schreibmethode und von int nach string bei der Lesemethode innerhalb des Methodenquellcodes zu erfolgen hat. An dieser Stelle sei bereits erwähnt, dass eine Methode einer Klasse höchstens einen Rückgabewert haben kann, sie kann jedoch mehrere Übergabeparameter erhalten. Die Reihenfolge und die Typen für die Übergabeparameter sind für den Aufbau der Komponentfunktion von Bedeutung (Beispiel: setGrunddaten(P1 : string, P2 : string, P3 : date) : void, um die Grunddaten Nachname, Vorname und Geburtsdatum in der angegebenen Parameterreihenfolge der Methode setGrunddaten zu übergeben). Der Rückgabetyp void bedeutet, dass die Methode keinen Wert zurück gibt. Ausführlicher gehen wir auf die Methodendeklarationen noch im Kapitel OOP mit PHP (Kapitel 8.3) ein.

### Vererbung
Von einer Basisklasse werden im Rahmen der Vererbung weitere Klassen in einer Klassenbibliothek abgeleitet. Folgendes Beispiel verdeutlicht die Zusammenhänge: In einem Webshop wird sowohl Software als auch Hardware angeboten. Im Rahmen einer objektorientierten Analyse stellt man fest, dass es Gemeinsamkeiten und Unterschiede zwischen den angebotenen Artikeln gibt. Sowohl Hardware- als auch Softwareprodukte haben eine Artikelnummer und einen Verkaufspreis. Für Hardwareprodukte soll die Firmwareversion erfasst werden, während bei Softwareprodukten die Lizenzart (z. B. Kommerzielle Version oder Educational Version) von Bedeutung ist. Um diesen Ausschnitt aus der notwendigen Funktionalität in einer Klassenbibliothek abzubilden, werden in einer Basisklasse Artikel die Attribute und Operationen deklariert, die für die Objekte gemeinsam verfügbar sein sollen, während in den abgeleiteten Klassen die speziellen Attribute und Methoden für Hardware- bzw. Softwareobjekte enthalten sind.

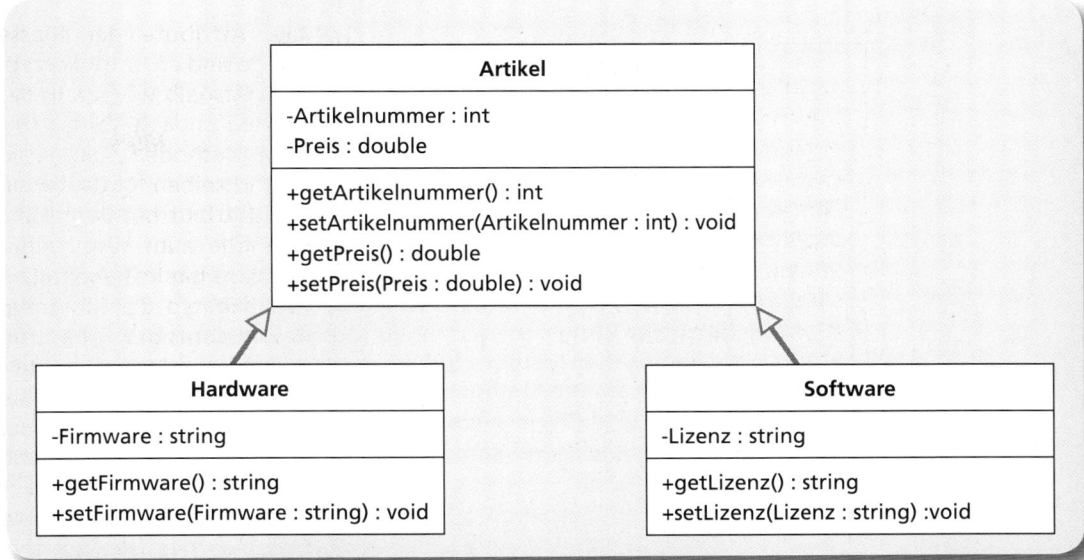

Die Klasse Hardware ist abgeleitet von der Klasse Artikel. Sie erbt alle Attribute und Methoden der Basisklasse (d. h., ein Hardwareobjekt hat beispielsweise eine Artikelnummer und für ein Hardwareobjekt existieren die Methoden getArtikelnummer oder auch setArtikelnummer) und hat zusätzlich noch die Attribute und Methoden der Klasse Hardware selbst. Das Gleiche gilt für die abgeleitete Klasse Software. In einer komplexen Klassenbibliothek werden Klassen über mehrere Stufen voneinander abgeleitet. Die Klasse Artikel ist die Generalisierung der Klasse Hardware bzw. die Klasse Hardware ist die Spezialisierung der Klasse Artikel.

**AUFGABE 8.1**

Die Klassenbibliothek Artikel – Hardware – Software soll um folgende Informationen erweitert werden:

- Hersteller
- Bezeichnung
- Stromverbrauch
- Download möglich
- Systemvoraussetzungen

Fügen Sie die notwendigen Attribute und Methoden in Ihrer Klassenbibliothek hinzu.

**AUFGABE 8.2**

In einer Bibliothek können Sie Bücher, Zeitschriften, Videos, CDs und DVDs ausleihen. Die Verwaltung und die Ausleihe der Bibliotheksartikel soll mit einer objektorientierten Klassenbibliothek computergestützt abgewickelt werden. Dazu wurden bereits einige Klassen festgelegt:

- Medium
- Buch
- Zeitschrift
- Softwaremedium
- Printmedium
- CD

- DVD
- Video
- Sonstiges Medium

a) Erzeugen Sie für diese Klassen ein UML-Klassendiagramm.
b) Die einzelnen Medien können ausgeliehen werden. Dazu soll das Attribut Ausleihdatum erfasst werden. In welcher Klasse muss dieses Attribut angelegt werden?
c) Bei Büchern und Zeitschriften ist die Anzahl der Seiten zu erfassen. Tragen Sie die Methode SetSeiten() in das Klassendiagramm ein.
d) Die Ausleihfrist für Bücher beträgt einen Monat. Zeitschriften können für eine Woche ausgeliehen werden. Für alle anderen Medien beträgt die Ausleihfrist zwei Wochen. Die Methode BerechneRueckgabedatum() soll in das Klassendiagramm eingetragen werden.
e) Erläutern Sie folgende Methode und ordnen Sie die Methode im Klassendiagramm zu:
+BerechneUeberziehungsgebuehr() : double

### Assoziationen (Beziehungen)

Eine Assoziation beschreibt als Relation zwischen Klassen die gemeinsame Semantik und Struktur einer Menge von Objektverbindungen. Die Multiplizität (Kardinalität) einer Assoziation gibt an, mit wie viel Objekten der gegenüberliegenden Klasse ein Objekt assoziiert sein kann. Ist diese Zahl variabel, wird die Bandbreite angegeben, also Minimum und Maximum. Ist das Minimum gleich null, so ist die Beziehung optional. Auf jeder Seite der Assoziation können Rollennamen vergeben werden.

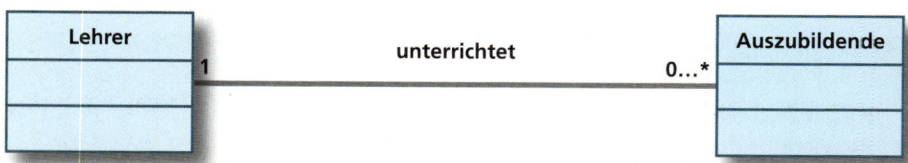

Objekte der Klasse Lehrer können Auszubildende unterrichten. Konkret bedeutet dies, ein Lehrer unterrichtet null bis n Auszubildende. Der Stern bei der Notation der Multiplizität bedeutet, dass mehrere Objekte dieser Klasse (hier: Auszubildende) mit einem Objekt der anderen Klasse (hier: Lehrer) in Beziehung stehen.

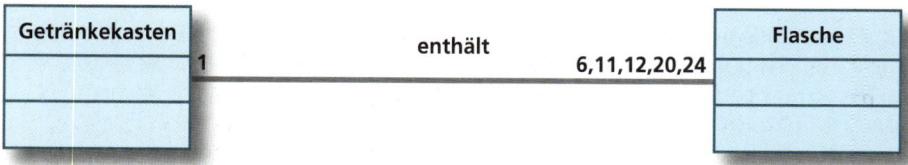

Die Notation der Multiplizität kann auch in der Form erfolgen, dass man mehrere durch Komma getrennte Werte für die Beziehung angibt. So enthält ein Getränkekasten nach obiger Notation genau 6, 11, 12, 20 oder 24 Flaschen. Andere Kombinationen werden durch diese Angabe nicht zugelassen.

## Aggregation

Eine Aggregation ist eine Assoziation, deren beteiligte Klassen eine Ganzes-Teile-Hierarchie darstellen. Eine Aggregation ist also eine spezielle Assoziation (part of) mit der Bedeutung, dass ein Objekt eine Komponente eines anderen Objektes ist. Dargestellt wird die Aggregation mit einer Kante mit weißer Raute als Pfeilspitze.

Die Klassen Endprodukt und Rohstoff stellen eine Ganzes-Teile-Hierarchie dar, denn ein oder mehrere Rohstoffe können Bestandteil (part of) eines Endproduktes sein. Objekte der beiden Klassen können aber auch ohne Gegenpart existieren. Deswegen ist bei der Multiplizität zwischen beiden Klassen auch eine 0 bei der Klasse Endprodukt und bei der Klasse Rohstoff angegeben.

## Komposition

Die Komposition ist ein Spezialfall der Aggregation und bildet den Fall ab, bei dem die Teile nicht ohne das Ganze existieren können. Ein Objekt ist hierbei nur Komponente genau eines anderen Objekts. Komponente und Objekt „leben und sterben" gemeinsam. Die Komposition wird in Form einer Kante mit schwarzer Raute als Pfeilspitze dargestellt.

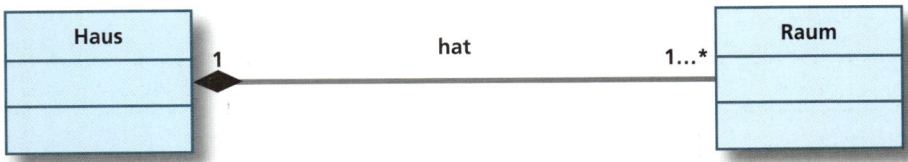

Bei der Aggregation ein Haus hat einen oder mehrere Räume handelt es sich um einen Spezialfall. Ein Raum kann ohne Haus nicht existieren, aber es gibt auch kein Haus, das nicht mindestens einen Raum hat. Diesen Spezialfall nennt man auch Komposition. Ein Objekt Haus und ein oder mehrere Objekte Raum leben und sterben gemeinsam, d.h., wird zum Beispiel ein Haus gelöscht, müssen auch alle Räume dieses Hauses gelöscht werden.

> **AUFGABE 8.3**
>
> Ein Händler von GPS-Geräten möchte Navigationsgeräte sowohl in Ladengeschäften als auch über das Internet verkaufen. Sein Sortiment umfasst fest einzubauende Navigationsgeräte für Pkws, mobile Navigationsgeräte mit Multifunktionseigenschaften sowie spezielle Navigationsgeräte für Radfahrer und Läufer. Neben den Artikeln seines Sortiments sind auch die Kunden des Händlers sowie die Rechnungen bei der Modellierung der Klassenbibliothek zu berücksichtigen. Erstellen Sie die Klassenbibliothek für diese Anwendung. Nutzen Sie das Konzept der Vererbung und stellen Sie, soweit erforderlich, die Verknüpfungen zwischen den Klassen dar. Exemplarisch soll für jede Klasse mindestens ein Attribut und eine Methode angegeben werden.

### 8.2.1.3 Objektdiagramm

In einem Objektdiagramm werden die zu einem bestimmten Zeitpunkt existierenden Objekte mit den Attributwerten dargestellt. Es stellt also einen Schnappschuss eines Systems zu einem bestimmten Zeitpunkt dar. Die Notation der Bezeichnung einer Instanz (= Objekt) ist folgendermaßen aufgebaut:

<objektbezeichnung>:<klassenbezeichnung>

Die beiden Angaben sind fett und unterstrichen anzugeben. Die Bezeichnung des Objektes ist optional, d.h. sie kann z. B. bei dynamisch erzeugten Objekten, die keinen konkreten Namen haben, auch weggelassen werden. Zusätzlich zur Instanzbezeichnung kann man die Attribute mit ihren Attributwerten im Objektdiagramm verzeichnen. Es ist aber auch möglich, nur die Attribute darzustellen, die für den speziellen Verwendungszweck von Bedeutung sind.

**Kunde1 : Kunde**

Nachname = Mustermann
Vorname = Max
Geburtsdatum = 1990-07-31
Postleitzahl = 60313
Wohnort = Frankfurt am Main
Strasse = Musterstraße 24
E_Mailadresse = max.mustermann@schulnetz.de
Benutzerkennung = max.mustermann
Passwort = ********
Zahlungsart = 1

Die Abbildung zeigt ein Objektdiagramm für die Instanz Kunde1. Kunde1 ist ein Objekt vom Typ der Klasse Kunde. Alle Attribute des Objektes wurden mit einem Wert belegt. In einem komplexen System ist es sicherlich nicht sinnvoll, alle Instanzen darzustellen. Ausschnittsweise gibt ein Objektdiagramm jedoch Informationen über die Attribute und mögliche Attributwerte eines Objektes.

**AUFGABE 8.4**

Stellen Sie für das in Ihrem Computer verwendete Motherboard und für die Ihnen in Ihrem Kurs zur Verfügung gestellte Datenbanksoftware (z. B. MaxDB) ein Objektdiagramm dar. Verwenden Sie dazu die in der Aufgabe 8.1 erzeugte Klassenbibliothek Artikel – Hardware – Software.

### 8.2.1.4 Anwendungsfalldiagramm

Anwendungsfalldiagramme werden auch als Use-Case-Diagramme bezeichnet. Mit dieser Diagrammform wird dargestellt, welche Anwendungsfälle das Programmsystem für die Umwelt zur Verfügung stellen soll.

*Objektorientierte Anwendungsentwicklung*

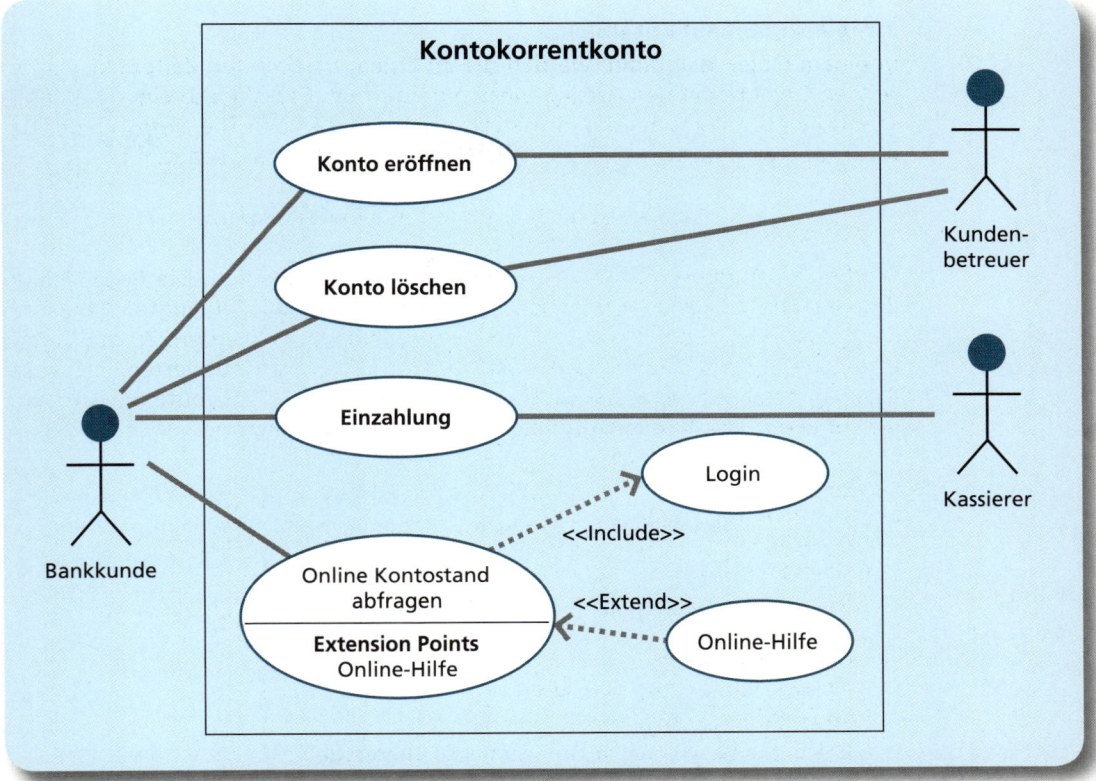

Bei einer Bank werden Kontokorrentkonten geführt. Bei einer Eröffnung eines Bankkontos (= Anwendungsfall) stellt ein Kunde einen Kontoeröffnungsantrag, den ein Kundenbetreuer entgegennimmt. Bei einer Einzahlung geht der Bankkunde zur Kasse und zahlt einen Geldbetrag auf sein Konto ein. Der Kassierer der Bank nimmt das Geld entgegen. Wenn der Kontokorrentinhaber seinen Kontostand online abfragen möchte, nutzt er den Use-Case Kontostand abfragen. Dazu ist es erforderlich, dass der Kunde sich identifiziert. Er muss den Anwendungsfall Login aufrufen. Der Anwendungsfall Login ist immer erforderlich, wenn ein Kunde seinen Kontostand online abfragen möchte. Login wird in Online Kontostand abfragen inkludiert. Der Pfeil mit der gestrichelten Kante geht vom Use-Case zum Modul, das inkludiert wird. Der Anwendungsfalls Onlinehilfe hingegen erweitert die Funktionalität der Online-Kontostandsabfrage. Im Gegensatz zum Login kann die Onlinehilfe verwendet werden, sie muss aber nicht aufgerufen werden, wenn eine Kontoabfrage erfolgen soll. Beim Extend müssen Sie die gestrichelte Kante von dem Erweiterungsmodul zum Anwendungsfall zeichnen, der erweitert werden soll.

## Symbole: USE-CASE-Diagramm

| SYMBOL | BEDEUTUNG |
|---|---|
| Bankkunde | **Akteur:** Ein Akteur steht in Beziehung zu einem Anwendungsfall. Ein Bankkunde nimmt eine Bareinzahlung für sein Bankkonto vor. Der Kassierer nimmt das Geld entgegen. Diese beiden Akteure stehen in Beziehung zum USE-CASE Einzahlung. Ein Akteur kann auch ein technisches System sein. |
| Einzahlung | **Anwendungsfall (USE-CASE):** Ein Anwendungsfall beschreibt eine Komponente (einen Arbeitsgang) eines Systems, mit dem ein oder mehrere Akteure in Beziehung stehen. |
| nimmt vor | **Beziehung:** Beziehungen zwischen einem Akteur und einem Anwendungsfall werden mit einer Linie dargestellt. Eine Beziehung kann auch beschrieben werden. Ein Kunde „nimmt" eine Einzahlung „vor". |
| Online Kontostand abfragen <<Include>> Login | **Include:** Der Anwendungsfall „Online Kontostand abfragen" beinhaltet immer den Anwendungsfall „Login". Die gestrichelte Linie muss vom Anwendungsfall (Online Kontostand abfragen) zum inkludierten Anwendungsfall (Login) gezogen werden. |
| Online Kontostand abfragen / Extension Points Online-Hilfe <<Extend>> Online-Hilfe | **Extend:** Der Anwendungsfall „Online-Hilfe" erweitert den Anwendungsfall „Online Kontostand abfragen". Die gestrichelte Linie muss vom Anwendungsfall, der die Erweiterung darstellt, zum Anwendungsfall, der erweitert wird, gezeichnet werden. Im erweiterten USE-CASE kann als Extension Point der Name des Anwendungsfalls, der die Erweiterung darstellt, angegeben werden. |

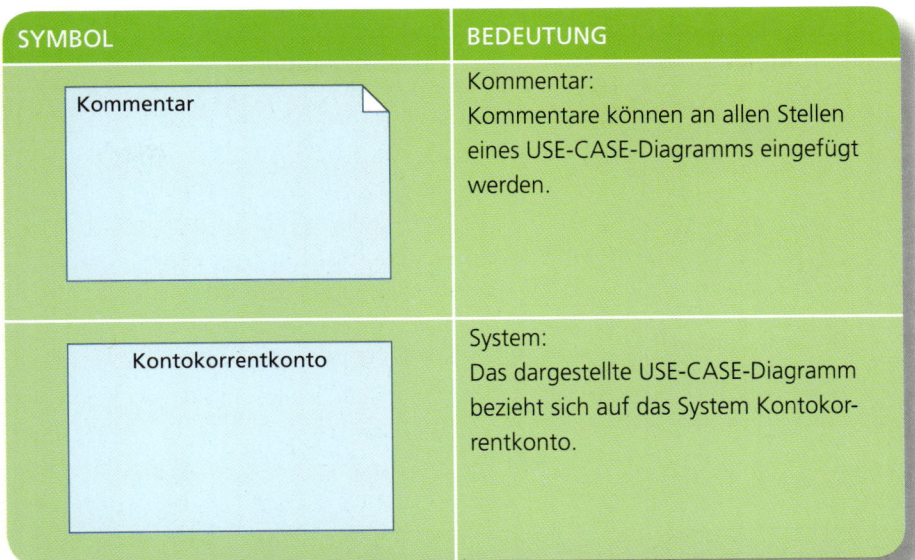

> In einem Forum gibt es Moderatoren, die Beiträge erstellen, Beiträge lesen und ändern und auch löschen dürfen. User der Gruppe Registriert dürfen ebenfalls Beiträge erstellen und eigene Beiträge ändern. Außerdem haben Sie ebenfalls das Recht, alle vorhandenen Beiträge zu lesen. Gast-User des Forums dürfen lediglich die geposteten Informationen lesen. Der Anwendungsfall Beitrag-Ändern löst immer eine Berechtigungsprüfung aus. Für das Erstellen neuer Beiträge gibt es die Möglichkeit, Zitate anderer Posts in den eigenen Beitrag einzubinden. Erstellen Sie ein USE-CASE-Diagramm.

**AUFGABE 8.5**

### 8.2.1.5 Aktivitätsdiagramm

Aktivitätsdiagramme zeigen den flussorientierten Ablauf eines Prozesses. In einem UML-Aktivitätsdiagramm werden Schritte, Entscheidungspunkte und Verzweigungen eines objektorientierten Prozesses visualisiert. Ausgehend von einem Startzustand werden die Aktivitäten und die logische Reihenfolge, in der die Aktivitäten abgewickelt werden, festgelegt. Aktivitäten können nacheinander, parallel oder alternativ durchgeführt werden. Das Ende des Aktivitätsdiagramms wird durch den Endzustand gekennzeichnet. Ein Aktivitätsdiagramm zeigt die Schritte (= Aktivitäten) sowie Entscheidungspunkte und Verzweigungen eines Geschäftsprozesses. Die dargestellten Aktivitäten sind mit Methoden von Objekten zu realisieren. Eine Erweiterungsmöglichkeit des Aktivitätsdiagramms besteht darin, dass man in sogenannten Swimlanes (= Schwimmbahnen) verdeutlichen kann, wer in einem Prozess für die einzelnen Aktivitäten zuständig ist (z. B. der Vertriebssachbearbeiter für den Abschluss eines Vertrags oder der Rechner für den Ausdruck einer Bestellung).

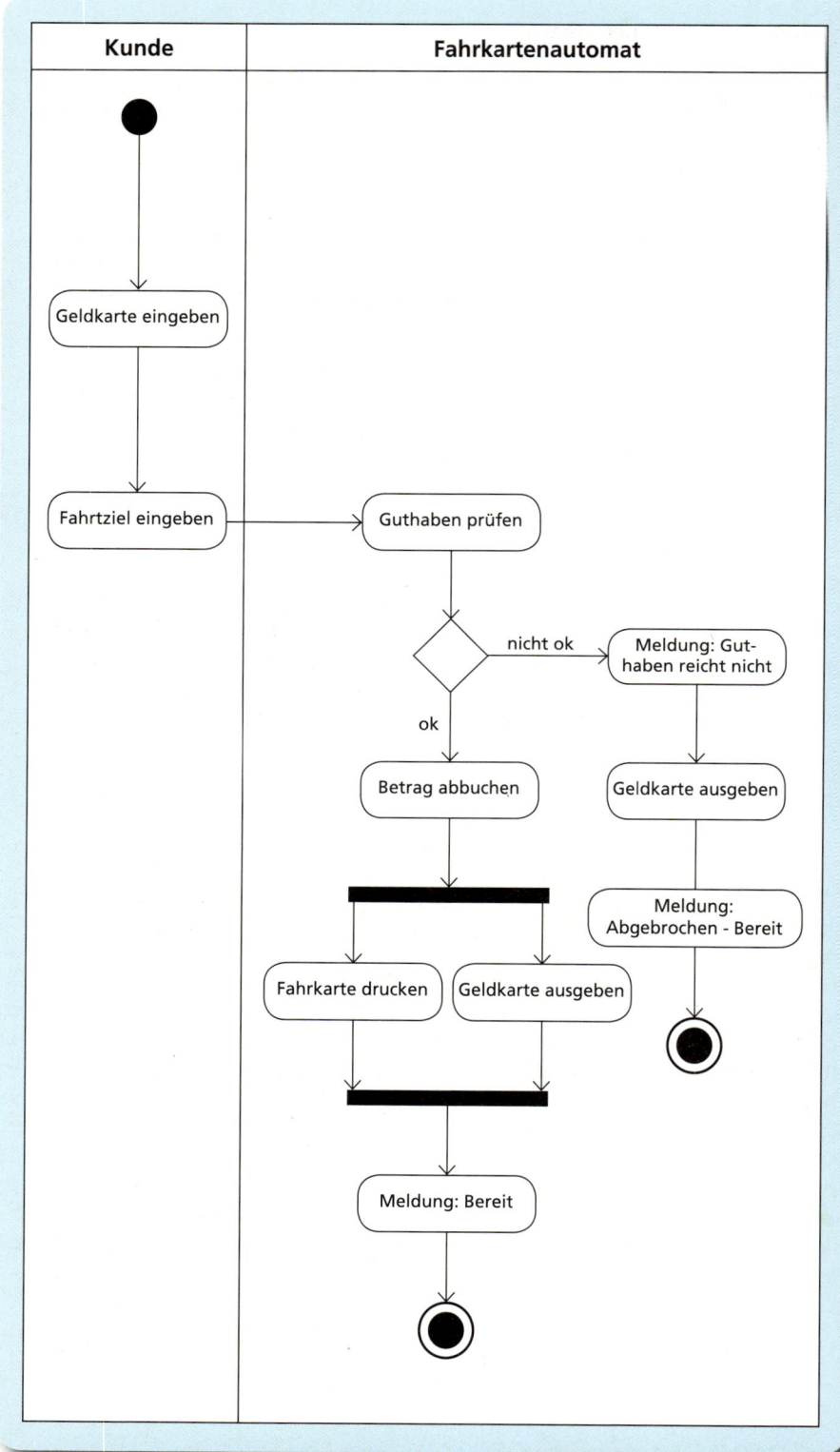

## Symbole: Aktivitätsdiagramm

| SYMBOL | BEDEUTUNG |
|---|---|
| ● | **Startzustand:** Ein System hat mindestens einen Startzustand. Ausgangspunkt beim Geschäftsprozess „Kauf einer Fahrkarte mit Geldkarte" ist beispielsweise, dass der Kunde an einem Fahrkartenautomat den Kauf einer Fahrkarte abwickeln möchte. Die Fahrkarte soll mit Guthaben einer Geldkarte bezahlt werden. Dies stellt den Startzustand dar. Es können natürlich auch Aktivitätsdiagramme für Geschäftsprozesse erstellt werden, bei denen nur Rechneraktivitäten notwendig sind. Aber selbst ein Rechnersystem hat einen Startzustand. Es muss zum Beispiel ordnungsgemäß hochgefahren sein, damit die entsprechenden Aktivitäten durchgeführt werden können. |
| ⬭ | **Aktivität:** Eine Aktivität besteht aus einem oder mehreren Arbeitsschritten in einem komplexeren Geschäftsprozess. In einem Aktivitätsdiagramm werden die Abhängigkeiten (logische und chronologische Abhängigkeiten) dargestellt. |
| ▬▬▬ | **Verzweigung, paralleler Ablauf:** Wenn Aktivitäten parallel abgewickelt werden können, so ist der Beginn mit einer fetten Linie (waagrecht oder auch senkrecht) darzustellen. Von diesem Symbol können nun mehrere Pfeile ausgehen, die parallel auszuführende Aktivitäten einleiten. Beim Zusammenführen paralleler Aktivitäten müssen diese Aktivitäten wieder mit einer fetten Linie zusammengeführt werden. |

| SYMBOL | BEDEUTUNG |
|---|---|
| ◇ | **Verzweigung, alternativer Ablauf:** Mit einer Raute wird ein alternativer Ablauf von Aktivitäten eingeleitet. Alternative Verzweigungen sind mit Bedingungen verbunden. Die Bedingung (Guthaben ausreichend) kann in das Verzweigungssymbol und die Bedingungsausprägung (ok/nicht ok) an die Kanten geschrieben werden. Nach dem alternativen Ablauf kann man die Aktivitäten mit diesem Symbol wieder zusammenführen. |
| Kunde \| Fahrkartenautomat | **Swimlane:** In den Swimlanes (= Schwimmbahnen) werden organisatorische Zuständigkeiten dargestellt. Diese Einheiten sind betriebliche und außerbetriebliche Stellen, die für die Durchführung von Aktivitäten verantwortlich sind (z.B. Personen, Abteilungen, Systeme oder auch komplexere Organe). Bei der Abwicklung einer Kundenbestellung sind z. B. ein Sachbearbeiter und das interne EDV-System für die Abwicklungen von einzelnen Aktivitäten zuständig. Swimlanes werden mit Rechtecken dargestellt, die vertikal den Gesamtprozess für die jeweilige Einheit umschließen. |
| ⊙ | **Endzustand:** Mit einem Kreis, in dessen Mitte sich ein schwarz ausgefüllter Punkt befindet, wird ein Endzustand dargestellt. Es kann durchaus sein, dass in einem Aktivitätsdiagramm unterschiedliche Endzustände dargestellt werden. So hat das Aktivitätsdiagramm „Kauf einer Fahrkarte mit Geldkarte" zwei mögliche Endzustände: 1. Fahrkarte mit Geldkarte gekauft, 2. Fahrkartenverkauf abgebrochen wegen mangelnden Guthabens. |
| 🗒 | **Kommentar:** Wie in anderen UML-Diagrammen können auch in einem Aktivitätsdiagramm Kommentare zur besseren Verständlichkeit und Erläuterung des Ablaufs eingefügt werden. |

## AUFGABE 8.6

Für einen Onlinevideoverleih soll ein Aktivitätsdiagramm erstellt werden. Der User meldet sich im Videoportal an und wählt anschließend seine Filme aus. Nach Abschluss der Filmauswahl wird überprüft, ob es sich um einen Premiumkunden handelt. Ist dies der Fall, so erhält er 20 % Rabatt, ansonsten wird kein Rabatt gewährt. Nun wird der Rechnungsbetrag ermittelt und anschließend der Rechnungsbetrag vom Sofortzahlungskonto eingezogen. Gleichzeitig wird zur Abwicklung der Zahlung bereits der Download zur Verfügung gestellt. Nach Beendigung dieser Tätigkeiten wird automatisch eine E-Mail mit dem Downloadlink für den Kunden erstellt. Damit ist die Anwendung für den Videoverleih abgeschlossen.

### 8.2.1.6 Sequenzdiagramm

In Sequenzdiagrammen wird die Interaktion, der Informationsaustausch zwischen Objekten innerhalb einer Applikation dargestellt. Aus diesen Diagrammen lässt sich erkennen, welche Nachrichten ein Objekt senden bzw. empfangen kann. Sie verdeutlichen die Reihenfolge und zeitlichen Aspekte von Methodenaufrufen in einem objektorientierten Programm. Eine Lebenslinie in einem Sequenzdiagramm stellt ein Objekt dar und zeigt alle Punkte, an denen es mit anderen Objekten in Interaktion tritt. Lebenslinien verlaufen von oben vertikal nach unten und stellen einen zeitlichen Ablauf dar. Interaktionen zwischen Objekten, Nachrichten und Antworten werden durch horizontale Richtungspfeile dargestellt, die die Lebenslinien verbinden. Zusätzlich dazu werden Rechtecke um Elemente (= combined fragments) gezeichnet, um Auswahlstrukturen, Schleifen und andere Steuerungsstrukturen zu kennzeichnen.

#### Sequenzielle Struktur in einem Sequenzdiagramm

Ein einfaches Beispiel zeigt eine sequenzielle Struktur in einem Sequenzdiagramm. Ein Kunde führt in einem E-Commerce-Prozess eine Preisabfrage durch. Dazu ruft ein Objekt k der Klasse Kunde die Methode getPreis() für ein Artikelobjekt (a) auf. Als Antwort erhält der Kunde (k) eine Preisinformation (= Nachricht, Rückgabewert der Methode getPreis()) für den nachgefragten Artikel (a). Der nächste Schritt im Geschäftsprozess ist das Reservieren des ausgesuchten Artikels a. Im Strukturdiagramm gibt es zwei Lebenslinien, die Linien für einen Kunden (k) und einen Artikel (a). Die Objekte rufen Methoden auf, die Übergabeparameter und Rückgabewerte enthalten können. Die Rückgabe eines Wertes wird mit einer gestrichelten Kante dargestellt. In unserem Beispiel sendet das Artikelobjekt a die Preisinformation für diesen Artikel an das Objekt k. Die sequenzielle Struktur wird in einem Sequenzdiagramm dadurch dargestellt, dass man in der oberen linken Ecke des Rahmens um die einzelnen Prozessschritte seq (= sequenzieller Ablauf) schreibt.

# Objektorientierte Anwendungsentwicklung

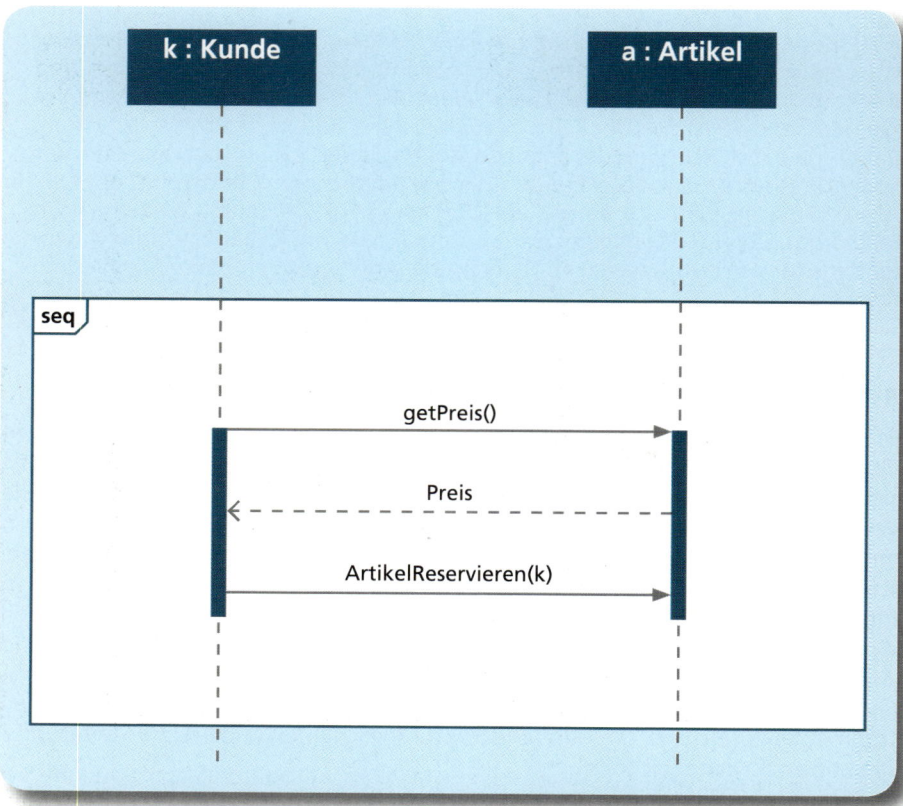

**AUFGABE 8.7**

Ein Webbrowser ruft mit der Methode getDokument() von einem Webserver ein HTML-Dokument auf. Beim Aufruf muss die URL des Dokumentes übergeben werden. Der Webserver sendet die HTML-Datei zurück an den Webbrowser. Der Browser zeigt die HTML-Datei an. Erstellen Sie ein Sequenzdiagramm für diese Anwendung.

### Struktur mit alternativem Prozessablauf

Im Unterschied zum vorherigen Beispiel kann die Lieferung nur dann erfolgen, wenn der Artikel sich auf Lager befindet. Deshalb wird nach dem Methodenaufruf getBestand ein alternativer Ablauf dargestellt. In der linken oberen Ecke ist der alternative Ablauf durch den Eintrag alt (= alt-combined fragment) gekennzeichnet. Falls der Artikel in ausreichender Menge vorhanden ist, so wird im ersten Zweig der Alternative die Artikelreservierung für den Kunden k durchgeführt. Bei der zweiten Alternative (Artikel nicht vorhanden, else-Teil), wird die Meldung ausgegeben, dass der Bestand nicht ausreicht. Die einzelnen Alternativen werden durch eine gestrichelte Linie voneinander getrennt. Es können in einem alternativen Ablauf auch mehr als zwei Alternativen dargestellt werden. Die jeweilige Bedingung wird als Operator im entsprechenden Zweig (z. B. Bestand ausreichend) eingefügt.

*Objektorientierte Anwendungsentwicklung*

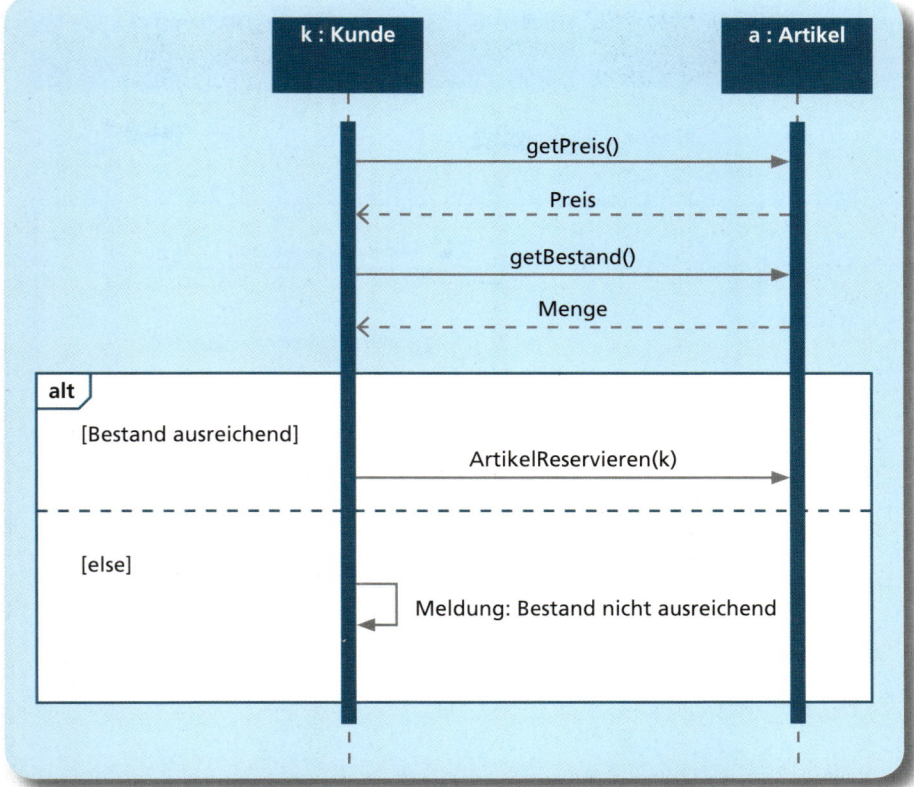

**AUFGABE 8.8**

Für die Kundenverwaltung eines E-Commerce-Anbieters soll ein Anwendungsprogramm im Rahmen einer objektorientierten Verwaltung der Kundeninformationen erstellt werden, mit der man Kunden (User) aus der Datenbank löschen bzw. deaktivieren kann. Die Methode dropKunde(), die als Übergabeparameter die Kundennummer erwartet, soll den Prozess anstoßen. Es wird nun die Methode getOffeneBelege() aufgerufen. Diese Operation ermittelt, ob der Kunde offene Aufträge bzw. noch nicht bezahlte Rechnungen hat. Ist dies der Fall, so können die Kundendaten nicht gelöscht werden und es ist eine entsprechende Meldung auszugeben. Ansonsten wird eine E-Mail an den Kunden erstellt, mit der er über die Löschung seiner Daten informiert wird, und es werden die Kundendaten mit der Methode LoeschVormerkung() gelöscht. Erstellen Sie ein Sequenzdiagramm für diese Anwendung.

### Struktur mit Wiederholungsteil

Im dem folgenden stark vereinfachten Beispiel einer Internetbestellung wird von einem Objekt k der Klasse Kunde eine Bestellung b erzeugt. Mit einem Eingabeformular kann der Kunde einen oder mehrere Artikel seinem Warenkorb hinzufügen. Wird ein Artikel in den Warenkorb eingefügt, so ist der Bestellwert für diese Position zu ermitteln (Artikelpreis * Menge) und die Bestellwertsumme für den geplanten Kauf, um den Bestellwert des gerade hinzugefügten Artikels zu aktualisieren. Die beiden Aktivitäten ArtikelHinzufuegen() und Aktualisieren() können mehrfach aufgerufen werden.

*Objektorientierte Anwendungsentwicklung*

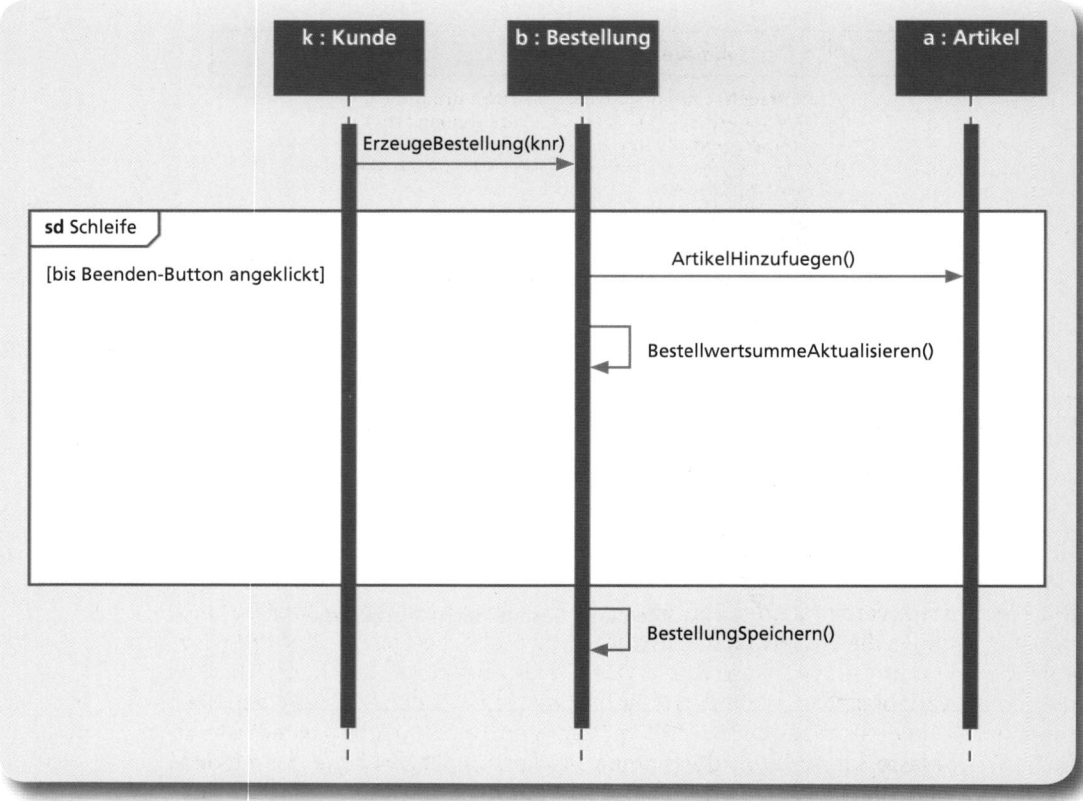

**AUFGABE 8.9**

Ein Hardwarehändler möchte seinen Kunden in einem Internetportal ein Webtool zur Verfügung stellen, mit dem User in einer Anfrage einen PC aus Komponenten zusammenstellen können. Die Daten werden mit einem Eingabeformular erfasst und in Objekten einer Klassenbibliothek gespeichert. Mit diesen Informationen soll eine Ergebnisseite erstellt werden, in der eine Auflistung der einzelnen Komponenten (Felder: ArtNr, Bezeichnung, Menge, PreisProEinheit) mit dem jeweiligen Preis dieser Position erzeugt wird. Außerdem ist der Gesamtpreis des individuell zusammengestellten PCs zu ermitteln und auszugeben. Es ist ein Sequenzdiagramm zu erstellen, das die notwendigen Daten für die Ausgabe auf einer Webseite in einem Objekt a der Klasse Anfrage zusammenstellt. Das Objekt a der Klasse Anfrage existiert bereits. Die ausgewählten Komponenten für die Anfrage werden in Objekten der Klasse Positionen bereitgestellt. Die Methoden getArtNr(), getBezeichnung(), getMenge(), getPreisProEinheit() liefern die entsprechenden Informationen für die sich aktuell im Zugriff befindende Komponente. Die Methode nextKomponente() der Klasse Positionen aktiviert die nächste Komponente einer Anfrage. Übergabeparameter dieser Methode ist die Anfragenummer. Als Rückgabewert gibt die Methode true zurück, wenn sie eine weitere Komponente für die Anfrage findet, sie liefert den Wert false zurück, wenn es keine weitere Komponente für diese Anfrage mehr gibt. Für jede Anfrageposition sind die oben angegebenen Felder einer Komponente sowie der Preis für die Position auszugeben. Am Ende der Liste soll der Preis für alle Positionen einer Anfrage ausgegeben werden. Verwenden Sie die folgende Klassenbibliothek für die Darstellung des Ablaufs Ihres Sequenzdiagramms:

| Kunde | Anfrage | Positionen |
|---|---|---|
| -UserNr : string | -AnfrageNr : string<br>-PositionArtNr : array<br>-PositionMenge : array | -ArtNr : string<br>-Bezeichnung : string<br>-Menge : int<br>-PreisProEinheit : double |
| | +druckeAnfrage()<br>+berechnePositionspreis()<br>+druckePosition()<br>+druckeGesamtpreis()<br>+aktualisiereGesamtpreis() | +getArtNr() : string<br>+getBezeichnung() : string<br>+getPreisProEinheit() : double<br>+getMenge() : int<br>+nextKomponente(string) : boolean |

## 8.3 Einführung: Objektorientierte Programmierung mit PHP

### 8.3.1 Objektorientierung anhand eines einfachen Beispiels

Mit einem stark vereinfachten Beispiel sollen die objektorientierte Analyse und die Umsetzung in die Codierung veranschaulicht werden. In einem PHP-Skript wird eine Klasse Bahnreise deklariert. Aus Vereinfachungsgründen besteht sie nur aus den Instanzvariablen (= Datenfelder) Reisenr, Zielort und Reisepreis sowie den Methoden HoleZielort() und SetzeZielort(). Im Programm soll die Bildung einer Instanz (Reise1) der Klasse Bahnreise vorgenommen werden. Das Objekt Reise1 ist mit den Attributwerten 1000, „Rom" und 750,00 zu erzeugen. In der UML-Notation lässt sich das folgendermaßen darstellen:

| Bahnreise | | Reise1: Bahnreise |
|---|---|---|
| -Reisenr: string<br>-Zielort: string<br>-Reisepreis: double | | Reisenr: string = 1000<br>Zielort: string = Rom<br>Reisepreis: double = 750,00 |
| +HoleZielort(): string<br>+SetzeZielort(Zielort:string): void | | |

### 8.3.2 Erzeugen und Verwenden von Klassen

Zunächst muss man bei der Umsetzung des oben geschilderten Problems die Klasse Bahnreise deklarieren. Mit ihr wird beschrieben, über welche Datenfelder und Methoden ein Objekt der Klasse verfügen soll. Erst mit dem Erzeugen eines Objektes wird dann auch tatsächlich Speicherplatz für die Datenfelder des Objekts bereitgestellt. Da die Methoden für alle Objekte gleich sind, müssen sie nicht für jedes Objekt einzeln gespeichert werden.
Das Skript bahnreise1.php zeigt die Deklaration einer Klasse, die Instanzbildung eines Objektes (= Erzeugen eines Objektes der Klasse Bahnreise) sowie den Zugriff auf das Objekt über die entsprechenden Methoden der Klasse Bahnreise.

Skript bahnreise1.php:

```php
 1: <?php
 2:
 3: class Bahnreise
 4: {
 5:    private $reisenr;
 6:    private $zielort;
 7:    private $reisepreis;
 8:
 9:    public function SetzeZielort($ziel)
10:    {
11:       $this -> zielort = $ziel;
12:    }
13:
14:    public function HoleZielort()
15:    {
16:       return $this -> zielort;
17:    }
18: }
19:
20:
21: $reise1 = new Bahnreise;
22: $reise1 -> SetzeZielort("Rom");
23: echo $reise1 -> HoleZielort();
    //Ausgabe des Textes Rom
24:
25: ?>
```

```
Syntax         class <Klassenname>
{
    private | public | protected Variablen [=Vorgabewert]
    private | public | protected Methodenname(Parameterliste)
    {
    Anweisung[en];
    }
}
```

Die Klasse Bahnreise wird in den Zeilen 3–18 definiert. Alle Private-Deklarationen sind gekapselt, d. h., sie können außerhalb der Klasse nicht angesprochen werden. Die Public-Vereinbarungen sind öffentlich, d. h. sie sind auch außerhalb der Klasse erreichbar. In der Klassendeklaration Bahnreise werden die Datenfelder (= Attribute) private festgelegt. Da die Deklaration der Variablen als private erfolgt (Zeilen 5–7), kann von außerhalb der Klasse kein Zugriff auf die Datenfelder (Reisenr, Zielort und Reisepreis) erfolgen. Es ist lediglich der Aufruf der Methoden HoleZielort() bzw. SetzeZielort() möglich, da diese Methoden in der Klasse als public deklariert sind (Zeilen 9 bzw. 14). Generell sollte man sich an dieses Konzept halten, Datenfelder mit dem Zugriffsspezifizierer private und Zugriffsmethoden im Regelfall mit dem Zugriffsspezifizierer public zu deklarieren. Auf protected deklarierte Elemente können Eltern- und Kindklassen zugreifen (siehe Abschnitt zur Vererbung). Nicht ausdrücklich deklarierte Methoden gelten als public definiert.

**Klassenattribute und Klassenmethoden**
Im Gegensatz zu den „normalen" Attributen und Methoden der Objekte existieren Klassenattribute und Klassenmethoden nur einmal und gehören nicht zu jedem Objekt, sondern zur Klasse selbst. Daher kann eine Klassenmethode schon dann aufgerufen werden, wenn noch kein Objekt der Klasse existiert. Erzeugt werden Klassenattribute und Klassenmethoden mit dem Schlüsselwort static (z. B. private static $nummer=0).

### 8.3.3 Methoden einer Klasse

Die Klasse Bahnreise hat zwei Methoden, die auf die Attributwerte eines Objektes Zugriff haben. SetzeZielort() erwartet einen Übergabewert in der Variablen $ziel (Zeile 9) und speichert diesen Wert im Datenfeld $zielort des jeweiligen Objekts (Zeile 11).

Auffällig ist die an keiner Stelle der Klasse definierte Variable $this. Diese Variable existiert automatisch für jedes Objekt der Klasse und ist eine Referenz (ein Verweis) auf das Objekt selbst. Jeder Zugriff auf eine Methode oder Eigenschaft der Klasse erfolgt mit $this, gefolgt von einem Pfeil (->) und dem Namen der Eigenschaft oder Methode. Achtung: Bei einem Zugriff auf eine Eigenschaft (Datenfeld), darf nicht das $-Zeichen angegeben werden (siehe Zeile 11: zielort nicht $zielort).

Die Methode HoleZielort() greift mit $this->zielort auf das Datenfeld $zielort des Objekts zu und gibt den Inhalt dieses Feldes zurück (Zeile 16).

Da statisch definierte Elemente auch ohne Objekt existieren, steht $this für diese Attribute und Methoden nicht zur Verfügung. Der Zugriff erfolgt in diesen Fällen mit dem Klassennamen und dem ::-Operator (Doppelpunkt-Doppelpunkt) (z. B. Klasse::$nummer).

### 8.3.4 Erzeugen von Objekten und Zugriff auf Elemente

In Zeile 21 wird mit dem Operator new ein Objekt der Klasse Bahnreise erzeugt. New liefert als Ergebnis einen Verweis auf das erzeugte Objekt, der in der Variablen $reise1 gespeichert wird. $reise1 enthält also nicht das Objekt selbst, sondern nur eine Referenz. Trotzdem spricht man oft von dem Objekt $reise1. Auch wir werden in den folgenden Ausführungen der Einfachheit halber häufig von einem Objekt sprechen, wenn der Verweis auf ein Objekt gemeint ist.

Für das Erzeugen eines Objektes gilt die folgende Syntax:

Syntax    Objektname = new Klassenname[(Initialwerte)];

Initialwerte wurden in diesem Beispiel noch nicht verwendet (siehe Abschnitt Konstruktor und Destruktor).

In der Zeile 22 wird die Methode SetzeZielort() mit dem Parameter „Rom" für das Objekt $reise1 aufgerufen. Der übergebene Wert wird von der Methode in der Objektvariablen $zielort gespeichert.

Die Syntax für den Aufruf einer Methode für ein Objekt einer Klasse sieht folgendermaßen aus:

Syntax   Objektname -> Methodenname([Übergabeparameter]);

Zur Kontrolle wird in Zeile 23 die Methode HoleZielort() für das Objekt $reise1 aufgerufen und der Returnwert mit echo ausgegeben.

**AUFGABE 8.10**

Verändern Sie die Klasse Bahnreise:

- Ergänzen Sie die Klasse um Set- und Get-Methoden für die Datenfelder Reisenr und Reisepreis.
- Erstellen Sie eine Methode, die alle Reisedaten zurückliefert.

## 8.4   Konstruktor und Destruktor

In unserem vorherigen Beispiel haben wir ein Objekt der Klasse Bahnreise erzeugt und mit der Methode SetzeZielort() für dieses Objekt den Zielort „Rom" gespeichert. Unser Ziel, das Objekt zusätzlich mit der Reisenummer 1000 und dem Reisepreis von 750,00 zu erzeugen, konnten wir noch nicht erreichen, da bisher die Klasse Bahnreise keine Methoden zum Setzen der Reisenummer und des Reisepreises hatte. Im folgenden Beispiel sind die fehlenden Set- und Get-Methoden eingefügt. Ihr Aufbau enthält grundsätzlich nichts Neues (Zeilen 22–50).

```php
 1: <?php
 2:
 3: class Bahnreise
 4: {
 5:    private $reisenr;
 6:    private $zielort;
 7:    private $reisepreis;
 8:
 9:    public function __construct()
10:    {
11:       $this -> reisenr = 999999;
12:       $this -> zielort = "unbekanntes Ziel";
13:       $this -> reisepreis = 0.0;
14:    }
15:
16:    public function __destruct()
17:    {
18:       echo "<br />Destruktor:
              Objekt mit der Reisenummer " .
19:            $this->reisenr . " ist nun gelöscht.";
20:    }
21:
22:    public function SetzeReisenr($nummer)
23:    {
24:       $this -> reisenr = $nummer;
```

```php
25:    }
26:
27:    public function SetzeZielort($ziel)
28:    {
29:       $this -> zielort = $ziel;
30:    }
31:
32:    public function SetzeReisepreis($preis)
33:    {
34:       $this -> reisepreis = $preis;
35:    }
36:
37:    public function HoleReisenr()
38:    {
39:       return $this -> reisenr;
40:    }
41:
42:    public function HoleZielort()
43:    {
44:       return $this -> zielort;
45:    }
46:
47:    public function HoleReisepreis()
48:    {
49:       return $this -> reisepreis;
50:    }
51: }
52:
53: $reise1 = new Bahnreise;
54:
55: echo "<br />Reisenummer: " . $reise1
    -> HoleReisenr();
56: echo "<br />Zielort: " . $reise1 -> HoleZielort();
57: echo "<br />Reisepreis: " . $reise1
    -> HoleReisepreis();
58:
59: $reise1 -> SetzeReisenr(1000);
60: $reise1 -> SetzeZielort("Rom");
61: $reise1 -> SetzeReisepreis(750.0);
62:
63: echo "<br />Reisenummer: " . $reise1
    -> HoleReisenr();
64: echo "<br />Zielort: " . $reise1 -> HoleZielort();
65: echo "<br />Reisepreis: " . $reise1
    -> HoleReisepreis();
66:
67: unset ($reise1);
68:
69: echo "<br />Hier könnten weitere Anweisung des
       Skripts folgen."
70: ?>
```

Welchen Wert hatten die nicht ausdrücklich gesetzten Datenfelder? PHP verlangt nicht zwingend eine Initialisierung von Variablen. Nicht initialisierte Variablen erhalten automatisch einen datentypabhängigen Vorgabewert. Trotzdem ist es zu empfehlen und guter Stil, Variablen ausdrücklich einen Startwert zuzuweisen. Ein Objekt der Klasse Bahnreise sollte demnach immer mit wohldefinierten Datenfeldinhalten erzeugt werden. Man könnte nun eine Funktion definieren, die alle Datenfelder eines Objekts initialisiert. Diese Funktion müsste immer aufgerufen werden, wenn mit new ein neues Objekt erstellt wird.

Eine bessere Lösung ist mit einer magischen Methode von PHP möglich. Magische Methoden werden von PHP in speziellen Situationen automatisch ausgeführt. Sie beginnen mit einem doppelten Unterstrich __, haben einen vorgegebenen Namen und müssen in eine Klasse eingebunden werden, wenn man sie benutzen möchte. Für unsere Aufgabe ist die Methode __construct() geeignet (Konstruktor), sie wird immer dann automatisch aufgerufen, wenn ein neues Objekt der Klasse erzeugt wird.

Die Zeilen 9–14 zeigen die Codierung des Konstruktors. Den Objektvariablen $reisenr, $zielort und $reisepreis werden in den Zeilen 11–13 bestimmte Startwerte zugewiesen. Da der Konstruktor automatisch mit dem Erzeugen eines neuen Objekts ausgeführt wird, erhält jedes neue Objekt diese Startwerte. Die Ausgaben der Zeilen 55-57 bestätigen dies:

Ausgabe:   Reisenummer: 999999
           Zielort: unbekanntes Ziel
           Reisepreis: 0

Natürlich können die Initialwerte mit den entsprechenden Set-Methoden überschrieben werden (Zeilen 59-61). Die erneute Ausgabe (Zeilen 63–65) sieht nun so aus:

Ausgabe:   Reisenummer: 1000
           Zielort: Rom
           Reisepreis: 750

Unser Konstruktor setzt die Objektvariablen immer auf vorgegebene Werte (z. B. die Reisenummer auf den Wert 999999). Dem Konstruktor können bei entsprechender Definition – wie jeder anderen Methode auch – Werte übergeben werden, sodass man verschiedene Objekte mit unterschiedlichen Werten initialisieren kann. Konstruktoren können jedoch keinen Rückgabewert haben.

```
 1:  public function __construct($nummer, $ziel, $preis)
 2:    {
 3:      $this -> reisenr = $nummer;
 4:      $this -> zielort = $ziel;
 5:      $this -> reisepreis = $preis;
 6:    }
 7:  ...
 8:  }
 9:
10:  //Objekt erzeugen mit Übergabewerten für den Konstruktor
11:  $reise1 = new Bahnreise(1200, "Paris", 499.0);
```

Eine zweite magische Methode ist der Destruktor __destruct() (Zeilen 16–20). Er wird dann automatisch aufgerufen, wenn ein Objekt vernichtet wird (spätestens beim Beenden des Skripts). In unserem Beispiel löscht die Funktion unset() in Zeile 67 das Objekt $reise1 und löst damit den Aufruf des Destruktors aus, der Folgendes ausgibt:

Ausgabe:   Destruktor: Objekt mit der Reisenummer 1000 ist nun gelöscht.

Destruktoren haben weder einen Rückgabewert noch können ihnen Parameter übergeben werden. Eine sinnvolle Aktion eines Destruktors könnte beispielsweise das Beenden einer Datenbankverbindung sein, wenn ein Objekt, das eine Datenbankverbindung hergestellt hat, gelöscht wird.

## 8.5 Strukturierung objektorientierter Skripte

Um einen übersichtlichen Code objektorientierter Skripte zu erhalten, ist es sehr empfehlenswert, jede Klassendeklaration in einer eigenen Datei zu speichern. Die Datei sollte den Namen der Klasse erhalten. Wird die Klasse Bahnreise in der Datei bahnreise.inc.php abgelegt, muss ein Skript, das diese Klasse verwendet, nur die entsprechende Datei inkludieren. Im Unterschied zu require inkludiert require_once die Datei nicht noch einmal, wenn sie bereits vorher eingebunden wurde.

```php
1:  <?php
2:      require_once("bahnreise.inc.php");
3:      $reise1 = new Bahnreise(1300, "Wien", 599.0);
4:      …
5:  ?>
```

Werden in einem Skript viele verschiedene Klassen eingesetzt, ergibt sich hieraus aber am Beginn des Skripts eine lange Liste einzubindender Dateien. Dies kann man leicht mit der magischen Funktion __autoload() umgehen. Die Funktion __autoload wird automatisch aufgerufen, wenn ein Objekt erzeugt werden soll, die zugrunde liegende Klasse dem Skript aber noch nicht bekannt ist. Das folgende Beispiel zeigt die Verwendung der __autoload-Funktion:

```php
1:  <?php
2:      function __autoload($klasse)
3:      {
4:          require_once($klasse . ".inc.php");
5:      }
6:      $reise1 = new Bahnreise(1300, "Wien", 599.0);
7:  ?>
```

Das Objekt $reise1 der Klasse Bahnreise wird erzeugt. Da die Klasse Bahnreise jedoch im Skript noch nicht definiert ist, wird automatisch die Funktion __autoload() aufgerufen und der Klassenname Bahnreise in die Variable $klasse übergeben. Mit der Funktion require_once wird nun die fehlende Klassendeklaration eingebunden (bahnreise.inc.php). Das kann natürlich nur funktionieren, wenn der Name der Klasse und der Name der Includedatei gleich sind. In diesem Beispiel muss sich die Include-Datei im aktuellen Verzeichnis befinden, da kein Pfad angegeben wurde. Groß- und Kleinschreibung ist zu beachten.

Speichert man die eben beschriebene Funktion __autoload() als Includedatei klassenlader.inc.php, steht das automatische Laden von Klassen in jeder PHP-Datei zur Verfügung, die diesen Klassenlader einbindet:

```php
1:    <?php
2:      require_once("klassenlader.inc.php");
3:      …
4:    ?>
```

### AUFGABE 8.11

Erstellen Sie für einen Internetshop eine Klasse Privatkunde mit folgenden Attributen:

| Datenfelder: Klasse Privatkunde | Bemerkung |
| --- | --- |
| Nummer | Eine mit static definierte Klassenvariable, in der die Anzahl der erzeugten Objekte gezählt wird, Initialwert: 0 |
| Kundennummer | Fortlaufende Kundennummer |
| Vorname | Vorname des Kunden |
| Nachname | Nachname des Kunden |
| VerhaltenOK | Angabe, ob bisheriges Zahlungsverhalten einwandfrei war (Datentyp boolean) |
| Anzahl | Anzahl der bisherigen Bestellungen |

Folgende Methoden sind vorzusehen:

- Ein Konstruktor, der ein Objekt mit den Übergabewerten Vorname, Nachname, Zahlungsverhalten und Anzahl initialisiert. Zusätzlich ist die Klassenvariable Nummer um 1 zu erhöhen und diese Zahl als Kundennummer zu vergeben.
- Set- und Get-Methoden für alle Datenfelder (ausgenommen sind Nummer und Kundennummer).
- Eine Methode HoleZahlungsart(), die für ein Objekt die zutreffende Zahlungsart zurückliefert. Es gelten folgende Regeln: Ist das Zahlungsverhalten nicht in Ordnung, ist die Zahlungsart in jedem Fall „Vorauskasse". War das Zahlungsverhalten in Ordnung und hat der Kunde bisher mehr als dreimal bestellt, gilt die Zahlungsart „Rechnung". In allen anderen Fällen gilt die Zahlungsart „Nachnahme".

Erzeugen Sie drei Objekte der Klasse Privatkunde mit geeigneten Testdaten und überprüfen Sie, ob Ihre Methoden richtig funktionieren.

## 8.6 Vererbung

Eines der wichtigsten Konzepte der objektorientierten Programmierung ist die Möglichkeit, Klassenhierarchien durch Vererbung zu bilden. Bei der Vererbung werden Gemeinsamkeiten von Klassen in einer Basisklasse (Vaterklasse, Oberklasse) zusammengefasst, während in den abgeleiteten Klassen (Kindklassen, Unterklassen) die Besonderheiten einer Klasse definiert werden. Betrachten wir dazu unser Ausgangsbeispiel, bei dem wir eine Klasse Bahnreise deklariert haben. Im Rahmen einer objektorientierten Analyse stellen wir fest, dass wir nicht nur Bahnreisen, sondern auch Flugreisen anbieten. Zwischen diesen beiden Gruppen gibt es Gemeinsamkeiten, z. B. hat jede Reise eine Reisenummer und einen Zielort, es gibt aber auch Unterschiede, z. B. haben nur Bahnreisen einen Abfahrtsbahnhof und nur Flugreisen werden mit einer Fluggesellschaft abgewickelt. Das folgende Klassendiagramm zeigt das Ergebnis der Analyse:

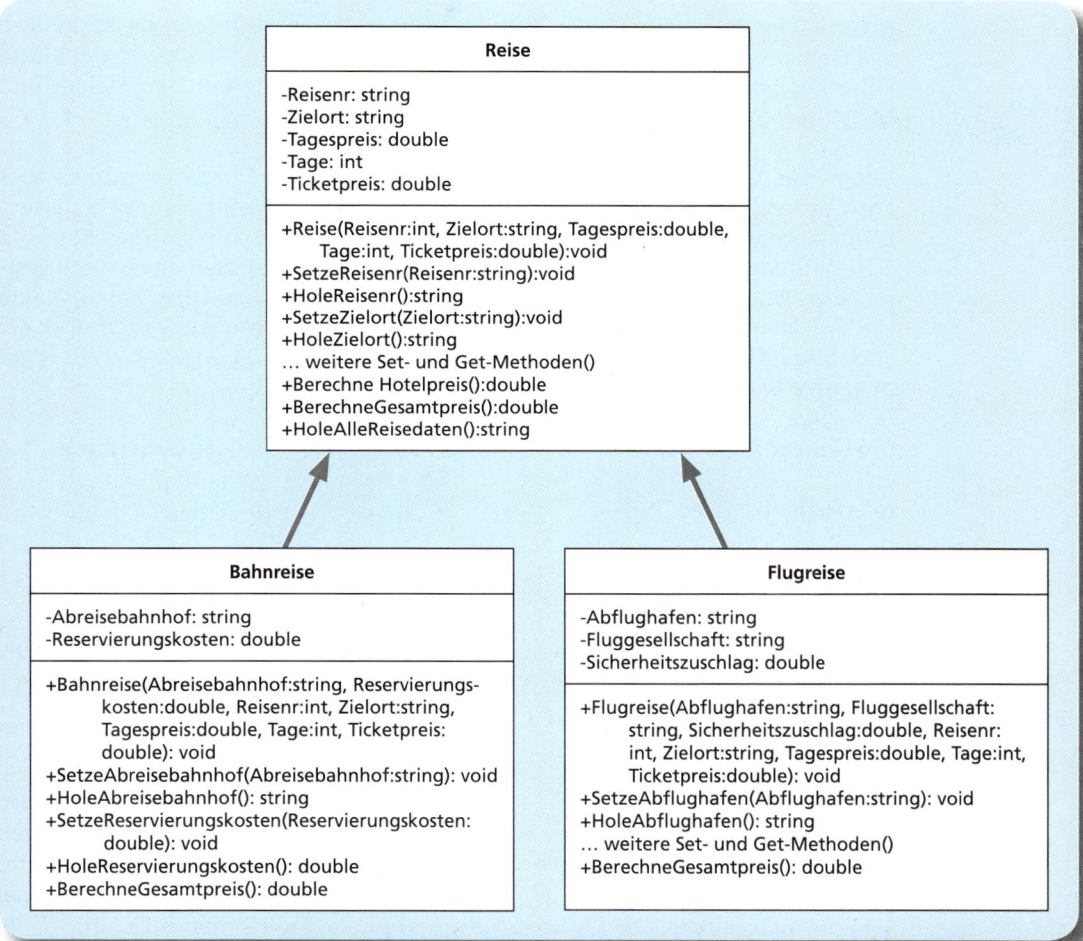

Als Basisklasse wird die Klasse Reise angelegt. In dieser übergeordneten Klasse werden alle Datenfelder und Methoden deklariert, die allen Reisen gemeinsam sind und auch in den untergeordneten (= abgeleiteten) Klassen verfügbar sein sollen. In unserem Beispiel sind das zunächst die Datenfelder Reisenr und Zielort. Abweichend von unserem Einstiegsbeispiel gibt es statt eines einzigen Feldes für den Reisepreis die Felder Tagespreis (Übernachtungspreis pro Tag), Tage (Dauer der Reise in Tagen) und Ticketpreis (Preis für den Transport zum Zielort und zurück). Die Methoden sind

- ein Konstruktor zur Initialisierung aller Variablen (der Methodennamen entspricht dem Klassennamen),

- Set- und Get-Methoden für alle Datenfelder (im Diagramm aus Platzgründen nur exemplarisch aufgeführt),
- BerechneHotelpreis(), mit der aus dem Tagespreis und der Reisedauer die gesamten Hotelkosten ermittelt werden,
- BerechneGesamtpreis() (= Hotelkosten + Fahrtkosten) und
- HoleAlleReisedaten(), die eine Übersicht der Reisedaten zurückliefert.

Die Basisklasse gibt im Rahmen der Vererbung ihre Elemente an die abgeleiteten Klassen (hier: Bahnreise und Flugreise) weiter. Im Regelfall vererbt die Basisklasse alle Elemente an die abgeleiteten Klassen. Somit existieren für alle von der Klasse Reise abgeleiteten Klassen die in der Basisklasse deklarierten Datenfelder und Methoden (Ausnahme: Konstruktor und Destruktor).

Neben den Gemeinsamkeiten zwischen Bahnreisen und Flugreisen gibt es aber auch Unterschiede. Sie zeigen sich in den Unterklassen Bahnreise und Flugreise. Einen Abreisebahnhof und Reservierungskosten (und die zugehörigen Set- und Get-Methoden) gibt es nur bei Bahnreisen, während Flugreisen einen Abflughafen, eine Fluggesellschaft und Kosten für einen Sicherheitszuschlag haben. Beide Unterklassen verfügen zusätzlich über eine Methode BerechneGesamtpreis(), die auch bereits in der Oberklasse deklariert wurde. Welche Folgen sich hieraus ergeben, wird weiter unter beschrieben.

Die Umsetzung des Klassendiagramms in PHP zeigen die folgenden Listings.

reise.inc.php:

```
 1: <?php
 2:
 3: class Reise
 4: {
 5:    private $reisenr;
 6:    private $zielort;
 7:    private $tagespreis;
 8:    private $tage;
 9:    private $ticketpreis;
10:
11:    public function __construct($reisenr, $zielort,
       $tagespreis, $tage, $ticketpreis)
12:    {
13:       $this -> reisenr = $reisenr;
14:       $this -> zielort = $zielort;
15:       $this -> tagespreis = $tagespreis;
16:       $this -> tage = $tage;
17:       $this -> ticketpreis = $ticketpreis;
18:    }
19:
20:    public function SetzeReisenr($reisenr)
21:    {
22:       $this -> reisenr = $reisenr;
23:    }
```

```
24:
25:      ... weitere Set-Methoden
26:
27:      public function HoleReisenr()
28:      {
29:        return $this -> reisenr;
30:      }
31:
32:      ... weitere Get-Methoden
33:
34:      public function BerechneHotelpreis()
35:      {
36:        return $this -> tagespreis * $this -> tage;
37:      }
38:
39:      public function BerechneGesamtpreis()
40:      {
41:        return $this -> BerechneHotelpreis() + $this
           -> ticketpreis;
42:      }
43:
44:      public function HoleAlleReisedaten()
45:      {
46:        $daten = "<br />Reisenummer " . $this
           -> reisenr . " nach " . $this -> zielort;
47:        $daten = $daten . "<br />Dauer " . $this
           -> tage . " Tage";
48:        $daten = $daten . "<br />Tagespreis " . $this
           -> tagespreis;
49:        $daten = $daten . "<br />Gesamter Hotelpreis " .
           $this -> BerechneHotelpreis();
50:        $daten = $daten . "<br />Ticketpreis " . $this
           -> ticketpreis;
51:        $daten = $daten . "<br />Gesamtpreis der Reise "
           . $this -> BerechneGesamtpreis();
52:        return $daten;
53:      }
54: }
55: ?>
```

Alle gewünschten Datenfelder sind private deklariert, sodass sie außerhalb der Klasse nicht angesprochen werden können (Kapselung, Zeilen 5–9). Alle nachfolgenden Methoden sind public deklariert und können daher außerhalb der Klasse aufgerufen werden. Der Konstruktor (Zeilen 11–18) erhält als Übergabewerte Initialwerte für alle Variablen und setzt die entsprechenden Attribute. Es folgen Set- und Get-Methoden für alle Datenfelder. Da sie alle gleich aufgebaut sind, ist nur die Set-Methode SetzeReisenr() und die Get-Methode HoleReisenr() abgedruckt (Zeilen 20–32). Die Methode BerechneHotelpreis() in den Zeilen 34–37 gibt die gesamten Hotelkosten zurück (= Produkt aus Tagespreis und Anzahl der Tage). Da neben den Hotelkosten noch Fahrtkosten anfallen (= Ticketpreis) gibt es die Methode BerechneGesamtpreis(); sie gibt den Gesamtpreis der Reise zurück. Hierfür ruft sie BerechneHotelpreis() auf und addiert zum Rückgabewert den Ticketpreis (Zeile 41). In HoleAlleReisedaten() (Zeilen 44–52) werden alle Reisedaten in der Variablen $daten zusammengefasst und diese Zeichenkette mit allen Reisedaten zurückgegeben.

Bahnreise.inc.php:

```php
 1: <?php
 2:
 3: class Bahnreise extends Reise
 4: {
 5:    private $abreisebahnhof;
 6:    private $reservierungskosten;
 7:
 8:    public function __construct($abreisebahnhof,
       $reservierungskosten, $reisenr, $zielort,
       $tagespreis, $tage, $ticketpreis)
 9:    {
10:       parent::__construct ($reisenr, $zielort,
          $tagespreis, $tage, $ticketpreis);
11:       $this -> abreisebahnhof = $abreisebahnhof;
12:       $this -> reservierungskosten
          = $reservierungskosten;
13:    }
14:
15:    public function SetzeAbreisebahnhof($abreisebahnhof)
16:    {
17:       $this -> abreisebahnhof = $abreisebahnhof;
18:    }
19:
20:    public function HoleAbreisebahnhof()
21:    {
22:       return $this -> abreisebahnhof;
23:    }
24:
25:       ... weitere Set- und Get-Methoden
26:
27:    public function BerechneGesamtpreis()
28:    {
29:       $hotel = $this -> BerechneHotelpreis();
30:       $ticket = $this -> HoleTicketpreis();
31:       return $this -> reservierungskosten
          + $hotel + $ticket;
32:    }
33: }
34: ?>
```

Wie im Klassendiagramm dargestellt, soll die Klasse Bahnreise alle Attribute und Methoden der Klasse Reise erben. Diese Vererbung wird mit dem Schlüsselwort extends erreicht: class Bahnreise extends Reise (Zeile 3). Die Definition der zusätzlichen Attribute einer Bahnreise (Abreisebahnhof und Reservierungskosten) folgen in den Zeilen 5 und 6.

Der Konstruktor der Klasse Bahnreise soll mit allen Initialwerten aufgerufen werden (Zeile 8). Für Abreisebahnhof und Reservierungskosten ergeben sich keine Besonderheiten: Die Speicherung der Übergabewerte erfolgt in der gewohnten Syntax (Zeilen 11 und 12). Wie können nun aber die restlichen Attribute (definiert in der Vaterklasse Reise) initialisiert werden? Naheliegend ist es, den Konstruktor der Oberklasse Reise einzusetzen, denn er initalisiert alle Datenfelder der Klasse Reise. Da der Konstrukor der Vaterklasse nicht mit vererbt wurde (er wurde durch die Definition eines Konstruktors in der Kindklasse überschrieben), verlangt sein Aufruf eine besondere Syntax:

```
1:    parent::__construct ($reisenr, $zielort, $tagespreis, $tage,
                           $ticketpreis);
```

Nach dem Schlüsselwort parent folgen der Gültigkeitsbereichsoperator Doppel-Doppelpunkt (::) und der Methodenname der Vaterklasse, die ausgeführt werden soll. Diese Art des Aufrufs ist immer dann erforderlich, wenn eine Methode der Basisklasse aufgerufen werden soll und diese Methode in der Kindklasse überschrieben wurde (gleicher Methodenname). Anstelle des speziellen Namens parent könnte auch der Name der Klasse verwendet werden (Reise::__construct). Diese Lösung hätte jedoch den Nachteil, dass bei einer Änderung der Vererbungshierarchie der Klassenname im Methodenaufruf angepasst werden muss. Zeile 10 ruft also den Konstruktor der Basisklasse Reise auf und übergibt die erforderlichen Werte, der Konstruktor der Basisklasse initialisiert dann die restlichen Datenfelder mit den Übergabewerten.

Die Zeilen 27–32 definieren die Methode BerechneGesamtpreis() zur Berechnung des gesamten Reisepreises. Eine Methode gleichen Namens gibt es bereits in der Klasse Reise. Für die Berechnung des Gesamtpreises einer Bahnreise ist sie jedoch nicht geeignet, da keine Reservierungskosten (die es ja nur bei Bahnreisen gibt) einbezogen sind. Die nicht geeignete Methode der Basisklasse wird daher in der Kindklasse durch eine Methode gleichen Namens überschrieben. Die Gesamtkosten einer Bahnreise errechnen sich aus den Hotelkosten (Aufruf der Methode BerechneHotelpreis(), definiert in der Basisklasse), den Fahrtkosten (Aufruf der Methode HoleTicketpreis(), definiert in der Basisklasse) und den Reservierungskosten. Die Summe der drei Werte wird zurückgegeben (Zeile 31).

Da die Methode BerechneGesamtpreis() der Basisklasse Reise die Summe aus Hotelkosten und Ticketkosten liefert, hätte diese Methode in der Klasse Bahnreise auch wie folgt definiert werden können.

```
1:    public function BerechneGesamtpreis()
2:    {
3:        $teilpreis = parent::BerechneGesamtpreis();
4:        return $this -> reservierungskosten + $teilpreis;
5:    }
```

Um die Methode BerechneGesamtpreis() der Basisklasse aufzurufen, müssen wieder parent und der Gültigkeitsoperator verwendet werden.

Flugreise.inc.php:

```php
 1: <?php
 2: 
 3: class Flugreise extends Reise
 4: {
 5:   private $abflughafen;
 6:   private $fluggesellschaft;
 7:   private $sicherheitszuschlag;
 8: 
 9:   public function __construct($abflughafen,
      $fluggesellschaft, $sicherheitszuschlag, $reisenr,
      $zielort, $tagespreis, $tage, $ticketpreis)
10:   {
11:     parent::__construct ($reisenr, $zielort,
        $tagespreis, $tage, $ticketpreis);
12:     $this -> abflughafen = $abflughafen;
13:     $this -> fluggesellschaft = $fluggesellschaft;
14:     $this -> sicherheitszuschlag =
        $sicherheitszuschlag;
15:   }
16: 
17:   public function SetzeAbflughafen($abflughafen)
18:   {
19:     $this -> abflughafen = $abflughafen;
20:   }
21:   public function HoleAbflughafen()
22:   {
23:     return $this -> abflughafen;
24:   }
25: 
26:    ... weitere Set- und Get-Methoden
27: 
28:   public function BerechneGesamtpreis()
29:   {
30:     $hotel = $this -> BerechneHotelpreis();
31:     $ticket = $this -> HoleTicketpreis();
32:     return $this -> sicherheitszuschlag
        + $hotel + $ticket;
33:   }
34: }
35: ?>
```

Das Listing für die Klassendeklaration der Flugreise enthält gegenüber der Deklaration einer Bahnreise keine prinzipiellen Unterschiede.

Das folgende Skript nutzt die drei Klassen Reise, Bahnreise und Flugreise:

```php
1: <?php
2: require_once("klassenlader.inc.php");
```

```php
 3:
 4: //Eine Reise
 5: $reise1 = new Reise(1100, "Wien", 75.0, 10, 123 );
 6: echo $reise1 -> HoleAlleReisedaten();
 7:
 8: //Eine Bahnreise
 9: $reise2 = new Bahnreise("Frankfurt a. M. Hauptbahnhof", 25,
                            1200, "Paris", 99.0, 10, 444 );
10: echo "<br /><br />Abreise " . $reise2 -> HoleAbreisebahnhof();
11: echo "<br />Reservierungskosten " .
12:     $reise2 -> HoleReservierungskosten();
13: echo $reise2 -> HoleAlleReisedaten();
14:
15: //Eine Flugreise
16: $reise3 = new Flugreise("Frankfurt Hahn", "Germanwings",
                            30, 1300, "Athen", 69.0, 14, 333 );
17: echo "<br /><br />Abflug " . $reise3 -> HoleAbflughafen();
18: echo "<br />Fluggesellschaft " .
19:     $reise3 -> HoleFluggesellschaft();
20: echo "<br />Sicherheitszuschlag " .
21:     $reise3 -> HoleSicherheitszuschlag();
22: echo $reise3 -> HoleAlleReisedaten();
23: ?>
```

Ausgabe:  Reisenummer 1100 nach Wien
Dauer 10 Tage
Tagespreis 75
Gesamter Hotelpreis 750
Ticketpreis 123
Gesamtpreis der Reise 873

Abreise Frankfurt a. M. Hauptbahnhof
Reservierungskosten 25
Reisenummer 1200 nach Paris
Dauer 10 Tage
Tagespreis 99
Gesamter Hotelpreis 990
Ticketpreis 444
Gesamtpreis der Reise 1459

Abflug Frankfurt Hahn
Fluggesellschaft Germanwings
Sicherheitszuschlag 30
Reisenummer 1300 nach Athen
Dauer 14 Tage
Tagespreis 69
Gesamter Hotelpreis 966
Ticketpreis 333
Gesamtpreis der Reise 1329

## AUFGABE 8.12

Zu den Kunden des Internetshops (siehe Aufgabe 8.11) gehören auch Geschäftskunden. Sie haben die gleichen Datenfelder wie Privatkunden mit Ausnahme des Attributs Anzahl der Bestellungen. Zusätzlich werden für sie die Dauer der Geschäftsbeziehung (in Jahren) und drei Buchstaben (Kürzel zur Festlegung der Kundenart) gespeichert.

Erstellen Sie geeignete Klassen in einer Vererbungshierarchie mit Konstruktor, Set-/Get-Methoden und der Methode HoleZahlungsart(). Zusätzlich ist für Geschäftskunden eine Methode HoleRabatt() einzufügen. Kunden der Kundengruppe „IND" erhalten 10% Rabatt, Kunden der Kundengruppe „WVK" erhalten 15% Rabatt. Zusätzlich erhalten alle Kunden 3% Treuerabatt, wenn sie länger als 5 Jahre Kunde sind.

Testen Sie Ihre Klassen mit geeigneten Testdaten.

## 8.7 Speicherung der Objektdaten in einer Datenbank

In den bisherigen Beispielen existierten die Objekte mit ihren Daten nur zur Laufzeit des Skripts. Zur späteren Wiederverwendung sollen jetzt die Objektdaten in einer Datenbank gespeichert werden (nicht flüchtige, persistente Daten). Hierfür ist die Klasse Reise um folgende Funktionalität zu erweitern:

- Speichern der Daten neuer Reiseobjekte in einer Datenbank.
- Lesen der Daten **aller** Reisen aus der Datenbank und Speichern der gelesenen Daten in einem **Array für alle Reiseobjekte**. Bei einem großen Datenbestand sollte die Menge der Datensätze z. B. mit einer geeigneten Where-Klausel beschränkt werden.
- Lesen der Daten **einer** Reise aus der Datenbank und Speichern der gelesenen Daten in **einem** Reiseobjekt.
- Update der Daten eines Reiseobjekts.

Definition der verwendeten MySQL-Datenbanktabelle Reise:

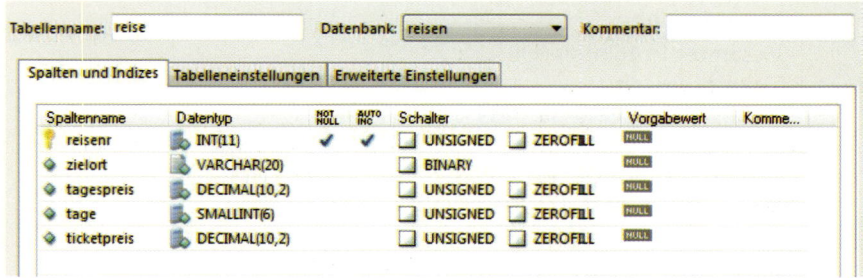

Die erweiterte Klasse Reise hat folgenden Aufbau:

Reise.inc.php:

```php
 1: <?php
 2: 
 3: class Reise
 4: {
 5:    private $reisenr;
 6:    private $zielort;
 7:    private $tagespreis;
 8:    private $tage;
 9:    private $ticketpreis;
10: 
11:    public function __construct($reisenr, $zielort,
       $tagespreis, $tage, $ticketpreis)
12:    {
13:       $this->reisenr = $reisenr;
14:       $this->zielort = $zielort;
15:       $this->tagespreis = $tagespreis;
16:       $this->tage = $tage;
17:       $this->ticketpreis = $ticketpreis;
18:    }
19: 
20:    //Set- und Get-Methoden
21:    //Keine Set-Methode für die Reisenr, da sie in
22:    //der Datenbank automatisch gesetzt wird
23:    public function SetzeZielort($zielort)
       {$this->zielort = $zielort;}
24:    public function SetzeTagespreis($tagespreis)
       {$this->tagespreis = $tagespreis;}
25:    public function SetzeTage($tage)
       {$this->tage = $tage;}
26:    public function SetzeTicketpreis($ticketpreis)
27:        {$this->ticketpreis = $ticketpreis;}
28:    public function HoleReisenr()
       {return $this->reisenr;}
29:    public function HoleZielort()
       {return $this->zielort;}
30:    public function HoleTagespreis()
       {return $this->tagespreis;}
31:    public function HoleTage() {return $this->tage;}
32:    public function HoleTicketpreis()
33:    {return $this->ticketpreis;}
34:    //Weitere Methoden
35:    public function BerechneHotelpreis()
36:    {
37:       return $this->tagespreis * $this->tage;
38:    }
39: 
40:    public function BerechneGesamtpreis()
41:    {
```

```php
42:         return $this->BerechneHotelpreis()
            + $this->ticketpreis;
43:     }
44:
45:     public function HoleAlleReisedaten()
46:     {
47:         $daten = "<br />Reisenummer " .
            $this->reisenr . " nach " . $this->zielort;
48:         $daten = $daten . "<br />Dauer: " .
            $this->tage . " Tage";
49:         $daten = $daten . "<br />Tagespreis: " .
            $this->tagespreis;
50:         $daten = $daten . "<br />Gesamter Hotelpreis: "
            . $this->BerechneHotelpreis();
51:         $daten = $daten . "<br />Ticketpreis: " .
            $this->ticketpreis;
52:         $daten = $daten . "<br />Gesamtpreis der
            Reise: " .
53:                         $this->BerechneGesamtpreis();
54:         return $daten;
55:     }
56:
57:     //Methode zum Einfügen eines Reiseobjekts in DB
58:     public function EinfuegenNeueReise($verbindung)
59:     {
60:         $abfrage = "INSERT INTO reise VALUES
            (NULL, '$this->zielort',
61:                     $this->tagespreis, $this->tage,
                    $this->ticketpreis)";
62:         $ergebnis = mysql_query($abfrage, $verbindung);
63:     }
64:
65:     //Methode zum Auslesen aller Datensätze aus DB
66:     public static function HoleAlle($verbindung)
67:     {
68:         $abfrage = "SELECT * FROM reise";
69:         $ergebnis = mysql_query($abfrage, $verbindung);
70:         $satz = mysql_fetch_array($ergebnis, MYSQL_NUM);
71:         while ($satz)
72:         {
73:             $tab[] = new Reise($satz[0], $satz[1],
                $satz[2], $satz[3], $satz[4]);
74:             $satz = mysql_fetch_array($ergebnis, MYSQL_NUM);
75:         }
76:         return $tab;
77:     }
78:
79:     //Methode zum Auslesen des Datensatzes einer
        bestimmten Reisenr
80:     public static function HoleReise
```

```
81:    {
82:        $abfrage = "SELECT * FROM reise WHERE reisenr =
                    $reisenr";
83:        $ergebnis = mysql_query($abfrage, $verbindung);
84:        $satz = mysql_fetch_array($ergebnis, MYSQL_NUM);
85:        return new Reise($satz[0], $satz[1], $satz[2],
                    $satz[3], $satz[4]);
86:    }
87:
88:    //Methode zum Update einer Reise
89:    public function Update($verbindung)
90:    {
91:        $abfrage = "UPDATE reise SET zielort =
                    '$this->zielort',
92:                tagespreis = $this->tagespreis,
93:                tage = $this->tage,
94:                ticketpreis = $this->ticketpreis
95:                WHERE reisenr = $this->reisenr";
96:        $ergebnis = mysql_query($abfrage, $verbindung);
97:    }
98: }
99: ?>
```

Die erweiterte Funktionalität der Klasse Reise wird durch vier neue Methoden erreicht, die ab Zeile 57 beginnen (die Zeilen 1 bis 55 entsprechen der bisher benutzten Klasse).

### Methode EinfuegenNeueReise(), Zeilen 57–63
In dieser Methode werden die Daten eines Reiseobjekts in ein INSERT-Statement übertragen ($this->zielort, this->tagespreis usw.). Beachten Sie, dass die Reisenummer von der Datenbank automatisch gesetzt wird (siehe Definition der Datenbanktabelle oben; anstelle eines Wertes enthält die INSERT-Anweisung daher an erster Stelle eine NULL-Marke). Mit der Funktion mysql_query() wird anschließend das INSERT-Statement ausgeführt und die Objektdaten als neuer Datensatz in der Datenbank gespeichert (Zeile 62).

### Methode HoleAlle(), Zeilen 65–77
Diese Methode liest alle Datensätze der Tabelle Reise und stellt diese Daten in einem Array von Reiseobjekten zur Verfügung. Aus jedem Datensatz wird ein Objekt der Klasse Reise erzeugt und dieses Objekt (genauer: eine Referenz auf dieses Objekt) als Element eines Array gespeichert.

Zunächst wird eine Abfrage aufgebaut, die alle Datensätze der Tabelle Reise liefert (Zeile 68). Diese Abfrage wird mit mysql_query() ausgeführt und die Ergebniskennung in $ergebnis gespeichert (Zeile 69). Anschließend werden die Daten (auf die diese Ergebniskennung verweist) in einer Schleife Datensatz für Datensatz verarbeitet (Zeilen 70–75). In jedem Schleifendurchlauf wird aus den Daten des aktuellen Datensatzes mit new Reise ein neues Objekt der Klasse Reise erzeugt und dem Konstruktor (siehe Zeilen 11–18) werden die Daten dieses Datensatzes übergeben ($satz[0], $satz[1] usw.). Das neu erzeugte Objekt wird als Element in dem Array $tab gespeichert (Zeile 73). Das Array $tab enthält, nachdem alle Datensätze verarbeitet sind, für jeden Datensatz ein Reiseobjekt. Dieses Array wird in Zeile 76 an die aufrufende Stelle zurückgeschickt.

Mit dem Schlüsselwort static im Funktionskopf (Zeile 66) wird die Methode statisch deklariert. Damit wird festgelegt, dass die Methode verwendet werden kann, ohne dass ein Objekt der Klasse existieren muss. Eine statische Funktion wird daher nicht mit dem Pfeiloperator -> <Objektname> -> <Methodenname>, sondern mit dem Gültigkeitsoperator :: <Klassenname>::<Methodenname> aufgerufen (siehe weiter unten beim Testen der Klasse).

### Methode HoleReise(), Zeilen 79–86
Als ersten Übergabewert erwartet diese Methode eine Reisenummer. Aus der Datenbank werden nur die Reisedaten dieser Reise ausgelesen (Zeilen 82-84). In Zeile 85 wird mit new ein Objekt der Klasse Reise erzeugt und dem Konstruktor werden die Daten des Datensatzes übergeben. Die Referenz auf das neue Objekt wird mit return an die aufrufende Stelle zurückgeliefert.

### Methode Update(), Zeilen 88–97
Diese Methode schreibt die Daten eines Objekts mit dem SQL-Statement UPDATE in die Datenbank zurück. Alle Datenfelder (mit Ausnahme der Reisenummer) werden mit den aktuellen Objektdaten überschrieben (SET zielort = '$this->zielort', tagespreis = $this->tagespreis usw.). Das Update wird für den Datensatz durchgeführt, der die gleiche Reisenummer hat wie das Objekt (WHERE reisenr = $this->reisenr).

### Test der neuen Klasse Reise

Das folgende Listing demonstriert die Verwendung der neuen Methoden der Klasse Reise:

```php
 1: <?php
 2:    require_once("klassenlader.inc.php");
 3:    require_once('db_verbindung.inc.php');
 4:
 5:    //Drei neue Reisen in DB einfügen
 6:
 7:    //1. Reise
 8:    //Neues Reiseobjekt erzeugen
 9:    $reise = new Reise(0, 'Berlin', 95.0, 7, 99.0);
10:    //Neues Objekt in DB speichern
11:    $reise -> EinfuegenNeueReise($verbindung);
12:
13:    //2. Reise
14:    $reise = new Reise(0, 'Hamburg', 105.0, 3, 119.0);
15:    $reise -> EinfuegenNeueReise($verbindung);
16:
17:    //3. Reise
18:    $reise = new Reise(0, 'München', 120.0, 5, 89.0);
19:    $reise -> EinfuegenNeueReise($verbindung);
```

```
20:
21:    //Alle Reisen aus DB holen und Reisedaten anzeigen
22:    $tab = Reise::HoleAlle($verbindung);
23:    foreach ($tab as $r)
24:    {
25:      echo "<br />" . $r -> HoleAlleReisedaten();
26:    }
27:
28:    //Verwendung von Get-Methoden
29:    echo "<br /><br />Reisenummer: " . $tab[1]
       ->HoleReisenr();
30:    echo "<br />Zielort: " . $tab[1]->HoleZielort();
31:    echo "<br />Tagespreis: " . $tab[1]
       ->HoleTagespreis();
32:
33:    //Reise mit bestimmter Reisenummer aus DB holen,
       hier Reisenummer 3
34:    $reise3 = Reise::HoleReise(3, $verbindung);
35:    echo "<br />Daten der Reise 3:<br />" . $reise3
       -> HoleAlleReisedaten();
36:
37:    //Update für diese Reise
38:    $reise3 -> SetzeTagespreis(125.0);
39:    $reise3 -> SetzeTicketpreis(99.0);
40:    $reise3 -> Update($verbindung);
41:    //Überprüfung des Updates
42:    $reise3 = Reise::HoleReise(3, $verbindung);
43:    echo "<br />Daten der Reise 3 nach Update:<br />"
44:      . $reise3 -> HoleAlleReisedaten();
45:
46:    mysql_close($verbindung);
47: ?>
```

Zeile 2 stellt das automatische Laden der erforderlichen Klassen zur Verfügung. Die Datenbankverbindung und die Auswahl der Datenbank erfolgen mit der Include-Datei in Zeile 3, wobei die Verbindungskennung in der Variablen $verbindung hinterlegt wird.

Mit new Reise in Zeile 9 wird ein neues Objekt $reise erzeugt und dem Konstruktor werden die Daten dieser Reise übergeben. Die Methode EinfuegenNeueReise() speichert anschließend die Daten des Objekts in der Datenbank (Zeile 11). In den Zeilen 13–19 werden auf die gleiche Weise die Daten zwei weiterer Reisen in der Datenbank hinterlegt.

Zeile 22 zeigt die Verwendung der Klassenmethode HoleAlle(). Wegen der statischen Deklaration der Methode kann sie ohne existierendes Objekt ausgeführt werden. Der Aufruf erfolgt mit Reise::HoleAlle() (= <Klassenname>::<Methodenname>). HoleAlle() liefert als Returnwert ein Array, das in $tab gespeichert wird. Für jede aus der Datenbank gelesene Reise enthält $tab ein Arrayelement, das auf ein Objekt der Klasse Reise verweist. Um nun die Daten aller Reisen anzuzeigen, wird für jedes Reiseobjekt in $tab die Methode HoleAlleReisedaten() aufgerufen (Zeilen 23–26) und damit folgende Ausgabe erzeugt:

> Reisenummer 1 nach Berlin
> Dauer: 7 Tage
> Tagespreis: 95.00
> Gesamter Hotelpreis: 665
> Ticketpreis: 99.00
> Gesamtpreis der Reise: 764
>
> Reisenummer 2 nach Hamburg
> Dauer: 3 Tage
> Tagespreis: 105.00
> Gesamter Hotelpreis: 315
> Ticketpreis: 119.00
> Gesamtpreis der Reise: 434
>
> Reisenummer 3 nach München
> Dauer: 5 Tage
> Tagespreis: 120.00
> Gesamter Hotelpreis: 600
> Ticketpreis: 89.00
> Gesamtpreis der Reise: 689

Die Zeilen 29–31 demonstrieren die Benutzung von Get-Methoden. Mit den Methoden HoleReisenr(), HoleZielort() und HoleTagespreis() werden diese ausgewählten Daten für das zweite Objekt ($tab[1]) abgerufen und ausgegeben:

> Reisenummer: 2
> Zielort: Hamburg
> Tagespreis: 105.00

Im nächsten Schritt wollen wir die Daten einer einzelnen Reise auslesen und in einem Objekt zur Verfügung stellen. Hierfür rufen wir die statische Methode HoleReise() auf (Zeile 34). Als Reisenummer übergeben wir den Wert 3 (Reise nach München). Das zurückgelieferte Objekt speichern wir als $reise3 ab. In Zeile 35 wenden wir die Methode HoleAlleReisedaten() für das Objekt $reise3 an und geben die Daten dieser Reise aus:

> Daten der Reise 3:
>
> Reisenummer 3 nach München
> Dauer: 5 Tage
> Tagespreis: 120.00
> Gesamter Hotelpreis: 600
> Ticketpreis: 89.00
> Gesamtpreis der Reise: 689

Als letzten Test führen wir für das Objekt $reise3 ein Update durch. Mit den Methoden SetzeTagespreis() (Zeile 38) und SetzeTicketpreis() (Zeile 39) aktualisieren wir die entsprechenden Datenfelder des Objekts. Damit diese Änderungen dauerhaft in der Datenbank gespeichert werden, rufen wir in Zeile 40 für das Objekt $reise3 die Methode Update() auf, die die aktuellen Attributwerte des Objekts in die Datenbank zurückschreibt. Zur Kontrolle des Updates lesen wir anschließend die Reisedaten erneut aus der Datenbank aus (Zeile 42) und überprüfen mit der Methode HoleAlleReisedaten() die Objektdaten. Die Ausgabe zeigt, dass das Update korrekt ausgeführt wurde (neuer Tagespreis: 125, neuer Ticketpreis: 99):

Daten der Reise 3 nach Update:

Reisenummer 3 nach München
Dauer: 5 Tage
Tagespreis: 125.00
Gesamter Hotelpreis: 625
Ticketpreis: 99.00
Gesamtpreis der Reise: 724

**AUFGABE 8.13**

Die Daten der Privat- und Geschäftskunden (siehe Aufgabe 8.12) sollen in einer Datenbank gespeichert werden. Erstellen Sie hierfür jeweils eine Tabelle für Ihre Privatkunden und eine Tabelle für die Geschäftskunden. Erweitern Sie Ihre Klassendefinitionen um Methoden zum Speichern eines Neukunden, zum Lesen, Update und Löschen von Kundendaten. Die Kundennummern sollen jetzt automatisch von der Datenbank vergeben werden (jeweils ein eigener Nummernkreis für Geschäfts- und Privatkunden ist erlaubt).

# 9 HTML5

## 9.1 Entwicklung von HTML5

Nachdem XHTML 1.0 vom W3C als XML-basierte Neudefinition von HTML 4.01 als Standard festgelegt wurde, begann das W3C mit der Entwicklung von XHTML 2.0, das endgültig die strengen Standards einer XML-basierten Sprache umsetzen sollte. Die meisten Browserhersteller betrachteten diese Entwicklung jedoch als praxisfern. Im Jahr 2004 gründeten Apple, Mozilla und Opera die WHATWG (Web Hypertext Application Technology Working Group), um die Entwicklung und Erweiterung neuer Webtechnologien in einer eigenen Arbeitsgruppe voranzutreiben. Die Weiterentwicklung wurde unter dem Namen Web Applications 1.0 begonnen und später in HTML5 umbenannt. Die Entwicklung von XHTML 2 seitens des W3C wurde 2009 endgültig aufgegeben und es wurde parallel zur WHATWG der Browserhersteller eine eigene Arbeitsgruppe gebildet. Somit konzentriert sich die Weiterentwicklung des W3C ebenfalls auf HTML5.

HTML5 befindet sich zurzeit (Februar 2011) im letzten Entwurf (Last Draft). Die Einschätzung, wann HTML5 zum neuen Standard vom W3C festgelegt wird (Recommendation Status), bewegt sich vom Jahr 2011 bis zum Jahr 2022. Dazu müssen mindestens zwei Browser die Anforderungen eines neuen Standards zu 100 % erfüllen. In der Praxis haben die großen Browserhersteller jedoch schon viele der in HTML5 definierten Neuerungen mit den neueren Browsergenerationen implementiert. Wenn Sie für einen installierten Browser testen wollen, inwieweit er die neuen Anforderungen erfüllt, so starten Sie den Browser und geben als Adresse www.html5test.com an. Sie erhalten eine Bewertung über den Erfüllungsgrad der Anforderungen. Außerdem können Sie konkret für die neuen Elemente erkennen, ob die entsprechenden Eigenschaften in der eingesetzten Browserversion implementiert sind.

Mit HTML5 werden viele neue Elemente zur Strukturierung komplexer Webseiten und plug-in-unabhängiges Einbinden von Multimediaelementen (Video und Audio) eingeführt, mit denen man dynamische Web-Applikationen erstellen kann. Web-Browser werden heutzutage oft als Messenger, als E-Mail-Client für die Pflege von Aufgaben und Terminen oder auch für die Anfertigung von Bestellungen und Rechnungen im E-Commerce eingesetzt.

HTML5 ist im Wesentlichen abwärtskompatibel zu HTML 4.01 bzw. XHTML 1.0. HTML5 ist gemäß den Spezifikationen so ausgelegt, dass es auch in XHTML-Anforderungen erstellt werden kann. Es wurden nur wenige Tags aus dem Standard entfernt, z. B. die Frame-Tags und auch Tags, die lediglich zur Formatierung dienen (font, tt usw.). Die Frame-Technologie wird durch neuere Technologien abgelöst, während die Textformatierung bereits bisher schon durch den Einsatz von CSS möglich war.

Einige Elemente, wie das <b>-Tag oder das <hr>-Tag, werden wieder in den HTML5-Sprachumfang aufgenommen, jedoch semantisch neu definiert.

## 9.2 HTML5-Formulare

In modernen interaktiven Web-Applikationen kommt HTML-Formularen eine wesentlich größere Bedeutung zu als bisher. Das Type-Attribut des Input-Elements war in HTML 4 im Wesentlichen beschränkt auf die Werte text, password, submit, reset, hidden. Die Überprüfung auf gültige Eingabewerte (z. B. Datumswerte, E-Mail-Adressen usw.) musste zum Beispiel mit JavaScript erfolgen. In HTML5 wurde eine Reihe von neuen Werten für das Type-Attribut des Input-Elementes festgelegt. Dadurch kann man zum großen Teil den User bei der Eingabe der Werte unterstützen und es werden vom Browser bereits Plausibilitätsprüfungen vorgenommen, sodass viele programmtechnische Eingabeüberprüfungen überflüssig werden.

Die neuen Versionen der Browser unterstützen die HTML5-Werte des Type-Attributs nur unvollständig. Trotz allem ist es kein Problem, diese Werte in einem Formular einzusetzen. Falls der Browser die entsprechende Funktionalität noch nicht unterstützt, wird das Eingabefeld wie ein normales Element mit type="text" angezeigt. Die weitestgehende Unterstützung der neuen Input-Attribute wird zurzeit (Stand: Februar 2011) von Opera gewährleistet.

### 9.2.1 Beispiel: Neue Formularelemente

Anhand eines Formulars zur Anzeige und Eingabe von Registrierungsinformationen eines Kunden sollen die in HTML5 neu hinzugefügten Attribute des Input-Elementes verdeutlicht werden. Es wird dazu das folgende Formular erzeugt:

Der HTML-Quellcode zeigt die Definitionen der Formularelemente.

```
1: <!DOCTYPE html>
2: <html>
3: <head>
4:   <title>HTML5: Neue Formularelemente</title>
5:   <meta http-equiv="content-type" content="text/html; charset=ISO-8859-1">
6:   <link rel="stylesheet" type="text/css" href="formular.css">
7: </head>
```

```
 8: <body>
 9: <form method="get" action="registrierung.php">
10: <table>
11: <tr><th colspan="2">Registrierungsinformationen</th></tr>
12: <tr><td>Name</td>
13: <td><input type="text" value="Max Mustermann" name="name1"
    autofocus></td></tr>
14: <tr><td>E-Mailadresse</td>
15: <td><input type="email" name="email"></td></tr>
16: <tr><td>Bundesland</td>
17: <td><input type="text" name="bundesland"
    list="bundeslaender"></td></tr>
18: <tr><td>Registriert seit</td>
19: <td><input type="date" value="2010-12-01"
    name="seit"></td></tr>
20: <tr><td>Alter</td>
21: <td><input type="number" min="18" name="alter"></td></tr>
22: <tr><td> </td>
23: <td><input type="submit" name="senden"
    value="Senden"></td></tr>
24: </table>
25: </form>
26: <datalist id="bundeslaender">
27:   <option value="Bayern">
28:   <option value="Brandenburg">
29:   <option value="Hessen">
30:   <option value="Thüringen">
31: </datalist>
32: </body>
33: </html>
```

In Zeile 9 beginnt die Definition eines Eingabeformulars mit den üblichen Attributen method und action. In der Zeile 13 wird das Eingabefeld name1 dem Formular hinzugefügt. Es wird dabei das boolsche Attribut autofocus für dieses Feld gesetzt. Ist diese Eigenschaft gesetzt (=true), so wird das Eingabefeld beim Aufruf des Formulars im Browser automatisch fokussiert, d. h., es erhält den Eingabefokus. Das Eingabefeld für die E-Mail-Adresse des Kunden enthält für die Eigenschaft type den Wert "email". Bei der Erfassung dieser Information verhält sich dieses Feld wie ein normales Eingabefeld vom type = "text". Sobald Sie jedoch den Button zum Senden der Formulardaten anklicken, wird der Inhalt dieses Feldes auf Gültigkeit geprüft. Bei fehlerhaften Eingaben erscheint ein Fehlerhinweis und der User muss seine Angaben überprüfen.

Durch diesen neuen Input-Typ erspart man sich komplexe Plausibilitätsprüfungen für E-Mail-Angaben.

Die Eingabe des Bundeslandes erfolgt anschließend mit einem Input-Element vom Typ text. Die Erfassung wird durch Anzeige einer Werteliste mit vorgegebenen Einträgen wesentlich erleichtert im Vergleich zur Eingabe mit einem einfachen Texteingabefeld.

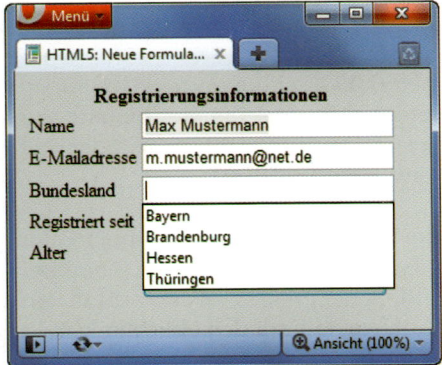

Zur Nutzung dieser Funktionalität müssen Sie beim Eingabefeld das Attribut list verwenden. Diese Eigenschaft wurde mit dem Wert bundeslaender gesetzt (Zeile 17). Nun müssen Sie lediglich noch die Werteliste für die Eingabe festlegen. Dies erfolgt in Form eines HTML5-Datalist-Tags (Zeilen 26 bis 31). Die Eigenschaft id ist auf den gleichen Wert zu setzen, den Sie für das List-Attribut bei der Eingabe (hier: bundeslaender) definiert haben. Die eigentliche Werteliste wird nun mit dem Option-Tag angelegt. Die Werteliste kann an beliebiger Stelle im HTML-Dokument codiert werden. Um die Übersichtlichkeit innerhalb des Dokumentes zu gewährleisten, empfiehlt sich jedoch die Definition am Anfang oder am Ende des Body-Elementes. Verwendet werden kann die Werteliste für mehrere Eingabefelder.

In Zeile 19 des HTML-Quellcodes wird ein Input-Feld des Typs "date" festgelegt. Bei der Eingabe kann der User durch Anklicken des Drop-Down-Pfeiles mit einem Kalenderelement das Eingabedatum auswählen.

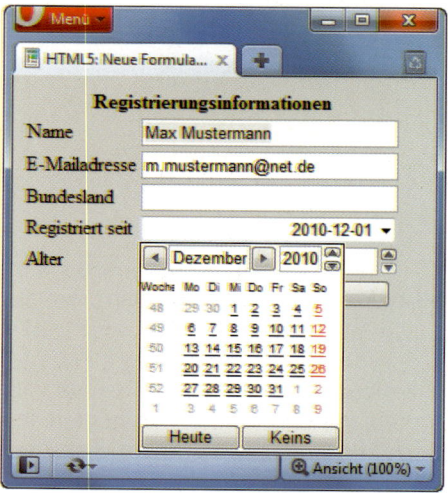

Unterstützt ein Browser die Date-Attributeigenschaft, so kann der User nur gültige Datumseingaben tätigen. Es sind somit keine weiteren Plausibilitätsprüfungen für gültige Datumseingaben notwendig. Anstelle des Attributwertes date für das Type-Attribut können Sie z. B. auch die Werte month (Auswahl des Monats eines Jahres mit einem Kalendersteuerelement), week (Auswahl der Woche) oder date-time-local (Auswahl von Datum und Zeit) verwenden.

Auch für die Eingabe von numerischen Werten bieten die HTML5-Input-Felder komfortable Unterstützung. Wenn Sie ein Eingabefeld vom Typ type="number" erzeugen, so kann der User die Eingaben mithilfe der Pfeiltasten am rechten Rand des Feldes vornehmen. Mit zusätzlichen Attributen lässt sich der Mindestwert (min), der Maximalwert (max) oder auch der Wertunterschied beim Anklicken des Pfeils (step) festlegen.

### 9.2.2 Überblick: HTML5-Input-Typen

Die folgende Tabelle enthält einen Überblick über die wichtigsten Input-Typen gemäß den neuen HTML5-Spezifikationen.

| Input-Typ | Bedeutung | Beispiel einer Werteingabe |
|---|---|---|
| number | Numerische Werte | 20 |
| email | E-Mail-Adresse | max.mustermann@mustermann.de |
| date | Datumswert | 2011-12-31 |
| month | Monat | 2011-12 |
| week | Woche | 52-2011 |
| time | Zeit | 13:20 |

| | | |
|---|---|---|
| datetime | Datum und Zeit | 2010-12-31T13:30Z |
| datetime-local | Datum und Zeit | 2011-12-31T13:30 |
| url | URL | www.html5test.com |
| search | Suchfeld | HTML5 Elemente |
| range | Schieberegler mit Wertauswahl | 3 |
| color | Farbauswahlfeld | Hexadezimaler Farbwert |
| tel | Telefonnummer | 0691234567 |

Die Attribute für das Input-Tag werden bisher nur teilweise von den neueren Browserversionen unterstützt. Sollte der Browser einen Wert nicht unterstützen, so wird diese Eigenschaft vom Browser ignoriert und es wird ein einfaches Input-Element angezeigt. Vorteilhaft sind die HTML5-Neuerungen für Input-Felder auch beim Einsatz von Smartphones. Hier werden bei Fokussierung eines Formularfeldes dynamisch die Eingabemöglichkeiten des Touchscreens für das entsprechende Formularfeld angepasst. So werden bei einem Eingabefeld vom Typ number die Ziffern, aber keine Buchstaben angezeigt.

## AUFGABE 9.1

Erzeugen Sie ein Eingabeformular zur Buchung von kostenlosen SMS eines Kommunikationsdienstleisters mit folgenden Eingabefeldern: Anrede, Vorname, Nachname, Geschlecht, Geburtsdatum, E-Mail-Adresse, Tarif (Mögliche Werte: 1–4) und Anzahl der zu buchenden Frei-SMS. Es müssen mindestens 30 SMS gebucht werden. Darüber hinaus können in Schritten von 10 bis zu 200 SMS gebucht werden. Außerdem soll der Kunde die Möglichkeit haben, die Sondertarife des Kommunikationsdienstleisters auf einer Skala zwischen 1 (= unzufrieden) bis 5 (= zufrieden) zu bewerten.

Verwenden Sie für die Eingaben neue HTML5-Formularelemente. Recherchieren Sie auch hierzu in Ihrer HTML-Hilfe. Das Formular soll zwei Buttons enthalten, der erste Button soll ein PHP-Programm mit der Bezeichnung buchung.php aufrufen. Die übergebenen Werte dürfen nicht in der Adressleiste des Browsers sichtbar sein. Mit dem zweiten Button soll der User der Webseite die Eingaben wieder auf die Initialwerte zurücksetzen können.

Erstellen Sie ein benutzerfreundliches Formular zur Eingabe der beschriebenen Informationen.

## 9.3 Einbinden von Audio- und Video-Dateien

Moderne Webseiten verwenden zur Gestaltung und zur interaktiven Kommunikation immer häufiger Multimediaelemente wie Audio-Dateien und Videos. Das Einbinden von Videos ist mit HTML 4.01 ein kompliziertes Verfahren. Es erfolgt bisher über das Einbinden von Plug-ins. Mithilfe des HTML5-<video>-Tags können Web-Entwickler Videos direkt auf ihre Seiten einbauen, die Anwender dann ohne zusätzliches Plug-in betrachten können.

### 9.3.1 Das Audio-Tag

Das folgende Beispiel zeigt den Einsatz des Audio-Elements:
```
<audio src="anmeldung.ogg" controls="controls">
Ihr Browser unterstützt das Audio-Element nicht.
</audio>
```

Mit dem Src-Attribut des Audio-Tags wird der Pfad und der Name der Audio-Datei festgelegt. Näheres zu den Codecs siehe im nächsten Abschnitt. Es können sowohl absolute als auch relative Adressierungen angegeben werden.

Mit dem boolschen Attribut controls kann man dafür sorgen, dass der Browser Steuerbuttons für das Abspielen der Sounddatei anzeigt. Es werden ein Playbutton, ein Symbol zur Lautstärkeregelung und ein Slider, mit dem man die Audio-Datei an einen bestimmten Punkt vor- bzw. zurückspulen kann, als Kontrollelemente angezeigt, wenn das Attribut controls verwendet wird. Mit weiteren boolschen Attributen können Sie das automatische Abspielen (autoplay), das sofortige Laden der Audio-Datei (preload) oder auch das wiederholte Abspielen des Sounds (loop) festlegen. Zwischen dem Beginn und dem Ende des Audio-Tags sollte man einen Text angeben, der dem Benutzer angezeigt wird, wenn die Audio-Kennung durch den verwendeten Browser noch nicht unterstützt wird.

Das Audio- und auch das Video-Element sind native Elemente des Browsers und können somit wie jedes andere HTML-Element gestaltet werden. Durch das Einfügen des Audio-Elements in ein DIV-Tag lässt sich die Steuerleiste für das Abspielen beispielsweise zentrieren.

```
<div style="text-align:center"> <audio…> … </audio></div>
```

## 9.3.2 Das Video-Tag

Wenn Sie auf einer Webseite Videos darstellen möchten, können Sie in HTML5 das Video-Tag verwenden. Dies funktioniert im Prinzip auf die gleiche Art und Weise wie beim Audio-Element. Die folgenden HTML5-Quellcodezeilen demonstrieren den Einsatz eines Video-Elementes:

```
<video src="movie.ogg" controls="controls"
autoplay="autoplay">

Ihr Browser unterstützt das Video-Element nicht.
</video>
```

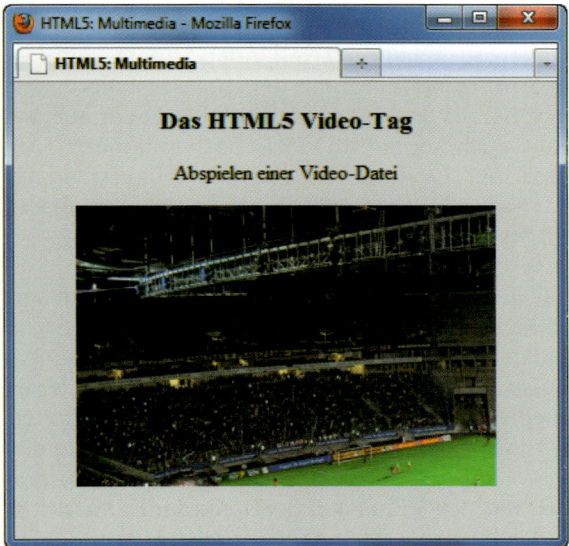

Für das Src-Attribut und auch die autoplay-Eigenschaft des Video-Tags gelten die gleichen Regeln und Erläuterungen wie beim Audio-Tag. Bei fehlendem Control-Attribut wird die Anzeige der Video-Steuerungselemente unterdrückt, das Video selbst ist jedoch sichtbar. Für das Video-Tag sind nach den Spezifikationen der WHATWG einige zusätzliche Attribute verfügbar. Mit den Eigenschaften width und height können Sie die Breite und die Höhe der Video-Darstellung anpassen. Sind diese Attribute nicht gesetzt, so verwendet der Browser zur Darstellung die Originalgröße des Videos. Um eine einheitliche Darstellung aller Videos in einer Präsentation zu gewährleisten, ist es sinnvoll, diese Formatierungen in eine CSS-Datei auszulagern. Außerdem kann man das Poster-Attribut einsetzen, um ein Bild zu definieren, das angezeigt wird, wenn die Video-Datei geladen wird bzw. wenn das Video nicht verfügbar ist. Gemäß den Spezifikationen der WHATWG sollte dieses Bild ein Screenshot aus dem verwendeten Video sein.

Problematisch bei der Darstellung von Videos ist der verwendete Video-Codec, der bei der Adressierung des Video-Elementes mit angegeben werden kann und der bei der Erzeugung des Video-Quellmaterials berücksichtigt werden muss. Der Dateityp für dieses Element sollte je nach Browserunterstützung ein Ogg-Theora-

Element, ein H.264-Element oder ein VP8-Element sein. Sowohl Theora als auch H.264 und VP8 sind Video-Codecs. Der wesentliche Unterschied zwischen dem Theora- und dem H.264-Codec besteht darin, dass der Theora-Codec zumindest bis zum Jahr 2015 patentfrei ist, während der H.264-Codec patentiert ist. Die WHATWG konnte sich beim Konzipieren von HTML5 nicht auf einen Standard einigen, sodass die Browserhersteller das Format selbst festlegen können. Mozilla Firefox und Opera verwenden den Theora-Codec, während der Internet Explorer und Safari den H.264-Codec einsetzen. Google Chrome kann mit beiden Codecs umgehen.

Um ein offenes Video-Format für das Web zu schaffen, hat Google mit der Mozilla Foundation und Opera das WebM-Projekt gegründet. Google hat dazu den durch eine Übernahme von On2 erworbenen VP8 Codec als Open Source freigegeben. Mit WebM wird das Container-Format sowie das Video- und Audio-Format festgelegt. WebM-Dateien bestehen aus komprimierten Video-Streams mit dem VP8-Video-Codec und Audio-Streams komprimiert mit dem Vorbis-Audio-Codec. Die Video-Plattform YouTube hat bereits angekündigt, dass alle Videos auf den VP8-Codec umgestellt werden und auch Adobe will VP8 in Flash integrieren. Außerdem haben auch Hardwarepartner zugesagt, Hardwarebeschleunigung für VP8 zu entwickeln. Es ist daher zu hoffen, dass der VP8-Codec ein frei verfügbarer, patentfreier Standard für Videos im Internet wird.

Zurzeit gibt es keinen Container und Codec, der in allen HTML5-Browsern verwendet werden kann. Dies ist in naher Zukunft auch noch nicht in Sicht. Deshalb sollten Sie, um Videos in verschiedenen Browserplattformen darstellen zu können, das Video in verschiedenen Codecs zur Verfügung stellen. Konvertieren Sie die Video-Dateien sowohl in den Theora- als auch in den H.264- und den VP8-Codec. Fügen Sie das Video-Tag ohne Angabe der Video-Datei in den HTML-Code ein. Zwischen den Beginn-Tag und den Ende-Tag der Video-Kennung können Sie nun die verschiedenen Video-Dateien mit der Source-Kennung einbinden. Dabei ist es möglich, den Typ und den Codec für das jeweilige Video-Element anzugeben. Der folgende Quellcode führt in den zurzeit verfügbaren HTML5-Browsern zur Darstellung des Videos:

```
<video controls="controls" autoplay="autoplay"
  loop="loop">
  <source src="movie.mp4"
    type='video/mp4; codecs="avc1.42E01E, mp4a.40.2"'>
  <source src="movie.webm"
    type='video/webm; codecs="vp8, vorbis"'>
  <source src="movie.ogg"
    type='video/ogg; codecs="theora, vorbis"'>

  Ihr Browser unterstützt das Video-Element nicht.
</video>
```

### AUFGABE 9.2

Erstellen Sie für das Intranet Ihres Unternehmens/Ihrer Schule ein kurzes Video, in dem Sie neue Auszubildende über Ihren Ausbildungsbetrieb und Ihren Ausbildungsberuf informieren. Die Steuerbuttons für das Abspielen des Videos sind anzuzeigen. Beim Aufruf der Webseite soll das Video sofort geladen, aber noch nicht abgespielt werden. Das Video soll mit einer Breite von 480 px und einer Höhe von 270 px angezeigt werden. Es ist ein Startbild für das Video zu erzeugen, das den User der Seite über den Video-Inhalt informiert. Erzeugen Sie verschiedene Video-Formate und stellen Sie sicher, dass das Video in unterschiedlichen Browsern dargestellt werden kann. Ein Fallback soll ebenfalls enthalten sein. Es ist hierbei darzustellen, was der Betrachter Ihrer Seite tun soll, damit er das Video abspielen kann.

## 9.4 Strukturierung von Webseiten mit HTML5-Elementen

Mit HTML5 wurden einige neue Elemente zur besseren semantischen Strukturierung von Webseiten eingeführt. Dadurch können Sie standardisierte Seiten erstellen und die mittlerweile verbreiteten DIV-Elemente mit id-Attributen (z. B. <div id="kopf>) vermeiden. Die folgende Grafik gibt einen Überblick über die Struktur der zu erzeugenden Seiten:

**Seitenstruktur mit HTML5-Elementen**

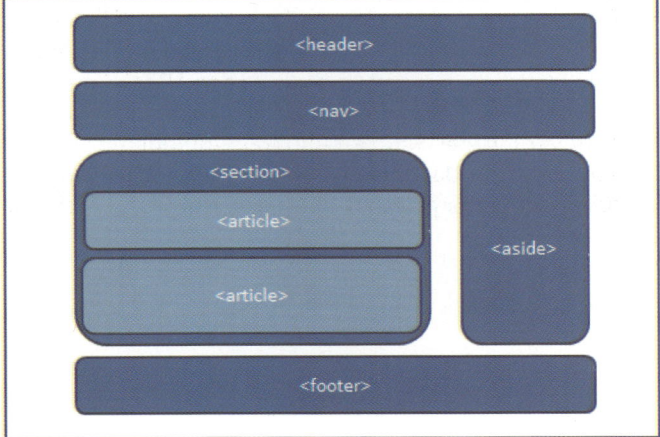

Die Webseiten sollen einen einheitlichen Seitenkopf erhalten. Unter dem Kopf ist ein horizontales Navigationsmenü zur Ansteuerung der einzelnen Seiten darzustellen. Der eigentliche Seiteninhalt befindet sich im mittleren Bereich der Webseiten. Auf der rechten Seite soll ein Bereich für aktuelle Nachrichten zur jeweiligen Seite angezeigt werden. Am unteren Rand soll ein einheitlicher Seitenfuß dargestellt werden. Für die Codierung der Seiten sollen die neuen HTML5-Elemente zur Strukturierung von Webseiten verwendet werden. Die Formatierung der Elemente erfolgt mit CSS-Anweisungen in externen CSS-Definitionen.

### 1. Header-Tag
Das Header-Tag wird am Anfang einer Webseite im Kopfbereich verwendet. In diesem Bereich können Sie den Titel des Dokumentes, das eigene Logo oder auch ein Formular zur Suche darstellen. Spezielle Attribute besitzt die mit HTML5 neu geschaffene Header-Kennung nicht.

```html
<header>
    <h1>EDV-Schulung für IT-Auszubildende</h1>
</header>
```

### 2. Nav-Tag
Das Nav-Tag ist für Navigationsblöcke gedacht. In diesem Block sollte das Navigationsmenü für die Webpräsentation codiert werden.

**BEISPIEL**

```html
<nav>
  <ul>
      <li><a href="windows.html"
            target=_parent>Windows</a></li>
      <li><a href="word.html"
            target =_parent>Word</a></li>
…
  </ul>
</nav>
```

### 3. Article-Tag
Das Article-Tag enthält den eigentlichen Inhalt einer Seite. Article-Blöcke können mit der Section-Kennung in mehrere Abschnitte unterteilt werden.

**BEISPIEL**

```html
<section>
  <article>
  <h3>Seminarbeschreibung: Windows</h3>
  <p><img src="windows.png">W&auml;hrend dieses
     eint&auml;gigen Kurses erhalten Sie eine
     Einf&uuml;hrung in die Nutzung des Betriebssystems
     Windows 7. F&uuml;r dieses Seminar sind keine Vor
     kenntnisse erforderlich.
  </p>
…
  </article>
</section>
```

### 4. Aside-Tag
Der Aside-Block ist der Bereich für Sidebars. In diesem Teil der Webseite können Informationen erfasst werden, die nicht unmittelbar mit dem Inhalt der aktuellen Seite zu tun haben. Dies könnte z.B. ein News-Bereich des Unternehmens sein.

**BEISPIEL**

```html
<aside>
  <h3>Nachrichten</h3>
  <p>Am 02.01.2011 findet eine Informationsveranstaltung zu den
     im nächsten Halbjahr geplanten Seminaren statt. Bitte melden
     Sie sich rechtzeitig an.</p>
</aside>
```

## 5. Footer-Tag

Das Footer-Tag ist für den Fußbereich eines Dokuments vorgesehen. Hier sollten Sie Copyrightvermerke, Autorenvermerke oder auch einen Link auf das Impressum für die Webseite unterbringen.

```
<footer>
    <p>&copy; Copyright: IT-Ausbildungsabteilung Mustermann AG
    - 2011</p>
</footer>
```

BEISPIEL

Nach dieser kurzen Erläuterung der Strukturierungselemente von HTML5 soll der HTML-Quellcode für eine Beispielsseite insgesamt dargestellt werden. Die Seite soll folgendes Aussehen haben:

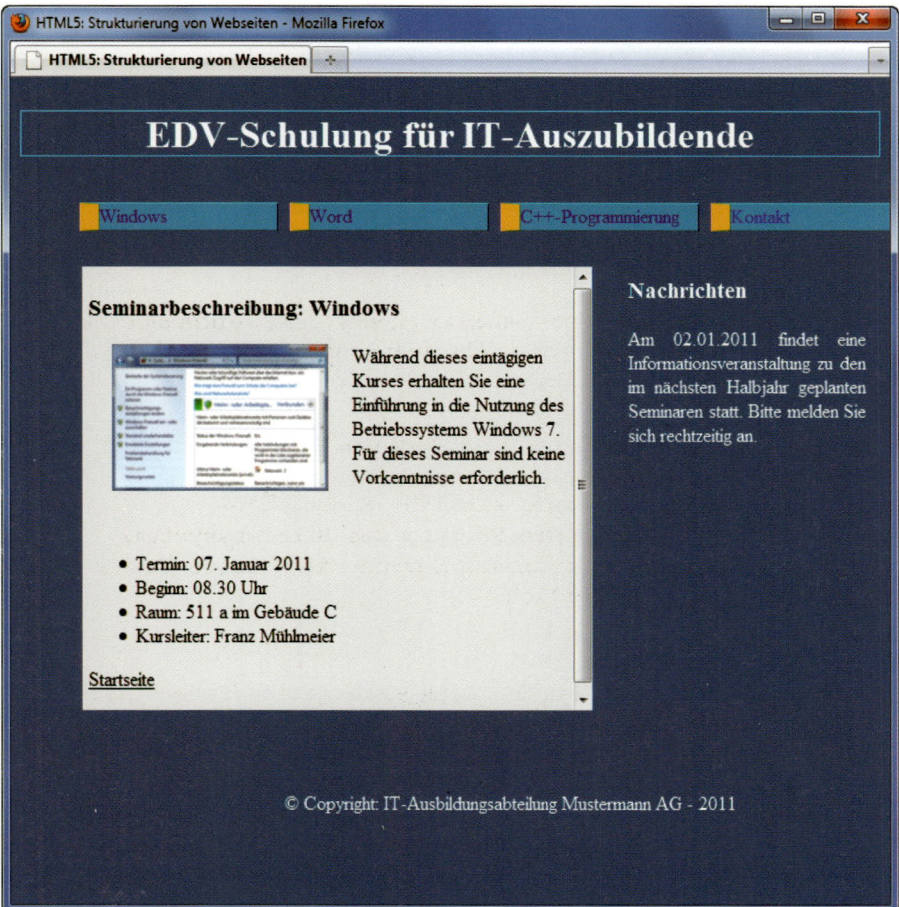

Schauen wir uns den Quellcode (windows.html) für diese Seite an.

```
1:  <!DOCTYPE html>
2:  <html>
3:  <head>
4:      <title>HTML5: Strukturierung von Webseiten</title>
```

```
 5:    <meta    http-equiv="content-type'    content="text/html;
       charset=ISO-8859-1">
 6:    <link rel="stylesheet" type="text/css"
       href="seitenstruktur.css">
 7:    </head>
 8:    <body>
 9:    <header>
10:    <h1>EDV-Schulung für IT-Auszubildende<img
       src="computer.gif"></h1>
11:    </header>
12:    <nav>
13:    <object data="navigation.html" type="text/html">
14:    Ihr Browser kann das Objekt leider nicht anzeigen!
15:    </object>
16:    </nav>
17:    <section>
18:      <article>
19:      <h3>Seminarbeschreibung: Windows</h3>
20:    <p><img src="windows.png">W&auml;hrend dieses eint&auml;gigen
       Kurses erhalten Sie eine Einf&uuml;hrung in die Nutzung des
       Betriebssystems Windows 7. F&uuml;r dieses Seminar sind keine
       Vorkenntnisse erforderlich.
21:      </p>
22:      <br />
23:      <ul>
24:        <li>Termin: 07. Januar 2011</li>
25:        <li>Beginn: 08.30 Uhr</li>
26:        <li>Raum: 511 a im Geb&auml;ude C</li>
27:        <li>Kursleiter: Franz M&uuml;hlmeier</li>
28:      </ul>
29:      <p><a href="start.html">Startseite</a></p>
30:      </article>
31:    </section>
32:    <aside>
33:      <h3>Nachrichten</h3>
34:      <p>Am 02.01.2011 findet eine Informationsveranstaltung zu
       den im nächsten Halbjahr geplanten Seminaren statt. Bitte
       melden Sie sich rechtzeitig an.</p>
35:    </aside>
36:    <footer>
37:      <p>&copy; Copyright: IT-Ausbildungsabteilung Mustermann
       AG - 2011</p>
38:    </footer>
39:    </body>
40:    </html>
```

Die Formatierungen für die Elemente dieser Seite sind in der CSS-Datei seitenstruktur.css definiert. Deshalb wird diese CSS-Datei im Kopf des HTML-Dokumentes (Zeile 6) eingebunden.

```css
1: body {
2:   font-size:14; font-family: „Times New Roman", Arial;
3:   background:#069;
4:   border-style:hidden; border:none;
5:   overflow: hidden;
     /* Scrollbalken im Fenster unterbinden */
6: }
```

Die Zeilen 1–6 der CSS-Datei legen Schriftgröße, Schriftart, Hintergrundfarbe und Rahmeneigenschaften für den body des HTML-Dokuments fest. Außerdem soll für die Elemente der Webseite normalerweise kein Scrollbalken angezeigt werden (Zeile 5). Dies sind die Grundformatierungen für die eingesetzten HTML-Elemente. Wenn andere Formatierungen für einzelne Elemente notwendig sind, so werden sie später in den untergeordneten Elementen überschrieben.

Im Bodybereich der Datei windows.html wird das neue HTML5-Strukturierungselement header (Zeilen 9–11) verwendet. Es wird die Überschrift „EDV-Schulung für IT-Auszubildende" dargestellt. Die Formatierungen für diese Elemente sind ebenfalls in der CSS-Datei seitenstruktur.css festgelegt.

```css
 7: header {
 8:   padding:5px; margin:10px;
 9:   width: 800px; height: 50px;
10:   border-width:1px; border-style:solid; border-color:#6cf;
11: }
12: header h1 {
13:   font: bold Helvetica, Arial, sans-serif;
14:   text-align:center;
15:   color:white; background:#069;
16:   margin:0;
17: }
```

Für das Header-Element werden der Innen- und Außenabstand (Zeile 8), die Breite und Höhe (Zeile 9) sowie die Rahmenstärke, der Rahmenstil und die Rahmenfarbe (Zeile 10) definiert. Die Zeile 12–17 des CSS-Quellcodes enthalten die Formatierungsmerkmale für H1-Elemente. Durch die Angabe header h1 (Zeile 12) wird dieses Format lediglich für ein h1-Element innerhalb des Strukturierungselements header zugewiesen.

Als Nächstes wird in der HTML-Datei das horizontale Navigationsmenü mit dem Nav-Tag definiert. Da dieses Navigationsmenü auf mehreren Seiten mit gleichem Aufbau und Format angezeigt werden soll, ist der Quellcode für das Menü in die externe Datei navigation.html (Quelltext am Ende des Abschnitts) ausgelagert worden. In den Zeilen 13–15 (Datei: windows.html) wird mit dem Object-Tag die Datei navigation.html eingebunden. Sollte ein Browser das Object-Tag nicht interpretieren können, so erfolgt als Fallback die Ausgabe, dass der Browser das

Objekt nicht anzeigen kann (Zeile 14 Datei: windows.html). Die Formatierungsanweisungen für das Object-Element innerhalb des Nav-Tags sind in der Datei seitenstruktur.css in den Zeilen 18 bis 21 enthalten.

```
18: nav object {
19:     position:absolute; top:90px; left:0px; width:800px;
20:     padding:0px; margin:0px; border-width:0px;
21: }
```

Für das Object-Element wird eine absolute Positionierung mit Pixelangaben für den Abstand oben und links sowie eine Breite von 800 Pixeln festgelegt. Es werden der Innen- und Außenabstand und die Rahmenbreite definiert.

Der eigentliche Inhalt der Webseite ist in den neuen HTML5-Kennungen section und article (Datei: windwos.html) erfasst. Die Zeilen 22 bis 27 der Datei seitenstruktur.css enthalten die Formatierungen für das Article-Element:

```
22: article {
23:     position:absolute; top:150px; left:50px; bot-tom:150px;
24:     padding:5px; margin:10px; margin-right:250px;
25:     overflow-y:scroll;
26:     color:black; background:#eee;
27: }
```

Neben den Positionierungs-, den Abstands- und den Farbeigenschaften wird durch die Angabe von overflow:y-scroll (Zeile 25) festgelegt, dass lediglich ein vertikaler Scrollbalken für das Inhaltselement angezeigt werden soll, damit der Webseitenbesucher die Informationen durch Scrollen des Inhalts nach unten lesen kann.

Die Zeilen 32 bis 40 der Datei windows.html komplettieren den HTML-Teil für die darzustellende Webseite mit der Sidebar (Aside-Kennung) und der Fußzeile des Dokumentes (Footer-Kennung). Die CSS-Formatierungen für diese Bereiche sind in den Zeilen 28 bis 40 der zugehörigen CSS-Datei enthalten.

```
28: aside {
29:     position:absolute; top:150px; right:20px; width:200px;
30:     color:white; text-align:justify;
31: }
32: footer {
33:     position: absolute; left: 20px; bottom: 10px; right: 10px;
        height: 50px;
34:     width:800px; height:100px;
35:     color:white;
36: }
37: footer p {
38:     color:white;
39:     text-align:center;
40: }
```

In den restlichen Zeilen der CSS-Datei sind noch einige Definitionen für HTML-Elemente enthalten zur Formatierung von Bildern, die Darstellung des Link-Elements und zur Beeinflussung des br-Tags (clear:both beendet den Textfluss um ein Bild oder eine Tabelle).

```
41: img {
42:   float:left;
43:   margin:20px; margin-top:0px;
44: }
45: a {
46:   text-decoration:underline;
47: }
48: a:visited, a:hover, a:active {
49:   color:black;
50: }
51: a:hover, a:active {
52:   background:white;
53: }
54: br {
55:   clear:both;
56: }
```

Wie bereits erwähnt, befindet sich der Quellcode zur Anzeige des Navigationsmenüs in der Datei navigation.html. Diese Datei hat folgenden Inhalt:

```
 1: <!DOCTYPE html>
 2: <html>
 3: <head>
 4:     <title></title>
 5:     <meta http-equiv="content-type" content="text/html; charset=ISO-8859-1">
 6:     <link rel="stylesheet" type="text/css" href="navigation.css">
 7: </head>
 8: <body>
 9:     <ul>
10:         <li><a href="windows.html" tar-get=_parent>Windows</a></li>
11:         <li><a href="word.html" tar-get=_parent>Word</a></li>
12:         <li><a href="cpp.html" target=_parent>C++-Programmierung</a></li>
13:         <li><a href="kontakt.html" tar-get=_parent>Kontakt</a></li>
14:     </ul>
15: </body>
16: </html>
```

Bei der Datei navigation.html handelt es sich um eine vollständige HTML-Datei, in der im Body-Bereich die Menüpunkte in einer Liste mit Links erzeugt werden. Zur Formatierung des Navigationsmenüs wird die CSS-Datei navigation.css verwendet. Diese Datei hat folgenden Inhalt:

```css
 1: li {
 2:     list-style-type:none;
 3:     float:left;
 4:     margin-left:10px;
 5:     background:#39c;
 6:     border-width:1px; border-style:solid;
 7:     border-color: #5bd #035 #068 #6cf;
 7:     border-left: 1em solid #fc0;
 8:     width:150px; height:22px;
 9: }
10: a {
11:     text-decoration:none;
12: }
13: a:hover {
14:     border-color: #069 #6cf #5bd #fc0;
15:     color:white; background:#28b;
16: }
17: a:active {
18:     border-color: #069 #6cf #5bd white;
19:     color:white; background:#069;
20: }
```

Die Angabe list-style-type:none (Zeile 2) unterbindet für die li-Elemente die Darstellung eines Aufzählungszeichens. Um einen Zeilenumbruch nach jedem li-Element zu unterbinden, wird die css-Eigenschaft float:left gesetzt. Die weiteren Angaben für das li-Tag dienen zur Festlegung von Rahmen-, Größen- und Farbeigenschaften des li-Elements. Anschließend wird für das Anchor-Tag die standardmäßige Unterstreichung von Links ausgeschaltet (text-decoration:none). In den Zeilen 13 bis 20 werden für die Pseudoklassen des A-Tags die Formatierungseigenschaften für Links, wenn sich der Mauszeiger über den Text bewegt (a:hover), und für den aktiven Link (a:active für Anklicken des Links) gesetzt.

Am Ende des Beispiels zur Strukturierung von Webseiten mit neuen HTML5-Elementen muss noch betont werden, dass die Darstellung der Seiten wesentlich von den eingesetzten Browsern abhängig ist. Wenn Sie den Internet Explorer bis Version 8 von Microsoft verwenden, werden die Seiten nicht korrekt dargestellt. Die neuen Browsergenerationen der anderen großen Browserhersteller (Mozilla Firefox, Google Chrome, Opera, Safari) können die Seiten bereits korrekt darstellen (Stand: August 2010). Für eine Webseitenentwicklung im Intranet, bei der Sie die zur Verfügung gestellten Browser selbst festlegen können, ist das Konzept mit neuen Strukturelementen bereits jetzt sinnvoll. Für eine korrekte Darstellung im Internet mit allen Browsern sind umfangreiche Modifikationen notwendig.

**AUFGABE 9.3**

Da der Nachrichtenbereich, der Kopf- und der Fußbereich auf allen Seiten identisch sein sollen, sind diese Elemente ähnlich wie die Navigation in externen HTML-Dateien zu codieren. Erzeugen Sie die Dateien header.html, footer.html und nachrichten.html und binden Sie diese Dateien beim Anzeigen der Datei windwos.html ein. Erzeugen Sie außerdem die weiteren notwendigen HTML-Dateien für die Darstellung der Informationen der von der Ausbildungsabteilung angebotenen Seminare (start.html, word.html, cpp.html und kontakt.html).

## 9.5 Weitere Neuerungen in HTML5

Es gibt in HTML5 noch eine Reihe weiterer neuer Konzepte, die hier kurz angesprochen werden sollen. Mit der Geolocation-API kann eine Webseite den Standort des Benutzers ermitteln und so beispielsweise gezielte Informationen zur Verfügung stellen. Dazu werden vom Browser Funkzugangsknoten in der Nähe des Users und seine IP-Adresse ermittelt. Mit diesen Daten ist es möglich, den ungefähren Standort eines Benutzers zu bestimmen. Bevor diese Daten an eine Webseite weitergegeben werden, die der User aufgerufen hat, erfolgt in der Regel durch den verwendeten Browser eine Abfrage, ob man der Weitergabe der Daten zustimmt. Es gibt eine Reihe von Webseiten, mit denen Sie die HTML5-Geolocation-API testen können. Auf der Seite www.html5demos.com haben Sie die Möglichkeit, das Geolocation-API und die meisten weiteren Neuerungen von HTML5 zu testen.

Ein weiteres neues Element in HTML5 ist das Canvas-Element. Eine Canvas (= Leinwand) ist eine frei zu definierende Fläche, auf der man mit JavaScript zeichnen kann. Damit lässt sich jedes Pixel dieser Leinwand beeinflussen. Dies ermöglicht die Erstellung von grafischen Webanwendungen rein auf der Basis von HTML und JavaScript. Es werden keine zusätzlichen Plug-ins benötigt. Mit der Canvas-API lassen sich zum Beispiel auch Bilder erstellen, laden, ändern und speichern. Somit ist mit dieser API eine browserbasierte Bildbearbeitung möglich.

Ein weiteres interessantes API ist das Offline-Storage-API. Die Nutzung von sogenannten WebApps nimmt immer mehr Raum ein. Wenn eine Webseite wie ein lokales Programm arbeiten soll, muss man normalerweise online sein. Aber genau dieses Problem wird mit der HTML5-Offline-Storage-API gelöst. Dazu werden Daten einer Webseite lokal gespeichert, damit der User diese Information nutzen kann, obwohl er nicht bzw. nicht mehr online ist. Mit der Offline-Storage-Funktionalität lassen sich unstrukturierte Session- und Tab-basierte Informationen in Variablen, aber auch strukturierte Daten einer Applikation in einer SQL-Datenbank speichern. Dies hat den Vorteil, dass Informationen der Anwendung nicht ständig von der Webseite nachgeladen werden müssen. Sie werden lokal gespeichert und bei Bedarf von der Anwendung wieder gelesen. Im Application-Cache lassen sich gesamte Webseiten mit allen Elementen speichern, auch Elemente, die nicht direkt im Browserfenster aufgerufen wurden.

Beim mobilen Surfen ist die Funktionalität der Offline-Storage-API hilfreich; wenn zum Beispiel die Verbindung unterwegs unterbrochen sein sollte (Funkloch usw.), lässt sich die Anwendung weiter offline nutzen. Da die mobile Nutzung von Web-Applikationen vor allem durch den vermehrten Einsatz von Smartphones zunimmt, wird das Offline-Storage-API neue Anwendungsmöglichkeiten eröffnen.

# 10 Anhang zum Kapitel Einführung in SQL

## 10.1 Bedingungsausdrücke

Die folgende Tabelle zeigt verschiedene Bedingungsausdrücke (die man z. B. nach WHERE schreiben kann).

| Vergleich | Operator | Beispiel |
|---|---|---|
| gleich | = | name1 = 'Schneider' |
| kleiner als | < | name1 < 'Blum' |
| kleiner oder gleich | <= | umsatz <= 100000 |
| größer als | > | umsatz > 0 |
| größer oder gleich | >= | umsatz >= 0 |
| ungleich | <> | name1 <> 'Maier' |
| logisches UND | AND | umsatz > 1000 AND umsatz < 100000 |
| logisches ODER | OR | umsatz < 0 OR umsatz > 1000000 |
| Verneinung | NOT | NOT name1 = 'Schneider' |
| Werte in einem Bereich (einschließlich x und y) | BETWEEN x AND y | umsatz BETWEEN 10000 AND 50000 |
| Werte in einer Menge | IN (x,y,z) | name IN ('Schneider', 'Maier', 'Schulze', 'Müller') |
| Vergleich mit Platzhaltern | LIKE ' %abc %', LIKE '*abc*' | % bzw. * steht für eine beliebige Zeichenfolge LIKE 'Sch*' |
|  | LIKE '_a_', LIKE '?a?' | _ bzw. ? steht für ein beliebiges Zeichen LIKE 'M??er' |
|  | LIKE '*@?' ESCAPE '@' | erforderlich, wenn nach den Sonderzeichen %,*,_,? gesucht werden soll nname LIKE '*@_*' ESCAPE '@' (Alle Namen, die ‚_' enthalten) ESCAPE-Zeichen hier ‚@' ist frei wählbar |
| Für Vergleich mit ähnlich lautendem Wert | SOUNDS |  |
| Abfrage auf den NULL-Wert | IS NULL | name1 IS NULL |
| Abfrage eines booleschen Wertes | IS TRUE IS FALSE | mahnung IS TRUE |

*Anhang zum Kapitel Einführung in SQL*

## 10.2 Aufbau der Beispieltabellen

**Tabelle Kunden**

| KNR | NAME1 | NAME2 | PLZ | ORT | STRASSE | BEZIRK | BEGINN | TYP | UMSATZ |
|---|---|---|---|---|---|---|---|---|---|
| 1.001 | BtoB GmbH | ? | 93152 | Nittendorf | Blaustr. 32 | 10 | 02.09.98 | EH | 1.234,45 |
| 1.002 | Germann Solutions | SW Vertriebs AG | 69123 | Heidelberg | Pfalzring 44 | 30 | 15.01.99 | SH | 20.512,3 |
| 1.003 | WeinerSoft AG | Software | 65510 | Idstein | Deckerstr. 12 | 30 | 11.06.99 | EH | 34.565 |
| 1.010 | Franz-Verlag GmbH | ? | 85586 | Poing | Grubweg 63 | 40 | 02.05.00 | SO | 1.200 |
| 1.012 | K&L Elektronik | Elektronik Großh. | 10717 | Berlin | Uhlandstr. 34c | 10 | 02.01.98 | GH | 73.450,85 |
| 1.020 | Merlan KG | Software Service | 65232 | Taunusstein | Klingenberg 12 | 30 | 18.04.00 | SH | 32.486,32 |
| 1.033 | HoComp OHG | Software Division | 65936 | Frankfurt am Main | Hachenburger Str. 3 | 10 | 18.10.97 | SH | 5.678,54 |
| 1.081 | Basis X | SW Vertriebs GmbH | 91233 | Neunkirchen | Bahnhofstr. 8 | 40 | 31.01.98 | EH | 2.534,75 |
| 1.097 | S.A.G. Deutschland | PC-Systeme | 89079 | Ulm | Rötelbachstr. 17 | 40 | 08.11.99 | IN | 71.234,55 |
| 1.145 | GiroHard GmbH | ? | 65555 | Limburg | J.-Staudt-Str. 31 | 30 | 13.04.98 | SO | 2.745,05 |
| 1.147 | PrintComp | Peripherie GmbH | 44139 | Dortmund | Wallstr. 19 | 20 | 01.09.97 | SO | 780 |
| 1.183 | Worth KG | Data Solutions | 60389 | Frankfurt am Main | Licher Str. 12 | 30 | 07.04.98 | SH | 7.853,65 |
| 1.261 | CompColor GmbH | Druckerservice | 58583 | Iserlohn | Postfach 1234 | 20 | 03.12.99 | SO | 8.745,87 |
| 1.208 | Speicher Profis | ? | 61352 | Bad Homburg | Lengerstr. 51 | 30 | 30.03.00 | SO | 7.754 |
| 1.300 | InterComp | IT-Marketing | 60313 | Frankfurt am Main | Seilerstr. 16 | 30 | 12.08.99 | SO | 1.264 |
| 1.350 | Microtech GmbH | PC-Lösungen | 55546 | Biebelsheim | Ringstr. 56 | 20 | 15.02.97 | IN | 17.234,9 |
| 1.366 | RULA Software | ? | 36116 | Neuhof | Waldgasse 7 | 20 | 25.09.99 | GH | 12.934,32 |
| 1.509 | Miko Data GmbH | Peripherie GmbH | 22525 | Hamburg | Elballee 65 | 10 | 07.11.99 | GH | 5.738,12 |
| 1.515 | Daus GmbH | Computerkassen | 61462 | Königstein | Frankfurter Str. 2 | 30 | 30.03.97 | IN | 18.732,23 |
| 1.560 | SEK AG | First Technology | 63517 | Rodenbach | Industriering 16 | 20 | 08.05.95 | IN | 42.753,45 |
| 1.572 | ELka AG | ? | 52070 | Aachen | Sonnenstr. 7 | 20 | 26.10.96 | IN | 91.234,49 |

## Tabelle Artikel

| ANR | NAME1 | PREIS | BESTAND |
|---|---|---|---|
| 210 | SM-DB | 499 | 480 |
| 220 | SM-TABLE | 329 | 975 |
| 230 | SM-PRESENT | 211,8 | 198 |
| 240 | SM-TEXT | 329 | 1.217 |
| 305 | SM-ROUTE | 278,5 | 34 |
| 430 | SM-SERVER | 970 | 46 |
| 450 | SM-SQL | 350 | 75 |
| 510 | SM-C++ | 499 | 131 |
| 720 | SM-LEX | 165,8 | 214 |
| 740 | SM-PAINT | 99,9 | 159 |
| 760 | SM-DRAW | 198,3 | 220 |

## Tabelle Bestellung

| BNR | KNR | ANR | MENGE |
|---|---|---|---|
| 12.340 | 1.560 | 230 | 10 |
| 12.340 | 1.560 | 740 | 10 |
| 12.340 | 1.560 | 760 | 10 |
| 12.342 | 1.245 | 510 | 2 |
| 12.344 | 1.003 | 430 | 1 |
| 12.345 | 1.020 | 220 | 5 |
| 12.350 | 1.081 | 210 | 10 |
| 12.350 | 1.081 | 220 | 25 |
| 12.350 | 1.081 | 230 | 15 |
| 12.350 | 1.081 | 240 | 25 |

## Tabelle Vertreter

| VNR | NACHNAME | VORNAME | PLZ | ORT | STRASSE | BEZIRK | BEGINN | UMSATZ |
|---|---|---|---|---|---|---|---|---|
| 100 | Müller | Helga | 93152 | Nittendorf | Grünweg 18 | 10 | 01.01.98 | 0 |
| 110 | Blaz | Ludwig | 60389 | Frankfurt am Main | Berger Str. 197 | 30 | 30.06.96 | 0 |
| 130 | Becker | Jakob | 71696 | Möglingen | Bahnhofstr. 12 | 20 | 01.01.95 | 0 |
| 200 | Zipp | Alexandra | 84471 | Waldkraiburg | Passauer Str. 63 | 40 | 15.10.97 | 0 |
| 220 | Bertel | Jörg | 60313 | Frankfurt am Main | Gerichtsstr. 4 | 20 | 01.01.98 | 0 |

# Stichwortverzeichnis

**A**

Abfragen 66
abgeleitete Klasse 301
Access-Felddatentypen 46
ACID-Prinzip 181
Aggregat-Funktionen 146
Aggregation 303
Akteur 306
Aktionsabfragen 71
Aktivität 309
Aktivitätsdiagramm 307
Aktualisierungsabfragen 72
Aktualisierungsweitergabe 85
Alias 155
ALL 152
ALTER TABLE 124
Anfügeabfragen 71
Anlegen einer Datenbank 42
Anomalien 28
ANSI-SPARC 14
Anwendungsfalldiagramm 304
ANY 153
Arithmetische Funktionen 139
Arithmetische Operatoren 68, 138
Array 261
ARRAYFUNKTION 266
Assoziationen 302
Assoziative Arrays 262
Attribute 17, 24
Attributwerte 17
Audio-Tag 344
Auswahlabfragen 66
Auswahlliste 233
Auswahlstruktur 101, 246

**B**

Backstage-Ansicht 45
Basisklasse 300, 322
Bedingungsausdruck 93, 101
Bedingungsausdrücke 356
Befehlsschaltfläche 60, 92
Benutzergruppen 173
Benutzerklassen 173
Berechtigter 176
Bericht 73
Bezeichner 239
Bezeichnungsfeld 59
Beziehung 22, 83, 302
Box-Modell 220
Bundesdatenschutzgesetz 38

Button 234

**C**

Call By Reference 271
Call By Value 271
COUNT() 135
CREATE INDEX 126
CREATE TABLE 121
Cross Join 159
CSS 206
CSS-Kurzreferenz 222

**D**

Data Control Language 118
Data Definition Language 118
Data Manipulation Language 118
Datenbankzugriff 276
Datentyp 46, 119, 239
Datums- und Zeitberechnungen 140
DCL 118
DDL 118
DEFAULT 122
Deklaration einer Klasse 315
DELETE 130
Destruktor 318
Differenzmenge 20, 158
DML 118
DROP TABLE 126
Durchschnittsmenge 20

**E**

Echo 237
Eingabefelder 231
Entity-Relationship-Modell 22
Entitytyp 22
Entwurfsansicht 55
Ereignisse 93
EXCEPT 158
EXISTS 154
Extend 306
Externe(s) Schema(ta) 14

**F**

Folgestruktur 246
foreign key 18
Formulare 229
Frames 198
Fremdschlüssel 18
Full Outer Join 163
Funktionen 69, 267

**G**

Generalisierung 301
Grafiken 196
GROUP BY 136

gruppierter Bericht 77
Gruppierung 135
Gültigkeitsbereich von Variablen 269
Gültigkeitsregel 50

**H**

Hierarchisches Datenmodell 15
HTML-Tags 200
HTML5-Formulare 339

**I**

IN 151
Include 306
Inner Join 86
INSERT 128
Instanz 315
Internes Schema 14
INTERSECT 157

**J**

Join 80, 159
Join (Verbund) 20

**K**

Kandidatenschlüssel 169
Kardinalität 23
Klasse 297
Klassenattribute 317
Klassendiagramm 299
Klassenmethoden 317
Kombinationsfeld 60
Komplexität 23
Komposition 303
Konstruktor 318
Kontrollkästchen 59
Konzeptionelles Schema 14

**L**

Layoutansicht 55
Left Outer Join 80
Listen 193
Listenfeld 60
Logische Operatoren 68, 252
Löschweitergabe 85

**M**

Makro 89
Mengenoperationen 19
Menüband 45
Methoden 297

**N**

Navigationsbereich 44
Netzwerkdatenmodell 15
Normalisierung 27

Nullmarke 17

**O**

Objekt 297
Objektdiagramm 304
objektorientierte Programmierung 296
Objektorientiertes Datenmodell 16
OOP 296
Operationen mit Zeichenketten 147
Operatoren 68, 242
Optionsfeld 59
Optionsgruppe 59
Outer Join 86

**P**

Parametereingabe 70
Primärschlüssel 18, 169
primary key 18
private 299
Privilegien 175
Projektion 19
public 299

**R**

Radiobutton 233
Rechte 175
Referenzielle Integrität 85
Relation 16
Relationales Datenmodell 16
Relationship 22
Right Outer Join 80, 163
Rückgabewert 270

**S**

Schnittmenge 157
Schritte einer Datenbankabfrage 277
SELECT 131
Selektion 18
Sequenzdiagramm 311
Set-Funktionen 146
Sperrverfahren 181
Spezialisierung 301
Steuerelemente 58
Swimlane 310

**T**

Tabellen 194
Tabellenalias 159
Textfeld 59
Textoperator 68
Transaktionen 180
Tupel 17

**U**

Übergabeparameter 270

# Stichwortverzeichnis

UML 298
Umschaltfläche 60
UNION 155
Unterabfragen 150
Update 129
Use-Case-Diagramm 304

## V

VBA 97
Vereinigungsmenge 19, 155
Vererbung 300, 322

Vergleichsoperatoren 68, 251
Verknüpfen von Tabellen 78
Video-Tag 345
Views 165

## W

Wertebereichsbeschränkungen 123
Wiederholungsstruktur 102, 253